山西体育文化丛书

初心与使命
——新中国山西体育70年70人

《山西体育文化丛书》编委会 编

山西出版传媒集团
山西人民出版社

图书在版编目（CIP）数据

初心与使命：新中国山西体育70年70人 /《山西体育文化丛书》编委会编. -- 太原：山西人民出版社，2019.9

（山西体育文化丛书）

ISBN 978-7-203-10994-5

Ⅰ. ①初… Ⅱ. ①山… Ⅲ. ①体育工作者－生平事迹－山西－现代②运动员－生平事迹－山西－现代 Ⅳ. ①K825.47

中国版本图书馆CIP数据核字(2019)第145752号

初心与使命——新中国山西体育70年70人

编　　　者：	《山西体育文化丛书》编委会
责任编辑：	蔡咏卉
复　　审：	武　静
终　　审：	秦继华
装帧设计：	基因印刷

出 版 者：	山西出版传媒集团·山西人民出版社
地　　址：	太原市建设南路21号
邮　　编：	030012
发行营销：	0351-4922220　4955996　4956039　4922127（传真）
天猫官网：	https://sxrmcbs.tmall.com　电话：0351-4922159
E－mail：	sxskcb@163.com　发行部
	sxskcb@126.com　总编室
网　　址：	www.sxskcb.com

经 销 者：	山西出版传媒集团·山西人民出版社
承 印 厂：	山西新华广告有限公司

开　　本：	787mm×1092mm　　1/16
印　　张：	34
字　　数：	460千字
印　　数：	1—3000册
版　　次：	2019年9月　第1版
印　　次：	2019年9月　第1次印刷
书　　号：	ISBN 978-7-203-10994-5
定　　价：	102.00元

如有印装质量问题请与本社联系调换

《山西体育文化丛书》编委会

主　任　赵晓春　苏亚君
副主任　袁乃平　田麦久　杜学文　李俊温　高　波
委　员（以姓氏笔画为序）
　　　　　　王　福　石　岩　田文波　杜　荣　李润民　张卫平
　　　　　　张文智　张锐锋　武锐强　周文杰　侯　冰　程中平

《山西体育文化丛书》出版委员会

主　任　胡彦威
副主任　姚　军　梁晋华
委　员　武　静　高　雷　蔡咏卉　席　青　赵晓丽
　　　　　　张慧兵　郭向南

《初心与使命——新中国山西体育70年70人》编委会

主　编　张卫平

委　员　（以姓氏笔画为序）

　　　　王宏德　李俊温　李春耕　张豆豆　张丽媛
　　　　杨宏伟　周文杰　赵旭文　赵建雄　景永魁
　　　　薛晋文

欣逢盛会谱华章

——《山西体育文化丛书》代序

山西省体育局为庆祝中华人民共和国成立70周年，喜迎二青盛会，而精心编撰的《山西体育文化丛书》即将付梓，编辑同志约我作序，我欣然应命。

翻阅厚厚的6册书稿，品读一篇篇情真意切的心血之作，数十年体育历程一时翻腾在脑海之中。

2019年是中华人民共和国成立70周年。就山西体育而言，2019年同样值得骄傲和铭记。这一年，山西体育发生和即将发生诸多大事，其中最让人难忘的是二青会的承办。在共和国成立70周年这个大背景的铺陈下，承办这样一届综合性运动会，既是山西体育界的一大盛事，也是山西人民为国庆70周年奉献的最好礼物。同样，值此时刻，这套锦上添花的系列丛书，也会极自然地被读者看作山西体育人馈赠二青会的珍贵礼物。

众所周知，本届青运会是中华人民共和国成立以来山西承办的规模最大、参与人数最多的体育活动。在体育领域，放眼国内外，本届青运会的项目设置、参赛人数、时间跨度以及各项活动的多元性也是前所未有、首屈一指的。

当下，二青会的筹备工作已进入决胜阶段，纷繁冗杂的事务相互交织，千头万绪。组委会同志负任蒙劳，不遑启处，而我们体育部门的同志又恰恰置身筹备团队的第一方阵。从动议到付梓，丛书出版只有短短 3 个月时间，按常理，几乎是一个"不可能完成的任务"，但居然完成了。行文至此，我想到我们二青会的筹备工作又何尝不是如此！

在围绕二青会展开的一系列相关活动中，这套丛书的出版是一件极具文化意义和学术价值的事情。当然，囿于时间、经验等方面的局限，加之一些现实原因，丛书在若干细节上还有值得商榷和需要改进的地方。具体到每一篇文章，谋篇布局未必讲究，遣词造句还不尽细腻。尽管如此，体育人的豪迈、赤诚仍跃然纸上。

丛书共 6 册，分别为《初心与使命——新中国山西体育 70 年 70 人》《后二青会时代的体育与城市发展》《三晋体育诗赞》《新声：三晋体育文化大讲堂撷英》《众说：我们的青运会》《风华满三晋——山西全民健身掠影》。

《初心与使命——新中国山西体育 70 年 70 人》抒写了山西 70 位功勋卓著的体育工作者的奋进和情怀。之所以择定 70 人，我想是为了契合共和国成立 70 周年这个时间节点。事实上，山西体育在 70 年的发展历程中，无数同志筚路蓝缕，接续奋斗，为山西体育做了大量工作，这 70 位同志，只是众多优秀体育人的代表。他们个人的奋斗历程，置于山西体育 70 年的辉煌史中，其实是一个个铿锵的足印。

《后二青会时代的体育与城市发展》应时应势收录了 34 篇论文。如果以时间为序把二青会划为三个单元，可以发现筹备期不长，比赛期更短，而赛后乃至未来才是一个较长的时段。二青会结束后，山西体育、山西经济社会如何发展，50 多位论文作者未雨绸缪、见仁见智，以二青会的举办为背景和发端，从不同视野和角度为山西社会的未来发展提出了建议，勾画了蓝图。

如果说《后二青会时代的体育与城市发展》一书是围绕一个较为明晰的既定课题结集成书，那么，《新声：三晋体育文化大讲堂撷英》

的主旨就较为宽泛了。近年来，山西省体育局高度重视体育文化建设。两年时间，约请了十余位在体育界及相关领域具有较深学术造诣的专家学者来为山西体育传道授业，指点迷津。此书集成了诸位学人在山西的讲座内容。相信它的面世，必将为山西的体育文化建设提供值得期许的助推。

《三晋体育诗赞》收录诗、词101首。作者是十余位德高望重的老一辈体育工作者，他们饱含对山西体育的殷殷期盼和深深祝福，以浓墨重彩的笔触为山西体育摇旗呐喊，击节助威，可以说篇篇锦绣，字字珠玑。

《众说：我们的青运会》呈现的是50位不同身份、不同职业、不同经历，在二青会筹备和举办过程中承担不同工作的平凡人士。他们就是我们身边"熟悉的陌生人"。他们对二青会的诠释就是我们对二青会的解读，他们对二青会的向往就是我们对二青会的期冀，他们对二青会的感怀就是我们对二青会的祝福。二青会之于他们价值诉求、人生轨迹的作用与改变，帮助我们从不同层面对二青会有了全新的认知。

《风华满三晋——山西全民健身掠影》是6册书中唯一一本画册，图文并茂，印制精美，通过大量生动写实的图片向读者展示了山西人民精彩的"体育人生"。习近平总书记指出："没有全民健康，就没有全面小康。"当下中国，大众健康已上升至实现民族复兴、增进人民福祉的国家战略层面；今日山西，群众的健身自觉已然形成，健身热情空前高涨。该书正是山西人民向往健康、投身健身的真实写照。

上马击狂胡，下马草军书。在挥汗如雨筹备二青会的关键时期，在戎马倥偬的非常时段，大家能争分夺秒完成丛书出版，我作此序，权作致敬、致谢——感谢这套丛书全景式展现了山西体育的奋斗历程和建设成就。

最后,希望读者看完丛书后,还愿意什袭典藏。是为序。

山西省体育局党组书记、局长

2019 年 7 月

序

2019年，是新中国七十华诞，我省将有史以来第一次举办全国综合性运动会——中华人民共和国第二届青年运动会。4万名运动员、49个大项，冬季项目与夏季项目同时举办，创造了世界综合性运动会的众多"之最"。这是新中国成立70年来山西政治、经济、文化、社会发展的一次重大展示，也奏响了山西体育事业70年发展历程中最为华彩的乐章。

70年栉风沐雨，70年艰难历程。新中国建立70年来，山西竞技体育从一穷二白发展成为基本完备的竞技体育体系，全民健身活动如火如荼，体育产业发展迅速，实现了竞技体育、群众体育、体育产业三者的协调统一。70年山西体育成绩的取得是体育战线的干部群众在党的领导下不忘初心、牢记使命、砥砺奋进、艰苦奋斗的结果，是中国特色社会主义体育事业的伟大胜利。

回顾70年的历程，我们十分感慨于成绩的来之不易，感慨于征程的艰辛备尝。历史使人明智，梳理过往的历史既是对以往经验教训的高度总结，也是对未来发展的重要借鉴。为了厘清山西体育发展的基本脉络，对70年来的山西体育进行一个阶段性的总结，我们特别组织了山西省作协的30多位作家对山西体育进行了全景式的叙述，以重温山西体育事业发展的初心与使命，于是就有了这部《初心与使命——新中国山西体育70年70人》。

《初心与使命——新中国山西体育70年70人》是《山西体育文

化丛书》中的一卷，秉承以时间为主轴的叙说方式，将新中国成立70年来山西体育发生的重要事件以编年的形式列出。人民群众是推动历史发展的决定力量，是历史发展的真正动力。在山西体育发展的70年中，人是创造一切辉煌的基础。所以，本书同时又以年作为时间单元，对当年具有历史影响力的人物进行选择，采用纪传体的传统历史写作范式，实现以人为主体的历史叙说。这样，就从时间和人物两个主轴对山西体育形成了比较全面和完整的印象。

本书所涉及的70人是山西体育事业的杰出代表，其中既包括曾经的老领导、老干部，也有为山西体育争光的运动员和教练员代表，还有群众体育的优秀分子，比较全面地实现了对山西体育的全景式概括。当然，为山西体育作出贡献的人还有很多，但囿于篇幅以及本书的成书体例，难以将所有为山西体育作出贡献的人们囊括其中，这不能不说是一个遗憾。

时代轻舟已经越过万水千山，我们期待山西体育的未来更加辉煌。

是为序。

山西省体育局党组书记、局长　赵晓春
2019年7月

目　录

1950 年	武林名宿陈盛甫	徐建宏 /	002
1951 年	席炳午：冲锋在最前线，却从历史中隐身	赵树义 /	012
1952 年	王中青：扛大旗 拓新路 三晋铸丰功	刘宁 /	019
1953 年	邓初民：推动山西体育扬帆初航	蒋殊 /	025
1954 年	王紫峰传	李金山 /	030
1955 年	吕尧卿	郭萍萍 /	038
1956 年	青山在，人未老	张乐朋 /	044
1957 年	儒将的风采	高海平 /	051
1958 年	王立远与山西国防体育	闫文盛 /	058
1959 年	玉兰花开慕士塔格——记女登山运动员、"体育运动荣誉奖章"获得者周玉瑛	周俊芳 /	062
1960 年	谁是侯培昌	李义利 /	070
1961 年	"空中仙子"赵月英	蒋殊 /	075
1962 年	练改凤的体育人生	李晋瑞 /	082
1963 年	轮上春风吹无限——自行车名将柳丽春小传	成向阳 /	089

1964年　石宝珍：浓厚兴趣是基础，清晰理性的取舍才是前进之路

董江波／098

1965年　从"业余高手"到"乒乓大师"——记乒乓球国手周兰荪

胡海生／107

1966年　仰其风采，忆其功勋——记原山西省体委党委书记王金贵

卢静／116

1967年　过河的卒子不后退——记北京棋院副院长、国家大师、国际裁判王品璋

孟志平／121

1968年　仇宝琴：从山西走出去的女乒冠军　　　　　　张欣／130

1969年　庞林太：编织桂冠的能人　　　　　　　　　　悦芳／137

1970年　杨振铎　　　　　　　　　　　　　　　　　郭萍萍／145

1971年　军人局长岳连和　　　　　　　　　　　　　李晋瑞／154

1972年　破风者——记新中国体育开拓者、原山西省体委主任刘杰

王国伟／160

1973年　冯福林：一生都在战斗的军人　　　　　　　　王芳／169

1974年　为自己正名，为中华健儿正名，更为祖国正名——记第七届亚运会铁饼冠军高育葵

胡海生／177

1975年　健康生活，骑乐无穷——记著名自行车运动员吴增仁

张玉／182

1976年　"并州箭侠"冯泽民　　　　　　　　　　　　高璟／188

1977年	四十七年弯弓记——访神箭手王友群	闫文盛 /	196
1978年	一入体育门,此生体育人——记女排主教练李富信		
		孙峰 /	205
1979年	冬日莲花——王冬莲印象	赵树义 /	214
1980年	薄建伟:"跌对英雄"成"跤王"	赵建雄 /	221
1981年	幽兰花,袅袅独立众所非——记女排队员周晓兰	孙峰 /	230
1982年	弈者江铸久	徐建宏 /	238
1983年	艳若桃李 灼灼其华——记著名体操运动员、世界冠军获得者杨艳丽	周俊芳 /	250
1984年	奥运赛场上的首位山西集体项目教练——记山西省体育局原副局长杨凤楼	卢静 /	259
1985年	弯道超车	苏二花 /	267
1986年	我命在我不在天——记原山西省体委党组书记、主任,省文联党组书记任国维	孟志平 /	275
1987年	一飞冲天看肖郎——著名体操运动员肖瑞智小传		
		成向阳 /	283
1988年	郭秋香:除却冠军亦英雄	赵建雄 /	292
1989年	玲珑心曲款款弹——记山西省蹦床队总教练蔡光亮		
		王秀琴 /	299
1990年	原文庆小传	江雪 /	306

1991年	叶江川：从棋王到棋王制造者	悦芳	/ 315
1992年	高二伟传	岳占东	/ 323
1993年	那一刻，只是在享受——记全运会摔跤三连冠古典式跤王张泽田		
		高海平	/ 330
1994年	张原里：决战八运会	阎扶	/ 337
1995年	陈锋有颗纯粹的心	李晋瑞	/ 344
1996年	会挽雕弓如满月——记射箭世界冠军杨建平	张乐朋	/ 351
1997年	拒绝意志薄弱	苏二花	/ 358
1998年	几度风雨，几度春秋——李光明在山西省体委工作的岁月		
		高璟	/ 366
1999年	李长萍：愿山西举重事业走向辉煌	张欣	/ 371
2000年	郭慧民：在奔跑中我是那么快乐	刘宁	/ 378
2001年	当代武尊袁新东	郭新瑞	/ 387
2002年	阎立恒：在路上	阎扶	/ 395
2003年	葫芦丝响起的时候	高海平	/ 402
2004年	王云峰传	岳占东	/ 411
2005年	奔跑吧，刘青	王芳	/ 418
2006年	天行健之君子如玉——记山西省体育局原局长苏亚君		
		张玉	/ 425

2007年　从零起点到世界之巅——记蹦床世锦赛冠军穆勇峰

胡海生 / 432

2008年　常永祥传　　　　　　　　　　　　　　　　　李金山 / 438

2009年　草木百年新雨露——记清华大学教体融合典范、800米名将李翔宇

王秀琴 / 446

2010年　"跤王"梁磊　　　　　　　　　　　　　　　郭新瑞 / 453

2011年　曹玥：山西水军的"希望之星"　　　　　　　李心丽 / 460

2012年　"空中芭蕾王子"——记中国蹦床名将、大满贯得主董栋

王秀琴 / 467

2013年　以梦为马　不负芳华——"世界第一削球手"、山西首位女乒世界冠军武杨

周俊芳 / 474

2014年　方玉婷小传　　　　　　　　　　　　　　　　江雪 / 482

2015年　郝佳露：宝剑锋从磨砺出　　　　　　　　　李心丽 / 492

2016年　王智伟：无以取代的荣耀　　　　　　　　　　蒋殊 / 499

2017年　让子弹飞，从历史飞向未来——记山西省体育局副巡视员程中平

王秀琴 / 507

2018年　"赵客缦胡缨"　　　　　　　　　　　　　　李义利 / 515

2019年　张豆豆：人生就是不断尝试，不断去达到自己的目标

董江波 / 521

1950 年

山西省首届体育运动会在太原举行,全省1300名运动员参会。山西省人民政府主席程子华致闭幕词说,这次运动会是属于山西人民运动史上的第一次,它的目的在于锻炼好人民的体格,使有充沛的精力与智慧,很好地从事学习与生产建设。把体育普及到基层单位去。

山西省首届体育代表大会在太原召开,宣告成立中华全国体育总会山西省分会筹备委员会。

武林名宿陈盛甫

徐建宏

在当代生活中,提起武林,大家都会自然而然地从文学和影视作品中去搜寻自己脑海中的形象,武侠、玄幻、传奇、志怪,武功盖世,一统江湖……现实中,又有太多的"武林大师",每天在传媒中招摇过市,今天挑战、明天比赛,太极、少林、武当、八卦,民间高手,泰拳冠军,林林总总,不一而足。而实际情况是,那些扎扎实实、按部就班地习练和传承武术技艺的民间武术家,从来都是不惊不乍的寂寞高手。

网络上有一篇文章《那些历史上真实存在过的武林高手》,提到了一连串我们可能有过印象的名字——杜心武、万籁声、蔡龙云、王子平、韩慕侠、孙禄堂、大刀王五、李圣五、董海川、霍元甲、杨露禅、黄飞鸿、叶问、李小龙……这些人物的存在,已足以证明中华武术的传承悠久,精英辈出,博大精深。

在我们山西,尤其是在上个世纪的山西乃至全国武术界,也有一位相当当的知名人物,叫陈盛甫。他的传奇身世和习武授艺经历,足以载入史册,被后人记取。

百度词条这样介绍陈盛甫:

陈盛甫(1902—1996),武术家,国家级荣誉武术裁判。山东省武城县人。出身武术世家,13岁随祖父习武,学八段锦;后从鞠朝栋学练基本功数年,包括太极拳、形意拳、八卦掌等拳械套路以及扬眉剑、四门刀与技击术等。又曾在曲阜师范从杨明斋学孙膑拳。1926年毕业于上海东亚体专,其间随王怀琪学易筋经、五禽戏等;随赵保成学少林门拳械;后从张含之精习鞭杆,成为"山西鞭杆传人"。

1926年起执教,在青岛铁路中学等培养了大批运动员。1937年以后积极投身抗日战争,曾任山东省府视察员,莒县、恩县县长等职。多次冒险犯难,坚决与敌伪斗争。1942年被日军俘获,后率众难友脱险，继续抗日。1948年起为济南女师、太原国民师范教师，旋调太原市人民体育场任场长兼中华全国体育总会山西省分会副主席。1950年创办武术研究会，培养武术人才。1951年创办山西大学体育科（系），历任副教授、科（系）主任、教授，培养出大批体育和武术人才，其中有武术硕士、博士研究生及省、市、县体委主任。

陈盛甫著述颇丰，编写、出版了《鞭杆》《十六手对打》《中老年健身操》《扬眉剑》《技击制敌三十二掌》《五手拳》《陈盛甫养生功》等书以及《我的健康要诀》《萧瑟秋风话当年》等专文。多次担任全国武术竞赛裁判长和总裁判。1986年、1989年两次被评为"全国优秀裁判员"。曾3次参加全国武术表演赛，均获一等奖。历任中华全国体育总会委员暨山西省分会副主席，中国武术协会委员，中国武术学会委员，山西省政协委员、体委委员、武协主席、形意拳协会顾问等。1985年被评为"全国健康老人"。1988年获中国国际武术节组委会颁发的"武术贡献奖"。1992年被国家教委评为全国普通高校"优秀老体育教师"，同年任中国武协荣誉委员。1993年被太原市评为"十佳健康老人"。1995年在中国武术协会等组织的"中华武林百杰"系列活动中被评为"十大武术教授"之一。

一位寿至94岁的武林名宿，不仅武学卓绝，而且以此延展至体育各项，建章授徒，著书立说，构建了自己博大精深的武学与体育世界。

他经历了充满变化、曲折乃至传奇的一生，他丰富深厚的武学内存，绝对是我们直到今天都应该好好学习和珍存的财富。

习武经历

陈盛甫经历了新旧两个时代，习武传艺纵贯多半个世纪，可谓饱经沧桑。

陈盛甫1902年2月出生在山东省恩县（现武城县）桃花店一个贫

困的农民家庭，家中历代没有读书人。高祖与祖父均为地主做长工多年，所以陈盛甫小时候家境贫寒，又是独门外来户，常受到本村大族的欺侮。祖父和父亲为了自立，一面勤劳耕耘，苦心经营，积至小康，一面送小盛甫求学读书，想以此撑立门户，光宗耀祖。

陈盛甫8岁时被送进了本村的私塾型仁学堂，跟着当地一个有名的秀才张鸿玺求学8年。陈盛甫对家庭受欺的处境深为理解，怀着求学上进的欲望，加上天资聪颖、刻苦好学，在私塾时打下了良好的基础。但由于课业繁重，陈盛甫13岁时，由一个活蹦乱跳的儿童，变成了弱不禁风、经常卧床的"小病夫"。

陈盛甫75岁的祖父自幼务农，又爱好武术，身体非常健康，见孙子日渐虚弱，很是难过，便开始教他练习"八段锦"。那时从事体育锻炼是要受到私塾先生斥责的，陈盛甫只能跟着祖父早晚在家偷着练，很快就恢复了健康。从此以后他就爱上了武术，除坚持练习八段锦外，还学会了小花拳、六趟大架子、串子锤等传统套路，为他终生从事武术运动奠定了良好的基础。

3年后，17岁的陈盛甫变成了一个身强力壮的青年。他在私塾继续学习了两年，考入县城高小，成了学校里全面发展的优秀生。1920年毕业，他名列榜首，家中接到了县上的喜报。

同年，陈盛甫考入了公费的曲阜师范学校。在这一时期，他明白了在当时的中国，不但要学文，而且还得习武。当时曲阜师范学校校长范铭枢非常重视学生的身体健康，学校体育设备较全，体育师资优良。其中武术教师杨明斋功夫很好，体操教师是陈盛甫的同乡，球类、田径教师是上海东亚体专毕业的。陈盛甫在武术方面是杨老师的得意门生，武术的套路、功夫都取得长足的进步。在另外两位体育老师的影响与教导下，他又从事了田径、篮球等其他体育项目，使他由从事武术的单项锻炼，走上了体育运动全面多项发展的道路，成了师范学校一名出色的运动员，这是他走上体育道路的开端。

学完师范本科后，在几位体育老师的启发动员下，陈盛甫决定去上海报考东亚体专。原因是：1. 他切身感受到体育锻炼的好处；2. 当时体育教师奇缺，毕业后容易找到工作；3. 上海是我国最繁华的大商埠，去那里可以开阔眼界。因此，他联络了四位常在一起参加体育运动的同学，去上海报考东亚体专。

当时的上海东亚体专，校舍十分狭小，有一个网球场、一个用竹子搭的简易风雨操场，器材设备也很简陋。开设的课程有田径、体操、球类、武术、舞蹈等术科，体育行政管理、生理、英语、国语等学科。学制两年，学生完全自费。那时在校学生百余人，陈盛甫是第14届学生。

20年代的上海，帝国主义列强租借地的入口处高悬着"华人与狗不得入内"的牌子；"中国人是东亚病夫"的恶言秽语，不时传入陈盛甫的耳中。所有这一切，都在他心中燃起了愤怒的火焰。他下决心学好文化，练好身体，报效国家。所以，他学习非常刻苦，有些同学不爱学的轻器械操、舞蹈、音乐、童子军等项目，他都认真学习，并取得了优秀成绩。武术是他有基础的项目，正式上课满足不了他的要求，便拜上海精武体育会的教练赵保成为师，利用业余时间去深造，掌握了几十个套路，武术技艺大进，多次到校外表演，深受欢迎。

陈盛甫在东亚体专的学习，以武术为专长，全面发展，田径、体操、球类都不落后。网球是他原来不会的项目，经过一个暑假的苦练，在全校比赛中竟取得了双打冠军。在体专结业时，他的总成绩名列第三。

陈盛甫的专长项目是武术，那时叫国术。从上海东亚体专毕业后，他来到青岛教学。在此期间，他一面寻访高师继续深造，提高技艺，一面教拳授徒，发扬光大中华武术。

1928年在青岛市国术馆未成立之时，有许多私人的拳房，唯张克勤办的拳房学员最多，他教的"五手"能单练能领打，动作简单易学，且能防身。陈盛甫便拜张克勤为师，开始了在青岛习武深造、边学边教的武术生涯。他在张克勤老师的明传暗授下，不仅继承了张老师的技艺，并有所发展。他还向其他拳师学会了奇门剑、杨氏太极拳等优秀套路。青岛市国术馆成立后，陈盛甫先后在第二练习所帮张克勤老师领教，后自己成立了"十二"和"五十八"两个练习所。由于陈盛甫教拳耐心细致，收的学费少，教的功夫好，跟他学习的人很多，常得到市国术馆的奖金。1933年在青岛举行的华北运动会上，陈盛甫与张克勤参加武术拳械和对打表演，获优秀奖。

跨界授艺

陈盛甫开始教学授艺，由武术而体育、由体育而武术的跨界或过渡教学，始自从上海东亚体专毕业后来到青岛。

1926年7月至1938年9月的12个年头，陈盛甫在青岛铁路中学任体育教师，在青岛市担任武术教练工作。

身为青岛铁路中学体育教师的陈盛甫，兼任学校的管理员、采购员，还负责了解学生的思想行为等工作，除上体育课外，兼上博物、习字、音乐、童子军等课。由于他认真负责、积极肯干，成为铁中最有威信、最受学生爱戴的青年教师。

铁中的校长比较重视体育，陈盛甫提出的发展铁中体育运动的计划得到批准，在他和另一位同事的共同努力下，铁中的体育成绩进步很快，超越了当时青岛市其他的中等学校。铁中的传统项目是田径和篮球，青岛市的田径比赛，铁中每次都是团体冠军，篮球不只在青岛，到山东各地均无对手。

陈盛甫在铁中坚持体育不及格的不能升级，不予毕业。在那个时代能够做到这一点，需要具备几个条件：一是教师在群众中有威信；二是制定出切实可行的测验标准，提前公布，促使学生坚持锻炼；三是有校领导的支持。他对体育考核的具体措施是：新生入学后按年龄、身高、体重分成甲、乙、丙、丁四个组，再将100米、1500米、跳高、跳远、铅球等项进行一次普测，定出各组应有的标准。每学期开学后两周内，公布全校学生的分组和本学期的测验项目及标准。一般情况每学期测验跑、投各一次，篮球一次。这样做的结果是使学生个个重视体育运动，每个人有了自己争取的目标,在锻炼中产生了兴趣,养成了习惯。由于陈盛甫待人谦虚诚恳,对工作认真负责,取得了领导信任和群众尊重,被选为青岛市体协委员,并经常担任各种运动竞赛的裁判工作。

陈盛甫初到青岛工作时,山东省主席张宗昌和青岛市长毕树漫利用手里的军队,互争地盘,横征暴敛,人民颠沛流离,许多爱国志士酝酿革命。1926年,经人介绍,陈盛甫参加了国民党。当时正值国共合作时期,陈盛甫同青岛的一些爱国志士冒着生命危险,秘密活动,接待南方派来的革命人员,配合北伐军渗入部队进行策反工作。1927年双十节,陈盛甫率领学生参加提灯晚会,游行到日本人居住的街道时,带领学生高呼"打倒日本帝国主义"的口号,游行队伍被日本兵冲散,当夜陈盛甫便被日本宪兵抓捕,受到残酷的刑讯,后经人作保被释。以后又在国民党左派的领导下负责抄写秘密文件、传送情报等工作,为抗日救亡运动出力。

1937年七七事变爆发后,陈盛甫毅然投入了抗战行列,并把自己的儿女送入八路军参加抗战。1938年长女丁纳、长子陈东都加入了中国共产党。陈东于抗大分校毕业后留校任教育干事,后又到前线任连指导员。1943年,年仅25岁的陈东不幸壮烈牺牲。1946年,次子陈冰在农学院毕业后参加了中国人民解放军,跟随王震大军进军大西北。

陈盛甫在青岛铁路中学,从创办第一班起到七七事变停办、离开青岛市,先后教了铁中12个班的学生及山东政治学院的学生数千人,被称为铁中的"元勋"。在他的努力下,铁中的场地器材由无到有、由有到宽裕,直到建起标准的田径运动场、球类运动场、体育馆。

陈盛甫不仅教书而且育人,不仅教武而且教文。他对学生要求严格,注意德智体三育并重,受过他教育的学生遍布全国各地。

1949年4月24日太原解放。陈盛甫于当年7月调来山西,被分配在国民师范任体育教师。刚解放的太原,尚无体育活动可言,仅存的杏花岭体育场种了菜,周围一片废墟。10月陈盛甫作为山西的代表,参加了团中央召开的第一届全国体育代表大会。听中央首长的讲话,明确了新民主主义体育方针政策。回省后在省府大礼堂，陈盛甫向各有关人员进行了传达。经领导决定，以太原市人民体育场为中心基地，积极开展体育运动。1949年12月，陈盛甫被任命为体育场场长。在市文教局的领导下，扩编体育场工作人员。1950年市政府用20万斤小米的经费修建了杏花岭体育场的田径场和看台。1951年10月，陈盛甫担任中华全国体育总会山西分会筹备委员会副主任委员。在他的倡导下，创办了太原武术研究会，至1956年成立了太原市武术协会。

1950年7月，陈盛甫又代表山西去北京参加全国体总举办的体育工作者学习会。会议要求全国体育工作者团结起来，为新民主主义的国民体育而奋斗，从此陈盛甫以体总和体育场的名义，举办了多次不同类型的体育活动。由于当时体育工作繁重，山西体育人才缺少，经陈盛甫建议，山西教育厅创办了山西省第一个培养体育人才的专门机构——山西大学师范学院体育科。1951年10月，陈盛甫调任体育科副教授兼科主任。从此陈盛甫便专心致力于山西培养体育人才的教育领导工作，直到1982年80岁时辞去系主任职务，专任武术教师。

体育科创建初期只有三位教师，没有场地器材。他们因陋就简，苦心经营，借用山西工农速成中学宿舍、体育场场地、省运会比赛用过的器材，请别校的教师兼职，办起了山西省培养体育人才的基地。从1951年建起体育科，1958年改建为学制四年的体育系，至80年代后期，已成为全国规模较大的体育系了。

陈盛甫先后担任体育科主任7年、体育系副主任2年、体育系主任11年。20年间，陈盛甫为体育系的创建、成长、壮大付出了辛苦的劳动。

陈盛甫1926年自上海东亚体专毕业后，从事大中学校体育教育工作50余年，经他教授过的学生数以万计，不少人已成为社会各界的骨干力量。

誉满中华

陈盛甫一生做过武术运动员、武术裁判员，参与武术的社会活动相当多，在武术界享有一定的威望。

早在1933年，他作为武术运动员参加了民国时期在青岛举行的第十七届华北运动会，并获得优秀奖。1953年，在天津担任全国民族形式体育表演及竞赛大会的太极评判员；1959年，在第一届全运会上，他担任武术竞赛和编排记录工作；1964年，在济南担任全国武术比赛大会的总裁判；1978年，在湘潭全国武术大会上，针对当时武术出现形象美、难度大、质量高的舞台化偏向，陈老明确提出"武术要以技击为核心"的原则，并为大会表演了一趟八卦掌，获满堂喝彩；1979年，在南宁武术大会上，他率山西代表队出征，得了1个一等奖、2个二等奖、3个三等奖。他表演的鞭杆，令人赞不绝口，被行家称为正宗鞭杆、山西的鞭杆传人。他表演的"对打十六手""对练太极"，被评为一等奖，获金质奖章一枚。1982年，他参加了全国武术工作代表大会，在北京受到中央领导的接见。1983年，他在上海举行的第五届全运会上表演的太极拳和二路鞭杆，获优秀纪念奖。1984年他应邀去乌鲁木齐表演，七天演了八场，每场三趟，徒手、器械、单练、双练全有。1986年，他参与了徐州全国武术大会的评审工作。

党和人民给了陈盛甫很高的荣誉，他担任过全国体育总会委员、全国武术协会委员、山西省武术协会主席等。

另据资料记载，他是全国第一位武术教授。

著作等身

陈盛甫教授的武术生涯，具有"四多一高一长"的特点，即学习掌握的套路多；教授的学生多；参加武术的社会活动多；公开出版、发表的武术书籍、文章多；武术理论、技术造诣深，水平高；从事武术工作的时间长。

陈盛甫教授掌握的武术拳种和套路,有传统的、国家统编的、自己创编的等48个套路,8个拳种。其中徒手的有:武术操、十二路弹腿、新六路弹腿、初级拳一二三路、小花拳、五步拳、八段锦、易筋经、中老年健身操、保健操十三式、太极拳五套(六段选、二十四式、四十八式、六十六式、八十八式)。形意拳四套五行、进退连环、十二形、杂式锤、八卦掌三套、十六手单练、三十二掌。单器械有:鞭杆四套(基本动作练习、简化杆、一路鞭杆、二路鞭杆、驼骡鞭)、十字棍、初级刀、枪、剑、基础剑、扬眉剑、昆仑剑、太极剑二套(三十二式、五十四式)、四门刀、鞭杆对打。对练有:四锤、形意五行生克、对打十六手、领打五手、领打八掌、太极推手、太极对打、领打十字棍、对打鞭杆。陈老钻研最精的是:十六手对打、太极、鞭杆和剑术。1984年他创编了一套三十二掌,经许多武术专家审查,深受赞许。

已出版的图书有五种:《鞭杆》《扬眉剑》《健身操》《十六手对打》《五手散打》。已发表的文章有六篇:《略谈我的健身经验》《武术在山西》《萧瑟秋风话当年》《乘风前进》《建议迅速培养业余武术教师》《回忆我跟张克勤老师学武术的片断》。1987年时,已完稿的有:《武术操》《新六路弹腿》《驼骡鞭》《小花拳》《五手拳领打》《实用三十二掌》《十字棍》《四门刀》《昆仑剑》《擒拿脱险记》《老年健身讲稿》。

1951 年

山西省第二届人民体育运动大会在太原开幕,中共山西省委副书记陶鲁笳、山西省人民政府副主席裴丽生出席开幕式并讲话,号召普及新型人民体育运动和军事体育运动,锻炼体魄,随时响应国家召唤。

山西省第二次体育代表会议在太原召开,改选中华全国体育总会山西省分会筹备委员会,席炳午任主任委员。

席炳午：冲锋在最前线，却从历史中隐身

赵树义

所谓历史，便是时代风貌的积淀，有物质的，更有精神的。上世纪中叶前，中华民族沦陷在水深火热当中，因其苦难深重，历史愈是波澜壮阔，一批又一批有识之士挺身而出，把挽救民族危亡的大任担于肩上，上演了一曲又一曲感天动地的救亡壮歌。若放在和平年代，他们每个人的故事都可歌可泣，可在那个大熔炉的时代，个人又显得多么微不足道。

其实，并非微不足道，而是在那个年代，在那代人的心目中，国任何时候都大于家，集体任何时候都大于个人。当我们追溯个体踪迹时，才猛然发现，他们留下的文字少之又少，少到甚至让我们怀疑那些丰功伟绩真是他们缔造的！

战斗在第一线，冲锋在最前沿，他们是历史的参与者、创造者、见证者，蓦然回首，却发现他们早已隐身在历史之外。

席炳午便是其中之一。

接到采访任务，我穷尽各种手段，能够搜集到的有关他的较完整资料都是个人简历：1913年12月4日生，山西省垣曲县人。1935年9月参加革命。1937年7月始，席炳午等一批党政干部陆续来到曲沃，在曲沃县城成立中共曲沃党支部、牺盟曲沃中心区，10月组建曲沃抗日游击队，加入中国共产党，11月中共曲沃特别委员会成立。1937年5月至1949年秋，席炳午先后任山西曲沃县抗日游击队宣传干事、党支部书记、指导员、特派员、县委书记，军分区基干二团政治委员、剿匪工作委员会书记，山西太岳四分区人民武装委员会主任、太岳军区第四军分区指挥部司令员，地委组织部长。1949年底，筹备和主持中华全国体育运动委员会山西省分会工作。之后，担任中国新民主主义青年团山西省委第二书记、第一书记，山西省工会主席等职。

席炳午上世纪50年代末调任上海，2005年2月去世。他在太原工作的时间久远而短暂，曾与他共过事的人大多辞世，想要找到鲜活的资料已无可能，能够从浩瀚的史料中钩沉出来的也都是碎片。

据曲沃县杨谈乡石桥堡村党支部书记李海龙回忆，抗日战争时期，石桥堡是曲沃及周边多个县抗日斗争的指挥中心，承担着向抗日前线及各个抗日根据地传递情报、转送物资、护送革命干部的重任，在晋冀鲁豫抗日战争中发挥着桥头堡的作用，为中国抗日战争和解放战争的胜利做出了不可磨灭的贡献。

石桥堡地处垆顶山山麓，北面靠山，东、西、南沟壑纵横，南沟有一座石桥，村中有一座土堡子城，石桥堡因此而得名。出村西行4公里到蒙城有通往襄汾、临汾的大道，正东、东北、东南又分别通往翼城、沁源、沁水、阳城等根据地，既便于和中共中央北方局联系，又有利于联络总站、县委机关的隐蔽和遇到特殊情况时的疏散转移，地理位置得天独厚。石桥堡20多户人家多是从山东、河南逃难过来的贫苦农民，群众基础好。1936年11月，薄一波和阎锡山建立统一战线，成功接办牺盟会，抗日斗争如火如荼。北方局以此为中心开展工作，可谓天时、地利、人和兼备。如今在李顺天的故居建有纪念馆，陈列了大量珍贵的历史资料，为临汾市爱国主义教育基地。

李顺天本姓史，石桥堡人。1937年8月，在太原新民中学读书的他受薄一波之命返乡，以本村小学教员身份开展工作，随其先后来到石桥堡的"打工者"最多时达二三十人。李顺天家境殷实，有地200余亩、院落4座、土窑洞14孔，薄一波、聂荣臻等经常往返于石桥堡和沁源、临汾、太原、邯郸等地，史家是落脚点。席炳午是史家常客，也是打造这座抗日桥头堡的重要一员。

1937年7月，席炳午与李哲人、刘裕民、武之城、李顺天、徐力之等在曲沃县城秘密成立了中共曲沃党支部和牺盟曲沃中心区，领导曲沃、翼城、绛县、垣曲、闻喜、夏县、安邑、平陆、汾城、解县、虞乡、永济、芮城13个县的牺盟会分会工作；10月，牺盟会在杨谈组建了曲沃抗日游击队；11月上旬，成立了中共曲沃特别委员会，直属中共中央北方局领导，负责曲沃、绛县、翼城、汾城、新绛、乡宁、吉县、稷山、河津9个县的建党工作；11月中旬，曲沃特委秘密组建了中共曲沃县委。此后，曲沃县委以牺盟会为掩护，积极开展党的秘密工作，发展地下党员。1938年2月至3月，临汾、曲沃相继失守，牺盟曲沃中心区的工作转入地下。为了加强地下党的工作，北方局指示在曲沃建立下陈、焦庄、常家、东贺等多处情报站，下陈和焦庄为县委接受汇报的重点站，石桥堡为北方局的联络总站。其时，席炳午除时常出入石桥堡之外，还在下陈、焦庄一带频繁活动。赵丕显是下陈人，1947年牺牲。据史料记载，赵丕显粗识文字，以唱戏为掩护深入敌区搜集情报，从事地下党的活动。1938年，席炳午在赵丕显家后楼住宿办公，主持中共曲沃县委工作。为了安全，赵丕显将席炳午及其妻女的户口都写在自己的户口牌上，席炳午改名为赵丕荣，女儿席玲瑾改名为赵玲瑾，赵丕显及其妻和席炳午及其妻女以兄弟、妯娌、侄女相称，宛如一家。焦玉英是焦庄的第一个共产党员，焦庄党支部首任书记，1937年加入牺盟会。据曲沃党建网《党史人物——焦玉英》一文回忆，1941年3月，日军在全县推行所谓第一次"强化治安"，日伪不断出兵"扫荡"，警察、便衣时时来村袭扰。其时，中共曲沃县委书记席炳午经常到焦玉英家，和焦玉英家的雇工马狗儿一块下地干活，暗中研究指导工作。

《太岳人民武装建设》一书收录了席炳午《杜八联的发展及几个基本经验》一文。杜八联是河南省西北地区一支有名的抗日联防组织，由济源县的杜年庄、留庄、马住、蓼坞、桥沟、毛岭、太山、杨大庄八个行政村组成，简称"八联"。席炳午在这篇文章的最后如是总结到："在领导上，杜八联有两点领导方式最为突出：1. 干部不脱离群众和民兵，他们在生活上和群众打成一片，一块吃饭睡觉，平常有事用会议展开民主讲座解决，基本是走群众路线的；2. 抓紧积极因素，发挥集体英雄主义。"通读这篇文章，让人感受最深的是，席炳午除反复强调密切联系群众之外，便是大力主张发扬集体英雄主义，难怪在有关文字资料中很难找到他个人的身影。工作即群众，群众即工作，纵然创造了众多壮举，也是集体英雄主义结出的果实。

钩沉这些"碎片"发现，一鳞半爪的背后其实都是藏着大故事的。窥一斑而见全豹，虽不难从这些重大但片言只语中窥见席炳午当年的精神风貌和在那个特殊历史时期扮演的重要角色，但背后鲜活的故事却是隐身的，难免让人遗憾。更重要的是，关于席炳午的史料都只有"骨头"，没有"血肉"，这一发现让我惊诧，似乎在那个时代，每个人都是"地下工作者"。战争时期，这种现象可以理解，毕竟安全是第一位的。

新中国成立之前，山西体育运动竞技水平很低。国民党政府共举行了7次全国运动会，前四届山西仅派出几名田径选手参加，榜上无名，后三届虽取得几项名次，但多数项目成绩不佳。全省体育场地更是少得可怜，太原也仅有一座杏花岭体育场，还被国民党军队拆毁构筑了军事工事。太原解放，杏花岭体育场几成一片废墟，这座体育场的沉浮似乎便是当时山西体育的写照。

百废待兴，"而今迈步从头越"，新中国的山西体育无疑是建立在一片废墟之上的。1949年12月17日，中华全国体育运动委员会山西省分会筹备委员会成立，席炳午任主任。从解放战争前线转战到体育第一线，这对席炳午无疑是一次新的挑战，但他迎难而上，雷厉风行，战火中久经考验的运筹和指挥能力再次大放光彩。筹委会成立仅数日，他们便对杏花岭体育场进行了整修，并成立了管理机构，工作高效，犹如打仗。筹备工作不到半年，也即山西全境刚解放一年，山西省首届体育运动会便在太原举行，发动和组织群众的能力令人惊叹。1950年5月4日至9日，这是山西体育史上浓墨重彩的日子，来自全省各地市的1300名运动员参加了田径、篮球、排球、武术、摔跤、拔河等项目的比赛。太原市28个完小3000多名学生表演了团体操，组成了"革命大团结"等字样，载歌载舞，喜庆新中国成立后山西首届运动会的开幕。山西省人民政府主席程子华致闭幕词时如是评价：这次运动会是属于山西人民运动史上的第一次。它的目的在于锻炼好人民的体格，使有充沛的精力和智慧，很好地从事学习与生产建设。把体育普及到基层单位去。

  仅用半年时间便成功举办了全省首届运动会，席炳午付出的努力和心血绝非常人可以想象的。运动会刚结束，山西省首届体育代表大会又于11日至12日在太原召开，王中青任主任，席炳午任副主任。同年11月，山西省教育厅、省体委等八个单位联合发出"推行广播体操"的通知，山西群众体育运动揭开新的篇章。1951年4月，山西派出新中国成立后第一支足球队，参加了北京先农坛体育场举行的全国铁路和华北区联合足球比赛，名列第四。8月，山西大学成立了体育专修科，当年招收学生50人。10月2日，山西省第二届人民体育运动大会在太原开幕，来自7个专区、市及山西省部队、太原铁路分局9个单位的720名运动员参加了田径、篮球、排球、足球等20个项目的比赛，60多名运动员打破省首届运动会纪录。同时，还有5600名大、中、小学生参加了团体大会操，太原市1500人的腰鼓队进行了集体表演。正当山西体育事业蒸蒸日上之际，席炳午又从体育战线转战到青年战线，出任中国新民主主义青年团山西省委书记，但他仍念念不忘体育，欣然为这次大会题词："为提高及普及人民体育运动而努力。"

  毫无疑问，席炳午是新中国山西体育事业的奠基人之一，但遗憾的是，他在这段时期的个人史料依然少之又少。只在第一线冲锋，却不在史册中留名，似乎就是那代人的精神风貌——融个人于集体之中。虽如此，梳理那些年山西体育界的大事，也是在梳理他们那代体育人的历史，毕竟他们是那段历史的操盘者。

  1958年4月21日至30日，山西省工会第四次代表大会在太原海子边大礼堂召开，席炳午代表第三届委员会作了《团结全省人民，为多快好省地建设社会主义而奋斗》的工作报告。此后不久，席炳午离开山西，赴上海任职。在上海工作期间，有关他的个人资料仍很匮乏，但我还是在一份关于"运10"飞机的回忆文章中意外发现他的名字："1980年9月初，经协商，三机部党组同意成立'运10'飞机首次试飞领导小组，由三机部副部长何文治任组长，市国防工办副主任席炳午任副组长。""运10"是中国航空发展史上的一件大事，席炳午竟与"运10"联系在一起，惊喜之余，深感其不该被人忘却，即使他的个人资料少之又少！

1952 年

中华全国体育总会山西省分会成立,选举王中青为主席,吕尧卿、任小凤、李立功、张新铭、陈盛甫为副主席。

省教育厅、卫生厅、省工会、团省委、省妇联、省体育总会、省军区、省人民广播电台联合发出在全省厂矿、企业、机关、学校、部队、居民中推广广播体操的通知。

王中青：扛大旗 拓新路 三晋铸丰功

刘宁

王中青（1910—1990），原名王忠卿，中共党员，山西长治北郊捉马村人。上世纪二三十年代，中国内忧外患，救亡图存的各种先进思想也影响到这个从小富有正义感的青少年。1924年，王忠青考入山西省立第四师范学校，与赵树理等人发起并领导了驱逐国民党反动校长的学潮运动，反动政府教育厅以"图谋不轨，蓄意捣乱"之罪名开除其学籍。1930年，王中青以优异成绩考入并州大学预科，两年后又考入山西教育学院，其间，接受了马列主义思想，参加了共产党的外围组织，积极加入地下革命斗争和抗日救亡运动。七七事变后，共产党领导的八路军北上抗日来到了山西太行山地区，王中青投笔从戎，参加了八路军。抗日战争和解放战争中，王中青一直在部队从事宣传教育工作，1948年冬，参加接管太原的工作。1956年至1966年任山西省副省长，主管全省的文教工作，1979年再次出任山西省副省长，1984年离休，1990年3月31日逝世，享年80岁。

王中青一生酷爱学习，性喜钻研，兼之受过革命部队这座大熔炉的长期锤炼，无论思想上、学识上和作风上，堪称山西一位杰出的领导干部，单就开创和发展我省的体育事业方面，亦做出了相当突出的贡献。

1949年12月，中华全国体育运动委员会山西省分会筹备委员会成立，王中青任副主任；1950年5月，中华全国体育总会山西省分会筹备委员会成立，王中青任主任；1952年11月，中华全国体育总会山西省分会正式成立，王中青被选举为主席。

据省内老一辈体育工作者回忆，王中青对体育工作的本质、任务和方针认识高，领会深，常以马克思学说阐述体育工作的重要性，强调德智体全面发展的教育方针，曾多次引用毛泽东在《体育之研究》

一文中指出的体育是"寓道德之舍，载知识之车，无体则无德智也"的道理教育体育界人士。在他担任副省长分管体育工作期间，常把体委和教育、卫生及工、青、妇等部门联合起来，通力配合协作，认真扎实地开展各种群众性体育活动。那时，省体委和有关各部门每年都就体育工作召开联席会议，并联合组团下基层检查工作，每年学校、企事业单位、农村中的各种群众性的业余活动，例如比赛、评比、现场会、培训班、辅导站、锻炼队等活动，均开展得有声有色、异常活跃。山西省的群众体育工作，在他主政下，多次被评为全国先进省。

在发展山西体育事业、执行普及和提高相结合的方针中，王中青采取了许多重要而有效的措施：一是健全体委机构；二是制定了《山西省体育发展十年规划》；三是成立了山西体育学院（后改为中专性质的体育学校，后又改称体育运动学校）；四是在上世纪60年代初困难时期修建了体育馆，改善了训练设施。对山西体育事业而言，即使站在今天的高度去回望王中青主政的那段历史，他所做出的这些事迹仍然是具备奠基性和开创性意义的。另外，在全省体育工作的具体指导和建设方面，王中青深谙辩证法，建立了一套完整而系统的理论纲领。他要求运动员不但要刻苦训练、出成绩、破纪录、争锦标，而且要重视学文化、学理论，加强思想作风方面的锻炼提高，要定期下乡、下基层进行表演、比赛，辅导基层业余运动队，用自己的好思想、好技术、好作风感染群众，同时也是向群众学习的机会。在群众业余活动中，他要求要不断发现人才，然后定期集训，这样一方面可以作为优秀运动员的后备力量，另一方面也可为基层培养运动骨干，更好地推动基层的体育活动。搞体育，就要重视业余培训工作，因为这是普及和提高相结合的中心环节。王中青的这一体育思想，是很科学的方法论，直至今天仍有其现实指导价值。

王中青对山西体育事业的感情，用许多山西体育界老同志的话说："那是用语言难以说清楚的。"他非常关心优秀运动队的训练，经常深入运动队看训练、看比赛、作报告。每次作报告时，一般没有讲稿，顶多有个简单的讲话提纲，讲起话来语调高昂、形象生动，富有鼓动性和教育性，大家很爱听。他很关心运动员的伙食，要求要请好厨师，要讲求营养；要请好大夫，特别是请懂推拿懂骨科的大夫；要不断总结经验，使运动员在经过大运动量训练后能够迅速恢复体力，使有伤病的运动员能够及时得到治疗，尽快恢复健康。因此，许多教练员、运动员都很感激他、亲近他，彼此建立了深厚的感情。王中青能脱口叫出许多教练员、运动员的名字，这种亲密如战友的情义，反过来又促使他们自觉训练的积极性异常高涨。

尤其对自行车这个运动项目，他更为重视和关心。日常他除定期听取汇报外，还经常深入基层了解情况，和队员谈心，作专题报告等。对于一些优秀运动员的名字，他记得很清楚。不仅如此，就连他们的训练情况、身体状况，也都了如指掌。1965年在北京召开全国第二届运动会时，担任山西代表团团长的他，为了大赛取得好成绩，不负山西人民的厚望，整日不辞劳苦，深入各队了解比赛方案，落实人员安排，特别是亲自跟随自行车运动员进行全程训练，有时在公路上竟长达两小时之久，训练结束后还要提出具体的指导性意见。在正式大赛之前的赛前动员会上，他说："求其上，得其中；求其中，得其下。"以此充满哲理、富于启迪的古语，鼓舞自行车运动员们奋勇拼搏，力争上游。即使许多年后，这些运动员回忆起当年的这一幕来，仍心潮澎湃。

王中青对举办全省运动会、承办全国性的运动会和参加全国的运动比赛非常重视，他认为运动员队伍的精神面貌和运动水平是全面反映一个地区整个国民经济发展水平的重要窗口。每次重大比赛，他都亲自担任筹委会、组委会主任，亲自主持筹备工作，解决实际问题。1959年举行第三届省运会，他专门为大会批拨肉、油等副食品，抽调车辆，保证大会顺利进行。当年恰逢新中国成立10周年，中央决定在国庆前夕举办中华人民共和国第一届全国运动会，比赛和表演项目多达40多项。当时山西群众体育基础还比较薄弱，专业运动员只有100多人，比赛项目不足10项。要在首届全运会取得好成绩，困难很大。

省体委多次向王中青汇报请示，决定参加全部项目。这就意味着很大的经费投入，并要动员社会各方面的力量，组织队伍，进行集训和选拔人才。为此，王中青尽了最大努力，帮助省体委克服和战胜种种困难。最终经省委同意，组织了一支2000多人的队伍进行集训。集训中，王中青数次深入训练场地，并作动员报告，激励运动员们鼓足干劲，刻苦训练。1980年8月第二届全国中学生运动会在太原举行，王中青亲自担任筹委会主任。这次大会规模大，有1500名运动员参赛。为了开好这次大会，省政府专门拨出专款，翻修了体育场，主席台加盖了顶棚，召开了隆重的开幕式，组织排练了团体操、背景台、军体项目的表演，特别是飞机跳伞，安全直落杏花岭体育场。飞机跳伞降落体育场的表演，在我国还是首次。这次运动会开得很成功，广受社会好评；成绩也好，其中有7人次打破了世界纪录，我省运动员进入全国前6名的有22人，取得了突出的成绩，为山西省争得了荣誉。山西体育工作能取得这种质的飞跃，和王中青密不可分。

第一届和第二届全国运动会，王中青都担任山西代表团团长，亲临现场，亲自动员，具体指导。在1959年第一届全运会上，我省运动员有10人14次破全国纪录；39人、3队75次破53项省纪录；有110名运动员受奖，其中获得金牌8枚、银牌9枚、铜牌10枚；山西自行车、摔跤项目的成绩享誉全国。在1965年第二届全运会上，我省运动员有3人5次破全国纪录；59人82次破56项省纪录；获得冠军12个，亚军6个，季军8个；最突出的是自行车、摔跤、飞机跳伞和射击等项目，时至今日，山西这些传统体育项目，仍在全国居于领先地位。赛后，王中青还亲赴良乡飞机场与山西跳伞运动队员合影留念。概括而言：在全国第一届至第五届运动会中，山西最低也在全国排名第11位；最好的是第四届，山西排名第6位，处于全国上游水平。

山西的体育事业，在王中青直接领导和主持工作期间，整体水平有了显著提高，多项成绩领先，在全国确立了体育大省的形象。

据仍健在的省内老一辈领导同志回忆，王中青之为人，个性耿介，坦荡磊落，博学多识，才情横溢。他听下属汇报工作，要求简单明了，能办就办；若不能办，必讲清道理；解决问题，从不拖拉，从不含糊。看待和分析问题，常有独特见解，但有时亦失之偏激，说话不免"走火"。此所谓金无足赤、人无完人，丝毫无损于他一生之光辉形象和崇高业绩。

我观王中青遗照，中等身材，丰瘦宜度，体态挺秀，凛然有将军气概。常着一身合体的灰色中山装，整洁严肃，有时外加一件同样色泽的风衣或外氅，更显庄重潇洒。一头浓密乌发整齐地梳向脑后，凸显出象征智慧的前额。双目炯炯有神，透过金丝框眼镜，闪烁着热情和光彩。端正的虎鼻，气质中正，不卑不亢，直言快语，秉性爽直。原省体委副主任、王中青的老部下王立远同志，曾作散文诗一首，表达对王中青的绵绵追思。兹抄录如下：

"他的一生，充满真诚的激情，青春的火焰燃烧始终；

他的一生，无私无畏，磊落光明，逆境不气馁，顺时不骄矜；

他的一生，倾尽心血，忘我耕耘，硕果累累，奉献终生；

英姿形象，铭刻吾心，楷模榜样，激励后人，敬悼千古，含笑花丛。"

1953 年

全省冰上运动会在太原举行。

山西省人民政府体育运动委员会成立,副省长邓初民兼任省体委主任,王紫峰、史纪言兼任副主任。

邓初民：推动山西体育扬帆初航

蒋殊

1949年10月1日之后，中国各行业都欣欣然开启了新的帷幕，包括体育。饱经风霜、涅槃重生的中国人，更加意识到"体育强"对一个国家的重要性。

体育强，则国运兴。中华人民共和国中央人民政府成立后，就组织召开了全国体育工作者代表大会。会上提出了新的号召，那就是建设"民族的、科学的、大众的"新体育。1952年6月10日，毛泽东特别为中华全国体育总会题写了"发展体育运动，增强人民体质"12个字。

随着中华全国体育总会与中央人民政府体育运动委员会的相继成立，体育运动在新中国大力铺开。

山西也不例外。1953年，山西省人民政府下发了（1953）省人字第330号通知，要求加强对全省体育工作的组织、领导和协调监督，大力开展体育工作。在各方的支持配合下，山西省体育委员会于9月22日成立，由邓初民出任第一届主任。他并非专职体委主任，彼时还有山西省人民政府副省长及山西大学校长两职在身。

体委副主任委员为当时省军区司令员王紫峰、省文委副主任史纪言；委员有省卫生厅厅长任小凤、省教育厅副厅长冯毅、省工会代主席席炳午、省妇联主席黎颖、团省委书记卜虹云、山西大学体育教授陈盛甫、山西大学体育讲师樊振中、省文委秘书主任刘梅。刘梅兼任体委秘书长。

9月22日上午10时，以上11人在体委驻地太原市都督南街87号召开了第一次体委委员会议，初步绘出山西省新的体育蓝图。

军区、文委、教育、工会、团委……回望这一名单可知，这第一届体委班子尽管是兼职，却是一些关键部门的关键人员，从这些部门入手，山西体育的大门必然会顺利而有力量地开启。

这些之前从未接触过体育的人，从此肩上挑起一份大任。他们知道，中国立志要改变旧日体育的落后面貌，须得各省助力；而他们，必须要全力托举出山西力量。

山西体委成立后编制为22人，实际只有12人。体委的主要工作任务是在省政府的指引下，统一领导和监督全省的体育事业，配合协调监督各部门和社会团体的体育工作，同时负责检查上述部门对国务院、省政府发布和批准的关于体育运动方面的决议、命令、指示、条例、制度等方面的贯彻执行情况，管理本委的直属机关事业单位、学校。

这年10月，山西省体委机关设立了群众体育组、竞赛组两个部门，专项工作有序展开。

紧接着，省政府（1953）办秘字发出第334号通知，为体委颁发铜质印鉴一枚。印鉴由之前的长方形改为正方形，宋体字，印文依旧为"山西省人民政府体育运动委员会印"。

1953年10月22日，该印鉴正式启用。

一枚崭新的印鉴，一批崭新的体育人，一份崭新的体育事业，在山西这片大地上激情展开。

十几名兼职者重任在肩。在邓初民的带领下，他们抽出有限的时间，定思路、立目标、理思路、找人才。在他们的大力推动下，各地、市、县体委相继成立。

体育，体育，整个山西都行动起来了。

其实在体委成立之前，这一年太原已经进行了几场大的体育运动：一是1月9日的全省冰上运动会；二是3月16日举办的山西省篮球与排球运动会；三是4月5日至10日的华北区篮球、排球、网球、羽毛球运动会，20日省军区第一届体育运动大会；四是4月份受华北体育分会委托举办的篮球、排球、足球、乒乓球选拔赛。

4月20日，山西省还派出由50人组成的代表团赴归绥（今呼和浩特）参加了华北区人民体育运动大会。这次运动会上，山西体育代表团获得总分第四名，并且分获田径1500米、5000米、10000米三项第一名。

邓初民既是一名优秀的领导者，又是著名的社会科学家，国家级有突出贡献的教授。对于新中国的山西体育事业，他这个首任体委主任自然尽职尽责。不仅狠抓体育运动，培育运动人才，扩展体育场地，还努力挖掘体育历史文化。这一年，在阳高县许家窑、芮城县匼河、襄汾县丁村、霍县、沁水县下川、新绛县西马村、万荣县西桌子等地，先后挖掘出众多的各类石球，特别是阳高县出土的一千多个石球，成为距今已有10万年的旧石器时代的文物。那是原始人类用以投猎获取食物的工具，也是现代体育投掷项目中器械的原始形态。

1953年12月，邓初民不再担任山西省副省长与山西大学校长，因此也把更多的精力放在山西体育事业上。1954年5月13日至21日，他在太原市组织召开了山西省第一次体育工作会议。会上，传达了中共中央关于加强人民体育运动工作的指示，听取和通过了《1953年全省体育工作总结和1954年体育工作计划》报告。

为大力培养体育人才，1954年7月份，省体委举办了体育干部培训班，在全省范围内招收了50名毕业生进行培训，这批学员毕业后也成为山西省发展体育事业的骨干力量。

1954年10月份，又召开了山西省第一次学校体育工作会议，传达了中央关于"劳卫制"工作会议精神，交流了推行"劳卫制"预备级的经验。

劳卫制，是劳动与卫国体育制度的简称，即通过运动项目的等级测试，促进国民特别是青少年积极参加各项体育运动，以提高身体的体力、耐力、速度、灵巧等素质，达标标准按年龄组别制定。这是由前苏联创立的一项制度。1951年北京制定出台与"劳卫制"相仿的《体育锻炼标准》，率先开始实施。1954年，国家体委使用"劳卫制"之名，颁布了《准备劳动与卫国体育制度暂行条例和项目标准》。同日，国家体委、高教部、教育部、卫生部、团中央、全国学联等单位发出了《关于在中等以上学校中开展群众性体育运动的联合指示》，在全国中学和大学中掀起群众性体育活动的热潮，各大高校纷纷开展"劳卫制达标满堂红"活动，要求90%以上的学生通过一年的体育锻炼，"劳卫制"通过三级以上或其他单项体育项目的任一个达到三级运动标准。

20世纪50年代后期，随着中苏意识形态方面的分歧，加上接踵而来的三年自然灾害，粮食与副食品严重短缺，国家开始实行"休养生息"政策，学校的体育运动大多减少或停止，包括"劳卫制"。1964年，中央正式废除"劳卫制"名称，由《国家体育锻炼标准》取代。1974年改名为《国家体育锻炼试行条例》至今。

1954年，山西省体委工作逐渐趋于正规，机关由太原市都督南街87号迁至太原市东陵里1号院。

国运兴则体育兴。邓初民任山西体委主任只有短短的两年，然而他与他的团队成员认真践行国家对体育的新制度，为新中国成立后山西体育工作把了脉，明确了方向与目标，蹚出一条崭新的路子。

新中国成立之后的山西体育事业，就在他们的推动下，徐徐扬帆启航了。

1954 年

山西省第一次体育工作会议在太原召开,传达中共中央"关于加强人民体育运动工作"的指示,听取1953年全省体育工作总结和1954年体育工作计划。

王紫峰传

李金山

1905年6月18日，王紫峰出生在湖南省耒阳县（今耒阳市）芭蕉圩青苔冲，父亲王淑桂、母亲王钟氏都是勤劳、善良、俭朴的农民。王紫峰兄弟姊妹六人，他是长子。家里只有5担秧旱田和两小块茶山，父亲另租了10担秧旱田，再给人打些短工，勉强维持一家人的生计；母亲操持家务，一家人的衣服都是她自己织布、裁剪、缝制的，她给孩子们的鞋帽上都绣上花，让他们穿得漂漂亮亮的，十里八乡都夸她贤惠能干。

王紫峰9岁起读私塾，12岁却不得不辍学，帮助父母养家。农活之余，王紫峰跟母亲学会了织布，15岁他进入布坊，成为织布匠，一天能织5丈布，就在这一年，母亲积劳成疾，撒手人寰。4年后，父亲也在贫病中离世。年仅19岁的王紫峰不得不挑起家庭重担。

家庭贫苦使王紫峰倍感社会不公。他喜欢听老人们讲故事，梁山108位好汉造反、岳飞抗击金兵等，他佩服那些杀富济贫的绿林好汉、英雄豪杰。

1926年8月，北伐军来到耒阳，王紫峰被选为区农民协会粮食筹备委员会委员。1927年春，他又被选为区清算委员会委员，4月，由中共耒阳县十三区区委书记吴子荣介绍，加入中国共产党。

1928年2月，朱德、陈毅率领工农革命军独立第一师进驻耒阳。耒阳县18个区相继建立了苏维埃政府，王紫峰的家乡十三区，区委书记吴子荣兼任苏维埃主席，王紫峰任区赤卫队长，因作战勇敢，被区苏维埃政府誉为"杀敌英雄"。3月底，朱德率领工农革命军独立第一师撤出耒阳县城。王紫峰掩护主力部队顺利转移后，带领部分赤卫队员上了井冈山，拿山整编时，被编入工农革命军第四军十二师三十三团，任班长。4月28日，南昌起义和秋收起义的两支革命武装胜利会师井冈山。经红四军政治部主任兼第十二师师长陈毅同意，王紫峰留在红四军军部手枪队，任副班长。手枪队的主要任务是保卫军部首长的安全。在手枪队，王紫峰经常聆听朱老总的教诲，受益匪浅。6月起，王紫峰在宁冈县做了一个月的分田工作，分田工作结束后他回到井冈山，分配到副官处，并在红四军三十团短暂工作。8月，王紫峰调到红四军二十八团特务连任司务长。11月，毛泽东为书记的中共湘赣边区特委创办了湘赣特委训练班，王紫峰被派去学习。

1929年1月，王紫峰从训练班回到部队后，被派到红四军工农运动委员会工作。工农运动委员会下设工运、农运、妇运、青运科，王紫峰任农运科科员。不久，工农运动委员会撤销，王紫峰分配到红四军第三纵队第六支队第十八大队任宣传员并兼任支部书记。12月，王紫峰调任第六支队宣传队宣传组长。

1930年5月，王紫峰调任红四军第一纵队第一支队第一连政治委员，多次受到上级表彰。1931年10月，第三次反"围剿"战役后，王紫峰调到三十四师一〇二团二连任政治委员，仅用半年时间，就使这个连改变了落后面貌。1932年4月，王紫峰进入红军总政治部团政委训练队受训。毕业后，分配到红五军团十五军四十三师一二九团任政治委员，把该团改造成战斗力强、守纪律、听指挥的红军团，受到红十五军首长表扬。

1933年4月，王紫峰调任一三五团政委。6月，中央苏区部队改编，师以下部队逐级缩编，师缩编成大团，王紫峰调任第四十二团（大团）总支书记。不久，调任第十四师四十一团（大团）代理政委。

1934年4月，王紫峰所在的十四师由于战斗减员严重被撤销，所剩部队连同师直属队一起编成两个大团，由王紫峰带一个团编到红一军团，被留在红一军团直属队任总支书记。10月，红军走上漫漫长征路。11月，王紫峰调任红一军团教导营总支书记，教导营主要负责保卫军团首脑机关。1935年10月19日，红军到达陕甘苏区吴起镇。1936年2月，王紫峰调任红一军团随营学校政治教育主任。

1937年7月7日，日本侵略军制造了卢沟桥事件，国共两党实现第二次合作。8月中下旬，中国工农红军主力改编为国民革命军第八路军，红一方面军主力改编为第一一五师，王紫峰任一一五师教导队政治教育主任。8月22日，一一五师分两批从陕北出发东渡黄河，开赴华北抗日前线。一一五师奉命在平型关一战阻击日军。24日，王紫峰一方面率教导队一大队维持上寨至大营的交通，另一方面派一大队的两个分队到大营去接八路军副总指挥彭德怀，并护送到前线指挥部。王紫峰率一大队协同兄弟部队封锁消息，侦察敌情，勘察地形，联络友军，做好战斗准备。25日拂晓，日军板垣师团二十一旅4000余人、100多辆汽车、200多辆大车，进入我军伏击圈，我军居高临下，以迅雷不及掩耳之势，向日军发起猛烈攻击，取得了著名的"平型关大捷"。自拂晓平型关战斗打响至13时战斗结束，王紫峰率一一五师教导队第一大队胜利完成上级交给的战斗保障任务。10月4日，一一五师政训处进驻河北省阜平县城，王紫峰调任一一五师政训处教育科长。

1940年初春，晋察冀军区成立第五分区，王紫峰任政治部主任。第五分区所辖雁北地区历来为兵家必争之地，该地区日军多、战斗力强，军事斗争异常激烈。王紫峰协助邓华司令员开辟雁北抗日根据地，一方面开展政治整军，提高部队的军政素质、思想觉悟和纪律观念；另一方面开展大生产运动，进行生产自给，减轻人民负担。8月下旬开始，王紫峰协助邓华司令员指挥五分区军民参加了著名的"百团大战"，负责打击浑源、灵丘、广灵之敌。王紫峰带领机关参谋人员，反复研究作战方案，制订了详尽的作战计划，做好了充分的战前准备。10月8日夜，总攻击开始，我军向日军发起突袭，打得日军措手不及。特别是在攻占北口、南坡头、风岭战斗中，聂荣臻称赞他们："打得十分干脆、漂亮！""百团大战"期间，第五分区实施战斗9次，歼灭日军500余人。

1940年11月11日，王紫峰调任晋察冀军区四分区政治部主任。1942年6月17日，经地委领导杨春茂、黎克夫妇介绍，王紫峰结识了专区民族革命中学女校长郭永林，10月4日，经晋察冀军区政治部批准，结为伉俪。1944年，王紫峰进入晋察冀边区党校学习，兼任党校第三队党支部书记。

1949年2月，华北军区第三兵团第一纵队和第六纵队改称中国人民解放军第二十兵团第六十六军和第六十八军。王紫峰和肖新槐由六纵（后六十八军）调六十六军（原一纵），分别任政委、军长。根据中央军委部署，华北军区第十九、二十兵团和第四野战军炮兵第一师，3月挺进山西，与华北军区第十八兵团、第一野战军第七军，会攻太原。

太原地势险要，城防坚固，易守难攻。早在日本占领时期，就是五里一碉、十里一楼（炮楼），又经阎锡山几年苦心经营，形成以太原城为中心的"百里防线"，筑有5000多个大小堡垒，纵深30公里，组成三层防线；以城北的钢铁厂等四大要塞为主要支撑，把太原建成了要塞化城市。

六十六军配属独立第五十五师按总前委的命令，部署在太原城北，任务是：一、消灭太原城外围之敌；二、从太原城小北门突破登城，会同兄弟部队全歼城内守敌。

4月20日，太原战役开始，六十六军首先开始扫清外围，一九七师率四个团由阳曲湾、阳曲镇（太原旧城东北12公里）突破。驻阳曲湾、阳曲镇守敌七十一师二二一团主动放下武器。峰西之敌在六十六军猛烈的炮火袭击下，不敢抬头，被六十六军一举突破。接着六十六军又突破敌人的第二道防线，一举占领了四大要塞之一的炼铁厂和化工厂、机车厂、兵工厂、修理厂、窑厂等全部工厂区，直逼太原城下。外围战役阶段，六十六军共俘敌5000余人，缴获的武器堆积如山。

4月22日，太原前线司令部向太原守军发出"放下武器，和平解放"的最后通牒，遭到拒绝。4月24日凌晨5时30分，攻城部队对太原发起总攻。王紫峰等凌晨4时进入指挥所。六十六军指战员不等炮兵火力延伸，即提前发起冲击，强行架梯登城。6时40分，六十六军一九七师五八九团首先登上太原城。一九八师、一九六师也随后攻进城内，直插纵深。守敌多次反扑，均被六十六军击退。7时20分，其他军也从不同方向攻入城内。11时30分，全歼太原守军，战役结束。六十六军取得了登城第一功，第五九八团荣获兵团授予的"登城先锋"奖旗。太原战役中六十六军歼敌4个师共17200余人，缴获大量武器弹药和军用物资，并涌现出大批功臣模范。

太原解放后，六十六军又奉命围攻大同，大同守敌投降。至此，华北全境解放。

6月15日，二十兵团奉命留驻华北担任保卫海防的任务。6月28日，六十六军进驻天津以西地区，负责保卫平、津东大门和守卫渤海海防。

1949年10月1日，开国大典在北京举行，毛泽东向全世界庄严宣告："中华人民共和国成立了！"王紫峰参加了庆典。

1950年4月，王紫峰等军首长奉命组织六十六军转入生产。10月23日，王紫峰等率六十六军入朝作战。1951年3月15日，六十六军奉命归国休整。六十六军入朝作战5个多月，毙、伤、俘敌17680人，涌现出1000多位英雄人物，先后有262个单位、2112名个人立功，也有1911人英勇捐躯。彭德怀司令称赞六十六军："一次比一次打得好，越战越强！"4月中旬，进驻天津、沧州地区，负责防御渤海地区并拱卫京、津。10月，朝鲜民主主义人民共和国授予王紫峰二级国旗勋章。

1952年5月，王紫峰被任命为山西省军区司令员，并兼任中共山西省军区党委书记。王紫峰兢兢业业，一丝不苟，他每天工作十多个小时，力争把各项工作做到最好。王紫峰去世后，省军区的老同志召开座谈会缅怀他，一致认为王紫峰在山西省军区工作这段时间，"是军区内部建设搞得最好的时期"，"是军区上下关系最融洽的时期"，"是军区领导班子最团结的时期"，"是军区和省委关系最密切的时期"，"是军政关系、军民关系、军队建设、民兵建设最好的时期"，一句话，"王司令员在山西省军区工作这10年是省军区最好的时期"。

1953年9月22日，山西省人民政府体育运动委员会成立，邓初民副省长兼任主任，王紫峰、史纪言兼任副主任。1953年，华北地区在太原市举行球类比赛，王紫峰副主任为男子排球冠军队天津代表队颁了奖。

1955年4月21日，王紫峰被国务院任命为山西省体委主任（兼）。此前的2月18日，山西省人民政府体育运动委员会更名为"山西省体育运动委员会"。

1955年9月，王紫峰被授予中将军衔，并荣获二级八一勋章、一级独立自由勋章、一级解放勋章。1956年，王紫峰被任命为北京军区后勤部政委，但因接替他的人身体有病不能坚持工作，故其仍回山西省军区工作。

1957年2月7日，国务院任命郭宗汾为省体委主任，接替了王紫峰。虽然已不再兼任山西省体委主任，王紫峰仍应邀出席了1958年10月19日在太原市杏花岭体育场举行的山西省首届体育运动大会的开幕典礼。参加典礼的还有国务院副总理、国家体委主任贺龙元帅，国务院副总理聂荣臻元帅，全国人大常务委员会副委员长罗荣桓元帅，公安部部长罗瑞卿大将，最高人民法院副院长、最高军事法院院长陈奇涵上将等。贺龙等人此次是路过太原，王紫峰与诸位留有合影。大概当时正值省体育运动大会开幕，山西省领导就邀请了他们，王紫峰可能主要是为陪同。山西省委书记、代省长卫恒在开幕词中，叙述了山西省几年来体育方面取得的成绩。这些成绩的取得与王紫峰的贡献分不开，王紫峰听来应该感触颇深。

王紫峰在此前的工作中，积累了丰富的经验，他也把这些经验运用在体育工作中。在体委主任任上，他十分注重体育教育和干部培养。1955年7月15日至8月20日，国家体委委托中央体院举办全国第一期干部培训班，山西派出杨镇、贺群柱、杨毅、张富才4位同志参加培训学习。同时接收军转干部充实体育干部队伍。1956年1月，省体委组织十多所大、中学校的体育教师编写田径、篮球、排球、足球项目的技术课教材；7月，太原体育学校成立，招生100人；9月1日，太原市业余体校成立，这是我国第一批建立的业余体校之一，同月，省体委、教育厅还联合举办了全省中等学校体育教师学习会，传达贯彻全国中等学校体育教学大纲。王紫峰也非常重视宣传工作，山西省体委创办的《山西体育报》，是我国最早的体育专业报之一。

在其兼任山西省体委主任将近两年中，山西省体育事业发展很快，成为体育大省。1957年4月，山西省女子篮球队在全国篮球丙级联赛中获得冠军，升为乙级队，同月，山西省男、女乒乓球队，在全国比赛中分别被列为全国甲级队第五名和第十名；5月5日至7日，山西运动员陈立祥在重庆举行的全国夏季田径对抗赛中，以10秒4的成绩，战胜全国著名短跑选手刘静仁、梁建勋等，获得男子100米第一名，崔世一获得一万米竞走第一名；10月23日至30日，全国篮球丙级联赛在南昌市举行，山西省女子篮球队获得冠军，晋升为全国乙级队……他亲手组建的省军区篮球队蝉联五年全省冠军，亲手组建的省军区排球队也保持了五年太原市冠军。王紫峰自己也十分重视体育运动，工作之余经常与机关干部、战士一起打球。

1960年，王紫峰被再次任命为山西省军区司令员。1961年12月，调任北京军区副政委，分管民兵等工作。1968年5月，"文化大革命"开始不久，应本人要求，王紫峰免职休养。1994年9月30日，王紫峰因患肺心病医治无效，在解放军总医院逝世。

1955 年

山西省人民政府体育运动委员会改为山西省体育运动委员会。王紫峰兼任山西省体委主任，吕尧卿、郭全成为副主任。

省工会、省体委和团省委联合召开全省第一次职工体育工作会议。

吕尧卿

郭萍萍

1897年只是清朝末期的普通一年，就在这一年，吕尧卿在山西祁县出生了。吕尧卿在清王朝的衰败没落中长大，国家的内忧外患对于年幼的他来说只是一种懵懂的感觉，但他从小就深深地感受到了农民生活的疾苦和无奈。清王朝的覆亡，并未实质性地改变吕尧卿的生活，他仍旧在毫无安全感中过着看似平常普通的日子，内心备受煎熬，他不知道这样的生活何时是个头。1937年，抗日战争全面爆发，吕尧卿亲眼见到侵略者给我们的国家和人民带来了什么，他再也没有办法熟视无睹，此刻他分外清醒，清楚自己身上的责任和肩上的重担，于是做出了一生中他认为是最正确最明智的决定——参加革命。

在参加革命的日子里，吕尧卿虽然依旧要面临缺衣少粮和随时都可能牺牲的风险，可是他内心却分外充实和兴奋。他将自己过去40年中内心积攒起的无奈、愤怒、焦虑、不安，全都化为前行的动力。面对敌人，他心里没有一丝的畏惧，骁勇善战，所向披靡；面对大后方支持抗战的群众，他踏实可靠，值得信赖。吕尧卿点点滴滴的付出和表现得到了群众、战友和领导的认可，也通过了党的考验，1942年，吕尧卿光荣地加入了中国共产党。有了党员身份的激励，在生活和战斗中，吕尧卿更加积极要求进步，他把相对舒适的生活条件让给更需要的战友，而面临最危险的战斗时，他总是主动请缨。在一次次的战斗中，他的军事才干也渐渐显露。在整个抗战期间，吕尧卿历任山西抗日决死纵队一总队大队长、太岳一军分区参谋长。1948年8月，根据中共华北局和华北军区的决定，太岳区的全部正规部队升编为十五纵队。十五纵队成立后，太岳军区一度取消，成立警备司令部，1949年1月1日，太岳警备司令部又改称太岳军区，吕尧卿担任副司令员兼参谋长。1949年9月，由原晋中军区及太行、太岳军区各一部合并组成中国人民解放军山西省军区，吕尧卿任副参谋长。

吕尧卿是新中国成立的参与者和见证者。在新中国成立前，他度过的是戎马生涯；在中国人民真正站起来后，吕尧卿服从组织安排，义无反顾地投身于强身强国的体育事业。1952年11月，中华全国体育总会山西省分会正式成立，选举吕尧卿为副主席。1955年，他转业到山西省体育运动委员会，任党组书记、副主任。从1952年开始，吕尧卿与山西体育结下了不解之缘，他将自己的后半生托付给了山西体育事业。

新中国成立初期，摆在中国人面前的实际情况是：经济落后，民生凋敝，温饱问题尚未解决，人民平均寿命不到40岁；各个行业百废待兴，亟须人才队伍建设。这样的状况使中央领导特别重视体育的作用：保家卫国需要人民有强健的体魄，百废待兴的新中国建设也要求人们有旺盛的精力和健康的身体。在这样的情形下，发展体育事业，意义重大，责任艰巨。吕尧卿毅然挑起了重担，一头扎进发展山西体育事业的大潮中。

吕尧卿担任中华全国体育总会山西省分会副主席期间，一次偶然的机会，他看到了1952年6月10日毛泽东为中华全国体育总会的题词"发展体育运动，增强人民体质"，兴奋地说道："太好了，太好了，我们现在的中国太需要发展体育运动，增强人民体质了。"从此，"发展体育运动，增强人民体质"成为刚投身体育事业的吕尧卿的坚定信念，也成为他开展工作的宗旨和衡量工作成效的标准。

有了信念的指引，干起事来就有了方向。吕尧卿首先着眼于群众性体育运动的开展上。在群众性体育运动中，广播体操的推广是重中之重。吕尧卿得知自1951年广播体操推广以来，机关、城市学校、厂矿等已取得了较好的成效，但是，在基层的推广效果并不明显，有些妇女看那么多人在一起扭腰、伸展、蹦跳，就不由得害羞，找给孩子喂奶、家里有事等各种借口推辞。吕尧卿听说后多次召集大家商讨对策。他们分析后认为，广播体操之所以在基层没有得到有效的推广，主要是因为宣传工作没有做到位，有些群众的认识还没有跟上，下一步应该加大宣传和培训力度。单是1954年一年，省、市体委举办业余体育训练11次，培养训练了广播体操领操员多名，对山西广播操的推广工作起了很大的推动作用。

吕尧卿在任期间，组织实施了省人民委员会1956年批准的《山西省体育运动委员会组织原则》，共7条。其中第一条规定：山西省体育运动委员会在省人民委员会领导下，负责统一领导与监督全省体育事业，发展体育运动以增强人民体质，培养人民勇敢、坚毅和集体主义精神，并向劳动人民进行共产主义教育和运动纪律教育。据此，上世纪五六十年代，全省体育机构人员编制配备与体育设施等由省体委统一编制计划，下达到地、县实施。据统计，省体委行政编制由1955年的22人增加至1960年的76人。成立了体育学校、体育学院、国防体育俱乐部和3个航空俱乐部以及体育领导组、干训班、山西体育报社、电影队等，全部配备了负责人，总编制增加到1960年的1063人。各地县由1955年的太原、大同、长治3个市增加到1958年的5个市级、5个地级、67个县级体委，配备专兼职干部143人，地市体育事业编制由1955年的35人增加至1960年的546人。

上世纪50年代至60年代前期，全省群众性体育活动活跃。最为普及、参加人数最多的活动是"劳卫制"和广播体操。据统计，全省职工中坚持做操的达4万多人，参加"劳卫制"锻炼的工人、农民、干部等遍布城乡，参加人数最多的一个单位占到总人数的百分之五六十，加上田径、球类等运动的人数，总人数占到80%，涌现出了新绛纺织厂、太行仪表厂、汾阳实验小学等全国体育红旗单位和万荣县海鸥女子锻炼队等先进单位。与此同时，各级各类学校配备体育教师，制定体育教学和单项技术教材，举办体育教师讲习会、研讨会、学生运动会，建立起新的学校体育教学秩序。60年代前期，广泛开展了群众性游泳、射击、通讯、登山活动，全省230多人参加。

吕尧卿既重视群众性体育运动，也积极推动山西省竞技体育运动的开展。因为吕尧卿明白，群众体育和竞技体育二者既相互区别，又相互联系，在实际工作中，要坚持群众体育和竞技体育的有序、协调推进。在他和同事们的共同努力下，各级各类竞技体育赛事层出不穷。1954年，全省共举办了省、市级运动与选拔赛等共19次，参加的运动员共5443人，运动竞赛项目包括篮球、排球、田径、体操、自行车、乒乓球、武术等。为了提高山西省竞技体育的水平，吕尧卿曾组织邀请华北体育工作队、北京联队等来太原、大同等地进行友谊比赛，省内有些市区的男女篮、排球代表队也举行了联赛、友谊赛。

1958年9月，吕尧卿收到《中共山西省委关于迎接第一届全国体育运动大会的指示》："省委认为，必须鼓足干劲，苦战一年，急起直追，迎头赶上，使我省的体育事业来一个大跃进、大发展，并在第一届全运会中，一定要争取力争上游，打破若干项世界纪录。"他既激动，又紧张。激动是因为这是新中国成立以来体育界的第一次全国范围的盛会，是全国水平最高、规模最大的综合性运动会，而且还是庆祝新中国成立10周年活动的一部分。作为一名体育工作者怎么不激动？紧张是因为这将是山西体育发展10年成果的集中展示，是向党和国家汇报成绩的时候，而且全运会是全党全民的一项重要的政治任务，只有一年的时间了，在大考前怎能不紧张？在这一年中，吕尧卿一直默默地关注并支持着选拔上来的运动员们，谁有困难，吕尧卿想尽办法帮助其解决。看着运动员挥汗如雨地训练，吕尧卿心中更增添了一份欣慰与自信。

一年的时间，看似漫长实则转瞬即逝。1959年9月13日至10月3日，第一届全国体育运动大会在北京举行。吕尧卿作为山西代表团的副团长陪同400名运动员前来参加比赛。赛前，吕尧卿一再提醒教练要随时关注运动员的情绪，让他们轻装上阵，安心比赛，稳定发挥。在赛场上，只要是有山西运动员参加的比赛，吕尧卿在座位上连眼睛都不敢眨一下，生怕因自己的一个"小动作"影响了运动员的发挥。每项比赛结束，吕尧卿都会给获得优异成绩的运动员送上最真挚的祝福，也会用一张笑脸或一句暖心窝的话，宽慰那些发挥失常的运动员。他最惯常说的一句话是："没什么的，总结经验教训，下次发挥好就行。"

在 20 天紧张激烈的角逐中，山西运动员取得了较好的成绩，向山西人民交了一份满意的答卷，共获得金牌 10 枚、银牌 7 枚、铜牌 9 枚，在参赛的 29 个代表团中，山西排第 11 名。共 10 人 14 次破 10 项全国纪录，39 人 75 次破 53 项省纪录，有 110 名运动员荣获奖章、奖状。全省各行各业为山西运动员拼搏进取的精神所鼓舞。

山西代表团载誉归来后，吕尧卿没有丝毫松懈，他想将第一届全运会上山西运动员的情况、表现整理总结出来，记录成册，以供参考。他的想法得到了领导和同事们的认可和肯定。作为一名曾经的军人，在部队中养成的雷厉风行、言出必诺的品质，此时得到了有力的彰显。就在 1959 年 10 月当月，《山西省代表团参加第一届全运会（专刊）》付梓出版。书的封面上，印有第一届全运会的会徽。会徽由金色的跑道、金色的麦穗和力量感十足的鲜红的"1"组成。每当看到这个会徽，就会让人想起当时山西运动员及默默付出的幕后工作人员的昂扬热情和无畏斗志。

受三年自然灾害和国家财政困难的影响，原本四年一届的全运会时隔六年终于要在首都北京重燃战火。1965 年 9 月 11 日至 28 日，吕尧卿仍作为山西代表团副团长陪同 208 名运动员前来参加。有了第一次全运会的经验，山西代表团在此次运动会上再接再厉，成绩优异。在 29 个参赛代表团中，山西排名第七。获得奖牌数与上届基本持平，金牌数量相同，银牌和铜牌数量各少一枚。

1966 年 5 月，"文化大革命"拉开帷幕，山西的体育事业也基本处于停滞不前的状态，显现出凋零败落之貌，直到"文化大革命"结束。

作为新中国山西体育事业的见证者和推动者，吕尧卿心中一直牵系着山西体育事业的发展，他想着多建一些体育场所，多选拔一些优秀的体育人才，多发展学生体育，多发展群众体育，在春节期间多组织一些体育活动丰富人民群众的生活……他想得很多很多，有的实现了，有的则成了未尽的遗憾，尚需我们后来人接棒。1972 年，曾经披靡沙场、一心发展山西体育的吕尧卿永远地离开了我们，享年 75 岁。

1956 年

山西省万荣县"海鸥"女子锻炼队成立,成为全国农村妇女参加体育活动的先进典型。

山西省体育工作会议在太原召开,研究确定1956年全省体育工作任务,决定广泛建立体育协会。

青山在，人未老

张乐朋

> 比荣誉更持久的光环是青春。——采访手记

辉煌的"海鸥"

20世纪50年代初，毛泽东发出"发展体育运动，增强人民体质"的号召，全国掀起了群众性的体育运动热潮，涌现出许多农民体育锻炼队。地处黄河岸边的山西省万荣县裴庄乡裴庄村的女子锻炼队也应运而生，成员主要是回乡知青和年轻姑娘。1956年三八妇女节，裴庄女子锻炼队正式成立，并取了一个响亮的名字——"海鸥"。（《海鸥》是一部前苏联小说的名字，主要描写卫国女英雄柴金娜的事迹，小说充满浓郁的青春和浪漫气息。）裴庄女子锻炼队以"海鸥"命名，是她们对革命英雄主义和浪漫主义的向往和崇敬，同时也打上了那个火热的社会主义建设高潮的时代烙印。这些"海鸥"们勇立潮头，在运动场上是运动健儿，在庄稼地里是劳动能手，她们移风易俗，引领风骚，体育和劳动两不误，成了全国的先进典型。《山西体育报》《山西日报》《中国青年报》《人民日报》、中央人民广播电台等多家媒体纷纷报道，山西电影制片厂拍摄了《海鸥女子锻炼队》纪录片，中央新闻纪录电影制片厂拍摄了《海鸥在飞翔》新闻片，"海鸥"女子锻炼队的知名度像插上了翅膀，飞向全国，甚至飞向世界。

"海鸥"女子锻炼队，是黄土地上开出的群众体育之花，也是中国社会体育发展史上涌现出来的新生事物。榜样的力量，源自榜样特有的精神，"热爱体育、顽强拼搏、多能兼备、持之以恒"的"海鸥"女子锻炼队精神被总结出来了，"海鸥"的事迹和精神鼓舞感染了全国人民，也得到上级领导的高度重视。1959年初，全国文教群英会和全国农业先进单位代表大会在北京召开，"海鸥"锻炼队队长刘青莲

和副队长刘淑玲出席大会，受到了毛泽东、周恩来、刘少奇、朱德等党和国家领导人的亲切接见。1959年12月14日，刘青莲又出席了山西省首届体育积极分子会议，受到时任山西省委第一书记陶鲁笳、国家体委副主任荣高棠等领导的接见。

"海鸥"女子锻炼队誉满全国，蜚声国外，还曾收到一位前苏联朋友的来信和寄赠的礼物。"海鸥"队的姑娘们曾经获得的荣誉及其知名度，是现在那些坐在镜头前扭捏撒娇的小"网红"们永远不可能企及的。

转眼半个多世纪过去了，那位曾经享誉全国的"海鸥"队队长刘青莲，也淡出人们的视野。按"海鸥"1956年建队起算，已经63年过去了，按古人三十年为一世计算，"海鸥"队已经经历了两代人，难免被岁月层层遮蔽。屈指算来，第一批"海鸥"女子锻炼队的队员都在80岁上下，成了奶奶级的人物了。

寻找"海鸥"队长刘青莲

"海鸥"女子锻炼队属于典型的应运而生的时代产物，经历了从无到有、名满天下、红极一时的鼎盛状态，也经历了由盛而衰、名存人散、不为人知的式微状态。作为首任"海鸥"队长的刘青莲，也一定有着与"海鸥"队一样的起落和遭遇。世易时移，时代更迭，那些风云人物去了哪里？奇迹是一时的，生活之旅却是漫长的，"海鸥"们离队纷飞之后，她们的生活又过得怎么样呢？

省体育局提供的刘青莲简要事迹是："万荣县'海鸥'女子锻炼队队长，全国农村妇女体育典型代表。"联络方式显示："无法联系。"

通过运城作协副主席王振川帮助，辗转获得了刘青莲的联系方式：平阳重工家属区，在侯马市。

2019年5月17日下午3点多，侯马市作协主席潘文军、副主席于海威和我一起来到刘青莲家楼下。刘青莲和老伴儿在门口迎候，果然是闻名不如见面，见面胜似闻名。刘青莲言谈举止、体态样貌很显年轻，头发细密，目光清亮，脸上有皱纹，但肤色很好，身材清瘦苗条，说一口爽朗响亮的晋南话，透出充沛的活力，丝毫不像一位年届八旬的老人家。裴庄乡副乡长在电话中跟我说过："她看上去连60岁都不到。"举手投足之间，刘青莲自有一种见惯场面的从容不迫的气势，落落大方，热情开朗，很有明星范儿。她的身上依然留有敏捷和矫健的气质，她坦言这确实与锻炼分不开。

走进刘青莲家的客厅，面积不大但整洁有序。墙壁上挂着山水字画，电视柜上摆放着大幅彩色的"全家福"。墙角的案几上摆放着大大小小的相框，镶嵌着黑白照片，最引人瞩目的一幅是刘青莲穿着胸前印有"海鸥"字样的运动服拍的半身照，人像安排在对角线上，追求一种英姿飒爽的动感效果，满满的青春气息。照片中的刘青莲眼神单纯明亮，装满了那一代人特有的对于新社会的美好憧憬。其他生活小照，脸上也带着英秀之气，即使在集体照中也很容易一眼识别。

坐定之后，说明来意，希望刘青莲能谈谈"海鸥"女子锻炼队的经历以及对她后来生活的影响，重点讲讲她离开"海鸥"队之后的工作和生活经历。

"1964年正当海鸥队方兴未艾时，万荣县委抽调我搞'四清'运动。'文化大革命'开始，'四清'运动中断，于1968年回村小任教。于1970年随夫调到侯马平阳机械厂平阳小学工作，并于1995年退休。"这段话摘自刘青莲提供的材料。

而在当天采访时刘青莲侃侃而谈的讲述中，了解到比这简历语言生动丰富得多的内容。根据采访记录整理出的几个小故事，可以反映出刘青莲离开"海鸥"之后的曲折经历。她不是想象中"九万里风鹏正举"那样一帆风顺，而是"深藏功与名"，像普通人一样遭遇了各种挫折，品尝了酸甜苦辣，过着平凡踏实的生活。

1. 组织给她牵"红线"

"海鸥"第一批队员纷纷出嫁离队，刘青莲的思想也受到触动。虽然到过省城京城，见过大城市大场面，接受过农家姑娘想象不到的荣誉和奖励，可不管她飞得多高，最终还得落回裴庄。晋南的农耕文化底蕴深厚，旧的传统习俗也根深蒂固。一方水土养活一方人，当时村里的姑娘十八九岁就找婆家嫁人了，刘青莲才22岁，就成"大龄女子"了，连她的父亲也埋怨她忙"海鸥"忙得耽搁了婚姻。

刘青莲要找对象，组织也为她操心，帮她物色了一位远在湖南从事军工工作的邻村青年，同样根正苗红的年轻党员林先生。几个月处下来，两个情投意合并且具有共同理想的年轻人喜结连理。

说起自己的婚事，刘青莲笑呵呵地说："我们是真正的闪婚。"

在采访结束时，刘青莲还特别补充，她和林先生在一起很幸福。他们育有二女一男，从"全家福"上看，添了两个外孙女和一个孙子，一大家子，幸福美满，其乐融融。

2."借干"闹出的笑话

采访中，刘青莲无意中道出，新中国成立前裴庄村的老百姓大部分信教，肯供女孩儿进学堂读书。刘青莲1940年出生，她能在新中国成立初期就成为"回乡知识青年"，得益于童年时期有读书的机会。其次，刘青莲在家里排行最小，家里比较娇惯，甚至不去勉强她学习纺线织布等姑娘出嫁前必须掌握的女红。唯其如此，刘青莲才可以全部身心投入到社会活动和集体活动中来。

刘青莲不会纺线织布，婚后她便从头开始，到姐姐家学织布，姐姐把大门关起来，怕她露丑给别人看见。凭着要强和聪明劲儿，她很快掌握了纺织技巧。

大队派她去公社学习棉花分级，遇上了负责"借干"搞"四清"的领导。"借干"就是从农村抽借政治过硬、思想先进的年轻干部，刘青莲自是不二人选。上级领导找她谈话，要她去党校集训，她拒绝了。她结婚成家了，有了回归家庭的想法。

组织决定要培养她，开始对她进行说服工作。

于是，刘青莲背着箩筐去地里掰玉米，通讯员就骑着车子从家里一路追到地头。刘青莲丢下箩筐钻到玉米地里躲起来，姐姐替她打掩护，通讯员指着空箩筐说："莫非她的箩筐自己跑来的？"通讯员是组织上派来的，唬得青莲姐姐不敢吱声。

等通讯员一离开，姐妹们纷纷说，叫你工作是好事，我们想去都去不了呢！

刘青莲仍不为所动。

一计不成来二计，社里的干部上门做婆婆的工作，问婆婆是不是拉青莲后腿了。婆婆大呼冤枉，让青莲赶紧去工作，省得大家说她长短。

经过三番五次多方做工作，刘青莲才重新出来工作。接下来的四年，她被派到洪洞、金井、垣曲等县搞"四清"，直到"文化大革命"爆发，工作队解散重新安排。

"海鸥"之后，青莲依旧

刘青莲是"海鸥"女子锻炼队的第一任队长，是社会主义建设高潮时期的群众体育代表人物，几十年来，一直得到国家体委和省体委的关注和关怀。1979年山西省召开体育先进单位和个人代表大会，刘青莲作为特邀代表出席，并进入主席团。1999年新中国成立50周年，央视体育频道播出采访刘青莲的节目，其时刘青莲年届六旬，仍在镜头前将篮球掷入篮筐。

到了教育岗位上，刘青莲不吃老本，不居功自傲，埋下头来踏踏实实从头干起，发扬"海鸥"精神，主动热情，奋发有为。她一直担任班主任，所带班是年级里的先进班，她也屡获"模范班主任""先进工作者"和"教学能手"等称号。

1995年退休后,她又当上"楼长",老有所为,参与居民处组织的各项活动,给退休职工排练文艺节目,参加文艺演出。

有的人就像一团火,燃烧着生命,感染着他人,把平凡的生活过得有声有色。刘青莲就是这种人,如今她年届八旬,仍壮心不已,坚持体育锻炼,为周边的人做着力所能及的事。正如刘青莲的自述里所言:"海鸥队成立至今60多年了,但激情燃烧的难忘岁月历历在目,我的青春是美丽的、缤纷多彩的。"

结束采访,刘青莲和老伴坚持送我们下楼来。她向我透露说,今年"二青会"的火炬传递她没能参加,北京冬奥会火炬接力时,她要报名争取当火炬手。

刘青莲目送我们上车离开,当时已经是下午6点10分,原计划采访1个小时,以免打扰老人家太久,没想到不知不觉竟谈了3个小时。

返回途中,我一直回想着刘青莲的故事,想起伟人说过的一句话:人是要有一点精神的。刘青莲身上就有一种精神,敢作敢为、迎风破浪、百折不回的"海鸥"精神,这种精神也成为她生命中永恒优美的青春旋律。

1957 年

山西省第一届工人体育运动大会在太原举行，6市19个县830名选手参加，7名运动员打破4项1956年全省最高纪录。

全省首届体育积极分子代表会议在太原召开，中共山西省委第一书记陶鲁笳、代省长卫恒为太原重机厂等20个单位颁发"银盾奖"，国家体委副主任黄中、副省长王中青讲话。

郭宗汾任山西省体育运动委员会主任。

儒将的风采

高海平

56岁走上全新的工作岗位，对于郭宗汾来说，确实是个考验。从国家层面来讲，贺龙副总理兼任国家体委主任，我国的体育运动风生水起，有声有色，国际赛场上捷报频传。道理是相通的，理顺了关系、脉络，自然会水到渠成、瓜熟蒂落。

1957年1月7日，国务院任命郭宗汾为山西省体委主任。走上新的领导岗位，郭宗汾的思想确实有过一番斗争。体育工作不同于自己曾经熟悉的血与火的战场，不同于军事院校的教学工作。体育工作非常特殊，既要抓好竞技体育，也要抓好群众体育。而在新中国成立时间不长的1957年，我国的体育事业还处于刚刚起步阶段。

郭宗汾上任伊始，局里的人对他充满了敬畏。同事眼里，他是一位需要仰视的人物，尊重是发自内心的。郭宗汾已有所觉察，心想，跟同事们合作共事，一定要打消大家心中的顾虑，否则，工作寸步难行。他每个部门去走动，与大家亲切地打着招呼，笑脸盈盈，谈笑风生，既有军人的风采，又有儒士的风度。召开会议时，先谈工作，后拉家常，丝毫不提自己的过去，不摆老资格。他把自己归零，重新开始。

过去对于郭宗汾，酸甜苦辣咸一应俱全。从履历表上看，确实有能震慑人的地方。他是河北河间人，故乡与山西隔着一座巍巍的太行山。冥冥之中自有定数，早年自保定陆军军官学校第九期步兵科毕业后，他翻越太行山来到山西，与山西结下了不解之缘，一待就是20多年。在阎锡山"会说五台话，就把洋刀挎"的狭隘的地方保护主义环境下，一步一个脚印走上高位，实属异数。少尉参谋、上尉参谋、中校参谋兼作战股长、上校参谋处长、北方国民军总司令部参谋长、第七军第十九师少将师长，参加了北伐战争。1931年任第六十九师第二〇二旅旅长，兼运城警备司令。九一八事变后，驻守太原的南大门——平遥。

1934年参加蒋介石主办的庐山军官训练团。1936年任第七十一师师长。七七事变后,帮助阎锡山筹划抗日军事。是年9月率部参加平型关会战。10月上旬参加忻口会战,亲临前沿阵地指挥所部抵御日军,坚守阵地,直至11月初奉命撤退。有关这次撤退,后来在太原文瀛湖畔的大会堂里,召开过一次会议,对阎锡山错误主张进行了必要的反思。

随后参加了太原保卫战,在汾河以西策应傅作义守城。太原沦陷后,奉命在平遥、文水一线掩护各部撤往临汾、灵石等地,并负收容之责。1938年春率部反攻太原,与日军激战两昼夜,失败后转到晋西北临县、离石驻防,奉命实行运动战,建立抗日根据地。是年6月升任第三十三军中将军长,后调任第四十三军军长。1940年秋,调任第二战区长官部参谋长。1945年日本投降后,在太原参加受降仪式。1948年11月调任第十五兵团司令官……

好长一段文字,几乎每一个字都掷地有声。这是郭宗汾在山西的经历。

不久,赴北平(今北京)就任华北"剿总"副司令。北平和平解放后,任联合办事处副主任,与共产党人通力合作,顺利完成了国民党军的改编、编余等善后工作,获"和平功臣"之荣誉。中华人民共和国成立后,任华北军政大学高级军事研究室主任、军训部高级研究室副主任、南京军事学院教官。1954年当选为全国政协委员。

郭宗汾一生跌宕起伏,尤其在北平和平解放的重大事件中,他担任傅作义的签字代表。这一笔直接抵消了过去的一切,也把自己的人生送上了巅峰。

回想起走过的路,关键时刻、大是大非面前,总能够做出正确的选择。以前是军人,做出过轰轰烈烈的大事情;现在是行政官员,一定要证明自己同样也能干好。他有意识地放低身段,释放出信号:郭宗汾也是普通人,一个有七情六欲、有血有肉的人,一个平凡的人。

他的平易近人,很快使他走进同事们中间,和大家打成了一片。

工作中,他能够摆正自己的位置,体委主任主抓业务,党务工作由党组书记管，他从不越俎代庖。但是，对工作当中出现的吊儿郎当、自由散漫行为绝不迁就，纪律是实现目标的绝对保障。以军人的作风抓机关作风，是郭宗汾工作的独特之处。

强调学习文化的重要性。体委编制有三四十号人，大学生寥寥无几，大部分是初、高中学历，这对工作的影响是显而易见的。单位订了《人民日报》《红旗》等报刊，大家工作之余，阅读党报党刊的热情很高。郭宗汾要求，阅读报刊是必须的，可以了解时事政治、国际国内形势，而读书才能解决知识结构上的不足，是提高自身修养的重要法宝。他虽为军人出身，但饱读诗书，满腹经纶，"粗缯大布裹生涯，腹有诗书气自华"。他多次派年轻人出去进修深造，比他早一年进体委工作的景永魁，就是其中的受益者。郭宗汾善于观察人，琢磨人，使用人。他发现景永魁爱学习，上进心很强，就不断鼓励他，派他去省政府举办的进修班学习。初中学历的景永魁自然不会放过这难得的机会，后来成了体委响当当的笔杆子。

郭宗汾一再强调，体育人首先要爱体育，不喜欢体育，不懂体育，怎么能做好体育工作呢？于是，工作之余大家便纷纷走出办公室，加入到运动的行列，这样既锻炼了身体，也熟悉了工作，两全其美。羽毛球、乒乓球、篮球，各种运动项目大家争相参与，连空中跳伞这样的危险项目也亲自体验。

篮球比赛成为大众喜闻乐见的一项赛事。从省城太原，到各地区县市，每周举办篮球比赛。规模有大小，水平有高低，这是次要的，重要的是全民参与。到了周末，篮球场聚满了人，球员打得投入，观众看得开心。太原杏花岭区有一块阎锡山时代留下的运动场，地面没有硬化，但简陋的条件丝毫不影响大家比赛的热情。省级机关、部队等单位踊跃参与其中，场面热火朝天。这项赛事成了群众体育的一个品牌。郭宗汾看在眼里，乐在心里，这正是他想要的结果。

郭宗汾明白，体育能在关键时刻起到关键的作用，体育代表了和平；体育能够上升到战略的高度，和平时期，不仅仅强身健体，还是振奋民族精神、团结向上的象征。尤其是群众体育,参与度越广,这种价值和意义就越发明显。

1958年10月19日至27日,首届山西省运动会在太原市杏花岭体育场举行。这是郭宗汾担任省体委主任后迎来的第一个重大赛事。国务院副总理、国家体委主任贺龙元帅出席了开幕式,并为大会题词:"鼓足干劲,锻炼身体,建设祖国,保卫祖国。"这无疑给了运动员和教练员以极大的鞭策和鼓舞。2031名运动员参赛,打破2项全国纪录,刷新39项山西省纪录,涌现出1150名等级运动员。

为了打好首届全国运动会,山西省委、省政府采取非常规手段选拔人才。1959年2月15日至20日,在临汾举办了第二届省运会。1959年5月10日至16日,在太原举办了第三届省运会。本应四年一届的省运会,却在7个月内举办了三届,这样的比赛密度,实属罕见。其目的明确,就是为首届全运会选拔人才。其间,压力最大的当属郭宗汾,集训运动员、慰劳运动员,既要给他们加油鼓劲,又要适当减压,其难度不比指挥一场战役小,甚至更大。久经沙场的郭宗汾,在体育战线也是一名出色指挥员。不管时间多么紧、任务多么重,依然能够按部就班,沉着应对。

第一届全国运动会于1959年9月13日至10月3日在北京举行。山西省共有379名运动员参加了田径、篮球等34个项目的比赛、获得10枚金牌、7枚银牌、9枚铜牌,排在第11位。这是一个不俗的成绩,甚至可以说很辉煌,郭宗汾心中的石头终于落地了。回家后他没有急着庆功祝贺,而是埋头呼呼大睡,老伴走过去体贴地为他掖了掖被子,释然地笑了。

她见过郭宗汾太多的煎熬日子,备战全运会的前前后后,应该是郭宗汾最难熬的一段时光。当年给阎锡山当参谋长,都能气定神闲,游刃有余。阎锡山从官邸来郭宗汾参谋长办公室说事,一进门,还没等其开口,郭宗汾便知其来意,主动从文件柜里抽出卷宗递上去。而在体育上,郭宗汾是门外汉,是生手,但是,他凭借自己的智慧和胆识,赢得了回报。

经一事，必能明一理。打仗靠的是士兵的冲锋陷阵，体育比赛靠的是运动员的奋力拼搏。郭宗汾对一线运动员关爱有加。有一次，乒乓球队在沈阳比赛，郭宗汾前去看望。小队员们群情振奋，一举夺得好成绩。郭宗汾分外高兴，从衣兜里掏出钱，让身边的工作人员给队员们买雪糕。队员们大部分都没有吃过雪糕，兴奋得舍不得吃。雪糕也就几分钱，这几分钱的意义可大了。感激之情和雪糕一起融化在每个运动员的心里，化作力量，化作斗志，化作坚定的信念。

三年自然灾害期间，体委的训练工作依然在坚持。当时，山西宁武的管涔山林区野兽出没，影响到当地农民的生产和生活。体委派射击运动员驻守林区射杀野猪等有害动物，以减少农民的损失，而猎物则划拨给专心训练的运动员，以改善其伙食，保障训练水平，体委的领导干部一律不准享用。当时，每个人的粮食月供应量只有24斤，又没油水，个个饿得浮肿，手指摁在皮肤上就是一个坑，半天起不来。即使如此，郭宗汾也不破例。这种坚持原则的作风，让人肃然起敬。

在如此困难的情况下，山西省第四届运动会于1965年5月29日至8月1日举办，时间长、跨度大。11个项目的比赛分散在各地、市举行，为第二届全运会秣马厉兵。

第二届全运会于1965年9月11日至28日在北京举办。山西208名运动员参赛，获得了10枚金牌、6枚银牌、8枚铜牌，名列第七。与首届全运会相比，金牌数一样，奖牌总数减少了，排名却提升了4位。排名在前的，有解放军队、上海队、北京队等传统强队，山西队能在如此艰苦的条件下取得这样的成绩，可谓奇迹。

闭幕式上，国务院副总理陆定一总结说："运动员们鼓足干劲，力争上游，敢于斗争，敢于胜利，有24人10次打破9项世界纪录，有330人469次打破130项全国纪录，大批刷新了各省、市、自治区纪录，涌现了许多年轻有为的新手。第二届全国运动会，充分反映了我国体育运动欣欣向荣、突飞猛进的景象，体现了我国年轻一代心怀祖国、放眼世界的革命英雄主义精神。"听了领导的讲话,郭宗汾眼含热泪。

1966年,郭宗汾离开了体委主任的岗位。为山西的体育事业他工作了整整10年,奉献了自己的力量。

1969年10月,郭宗汾去世,享年68岁。2019年,是他去世50周年,谨以此文向郭宗汾先生表达最深切的缅怀!

1958 年

山西省首届体育运动大会在太原举行,国务院副总理贺龙元帅、聂荣臻元帅出席开幕典礼。

体育跃进广播大会在太原召开,1万余人参加,宣布"加速开展群众性体育运动,提高运动技术水平的十年规划"。

省委文教部批准成立山西体育学院。

王立远与山西国防体育

闫文盛

早年履历

自1958年开始担任山西体育事业领导工作的王立远是山西榆次人，生于1919年，恰与五四运动同年。1958年之前，王立远的基本履历如下：

1. 早年就读于太原青年中学。
2. 民国26年（1937）11月投笔从戎，参加八路军工作队。
3. 民国27年（1938）2月，任八路军第一二九师民运工作队队员，9月任第一二九师卫生部干事、教育股副股长。
4. 民国28年（1939）1月加入中国共产党。
5. 民国31年（1942）2月担任抗日军政大学教员。
6. 民国32年（1943）3月调任第十八集团军总部交通队工作组组长。
7. 民国34年（1945）5月担任太行军区太原情报站站长，常驻太谷负责交通情报工作。
8. 太原战役前期，与张常仅、张全禧等多次深入阎军内部传递情报，为太原解放做出了突出贡献。
9. 民国37年（1948），担任太行军区司令部情报科科长。
10. 中华人民共和国成立后，历任山西省军区队列科、干部科科长。
11. 1956年任晋南军分区副司令员。

从事国防体育工作的始末——访王立远之子王左明

自1958年起，王立远开始转向体育工作，先任山西省国防体育协会副主任，后任山西省体委副主任、副书记。2019年5月27日上午，笔者采访了王立远长子王左明先生。以下，出自王左明先生的讲述：

——国防体育协会是干什么的？就是为部队培养陆、海、空后备人才，咱们国家把前苏联的国防体育协会模式拿过来，成立了国防体协（成立时间为1956年，全称为"中国人民国防体育协会"，其前身为中央国防俱乐部——笔者注），主任是李达上将。当时国家的体委主任是贺龙。因为我父亲原来在太行情报站、太行军区工作，李达原来在太行军区，所以他对我父亲很了解。成立国防体协以后，李达就要把我父亲调到北京。但是，国家成立了国防体协，各个省也要成立国防体协。山西的国防体协主任是谁？就是山西省军区副司令员蔡爱卿少将。蔡爱卿也是我父亲的老首长，他和李达也认识，所以山西成立国防体协，他就把我父亲给拦下来了。这样的话，我父亲就从晋南军分区副司令调任山西国防体协副主任，实际上是主持工作。我记得，我们全家是1958年暑假后举家搬迁到太原的，入住省农林体大院，当时叫厅长楼。（我父亲）应该是那时就任山西国防体协副主任的，至于之前的山西国防体协的筹备及活动应该没有参加。后来，国防体协与体委合并以后，他又到省体委当了副主任（1959年1月任职）。

——前面说过，国防体协是为部队培养陆、海、空后备人才。陆地项目有射击、摩托车，航空体育有滑翔、跳伞、航空模型，航海有摩托艇、帆船，整个就是按照前苏联那一套，1957年、1958年那会儿，搞得很红火。咱们山西成立了三个航校：大同航校、太原航校、长治航校。这使山西的国防体育发展占据了先天优势。现在太原小北门有个射击训练基地，当初是最早的陆上国防体协的基地……山西国防体育的很多工作，都是我父亲来了以后一手抓的。在他领导下，山西的陆、海、空三个项目发展得都很好。1959年，第一届全运会，航海摩托艇，卜国祥拿了冠军，后来他当了长治体委主任。成绩很好，人也不错。还有赵月英，女子跳伞运动员，跳伞打破过世界纪录。我们的三个航校，先后给国家共培养了几千名航空后备人才（滑翔员），这是当时国防体育最大的一个群体。山西航空后来到部队的很多很多，从滑翔员直接进入空军……

"文化大革命"期间,王立远被停职。

1972年,王立远恢复原任职务,并兼任山西省体育总会主席。此后十来年时间,山西的军事体育、航空体育一直由王立远主管。

"文化大革命"后,山西航空体育恢复得很快,山西跳伞运动队、航空模型运动队均在这一时期迅速发展起来,并多次在国内外比赛中取得优异成绩。山西跳伞队、航空模型队、射击队等,陆续有运动员入选国家队,成为国家队的主力队员。

晚年履历

1985年,王立远离休。"因为对武术比较热爱,包括在太谷活动时也认识了一些人"(王左明语),所以发挥余热,创办了山西省形意拳协会,并担任主席,经常在国内外组织比赛活动,推动了形意拳运动的普及和深入。

他积极组织全省武术挖掘整理工作,主持编纂《山西武术拳械录》。"王立远形意基金奖"的设立,为挖掘传承、弘扬光大形意拳做出了贡献。

20世纪90年代,他协助省委组织部落实了一批从事情报工作的老同志的待遇。

2006年7月7日,王立远逝世,享年87岁。

1959 年

　　山西体育代表团参加第一届全运会,获得 20 个项目的团体奖;110 人获得个人奖;10 人 19 次打破 15 项全国纪录;39 人、3 个接力队 75 次打破 53 项全省纪录。

　　山西女运动员周玉瑛在第一届全运会闭幕式上获得由周恩来总理、贺龙副总理颁发的金质"体育运动荣誉奖章"。

玉兰花开慕士塔格
——记女登山运动员、"体育运动荣誉奖章"获得者周玉瑛

周俊芳

2005年仲夏,记录中国登山运动辉煌业绩的画册《风雪50载》正式出版发行。画册以中国登山运动各个时期重大登山活动为主线,回顾中国登山运动发展的历程,展现了中国登山运动员不畏艰险、顽强拼搏、团结协作、勇攀高峰的英雄主义精神风貌,重温了中国登山历史的经典时刻。500余张各个历史时期的珍贵照片,将中国登山健儿攀登贡嘎山、慕士塔格峰、珠穆朗玛峰、南迦巴瓦峰等世界高峰的壮举,再现于世人面前。

其中一张三位女性运动员在雪山上的合影格外引人瞩目,她们是中国第一批女登山运动员。姑娘们英姿飒爽、气质卓然,其中右侧梳着长辫子挺拔健硕的女子,叫周玉瑛。1959年,登上"冰山之父"——慕士塔格峰时,她年仅21岁。

祖籍河北徐水的周玉瑛,1938年出生,1958年进入山西省地质厅从事技术工作。身体条件好又酷爱运动的她,从没有想到,有一天会登上7000多米的高峰,打破女子登山高度的世界纪录;更没有想到自己会受到周恩来总理和贺龙副总理接见,第一批获得中国体育运动的最高荣誉奖——"体育运动荣誉奖章"。

中国第一批女登山运动员

"山鹰飞过雪峰,慕士塔格耸入云中。哦,巍峨的冰山之父,你千仞雪顶,你万里雄风;你紧锁边关,你鸟瞰群峰。所有的雪岭都在你的脚下,所有的冰山都是你的子孙;你是祖国边疆的屏障,你是帕米尔的光荣。你千朵雪莲,你万树青松……"这首赞美慕士塔格的歌

曲高亢嘹亮，令喜爱登山运动的人热血沸腾，跃跃欲试。但60年前，周玉瑛和同伴并没有这般轻松惬意，在当时的困难条件下，她们身上承载着为祖国争光的责任与使命。

1955年5月，应苏联全苏工会中央理事会的邀请，中华全国总工会派人去苏联参加高加索登山营学习。随后与苏联运动员组成中苏帕米尔登山队，成功登上了帕米尔高原海拔6673米的团结峰和海拔6780米的十月峰。这是中国运动员首次登山。

1956年3月，中华全国总工会在北京西郊举办登山训练班。4月25日，这批队员在苏联专家指导下，登上我国东部最高峰——秦岭山脉的主峰，海拔3767米的太白山。

1957年，登山队登上了四川省西部海拔7556米登攀难度很大的贡嘎山顶峰。这是我国运动员第一次独立组队进行的攀登活动，也是首次独立征服7500米以上高峰。

1958年国家体委将登山列为正式的体育运动项目。同年4月8日，在北京成立了中国登山运动协会。同时，在全国范围内选拔人才，组建女子登山队。

刚满20岁的周玉瑛，身材魁梧，性格坚毅，野外勘探经验丰富。1958年6月，她被选中调往北京参加登山培训。短暂的学习培训，使她懂得了登山运动不仅可以锻炼坚毅、勇敢、顽强等优秀品质，还可以调查、勘测有关冰川的变迁、高山气候的变化和地质、地貌等情况，为经济建设和科学研究提供各种资料，对国民经济发展、国防建设具有重大意义。

热血青年周玉瑛，从心底里爱上了这项运动。她刻苦学习，钻研登山的知识和技术，训练过程中坚强乐观，从不叫苦叫累。经过一段时间的高强度锻炼，她腿部的耐久力得到增强，并掌握了登山的很多技能，具备了"勇敢者"的必要条件。

1958年8月10日，一个标志性的时刻，周玉瑛与队友袁扬、周泉英、姚慧君四人，随队登上了海拔5120米的七一冰川顶峰，创造了我国女子登山最早的高度纪录,从此拉开了中国女子登山运动的序幕。

到9月,周玉瑛一行与苏联登山运动员一起攀登海拔7134米的列宁峰。攀登到6900米时,只剩下周玉瑛、袁扬和姜英三位女运动员,而那张载入中国登山运动史册的经典三人照,便是在这一阶段拍摄的。

那天的情形非常糟糕,到了6900米这一高度,天气骤然变坏,刮起了暴风雪,能见度相当低。三人的体力严重透支,如此气候条件下,坚持登顶会有危险。为了安全起见,她们决定暂时放弃,选择下山。虽然没有登顶,可是到达6900米的高度已经相当了不起了。当时,全世界只有8名女队员到达过这个高度。中国登山队,特别是年轻的女子登山队员,在组队几个月时间里取得如此成就,殊为难得。

60年过去了,耄耋之年的周玉瑛回顾那段"初生牛犊不怕虎"的岁月,仍激情满怀,感慨万千。与周玉瑛同行的袁扬曾经对媒体如此说:"我们这代人,通过登山懂得了乐观和坚强,不会遇到挫折就打退堂鼓。只有坚持,人生才能顺利走下去。"

将慕士塔格峰踩在脚下

凭着满腔热情和不服输的精神,周玉瑛和她的同伴,踏上了国人尚不了解的登山征程。不过一年时间,她们就将目标锁定了"冰山之父"——慕士塔格峰。为有一天登上世界屋脊珠穆朗玛峰厉兵秣马,累积经验。

慕士塔格峰在中国西部帕米尔高原东侧,位于新疆塔什阿克陶县交界处,海拔高度7546米,与附近海拔7719米的公格尔峰、7595米的公格尔九别峰一起,构成了一道极为壮观的绝岭雄峰的美景。

从山脚下的卡拉库里湖边远眺,雪山就像一位白发苍苍的老人,当地人称之为"慕士塔格阿塔",慕士塔格意为"冰山",拉塔意为"父亲"。时至今日,在登山界,此峰乃是登山家的必经之地,但凡有意冲击8000米以上的山峰,都会选择从慕士塔格峰开始。但在当时,对周玉瑛一样的年轻登山运动员而言，慕士塔格峰还是高不可攀，难以企及。

中苏登山家们原本共同训练，合作一直很好，彼此之间也建立起深厚的友谊。1959年，按照双方协议，中国方面如期修建了从日喀则到珠穆朗玛基地营——绒布寺附近300多公里长的公路。然而，就在这时，苏联当局撕毁协议。面对"卡脖子、撂挑子"的行为，时任国务院副总理兼国家体育运动委员会主任贺龙元帅指示：中国人自己干，而且一定要干好！也相信一定能干好！

中国登山队迎难而上，再建新功。1959年7月7日，33名中国登山家集体登上了慕士塔格顶峰，其中包括8名女子登山运动员，周玉瑛便是其中之一。一朵美丽的玉兰花，终于绽放于雪山之巅。

登慕士塔格峰最佳时间是六、七、八月，通常会有连续的好天气周期。但周玉瑛一行攀登的过程还是困难重重，一波三折。出发的第二天，一股低气压从里海方向袭来，慕士塔格峰雪线以上顿时大雪纷飞，能见度不超过50米。当晚，狂风暴雪就席卷了整座山峰，登山队员搭建的帐篷几乎都被雪埋上了。

在登山之前，有西方国家的运动员叫嚣：中国妇女是不可能登上高山的。这种污蔑性的挑衅，对运动员刺激很大。她们的回答有力而直接："我们一定会登上世界高峰，你们等着瞧吧！"出发前，队员们还在营地宣誓：不把慕士塔格踩在脚下，决不罢休！

好在不久，气象预报显示，好天气即将来临。随后虽然天气转晴，可是风依旧很大。到达海拔7000米以上后，空气就稀薄得令人喘不过气来，高山反应使人头昏眼花，一点东西也吃不下去。多名队员出现了高山反应，到后来有的队员倒下后，站都站不起来了。周玉瑛也不能幸免，狂风呼啸着，把一块块冰花吹进衣领，脖颈像刀割一样疼得难忍。脚上穿着冰爪登山鞋的周玉瑛，几次从坚硬的冰坡上滑下来。但这些都无法挫败她继续前进的意志，她在心里倔强地说："冰雪、风暴、雷电，只能使我们更坚强、更勇敢！"

茫茫大雪使得走在最前面的队员判断失误，错把右前方的主座岩石当作顶峰，为此多走了一个多小时的冤枉路。在绕了一大圈之后，才到达真正的顶峰。第一批登顶的 6 名队员，焦急地等待后面结绳的队员，他们最关心的是女队员能否登顶。因为在此之前，世界上还没有一个女性达到过这个高度。

登山指导员王凤桐在《登山日记》中记载：……一个结组临近了，一模一样的灰色登山衣，无法辨出男女。史占春远远看见，大声问道：有没有女同志？来人上气不接下气地回答：有，藏族女队员潘多。大伙顿时欢呼起来，随后，女队员周玉瑛和其他 6 名队员也陆续登顶。

登山队全部登顶后，队长许竞把集体登上慕士塔格峰的 33 人签名的纸条放入铁盒，安放在山顶的石堆下面。纸条上写着：中国男女混合慕士塔格登山队，共 33 名队员（内包括 8 名女子运动员），于 1959 年 7 月 7 日北京时间 18 点 20 分登上慕士塔格峰。全体队员一致志愿，把这次登山活动作为向国庆 10 周年的献礼。

海拔 7546 米的登山高度创造了当时世界女子登山的最高纪录，打破了 1955 年由法国克·郭刚创造的 7456 米的女子登山高度世界纪录，同时也是我国女子登山运动员第一次打破登山高度世界纪录。33 名运动员同时登上 7500 米以上的高峰，这在世界登山史上也是第一次，充分显示了中国登山运动的实力。

载誉归来重回地质队伍

1960 年前后，我国经历了三年困难时期，人们普遍陷入饥荒和节衣缩食的状态。而即便如此，中国的登山英雄们却干出了一件让全世界都震惊的事：攀登珠穆朗玛峰，征服地球之巅。在财政困难的情况下，还专门拨出巨款用于购买攀登珠穆朗玛峰用的登山装备，各专业工厂为登山队赶制了羽绒登山服和加厚睡袋。这次登山活动不仅是中国登山家们的奋斗，它已经演变成一场全民族的抗争，一场全中国人与艰难险阻的最富有象征意义的抗争。

1960年5月25日，我国登山运动员王富洲、屈银华、贡布在队长史占春和王凤桐、刘连满的协助下，经过两个月的艰苦拼搏，首次从北坡成功登上了世界第一高峰——珠穆朗玛峰，从此跻身于世界登山运动的先进行列。

1961年6月17日，与周玉瑛同时登上慕士塔格峰的藏族女子登山运动员潘多、西尧，与其他两名男子运动员成功地登上了海拔7595米的公格尔九别峰，创造了当时女子登山最高纪录。

到1975年5月，中国科学考察登山队再次征服被称为"地球第三极"的珠穆朗玛峰，9名队员中有一名女运动员——周玉瑛登上慕士塔格的队友潘多，创造了男女混合一次登上世界最高峰人数最多和女子登山高度两项世界纪录。

遗憾的是，在1960年之后，根据组织安排周玉瑛离开登山队，重回地质部门从事技术工作。离开之前，她经历了一件令她一生难以忘怀的事件，见到了周总理和贺龙副总理，获得了一枚珍贵的体育荣誉奖章。

1959年9月13日，中华人民共和国第一届运动会在北京开幕，参赛的有各省、市、自治区及中国人民解放军等29个单位10658人。比赛项目36项，表演项目6项。有7人4次打破世界纪录，664人884次打破106项全国纪录……

10月3日闭幕式上，宋庆龄、董必武、周恩来、贺龙和越南胡志明主席等出席，贺龙副总理致闭幕词。大会首次向10年来打破世界纪录和荣获世界冠军的40多名运动员颁发"体育运动荣誉奖章"。至今，其仍作为最高荣誉，对世界纪录创造者、世界冠军和为体育事业作出重大贡献的运动员、教练员进行表彰。

时过境迁，沧海桑田，如今，周玉瑛的名字绝少有人记得，但这丝毫无损于她青春的那段芳华。因为，奋斗是青春最亮丽的底色。周玉瑛在21岁时登上7500米的高峰，对她而言，不过是奋斗的开端。

有生命的个体，会从青年变成老年，但奋斗的精神却永不会褪色。习近平总书记指出，没有广大人民特别是一代代青年前赴后继、艰苦卓绝的接续奋斗，就没有中国特色社会主义新时代的今天，更不会有实现中华民族伟大复兴的明天。

人民不会忘记，如周玉瑛一样为国争光的英雄们！

1960 年

全省首次农民运动会在临汾举行,来自5个专区、市的313名运动员参加田径、射击、举重、篮球四项比赛。

全国中国式摔跤锦标赛在太原举行,山西队名列团体第二,获得八个级别中的四项冠军。

谁是侯培昌

李义利

一所学校

1937年就参加了革命的侯培昌是临汾人，本以为履历翔实，可省市两级文史部门并没有他的档案资料。出现"侯培昌"三个字最多的，是《山西通志》第42卷《体育志》。

1958年，山西省委文教部批准成立山西体育学院。1960年，时任山西省体育运动委员会副主任的侯培昌任山西体育学院院长（兼）。侯培昌早已认识到，体育课的主要任务必须注重学生各项体能的全面发展，学校在日常教学实践中，既要严格要求学生认真参加体育训练，还要科学地提高学生的运动技术水平。同年，教育部召开了学校体育工作座谈会，并与卫生部联合颁发了《关于在各级学校中大搞爱国卫生运动和加强体育运动的通知》。学校卫生和体育工作有效结合之后，大大改善了运动员的健康状况。侯培昌明白，这一通知，为山西高校体育发展明确了方向。

随即，在侯培昌的推动下，山西体育学院进行了广泛而深入的教学改革，先后设立了教务处、后勤处、人事保卫科、房产科。学院设置方面，有本科、专科、预科和中专部。本科与专科直接由山西师范学院体育系合并而来。紧接着，学校新招了一个预科班和两个中专班，第二年，又办了一个教师进修班，专门培训基层体育教师。侯培昌还多方面了解全国体育教学最新动态，借鉴同类院校先进经验，趁热打铁，为全校师生采购了教育部最新修订的高校体育课教学参考书和多种教材。

学院建设的步伐一直在向前。侯培昌带领学院领导班子积极谋划各项工作的进一步发展，将新的办学计划递交省里，省人委批准了学校的学制方案。运动系，主要任务是培养专项运动人才，参加省内外各类比赛；体育系，主要是招收高中生，学制四年，培养中学教师；大专班，专门招收初中生，学制五年，同样是培养中学教师；中专部，招收初中生，学制三年，着重培养小学、初中教师；预科班，在全省范围内招收青少年，为运动系储备体育人才。如此，五位一体，齐头并进。山西体育学院的近千名师生，陆续成为新中国成立后山西体育事业的急先锋，他们大部分活跃在体坛一线，有的在各大赛事中屡获佳绩，有的依然坚守在教学岗位，还有的成为基层体育工作的佼佼者。

遗憾的是，山西体育学院在1962年因为种种原因被定为撤销单位，其中1959级、1960级、1961级的数百名本科和专科学生，于8月1日正式并入山西大学体育系继续完成学业。运动部划归省体委管理，中专部停办。侯培昌的体育工作生涯也戛然而止。

山西体育学院存在时间很短，侯培昌从事体育工作时间不长，但是山西体育学院对于新中国山西体育史来说，意义重大。截至1962年年初，山西省体育健儿在全国各类比赛中拿下了46个单项冠军和4个团体冠军，他们中不少运动健将，是从山西省体育学院走上领奖台的。这所隶属于山西省体育运动委员会的学校之所以能在特殊环境中取得令人欣慰的成绩，当然离不开侯培昌及其同事的功劳。1985年，国家体委授予侯培昌"新中国体育开拓者"称号，并为他颁发了荣誉奖章和证书。山西省获得此项荣誉的共有292人，其中，不乏侯培昌的同事和学生。

两件轶事

新中国成立后，全国体育事业是和国防事业紧密关联的，体育运动由国防体育和一般体育两部分组成。当时，山西省体育运动委员会设立了国防体育综合俱乐部，传统体育项目射击，就是由俱乐部承担训练任务的。1962年1月的《山西日报》还刊登过一篇报道——《体育运动要为生产和国防建设服务：省体委、省军区联合召开全省体育工作会议》，而体育界不少领导和工作者是参加过抗日战争和解放战争的军人，侯培昌便是其中一员。

抗日战争和解放战争期间，侯培昌担任过晋中三分区政治部副主任、华北独立六旅政治部主任等职，曾和开国少将胡立信一起出生入死，上阵杀敌。1949年4月24日，太原解放当天，带队接管太原的独六旅政治部主任侯培昌，反复对士兵们进行纪律教育，叮嘱他们不能打扰老百姓正常生活。进了城，士兵们"政纪观念强，所到之处，秋毫无犯"。在太原人眼中，这是一支真正的人民的军队。正是如此，作风过硬的侯培昌和他的同事共同管理的山西体育学院成了新中国成立后山西体育事业的摇篮。

1978年，随着国家体育运动委员会"发展体育运动，增强人民体质，提高体育运动水平，为社会主义物质文明和精神文明建设服务"职能的确立，国防体育融入整个体坛的"数据库"，包括国防体育在内的中华体育精神得到了延续，它与奥林匹克精神共同成为了新时期的体育精神，像侯培昌这样曾经为新中国体育事业建设尽心尽力的人们以及受体育精神培养成长起来的新中国运动员和教练员，继续在体坛上为祖国的体育事业奋斗着。

先辈的故事仿佛随着先辈的离去一溜烟不见踪影。从临汾到独六旅参加战斗的城乡、从晋中到太原，时间似乎没给科技发达、交通便利的现代社会一点面子，关于侯培昌更多的线索已然埋进了一次次平常的日升日落。

令人唏嘘的是，在孔夫子旧书网上，一个叫"天乐草堂"的书店正以5000元人民币出售山西体育学院1962年的一份中专部肄业证书，落款为"院长侯培昌"，时间是"一九六二年五月一日"。还有一份1967年由山西省体育运动委员会出具的侯培昌到北京看病的情况说明，售价300元。我问过店主老陆这两件旧物的来历，老陆回复我："十多年前，在太原南宫广场偶然看到，便买了下来。"我让老陆再讲讲当时的情景，老陆告诉我，那几年他酷爱收藏，听一个朋友说起过侯培昌，朋友的一位长辈曾经是侯培昌带过的兵，一直在南方生活，1999年回到山西。老人打算让老陆的朋友帮忙打听侯培昌的住所，没想到的是，侯培昌已经故去十载。

1961 年

山西省体育馆建成。

全国乒乓球锦标赛在太原举行,山西队获得一个第二名、五个第五名、一个第八名。

跳伞运动员赵月英在全国跳伞比赛中,打破女子 1500 米个人综合定点世界纪录。

"空中仙子"赵月英

蒋殊

1942年4月，重庆建起了第1座跳伞塔。那时候，山西武乡一个叫赵月英的女婴刚刚出生两个月。

童年、少年，赵月英的天空最多只有小鸟飞过。她没想到，有一天远方来人，让她与天空结了缘分。

那是1958年的一天，正在长治火星中学读初三的赵月英进入几位陌生人的视线。他们仔细看了这个女孩子的外形，问了一些问题，又做了几个简单测试，之后相互笑着点点头。

结束后赵月英才从老师那里知道，眼前几位来自山西省飞机跳伞队，这一次是来选跳伞队员的。与她一起被选中的，还有另外一名同学。

跳伞？这个词在她心里新奇而神秘。来人简单给她们讲了跳伞的情形。赵月英抬头望望天，想不出人从天空飞下来是什么滋味。在她的心里，天空是神秘的，只有鸟儿可以翱翔，人没翅膀，也可以吗？

她的内心涌起一股神秘的激动。

赵月英不知道，这次选拔运动员，主要为迎接第一次全运会。之前中共中央在其下达的《对体育工作的批示》中指出："为庆祝建国10周年举行的第一次全国运动会，将推动我国体育运动进一步发展，对国际上也有很大意义，因此必须开好。"新中国成立10周年，时代背景如此特殊，"这次运动会是在社会主义建设总路线的指导下，在全国范围开展'大跃进'、人民公社、全民皆兵运动，执行体育运动为生产和国防服务的方针，加强党的领导，政治挂帅，反对右倾思想，学习苏联和其他兄弟国家的先进经验的背景下进行的"，"其目的是普及群众体育运动，增强人民体质，提高运动技术水平，检阅我国体育运动十年来的成绩。以进一步团结全国体育工作者，推动群众体育运动的发展，迎接国庆十周年"。

新中国成立后的第 10 个年头马上到了，国家各项事业都在突飞猛进，体育呢？自然也到了受全国人民检阅的时候了。与其他省一样，山西也格外重视，因此在全省范围内公开寻找好苗子。跳伞，首先要求胆大、心细，其次就是身体素质要好，尤其是臂力。赵月英正是因为具备这些基本条件而被教练相中，然而训练还是超出想象，极其艰苦。再说，队领导早已把训练的重要性一而再再而三地告诉他们。他们明确知道，第一个重任，就是一年后的全运会。

赵月英一遍遍听下来，深知小小的自己其实肩负着巨大的重任。她心中暗想：国家培养一个运动员不易，一定要争气，争气！

太行山出来的孩子，朴实、倔强、有毅力。每天，赵月英按时走进各个训练场。跳伞训练包括空中与地面两种。如果天气晴朗，就在空中训练，反之就在地面，进行爬绳、长跑、跳平台、拉杠子，包括各种球类运动和田径运动。所有的训练都是为了增强体质，锻炼力量与灵活性，以适应飞机跳伞的需要。

"时间短，任务重，臂力腿力都跟不上。"今天，76 岁的赵月英想到最初的情形依然清晰。一项一项练下来，许多队员精疲力竭，她也是。

真想躺着休息啊，可是不行，她还主动给自己加码，在每个项目上多练一会儿。因为一年后的责任，总会不由自主地出现在她脑子里。

高压力高强度的训练结束后，赵月英的跳伞技术突飞猛进，成了队友中的佼佼者。

1959 年 9 月 13 日下午 3 时，在雄浑的《东方红》乐曲声中，平均年龄只有 21 岁的 10658 名运动员步入会场，接受毛泽东等党和国家领导人的检阅。那样的年代，全场 8 万多人的欢呼声与掌声可想而知有多热烈。那一刻，17 岁的赵月英就在这万名运动员当中。

庆祝新中国成立 10 周年的第一届全国运动会，拉开帷幕。

兴奋，激动，可能没有更恰当的词汇，表达当时运动员们的心情了。赵月英也一样，至今想来也还是无法说清。

一项一项比赛，不时有好消息传来。这届全运会上，共有 7 人 4 次打破 4 项世界纪录，有 664 人 844 次打破和新创 106 项全国纪录，有 2000 多人次打破各省、市、自治区的最高纪录，其中最著名的是游泳名将穆祥雄以 1 分 11 秒 01 的成绩打破男子 100 米蛙泳世界纪录。

观众振奋，国人振奋，运动员中掀起一轮又一轮的振奋。终于，万众瞩目下，赵月英披挂上阵了。碧蓝的天空、洁白的伞花、美丽的姑娘，那一刻，赵月英如同仙子一般，从空中飘然而下，人群沸腾了。尽管是仅仅训练一年的小将，尽管是如此重大的比赛，赵月英却极其从容。最终，她高水平发挥，连续取得三个单项前三名，携手山西女子跳伞队获得全国团体前三名。

赵月英一跳成名。不久，便离开山西，进入国家队。

新的环境，新的要求。赵月英训练更加刻苦，内心更是盯上一个新的目标，那就是要打破世界纪录。

一遍，一遍；一天，一天；一月，一月……赵月英向着靶心冲刺。

靶心，便是从天而降后用双脚触地的那个点。跳伞运动员落地的关键是"踩点儿"。那个点儿有多大？赵月英说直径只有 10 厘米。

从 1500 米的高空降下，要稳住身体，更要稳住心，最终稳稳踩中"靶心"，极其不易。

又是一年多的时间过去了。1961 年 3 月，在北京举行的优秀运动员跳伞比赛拉开帷幕。3 月 16 日这天，轮到赵月英出场，她参加的项目是女子日间 1500 米个人综合跳伞比赛。比赛中，每名运动员要跳两次，以两次距离靶心的平均距离计算成绩。

当时，这一世界纪录是 0.73 米。那天，赵月英第一次从空中落下，成绩正好是 0.73 米。欢呼之余，大家都明白这第二跳的关键。每个人都知道，只要稍好一点，就可以破纪录。但每个人也知道，这种阵势与强大的心理压力下，稍差一点的可能性也极大。

仰望空中，白色的伞花绽放了，仙子赵月英从天而降。人们顾不得欣赏美丽的场景，更多的是为美丽的仙子捏一把汗，尤其是她的教练与队友，深知每靠近地面一步就多一分艰难。

赵月英，或许是为这碧蓝的天空而生的吧！只见她淡定从容，不慌不忙。事后她说，当时脑子里没有一丝杂念。她的眼中与心中，只有一个10厘米的"点儿"，她与那个"点儿"已经经过一场又一场不偏不倚的约定。这一次，她知道那个"点儿"在等她，她更要信守承诺去赴约。

赵月英记得，那天天气特别好，心情也格外舒畅。众目睽睽下，她再一次飘然而降。

近了，近了，地面上的教练极其紧张，大张着嘴巴盯着弟子的每一分逼近。每个人都屏住呼吸，静待仙子降落。

稳稳地，赵月英踩中巴掌大的那个"点儿"。

"正中！"很快传来惊呼！

破了！破了！欢呼声不断。是的，赵月英以0.365米的成绩，轻松打破了这个项目的世界纪录！

赵月英！赵月英！一时间，场上场下都呼唤着这个名字。此时，她却独独感受着脚下那个"点儿"的温暖与力量。

打破1500米女子综合跳伞世界纪录，是每个跳伞运动员梦寐以求的事。人们只是没想到，这一纪录被一位入行只有两年的年轻中国姑娘打破了。

那一年，赵月英仅仅19岁！

1963年三八妇女节时，许多地方都放映了同一部特别的纪录片，片名叫《她们在高空》，拍的就是以赵月英为主的跳伞表演。美丽的姑娘们，神秘的天空，振奋着无数中国人。说起当年的场景，她没说自己当时多么高兴，只是说，当时认识她的人看到后，都为她高兴。

荣誉面前，她不骄不躁，反而更加努力。1963年7月21日，在北京举行了跳伞对抗赛。这一次，赵月英依旧没有让对她寄予厚望的喜欢她的人们失望，与队友携手再创佳绩，以平均靶心2.987米的成绩，打破女子日间1500米三人集体定点跳伞世界纪录。

1965年5月26日，赵月英与队友再战，在北京跳伞邀请赛中以平均靶心3.02米的成绩，打破了女子1500米七人集体定点跳伞世界纪录；27日，她们又以平均靶心2.31米的成绩，打破女子2000米五人集体综合跳伞世界纪录。

三人，五人，七人，美丽的伞花中，总有一个是赵月英。

1965年9月，第二届全运会在北京召开。23岁的赵月英与伙伴们代表山西女子跳伞队再次出征。这一次，她们的技术更加成熟，心理更加稳定，稳稳获得团体第一名。赵月英个人，总分及2000米个人特技项目也取得了优秀的成绩。

除了地面那个靶心，无垠的天空似乎更倾心于赵月英，她就如那些鸟儿一样，可以自由灵动地飞翔。明净的蓝天成了她的舞台，她便是美丽的空中舞者。

短短四年，赵月英四次打破世界纪录，三次荣获"体育运动荣誉奖章"。

"第二届全国运动会于1965年9月11日在北京开幕，毛泽东、刘少奇、周恩来、朱德、邓小平等国家领导人出席了开幕式。这次运动会共有24人10次打破9项世界纪录。大会于9月28日闭幕，刘少奇、周恩来、朱德、邓小平等国家领导人出席了闭幕式，分别向获得第28届世界乒乓球锦标赛5项冠军的运动员和1965年打破举重、射击、射箭、飞机跳伞、航空模型等世界纪录的94名运动员，颁发了'体育运动荣誉奖章'。"这是当时对第二届全运会的报道。

"当时，我们这些获奖者站成两排，分别由周总理和刘少奇颁发奖章。记得我是刘少奇发的，不过不一定准。"今天说起，她有些不敢确定。但通过查资料核实，当时确实是刘少奇为她颁发的奖章。

成了明星，当时上街会被人认出来吗？

"这项运动知道的人不是太多，外出时人们没有什么反应。"赵月英淡淡一笑。

一切都不重要，她追求的只是每一次的完美。她知道，高高的空中，总有眼睛在关注，何况，每一跳代表的都是中国实力、中国水平。

她记得有一次，周总理在人民大会堂小礼堂接见优秀运动员，当时跳伞队就去了她一个人。周总理问过她的项目后说："飞机跳伞是勇敢者的运动，紧张吗？"赵月英内心无比紧张，机械地说了"能出成绩就是为国争光，什么都不怕"之类的话。

"就是几句套话。"今天提起，她淡淡一笑。

尽管大多数人不了解这个项目，还是有无数人以她为荣，为她骄傲。她的母校长治市火星中学，有一次得知她回家探亲时，特意邀请她为全校师生做一场报告，讲讲她这个朴实平凡的山里姑娘是如何走出太行，走向全国，进而走向世界的。没想到，这个空中的轻盈舞者，站在讲台上倒紧张了，她记得当时讲了半个小时，却忘记讲了些什么。

"无非也是要刻苦训练为国争光之类的吧。"她又笑了。

1970年，国家跳伞队解散。那年，赵月英才28岁。

挥别蓝天，舞者何去何从？时值国家体委首都体育馆建成不久，组织上便安排赵月英去那里工作，先后担任办公室副主任、党委办公室主任、党委专职副书记等。不能以飞翔的姿态为国争光了，却依然是一位优秀的体育人，她很快在新的舞台上展现出自己的智慧与光芒。

"新中国体育运动开拓者"，看这项荣誉就知道，"空中仙子"赵月英，落地后努力贴地飞翔，为新中国的体育运动发展在她的一方领地不断绽放光芒。

1962 年

全国篮球甲级队分区赛（太原分区）举行，山西队获得男子组、女子组第三名。

山西体育学院撤销，合并到山西大学，改为体育系。

练改凤的体育人生

李晋瑞

2015年8月15日,把女儿送进医院的第二天,练改凤在早晨系鞋带时,突然栽倒在地陷入晕迷,晚上就停止了呼吸,走完了她77年的人生。在老人弥留之际,能够赶到她床前的是外甥和侄儿,最让她牵肠挂肚、最令她无法放心的两个女儿却无一能在场。这样的遗憾是一种注定,也是她在生前早有预料的,否则她也不会在自己身体还健康时,就将身后之事安排得那样仔细,那样妥当。

练改凤走后,遵照她的遗愿,家里不设灵堂、不烧纸、不摆花圈、不点蜡烛,只是简单地发一个讣告,讣告上只写姓名、何时去世、年龄,不搞任何形式的送别。练改凤在自己的遗嘱里对这些事千叮咛万嘱咐,甚至还用括号括注了"切记"两个字来特意强调。据练改凤的三外甥全保明讲,老人如此安排身后事,一方面是节俭,另一方面是低调。因为练改凤生前和丈夫王振宝生有两个女儿,不想大女儿患有精神疾病长期住院治疗,二女儿患有间歇性精神病,在她临终前一天被强行送进了精神病院。她家的这一情况,除了自家亲戚外,对外人极少提起过。而在整个山西体育界,练改凤留给人们的印象是干练、好强,做事雷厉风行,将体育爱到骨头里。因此人们很难将一个衣着朴素,手拎锦纶布包,少言寡语,生活拮据,倒几次公交车到医院只为和女儿吃一顿午餐的老太太,与那个在50年前的第二届全运会上,以1分44秒6创造4×200米接力山西省纪录,直到1989年仍然无人打破;在田径训练场上对运动员高标准、严要求;代表山西体育带队出访日本;在各种赛事和体育盛会上以官员身份出现;曾经英姿飒爽,也曾经叱咤风云的练改凤联系到一起呢?

练改凤以80米低栏闻名全国,在她的人生和事业赛场上,她和无数运动员、教练员一起跨栏、接力,随着年高寿暮,真正懂她的人都知道有两件事令她依依不舍，心有不甘：一件是她自己心爱的体育事业；第二件是她的两个女儿，两个女儿都曾嫁人，却都已离婚，自己一旦离世，两个女儿都将沦为没有亲人的可怜人。对体育，她觉得自己事业未尽；对女儿，她有作为母亲的愧疚。无论是行走在熙熙攘攘的人群中，还是去医院看望生病的女儿，她的心怎么可能做到常人一样的轻松呢！因此，外甥仝保明说，姨姨练改凤的晚年生活看上去有些凄惨，令人心酸，真正的原因应该就在这里。

细数山西体育发展，练改凤绝对是一个绕不开的人。随着新中国成立，1956年4月9日山西省体育工作队（简称体工队）成立，同年5月从全国田径教练员训练班结业回来的师宝礼、杨银萍、崔世一，从各地市选调第一批田径运动员，女队员仅有三名，练改凤是其中之一，可以说练改凤是山西体育元老级的运动员。进队之前，1938年7月28日出生的练改凤，是忻州市东楼乡前郝村的一个少女，人们只知道这个家庭条件不太好的姑娘很能跑，速度非常快。练改凤兄弟姐妹五个，大姐早年夭折不在了，二姐大自己好几岁，上面有一个哥哥，下面还有比自己小九岁的弟弟，以当时情况看，练改凤选择进训练队与她家的经济条件不无关系。据仝保明回忆，姨姨练改凤初进训练队时，他母亲已经和父亲结婚，时不常还要拿出几元钱来资助练改凤，在那年头钱是按分论毛花的，几元钱并不是一个小数目，后来练改凤转为正式队员后，情况才有所好转。

选入山西省体育运动委员会竞技训练队后，练改凤面临的第一个考验，便是参加为第十六届奥运会而在北京举行的选拔赛。尽管练改凤从小就争强好胜，进队就开始加倍努力，刻苦训练，终因时间太短，和其他队友们一起无一入选而名落孙山了，但其中有一个细节，练改凤是看在眼里的，那就是女队中有两名运动员达了标，但自己却没有。紧接着队里又传出消息，说第二年在上海举办的全国春季田径运动会，不是所有运动员都能参加，体工队会为参加这次比赛重新调整队员。所谓调整，实际上就是重新筛选，而就在几个月前田径队刚又新招了十几名运动员,自己能脱颖而出吗?练改凤心中一点儿底都没有,但她有一个信念,自己是从忻州光荣地"跑"到太原的,绝不能就这么灰溜溜地再蜷回去。作为一名运动员,她知道每个人的成绩都不是白来的,她能做的事情只有一件,那就是更加刻苦地训练,拼命训练。这一次她成功了,成为七名保留队员中的一名,被安排到崔世一的组里继续训练。由此,练改凤才得以继续和体育结下不解之缘。

1958年为迎接第一届全国运动会,体工队兵分两路,晋中、晋南为一路,晋北、大同、忻州为一路,进行表演、辅导和选拔人才。这次活动一是为了让运动员们像火种一样,将技术和作风带到基层,带进学校,同时也是为了磨炼运动员的意志,激励运动员的事业心和责任感。近三个月的时间里,练改凤觉得除了自身的体能得到锻炼外,对"体育"的认识和理解也得到了提高。就在那一年,被选定参加1959年10月在北京举办的第一届全运会的队员名单里,练改凤榜上有名,后来成为练改凤丈夫的男队队员王振宝的名字,也在上面。

1962年,还在国家三年困难时期,练改凤在北京参加比赛,以11秒5通过了80米低栏健将。王振宝则在1963年南京全国田径运动会上取得100米第三的好成绩。不知道是不是因为注入了爱情的力量,从此练改凤迎来了自己体育事业的黄金期。1963年获全国女子80米低栏第四名;1964年9月北京全国田径运动会上获女子80米低栏第三名;1965年作为中国田径代表队队员参加中国—阿尔巴尼亚田径对抗赛,获女子80米低栏第二名;同年9月,在第二届全运会上,以11秒1的成绩获女子80米低栏第六名;1966年5月,以10秒8的成绩跨入80米低栏国际水平(距当年的世界纪录10秒6仅差0.2秒),成为山西唯一进入全国女子80米低栏前三名的运动员,并保持女子80米低栏、女子五项全能、400米接力、800米接力山西省纪录长达20年之久。这也为她出席山西省群英会,后来担任田径教练,走上体委领导岗位奠定了坚实的基础。

回顾山西体育70年历程,我们不敢保证"练改凤"是各种资料中出现频次最高的名字，但应该是属于前几位的，无论是山西体育的起步阶段、响应国家号召的第一次大发展时期、1966年到1970年阶段性低潮期，还是改革开放以来竞技运动成绩快速上升进入蓬勃发展的高峰期，即使在1968年体育系统全部接受军事管理，绝大多数业务干部、教练员、运动员插队、插厂、下基层，练改凤被调到体工队的库房从事会计工作，她的爱人由田径教练变成一名食堂管理员，她的心始终不曾有一日离开过体育。那段时期，很多运动员离队了，从此永远离开了体育，但练改凤坚持了下来。后来国家实行改革开放，各行各业的机关干部兴起了一股"下海潮"，人们一门心思要搞活、想致富，练改凤却不改初心，死心眼地要为体育做些事情。自1971年在中央的关怀下，各专业队伍开始复苏，练改凤担任省体工队田径教练兼副班主任以后，虽然她已经不能在赛场上拼杀了，但她还是会以高昂的热情从事着自己的体育事业。1975年7月至1976年7月尽管她有过一年短暂的下基层经历，兼任汾阳县委副书记，但她另一个更为重要的身份仍是山西省体委党委委员、中共山西省委文委系统工作队副队长（1976年年底担任体工队书记）。无论她走到哪里，心里想的、嘴里讲的都是"体育"，并且通过自己的努力尽可能多地影响年轻人热爱体育，加入到体育队伍中来。在她这个榜样的感召下，她的小女儿从事了体育工作，她的侄儿练华伟考大学时报考了体育专业，后进入某所大学从事体育教学工作，就连她的一个重外甥也在几年前进入体育系统，立志在体育工作中实现自己的理想。

练改凤1981年11月由体工队调回到省体委，负责第五届全运会的训练工作，在随后1983年9月的五运会上，山西队获得金牌数全国排名第九，可见，为取得这个成绩，练改凤付出了多少心血。在那个期间，运动员可能只是看到一个风风火火、要求严格的练改凤，却没有看到她的另一面，因为从户口簿里可以推算出，那时她的两个女儿一个13岁、一个10岁，而她年迈的老母亲又长年住在她那里。她是备战五运会的训练负责人，同时也是两个孩子的母亲、年迈母亲的女儿，其中的困难与不易只有她自己才能体会。

1983年她任省体委副主任、党组副书记，主抓基建和后勤。有过运动员和教练员经验的她深知，一个运动员的成绩除了自身的天赋与教练员的正确辅导外，训练场所、后勤服务之类背后的"硬"因素同样功不可没。在领导支持下，为提高山西体育的硬件设施练改凤多方奔走，在她的努力下，田径训练房、综合训练馆、体育宾馆、科研所大楼、棋院、职工宿舍楼陆续修建了起来。鉴于她为山西体育做出的贡献，1986年荣获了国家体委授予的"新中国体育开拓者"称号。可荣誉的背后不仅有艰辛，还有委屈与误解。据她的外甥仝保明说，练改凤主抓体委基建和后勤工作那几年，整个社会正处在改革开放初期，到处都在"搞活"，姨姨练改凤算是大权在手的人，体育系统内有那么多的工程项目在启动，她的亲戚中就有从事钢材销售工作的，自家亲戚卖钢材，姨姨练改凤在单位里负责基建工作，这样的"近水楼台"，怎么也该"先得月"。仝保明说，这位亲戚满怀信心地去找练改凤，为确保万无一失，去的时候还带上了自己的父亲，希望在关键时刻能看在上辈人的面子上办成这件事，再说了，在他们看来，一个买一个卖，纯粹是公对公的事情，不涉及任何私情，要说姨姨练改凤，顶多就起个相互搭桥引见的作用。可让他们没想到的是最终吃了闭门羹。姨姨虽然没有用上纲上线的话来作解释，只是说有这层亲戚关系就容易让人说三道四，便把这条路堵上了。当时的场面有些尴尬，这位亲戚的父亲还一时冲动出手打了姨姨练改凤一耳光。要知道按级别算，那时姨姨练改凤已经是副厅级领导了。关于这件事，亲戚们中有不少人知道，但无论是外甥仝保明，还是侄儿练华伟，都不相信练改凤是不懂人情世故冷漠无情的人。练华伟记得，自己家就曾得到过姑姑练改凤的帮助，尤其是自己的父亲，年轻时从忻州考到太原三中上学，正好赶上上世纪60年代的困难时期，姑姑对住校的父亲在生活上给予了很多帮助。因此练改凤觉得自己做的没错，而且她坚信大家既然是亲戚，就能够做到相互理解，随着时间的推移，彼此的真情还会慢慢回来。练改凤是真正做到了公私分明。

可以说，练改凤的一生就是体育的一生，即使步入晚年，从工作岗位上退了下来，练改凤依然还心系体育。练改凤的爱人王振宝1991年去世后，两个女儿在精神方面相继出现问题，最终分别被认定为无民事行为能力和限制行为能力，都由她来照顾，尤其是大女儿，神志不清时还会使用暴力动手打人。即使在这种情况下，担任着山西省体育总会主席，兼任多个体育协会的主席、副主席或顾问，参与《体育志》编写工作的练改凤，在工作需要时，还是会神采奕奕地出现在公众面前。因为她心里清楚，自己一生都在奔跑、跨栏、接力，有些栏最终不可能跨过去，但有些栏，只要能咬咬牙跨过去的，就不能让它拦住自己前进的道路。

1963 年

中共山西省委任命谢国仪为省体委副主任。

山西运动员柳丽春等作为中国体育代表团成员参加在印尼举行的新兴力量运动会,柳丽春以35分50秒4获得自行车女子20公里个人赛冠军。

轮上春风吹无限——自行车名将柳丽春小传

成向阳

1963年11月，印度尼西亚首都雅加达，南半球的雨季，空气中弥漫着难耐的潮热。但分明又有一种巨大的激情与兴奋伴着太平洋新鲜的潮涌在整个城市、在这个千岛之国的上空无声地涌动——举世瞩目的第一届新兴力量运动会正在这个世界上最大的岛屿国家隆重举行。来自亚洲、非洲、欧洲、拉丁美洲48个国家和地区的2404名运动员带着苏加诺总统的邀请正汇聚于此，要在为期近两周的赛事中进行篮球、排球、足球、乒乓球、羽毛球、网球、曲棍球、自行车、击剑、柔道、摔跤、帆船等19个项目的比赛，由此展现新兴国家人民在体育运动领域中的新风尚、新道德、新面貌。

这是一场规模堪比奥运会的重大国际赛事，参赛国家和地区的人口占到世界人口总数的70%以上，这一数字，不仅大大超过了第一届奥运会，且超过了前10届奥运会的每一届。这也是新中国成立以来，第一次派出规模超大型的体育代表团正式、全面参与国际综合赛事。

229名年轻的中国运动员，带着共和国周恩来总理、陈毅副总理和贺龙副总理的嘱托与希望，要在这里拼搏奋进，为国争光，面向全世界展现新兴的东方强国崭新的体育风貌与高超的竞技水平。

伟大的奥林匹克理想与万隆会议精神，成为第一届新兴力量运动会秉持的宗旨。在更高、更快、更强的愿景与求同存异的呼声中，大赛于1963年11月10日隆重开幕。

在欣喜若狂的人群与摩拳擦掌的运动员队列里，并没有太多人去注意一位来自中国山西的姑娘，她扶着自己的赛车车把，在训练赛道的尽头，目光坚定地望向万里之外的故乡。

除了熟悉她的教练和同队伙伴，几乎没有人知道，新中国第一枚自行车运动国际赛事金牌，就要在这个24岁的山西姑娘柳丽春的轮下诞生。

1

　　1963年11月12日的破晓时分，雅加达郊外，在高大的棕榈树洒下的淡淡阴影中，一条郊外公路两侧人头攒动，旗帜翻飞。世界第一届新兴力量运动会国际女子20公里公路自行车比赛即将鸣枪开赛。

　　虽然还是早晨，但这个横跨赤道的南半球岛国的雨季气温已经让来自中国的自行车运动员柳丽春感到异常潮热。虽然是第一次漂洋过海，虽然是第一次参加这样高级别的国际比赛，但她并不紧张，她相信自己的实力，她坚信自己成年累月的刻苦训练于今日必有收获。

　　上午8点整，比赛正式开始，按照间隔一分钟单人出发的方式，柳丽春排在第三位。当裁判员的令旗一挥，她便如脱弦之箭射向前方。她的前面，第一个出发的是东道主印度尼西亚选手郑多琳，第二个是朝鲜选手余英子。急切地瞄准她们疾速行驶中的背影，柳丽春弓身屈背，脚下发力，迅猛地追了上去。中国运动员良好的身体素质和超凡的临场爆发力很快就展示在了观众眼前，先是许多华侨带头呐喊，然后几乎所有的在场观众都为这个疾驰中的中国选手喝起彩来。但柳丽春似乎浑然不觉，她所有的注意力都集中在前方对手晃动的车尾上，集中在自己飞速旋转的自行车轮下。她异常冷静地使力，她感觉自己正像一枚灼热的箭头在驭风飞行，正超越眼前一切移动中的事物，向着胜利的终点疾驰过去。

　　比赛在紧张的气氛里进行，不知不觉中，微微颤抖的分针在秒针的推动下已在一位华侨观众的表壳下旋转了25圈。他挥一挥胳膊，惊喜地看到来自祖国的这位叫柳丽春的选手一瞬间掠过自己眼前，已经超越了先她一分钟出发的朝鲜选手余英子。而在他热切目光的追随下，疾驰而过的柳丽春又在三分钟之后超越了头一个出发的东道主选手郑多琳，且在眨眼间领先了20多米。

　　此刻，手表上的指针准确地指向了8点30分。领先对手50多米的柳丽春被汗水模糊的视线中，比赛终点线终于出现了。啊！胜利已在眼前，这是冲刺的紧要时刻，这是为了祖国的荣誉奋不顾身的时刻，这是浑身的热血朝着胜利的终点激情飞翔的时刻。柳丽春使出全身的力量，披着一缕缕清晨的阳光，带着祖国人民的使命，像飞奔的骏马冲过了终点线。

时间在这一刻停顿、定格、聚焦，1963年11月12日8点35分50秒4，新中国第一枚自行车运动国际赛事金牌在柳丽春的轮下诞生。

如同一只来自中国的雏鹰翱翔在千岛之国的涛声里，如同一颗璀璨的东方新星闪亮在南半球雨季的海雾中，柳丽春的名字，伴随冉冉上升的五星红旗升起在雅加达的上空，又伴随无数外国记者的电讯迅速飞遍了全世界。

那一刻，中国体育史、世界自行车运动史一起记住了柳丽春这个年轻而陌生的名字。

那一刻，距法国人梅·西弗雷克伯爵设计出两脚踏地木质自行车173年，距第一辆自行车进入中国海关95年，距中国第一家自行车商行诞生66年，距中国第一辆国产自行车下线23年，距新中国首次将自行车列入比赛项目11年，距新中国在北京龙潭湖畔建成第一个标准自行车赛场仅仅4年。

从那一刻起，中国自行车运动员于1936年起开始冲击国际赛事奖牌的梦想终于实现，从那一刻起，中国自行车运动员点亮了属于自己的新时空。

而新时空的起点上，树立着山西运动员柳丽春光彩照人的名字。

2

人类历史上，一切超凡的功勋都源自超凡的品格。柳丽春也不例外。当我们穿越时空隧道，凝神回望她闪光的人生足迹，会发现她的灵魂深处始终埋藏着一股永不服输的英雄气。

咬定青山不放松，流血流汗似等闲。轻骑所向天空阔，无限春光在眼前。这，正是柳丽春拼搏不息的人生写照。

1939年农历十二月初八，山西省榆次市（现晋中市榆次区）东长寿村的一对农家夫妇迎接了他们小女儿的出生。这个呱呱坠地的女孩儿便是柳丽春，她是父母的第六个孩子。作为战乱年代出生的女孩子，柳丽春的命运是坎坷的。母亲生养她时，已经43岁，而更为不幸的是，父亲在49岁时便英年早逝。

很难想象，在抗日战争与解放战争不息的烽火中，一位平凡的母亲是怎样带着一群年幼的孩子熬过那难挨的日子的。更无法想象，一个女孩儿在频仍的战乱与清苦的生活中是怎样度过她人生最初的失怙岁月的。但毫无疑问的是，多难的童年并未磨灭柳丽春对美好人生的向往，相反，那最初的困苦与磨难激发了她搏击人生、重开天地的斗志，奠定了她一生积极向上、吃苦耐劳、永不言败的精神底色。

在乡亲们的记忆中，作为"老生子"的柳丽春一点都不柔弱。相反，她自幼便健壮、敦实，早早就学会了种地、打粮、赶马车等农家日常活计，可以帮着母亲料理生活。尤其让人吃惊的是，这个女孩儿的眉宇间、性情中自生一股不服输的英雄气，让很多男孩甚至村里的大人们都不敢小觑。她打小便是村子里的孩子王，无论男孩还是女孩，都围在身边听她指挥。这是因为，无论是爬树、掏鸟，还是摔跤、扳腕子，村里的男孩子都不是她的对手。要是论起打弹弓和投石子，村里许多大人也望尘莫及。她似乎不怕摔、不怕疼，有一次上树摘李子，不慎从树上摔落下来，小伙伴们见她躺在地上半天无声无息，吓得一哄而散，以为她摔死了。没想到第二天，柳丽春又浑若无事一般出现在了他们中间。

她还会唱山西梆子，但并没有专门学过，只是村里演戏时经常去看一看，再听广播里唱一唱，就过耳不忘地学会了。她也敢当众给人唱，而且敢教人唱，教唱的方法尤其别具一格——她要高高地站到房顶上去，让小伙伴们立在房檐下学着她唱。

从那时起，她小小的心里就已装着一个巾帼英雄花木兰，要关山飞越留美名。

时间飞转，柳丽春已经是榆次二中的学生了。正是从这里，她的体育梦开始起飞；也正是从这里，她幼年时养成的坚定、强悍、不怕苦、不服输的性格和跑、跳、投掷特长开始在体育项目上找到了用武之地。1955 年，学校春季田径运动会，她一举夺得了女子 800 米冠军，铁饼、铅球项目也名列榜首。同年的山西省中学生田径运动会上，柳丽春和同班的三名体育骨干，为晋中地区破了纪录，拿了冠军。这些最初的荣誉，坚定了柳丽春的人生选择，她激动地下了决心——这一生，就干体育这一行！我要夺锦标、拿冠军，为祖国母亲增光添彩！

矢志不忘，必有回响。1956 年，16 岁的柳丽春顺利进入山西体工队，成为队里第一位女性运动员。她的人生，从此火花闪烁；她的事业，也从此奇迹频现。但直到此时，柳丽春与自行车运动的相遇仍然没有到来，她最初的选择，是投掷项目。在极短的时间内，她便连破两项省级纪录，达到田径一级标准，而在当时，山西省田径一级运动员只有陈立祥与她两个人。如果坚持在田径领域发展，她极有可能成为一颗田径场上的新星。

但总有一些机缘令人意想不到，而人生的道路又似乎是冥冥之中注定的。1958 年 9 月，就在柳丽春刚刚获得全国春季田径运动会手榴弹亚军后，生命中似乎一直在等待着她的自行车终于姗姗而来了——组织号召她这样的等级运动员一专多能，于是她抱着试试看的想法进了自行车队。但没有想到的是，这一试便是终生拥抱，便是不离不弃，便是功德圆满。

事实证明，柳丽春的自行车运动天赋更强于田径运动天赋，她仅仅用了一周练骑时间，便第一个达到了自行车运动健将等级。这一初战的胜利使她留在了自行车赛场上。但任何一项运动都是充满艰险的，任何一次晋级都是血汗浇铸的，柳丽春的自行车运动之旅亦是这样，不断出现的险况考验着她的意志与决心。

1959 年 1 月 13 日，在一段路窄车多的训练公路上，柳丽春由于对公路赛操车技术不是十分熟练，行进间突然被一辆拖车带倒在车轮之下。更可怕的是，沉重的车轮竟然从她身上轧了过去。顿时，柳丽春失去了知觉，接下来的六天六夜，她在医院里昏迷不醒。后虽然暂时脱离了危险，但是否再继续从事自行车这种危险的运动这个问题开始困扰她。许多亲友出面百般劝阻，柳丽春一时间也犹疑不定。但最终，保尔·柯察金的献身精神和花木兰的英雄气概鼓舞了她，体工队领导期待的目光唤醒了她。她再次站直了身体，用灵魂发誓：不离不弃，永不服输，不拿冠军决不罢休！

伤愈归来，她立即投入训练，很快在第一届全运会自行车项目中，作为山西队团体总分冠军赛的一号队员，为山西队从过去的第19名一跃勇夺总分冠军立下了汗马功劳。

但没有想到的是，伤病的阴影竟然很快再次笼罩了柳丽春。1960年8月，在准备中蒙公路自行车赛的训练中，为了顾及车前一位老大娘和孩子的安全，柳丽春又一次被撞伤，仅下巴上便缝了六针。虽然教练决定让她停赛，但不放弃、不服输的她再三恳求，坚持要上国际赛场。最终她如愿参赛并取得了胜利。更重要的是，这次比赛为她日后参与国际赛事积累了宝贵经验，使她为国家与人民夺取世界冠军的信念更加坚定。

时间终于到了1963年11月12日这一天，在祖国人民为柳丽春夺冠而欢呼的那一刻，很少有人知道，她的这次夺冠，其实是在水土不服的严重困扰下通过超极限的训练才实现的。在前往雅加达的七天航程中，由于山西人不惯乘船，不耐潮湿酷热，柳丽春在海上出现严重的晕船反应，不但狂吐不止，而且吃啥吐啥。但一想到自己是第一批代表祖国参加这次高级别国际比赛的运动员，一想到周总理为大家送别时的殷切目光，柳丽春咬紧牙关，每日都坚持在摇摆的船上苦练一小时，风浪大时，她每次都会练得头晕目眩。

由于旅途劳顿，在抵达雅加达后的赛前训练中，她时常感到脚蹬起来轻飘飘的，而烈日暴晒下更是感觉头痛欲裂。但为了胜利，柳丽春依然和队友一起坚持训练。艰难困苦，玉汝于成。终于，胜利的桂冠戴到了她的头上。当雄壮的国歌声响起时，站在领奖台上的柳丽春露出了自豪的微笑。

载誉归国后，柳丽春一如既往地刻苦磨砺，也一次又一次地将冠军揽入怀中。1965年第二届全运会上，她又一次获得20公里个人赛全国冠军和女子25公里团体两项冠军。1973年，35岁的柳丽春依然锋芒如初，在全国自行车比赛中再次夺冠，分别获得20公里公路赛个人第一、25公里团体第一，以及3公里、5公里赛车场个人赛两项第一。这一串令人眼花缭乱的荣誉，印证了柳丽春在自行车运动领域的杰出成就，她成为那个年代里中国自行车运动领域不可多得的一个标志性人物。

3

1974年，在从事自行车运动16年后，36岁的柳丽春结束了运动员生涯，但并没有离开运动场，也没有放弃自行车。在组织的召唤下，她很快走上了教练岗位，在一个崭新的平台上，继续为祖国的自行车运动事业培养后辈新人。

1975年，刚刚走上教练岗位的柳丽春就创下一个奇迹。在第三届全运会上，她仅仅教练了三个月的甘肃队，便由过去的"零"变成了"一"！一举夺得了两项第一、一项第二、团体总分第一的绝佳成绩。《体育报》为此专门以"由零变一"的醒目标题报道了甘肃队的巨大进步，柳丽春的教练能力也由此被世人瞩目。

作为一名国家一级教练，柳丽春可谓一位名副其实的严师。1978年，为了让麾下12名弟子进一步增强体能，成为适应各种复杂比赛条件的全能自行车运动员，她毅然选择带领弟子们上高原。当时，云贵地区不安全因素众多，但她克服种种困难，决然带领队员们踏上拉练的征途。一路上条件极其艰苦，缺水少吃，时热时寒，尤其是路况复杂，很多路段需要人扛着车走。尤其是在高原的盘山路上,她带着弟子们一路从上往下飞驰,那简直便如在悬崖峭壁之间踩风火轮一样,人在轮上,只觉得耳边风声呼啸,眼前的险路不断被前行的车轮飞快地劈开、倒退。在这样的路上高速行车,稍有不慎便会摔个粉身碎骨,但柳丽春认为,强兵都是苦练出来的,胆子大才可能技艺高。在这样的悬崖峭壁间放开速度走上一回,弟子们的胆子就会大上一轮。

在野外拉练途中,弟子们发现,花岗岩一般强硬的柳教练有时又像无微不至的大姐姐。在三五百里荒无人烟的路上骑得筋疲力尽时,柳教练会给大家准备食物,还会主动给大家做放松按摩。晚上宿营时,她还主动下厨,给大家做出可口的饭菜来改善生活。就这样,经过长达四个月的野外拉练,队员们不仅增强了体能,更重要的是锻炼了强大的意志和耐力,心理素质实现了质的提升。

1980年,柳丽春带领弟子们再上云贵高原。她对弟子们说:"不苦,就出不了好成绩!不经历几次艰险,就无法在国际大赛中为国争光!"就是抱着这种信念,她带领弟子们走遍大山大河,哪儿地形复杂、车路崎岖,她就偏要到哪儿拉练,秦岭、大雁河、苹果梁……都留下了她与弟子们的车痕、足迹与汗水。

有道是名师出高徒,苦心人天不负,柳丽春带出来的一大批弟子很快成为国内外自行车赛场上的新星。许蓉珍、周素英、王心刚、李小英、张素梅、周彩琴,个个都出类拔萃,名冠一时。尤其是许蓉珍与周素英,除在国内重大比赛中获冠军数十次以外,在国际大赛上也成绩斐然。周素英除了在亚运会上夺取金牌之外,还在1984年的第27届自行车锦标赛中夺得1000米争先赛铜牌。这是那个年代里我国运动员,同时也是亚洲运动员在此项世界大赛中取得的最好名次。

轮上春风吹无限,柳下健儿争向前。木兰英雄今何在,自行车坛竞华年。

这便是一代自行车名将、名教练柳丽春的精彩人生。

1964 年

华北区田径运动会在太原举行,山西女选手 10 人打破省纪录。

太原市举行首次群众性横渡晋阳湖的游泳活动,680 多名男女游泳爱好者顺利游完 800 米全程。

石宝珍：浓厚兴趣是基础，清晰理性的取舍才是前进之路

董江波

1974年9月1日，对山西籍著名田径运动员石宝珍来讲，是一个特殊的日子。这一天，他作为第7届亚洲运动会中国体育代表团田径代表队的领队，出席了开幕式，中华人民共和国国歌《义勇军进行曲》奏响的瞬间，他顿时泪流满面。

这一天，对新中国来讲，也是一个特殊光荣和伟大的日子。第7届亚洲运动会，于1974年9月1日至16日在伊朗首都德黑兰举办。共有来自25个国家的3100名运动员参加了16项比赛的角逐，规模之大、范围之广、参加人数之多，创造了亚运会全新的记录。

而正是在1973年11月16日召开的AGF大会上，中华人民共和国恢复了在亚运会联合会的合法席位，并于不到一年后的德黑兰亚运会，派出了一支由赵正洪为团长的269人组成的代表团首次参加亚运会，参加其中14个项目的比赛。其中，石宝珍这位优秀的田径运动员，适逢国际大赛际会，担负起了中国田径队的领队重任。

浓厚的体育运动兴趣

石宝珍出生于1941年，山西省临汾市洪洞县人。没错，正是那个中国人耳熟能详的"问我祖先在何处，山西洪洞大槐树"中所说的洪洞县。

这一代人，是真正生在红旗下、长在新中国的新一代年轻人。1949年新中国成立时，石宝珍刚满9岁，这是一个孩子最美好的年华。

年幼的石宝珍，就表现出了对运动的天然喜爱，除了雷打不动的跑步外，小学校里提供的各项体育课程他都喜欢，跳高、跳远、铅球、铁饼、排球、篮球、足球……他无一不热爱。但最让他感到浓厚兴趣、

付出巨大热情的，却是铅球、铁饼两项运动。看着在自己的努力之下，他推出的铅球、掷出的铁饼距离越来越远，小宝珍脸上绽放出了胜利的微笑。

这期间，石宝珍还一度迷上了打排球，而且训练成绩非常不错，还是中学排球队的主力队员。但是，随着小宝珍慢慢长大，成为一个强壮的少年时，在学校教练的建议下，他最终还是选择了自己最为擅长的铅球和铁饼两项运动。

现在看来，这个选择是非常正确的。否则，山西会多了一个优秀的排球队员，但却失去了一个顶级国际运动健将级的铁饼运动员。

在几年之后，石宝珍又果断地选择放弃了铅球训练，而是专注于铁饼训练，并逐渐攀登上中国铁饼运动的巅峰，乃至整个亚洲铁饼运动的皇冠之位。这种早期果敢理性的选择，真正影响了他整个运动生涯。

而推动石宝珍攀上人生巅峰的，却是他自幼而来的对体育运动的浓厚兴趣，以及他清晰而明了的对自我的选择和取舍。

硕果累累为家乡争光

笔者走访石宝珍当年就读过的小学、中学和专门体育学校，尚在世的几位老师已是耄耋老者。回忆起当初这位小小少年时，虽然老人们已经有些口齿不清，但同样的一句"那孩子，特别有自个儿的主意，特别有意志力"，却是共同的赞誉。

这句话，不管是放在昨天、今天、还是未来，都是特别高的评价，"那孩子，特别有自个儿的主意，特别有意志力"，简而言之，就是专注、坚韧、坚强、勇敢的精神。这样的精神，是一个出类拔萃的顶级运动员所必须具备的。

正是凭借着"特别有自个儿的主意，特别有意志力"，在那个算是相对简陋的条件下，石宝珍创造了辉煌的田径成绩，将自己的名字，写在了中国田径史和亚洲田径史的铭牌上，并在世界田径史上争得了一席之地。

上世纪50年代初,年仅10岁的石宝珍,开始从众多体育项目中,果断地选择了铁饼、铅球和排球三项,将其他项目定义为纯粹的业余爱好。

升入中学后,铁饼、铅球和排球三项成绩突飞猛进的他,先后加入中学田径队、排球队,成为核心主力队员。学校的田径赛场,彻底成了石宝珍的表演舞台。他代表学校参加地区运动会,多次获得铅球和铁饼双项冠军。

自此,石宝珍开始走上了更大的田径舞台。1956年,石宝珍获山西省中学生运动会铅球第一名,并参加了同年在山东省青岛市举行的全国首届中学生田径体操运动会。1958年,为迎接第一届全运会,他被选调入山西省田径集训队,全运会后成为山西省田径队正式队员。

1960年,石宝珍的铅球、铁饼成绩多次打破全省纪录,铁饼最好成绩达到42.74米,两项均达国家一级运动员标准。这一年开始,石宝珍逐渐表现出一个顶级田径运动员的水准。同样是在这一年6月举行的全国田径赛上,石宝珍获得铁饼第三名,同年9月入选国家田径队。1961年,他的铁饼成绩是48.17米,达到运动健将标准,名列全国第二名。1963年,他首次在全国田径比赛中获铁饼冠军。1964年,他的铁饼成绩创当年全国最高纪录,达50.92米,是我国第二个过50米大关的铁饼运动员。1965年,石宝珍获得第二届全运会铁饼冠军,成绩为52.68米。

上世纪60年代上半段,中国田径赛场上活跃着一个山西人的身影,他就是石宝珍。他用这样的耀眼方式,回报着身后支持他的几千万三晋大地父老乡亲。

体育外交中建功勋

新中国成立后,百业待兴,整个中国呈现出一片欣欣向荣的景象。当然,教育和体育行业更是如此。

相比经济、文化、军事等外交手段，体育外交，是更为灵活和便捷的外交手段。而体育外交，在新中国成立的前几十年，更是立下了不世之功勋，为世界外交史所称道和赞赏。知名外交家们纷纷表示，新中国的体育外交，开创了大国外交的新型方式。

作为新中国20世纪五六十年代最为知名的田径运动员，石宝珍除了耀眼的参赛成绩外，还始终活跃在跟亚非拉发展中国家开展的体育交流友谊赛当中，并多次打破了铁饼运动的体育交流友谊赛纪录。

其中较著名的有，1964年，石宝珍在与来访的印度尼西亚运动员，以及随后对柬埔寨和印尼的友谊赛中多次打破铁饼的新兴力量运动会纪录，使之迅速成为亚洲田径界乃至体育界备受关注的中国知名田径运动员。

一名田径运动老兵，用自己的青春和热血，为新中国外交贡献了独具魅力的"体育力量"。

中国田径队领队非他莫属

1966年，正当石宝珍鼓足了劲儿，准备冲击铁饼项目新的纪录之时，"文化大革命"开始了，各项体育运动训练和比赛，都受到了影响。

石宝珍也被迫中断了训练，赋闲在家，做着一些力所能及的事情，并暗暗地进行着自我训练。

那个世界级田径运动员的梦想，始终在他的心中徘徊。

可是，他这一等，就是五年。这五年间，铁饼，成了他心中挂念的一块无法开启的孤独地儿。

直到1971年，田径运动基本恢复，年已30岁的石宝珍，已经错过了最佳的训练和比赛年龄。这一年，他出任中国田径队铁饼组教练，负责铁饼运动员的训练工作。

在国家队遴选教练的过程中，多位工作人员都明确表示，就是石宝珍同志了，他对中国田径队，尤其是铁饼项目的贡献很大。而且，这五年多来，铁饼训练他始终没有落下。舍他取谁，非他莫属。

就这样，石宝珍由一名著名的铁饼运动员，转变为一名铁饼教练，将自己未竟的理想，寄托在了中国下一代铁饼运动员身上。果然，他的努力在三年后的第七届亚运会上获得了丰硕的回报，中国田径队在这届亚运会上大放异彩，夺金摘银，备受世界瞩目。

第七届亚运会结束后的十几年间，石宝珍除担任教练工作外，又担负起了田径队的领导工作。1974年，他是第七届亚运会中国田径队领队，并且是亚运会田径比赛的仲裁。1975年，他是第一届中日田径对抗赛的中方副团长。1983年第13届世界大学生运动会时，他任中国田径队领队、运动会田径仲裁。

由一名田径运动员，转变为中国田径队领队、教练身份，石宝珍带领中国田径队，不断开创着新的战绩，让中国田径队逐渐成长为亚洲田径比赛的佼佼者和赛场关注焦点，也让世界田径赛场的目光，开始向中国田径健儿身上倾斜。而正是有着石宝珍等老一辈中国田径人的厚积薄发、辛勤耕耘，才有了十余年后，中国田径运动员的黄色旋风席卷世界级的田径赛场。

由于训练工作成绩突出，1985年石宝珍被国家体委授予"新中国体育开拓者"荣誉称号。

1986年石宝珍被评为优秀田径工作者，并被授予"全国优秀田径教练员"称号。

1987年世界大学生运动会上，石宝珍作为田径队总教练带队出征。同年被国家体育总局授予"体育工作者突出贡献奖"。

1990年9月22日至10月7日，第11届亚运会在我国首都北京举行，这是新中国成立后举办的第一次综合性的国际体育大赛。在家乡父老的助威声中，石宝珍呕心沥血、悉心教导培养出的铁饼运动员、来自黑龙江省的张景龙获得男子铁饼冠军，并打破亚洲纪录，获得了当年"全国田径十佳运动员"称号。而张景龙的教练石宝珍，也被评为当年的"十佳教练"。

而今，已 78 岁高龄的石宝珍，真正赋闲在家，陪伴家人，尽享天伦之乐了。

笔者：石老爷子，您好！能够在北京遇到老乡，而且还是在中国田径运动界举足轻重的您老爷子，非常兴奋。恍惚间，我仿佛还能看到您在赛场上掷铁饼的雄姿。

石宝珍：老了啊！都快 80 岁了。现在别说掷铁饼，就是拿着铁饼不动，都会吃力了。

笔者：哈哈！老爷子，您说笑了啊！听说您 10 岁的时候，就开始了推铅球、掷铁饼的专业训练。是从那个时候开始，就准备做一名专业的田径运动员了吗？

石宝珍：还有打排球，你少说了一样啊！（笑）

笔者：还真是，没关系，回头，我把"排球"写到前边写的传记里，这个聊天式的访谈，我就不往回谈了。

石宝珍：现在你们这些孩子，整天佛系得不行，这也不感兴趣，那也提不起精神来。（笔者插话：老爷子，您真是与时俱进，厉害得很，还知道佛系啊！真厉害！）（笑）

很多二三十岁的娃，别说理想了，连个正儿八经的工作都不想出去干。哎！是我们这些老家伙，把你们惯坏了啊！

笔者：老爷子，您别生气啊！这老话说穷人的孩子早当家，您当年不是很艰苦吗？现在条件好了很多，孩子们长大的年龄啊，大大地往后推了。不过，您放心吧，儿孙自有儿孙福，我们这一辈、我们下一辈啊，肯定有自己的造化，您老就别担心了。

石宝珍：要是这样就好了。不过，你说的有道理，生活条件不同了，没办法硬生生地比，就让你们选择自己喜欢的生活方式吧！

说到理想，我 10 岁时，是真有很大的理想的，当时，感觉自己最大的理想，就是成为我们城市，就是山西省临汾市吧，最优秀的铁饼运动员。这是 10 岁的我最大的梦想吧！

可是，我当时不知道的是，这梦想还是会成长的。

等到我成为临汾最优秀的铁饼运动员，我又立下了新的理想，那就是成为整个山西省最优秀的铁饼运动员。

笔者：那，等您成了山西省最优秀的铁饼运动员，不，应该说是田径运动员，因为您推铅球也是挺厉害的，那时，就会有更高的目标了。

石宝珍：是啊，水涨船高了嘛！有句老话怎么说的，此一时、彼一时。作为一名田径运动员，当前的目标有，远大的理想更要有。

笔者：身为山西老乡，真为您自豪。您不仅自己厉害，还培养了一批厉害的田径运动员。

石宝珍：啊！你也是山西人，山西哪儿的？不会是临汾洪洞的吧？

笔者：那倒不是，我是山西太原人，老家长治的。不过啊，我在临汾待过四年，那儿有一所高校叫山西师范大学，我读的文学院。2006年底，快毕业的时候，就来北京工作了。

这也是今天跟您老结缘的原因。您老来北京快一辈子了，我来了，也马上赶13个年头了。

石宝珍：那跟你还真是实在的老乡。

笔者：没错，实在的，用现在的话说，就是杠杠的老乡啊！老爷子，这么多年离家在外，想家不？

石宝珍：年轻的时候不想，只顾着事业和工作；人到中年的时候特别想，但一想起来就是伤心，因为，不断有亲戚长辈去世了；人到老年的时候，又可劲儿地想了，可惜人老了，到哪里都不方便了。

笔者：那没关系啊，现在高铁这么方便，到太原不到三个小时，太原休息一下，转乘到临汾，两个来小时。要不，这次趁"二青会"在太原举办，回去看看去。现在的中国体育比赛，那是越来越精彩。中国这个体育大国，也早已经变成体育强国了。

石宝珍：（笑）那……比我们那会儿，还要强？

笔者：嗯哪！那必须的啊！一代更比一代强，怎么说来着，奥运体育精神：更高更快更强！

石宝珍：我跟你开玩笑呢，要还是我们那会儿那个成绩，现在可拿不了金牌了！

退休后，除了同行聚会、看孙子孙女、侍弄花草，我最多的时间，都花在了看体育比赛上，尤其是田径比赛。

笔者：老爷子，是不是尤其喜欢看掷铁饼、推铅球比赛啊？

石宝珍：（笑）哈哈哈哈！（笑得很开心）

笔者：老爷子，作为出自山西省的顶级田径运动员，"二青会"没多少天就要开幕了。来，给参加这次比赛的运动员、家乡的父老乡亲，说几句话吧！

石宝珍：我是山西人，你是山西人，小董，你这个专访跟我说过，是山西体育70年70位体育人，对吧？

笔者：对，没错，叫"新中国山西体育70年70人"，老爷子！

石宝珍：那好！我希望这次"二青会"上，咱们山西省的体育健儿们能创造山西体育开创性的好成绩。也希望山西的体育健儿们，从山西走向全国，从全国走向亚洲，从亚洲走向世界。把自己的名字，刻在世界体育史的殿堂之上。

笔者：谢谢石老爷子，您的话，我一定通过这篇专访带去，带给所有山西的体育健儿们！

1965 年

山西体育代表团在北京参加第二届全运会，获得42枚奖牌，7人11次打破9项全国纪录，59人82次打破56项省纪录。

从"业余高手"到"乒乓大师"——记乒乓球国手周兰荪

胡海生

提起中国乒乓球运动员,可真称得上人才济济,从20世纪50年代末容国团实现金牌"零的突破",到20世纪60年代男团世锦赛三连冠、20世纪七八十年代女团世锦赛八连冠,再到20世纪90年代邓亚萍、王涛等人全面爆发,以至进入新世纪,中国乒乓球实现了"常规夺冠"的统治性格局。一代代的乒乓球运动员,在新中国体育的舞台上,用他们的汗水为祖国争光,鼓舞了几代人建设"四化"的热情;同时,他们也活跃在新中国外交的舞台上,向世界展示中国风貌,成为国际外交风云中成功的典范。

从中国优秀乒乓球运动员的成长轨迹来看,他们大抵要经历"体校—省队—国家队"这三级跳。运动员四五岁就进入体校,从小就要受到严格的训练,即便这样,由于中国乒乓球基层运动员基数大,能够脱颖而出的运动员的比例也很小。但曾经有这么一位"乒乓大师",20世纪60年代,他的"左推右攻"打法独树一帜,在对外国选手的比赛时一度保持全胜,刮起了一阵乒坛旋风,成为中国乒坛领军人物之一,但他却是个"半路出家"的乒乓球运动员。这位"乒乓大师"就是周兰荪。

兴趣爱好,成为职业

周兰荪1939年出生在西子湖畔的杭州,这时正是中国抗日战争最艰苦的时期,长期的磨难练就了他坚忍不拔的性格。周兰荪7岁上小学时便开始打乒乓球,在当地是一位业余高手。为了生计,15岁的他从杭州来到了山西太原,随身除了行李只带了正胶海绵拍子。来到太原不久,他在太原化工厂里当上了化学分析员。此时,乒乓球对于他来说,只能算是业余爱好,但是凭借着对乒乓球的热爱,不久,在太原市的一场乒乓球比赛中,他力克群雄夺得冠军。很快,周兰荪就在新的城市中找到了自己的"球友"。但与自己的"球友"交流却免不了奔波之苦。当年,太原化工厂位于今天太原市晋源区的罗城和义井一带,属于远郊区,比较偏僻,距离太原市区 20 公里,有两个小时的车程,一个来回就是四个小时。但周兰荪风雨无阻,每到星期天,都会乘坐首班长途车去往老城区的训练场,与球友昏天黑地地鏖战,这一战就是一整天,每次都是踩着末班车的点儿依依不舍地离开。当年的大多数中国人,工资都不算高,周兰荪也是如此,一个月 31 元的工资,如果仅负担吃住,还是绰绰有余的,但若加上打球来回的车费以及训练的费用,就有点捉襟见肘了。因此,周兰荪可以说是新中国第一批"月光族"。在太原化工厂当化学分析员的两三年间,周兰荪利用业余时间四处寻找高手对决,四处打擂台,很快便名声在外了。常言道:"是金子终归会发光。"周兰荪凭借着苦练的成绩,被山西省乒乓球队看中,在 1957 年,他成为省乒乓球队的一员,终于踏入了省队的大门,开启了辉煌的职业生涯。

梦寐以求,为国效力

1957 年周兰荪进入山西乒乓球队,兰荪在队里的时候,山西男队的成绩是至今为止最好的:1958 年 10 月,在广州举行的全国乒乓球锦标赛上,由周兰荪领衔山西男队,位列全国四强;1959 年 9 月,在第一届全运会上,山西队获得男子团体第四名,周兰荪、杨月英合作摘得混合双打银牌。那时的山西乒乓球整体水平,无论男队还是女队,在全国都位于先进行列。19 岁的周兰荪凭借着优异的成绩被国家青年队看中,终于能够身披国字号队服为国效力了。历史给了他一个机遇,虽然这个机遇处在当年特殊的历史时期,成功的道路异常艰难,但他却凭借着天赋和勤奋,在迷茫的路途中走出了自己坚实的足迹,也为新中国体育事业做出了自己的贡献。

1959年，在第25届世界乒乓球锦标赛中，容国团夺得男单冠军，为新中国夺得世界体育比赛中第一个世界冠军。这一壮举激励了国人，也激励了周兰荪。自此，乒乓球项目得到了国家层面的高度重视与支持。为备战1961年在北京举行的第26届世乒赛，国家体委选拔了当时国内乒乓球最高水平的运动员和教练员进行集训，总计108人。这一百单八将中，有两人是来自山西省队的，其中一位是乒乓球好手梁有能，另一位就是刚转为职业选手两年的周兰荪。为备战世乒赛，中国加大了乒乓球对外交流的步伐，在一年后的1960年，周兰荪获得了代表祖国出国参赛的机会，在瑞典举行的第6届斯堪的纳维亚国际乒乓球锦标赛上，周兰荪可谓一鸣惊人，一人参加了三个项目，取得了两冠一亚的成绩（男双、混双冠军，男单亚军）。这些锻炼的机会，使周兰荪球风逐步稳定下来，乒坛"重炮手"之名从此蜚声中外。周兰荪形成了自己"左推右攻"的近台快攻风格。这种风格是以"快、准、狠、变"作为战术运用的指导思想，其特点是"以快为纲"，充分运用正反手两面进攻，或左推右攻结合侧身抢攻，并将其作为得分的主要手段。

首次世乒，积累经验

1961年的第26届世乒赛，是周兰荪首次参加世界大赛。在大赛中，周兰荪积累了实战经验，但却并没有多么辉煌的战绩。

在男子单打比赛中，周兰荪虽然敢打敢拼，但由于经验不足，没能在领先的情况下稳住局势，被两届世乒赛男子单打冠军荻村伊智朗逆转，最终以2比3惜败。

在与王家声配合的男双比赛中，虽然他们合力淘汰了当时的男双一号种子、上届男双冠军组合日本的荻村伊智朗／村上辉夫，但却在半决赛中负于匈牙利的男双组合别尔切克／西多，最终止步决赛，仅和庄则栋／李富荣组合并列第三。周兰荪的这一枚男双奖牌，也是山西运动员在世乒赛上获得的第一枚奖牌。

在混双比赛中，周兰荪和来自四川的马光泓搭档，他们曾在一年前的斯堪的纳维亚国际乒乓球锦标赛上勇夺冠军。这一次，面对外国选手，他们依然没有手软，强力过了三关。但在第四轮与胡道本／张秀英的内战中，他们却以 0 比 3 止步。

第一次参加世界大赛的感觉并不是很好，究其原因，经验不足有之，对对手较为陌生有之，更重要的是，周兰荪并不适应国际大赛的氛围。

如果说第一次参赛成绩不理想，交了"学费"，也许是大多数优秀选手的必经之路。但两年以后的第 27 届世乒赛，周兰荪几乎让人对他失去了信心，觉得他已经"江郎才尽"了。

再战世乒，折戟而归

1963 年的第 27 届世乒赛，周兰荪卷土重来，但却颗粒无收。

在男单比赛中，虽然周兰荪敢打敢拼，但因没有绝对的统治力，最终无缘奖牌。

在男双比赛中，周兰荪／杨瑞华组合 1 比 3 不敌日本的三木和小中健，未能进入四强。

在混双比赛中，周兰荪／马光泓组合 1 比 3 负于跨国组合阿尔塞（瑞典）／哈尔斯特（联邦德国），止步第四轮。

男单、男双、混双都被挡在四强之外，这不但使周兰荪深感失望，也使业界很多人对他产生了质疑。难道周兰荪的能力仅限于此，再无提高的可能了吗？

百折不挠，决不放弃

面对失败，周兰荪痛苦过，也曾怀疑过自己的打法，质疑过自己的能力。当时，中国乒乓球队追求的风格可以概括为四个字——快、准、狠、变，这一直也是周兰荪追求的风格。但中国乒乓球队的风格，通过国际大赛,已经被他国的运动员熟悉甚至掌握。没有自身特点的选手,往往面对突发的情况,办法不足,很容易被带入对手的步调,从而在比赛中落败。鉴于此,周兰荪需要在整体风格的基础上,扬长避短,发挥自己的特点。回国后,周兰荪根据自己的特点——身材高、体重大、力量足,将"快"和"狠"两点作为突破点,下苦功夫,追求前三板,练就了势大力沉的正手攻球和被誉为"重炮"式的反手推挡。周兰荪一步一个脚印地练习,从最基础的练起,苦练基本功。

认识新中国老一辈运动员的人都说,那是真正的一代运动员,他们训练的刻苦程度,是常人不能想象的。虽然只有简陋的训练条件,但他们却取得了外国运动员望尘莫及的成绩。这一方面缘于中华民族自强不息的优良传统;另一方面,也体现了新中国成立初期社会欣欣向荣的风貌和人民当家做主的热情。

周兰荪就是那个时代中的佼佼者。并非科班出身、出现技术瓶颈等困难不能使他消沉,反而成为他奋斗的动力,这就是一个优秀运动员的责任与担当。

功夫不负有心人。终于在20世纪60年代中期,周兰荪凭借着"快"和"狠",在国际乒坛上独树一帜,得到了乒乓球界的认可。并在第三次出征世乒赛时,取得了巨大的成功。

三战世乒,大放异彩

熟悉中国乒乓球的人可能都知道,真正困难的也许并不是和外国选手的较量,而是中国乒乓球队内的选拔。这种趋势在20世纪90年代以来,一直被誉为"定式"。在20世纪60年代中期,其程度虽不像现在,但也可见一斑。凭借着几年苦练的成果,周兰荪终于在队内选拔中脱颖而出,跻身"五虎将"的行列,取得了代表中国男团参加世乒赛团体赛的资格。

第28届世乒赛,是周兰荪的第三次出征。在这届世乒赛上,他实现了突破。

在男团比赛中,周兰荪的第一次出场是小组赛次轮对荷兰的比赛,结果周兰荪以两个2比0直落两局轻松战胜荷兰的绍诺麦耶和巴克尔,为中国队独拿两分。在第三次小组赛中,周兰荪又以2比0轻松战胜保加利亚的基林,为中国队拿下关键一分。

有别于今天的乒乓球比赛,当时的赛制规定第二阶段是分组循环赛。第二阶段的关键之战,即与前苏联的比赛,周兰荪又一次独得两分,以两个2比0分别战胜了瓦尔达尼安和阿麦林。

在整个男团比赛中,周兰荪总计出场8次,出场总次数仅排在如日中天的庄则栋和李富春之后,并且出场8次全部获胜。其中,有6次是2比0战胜对手,有2次是2比1战胜对手。可以说,周兰荪对中国乒乓球勇夺第28届世乒赛男团金牌立下了汗马功劳。

除了在男团比赛中有出色表现外,周兰荪在第28届世乒赛的各个单项比赛中也有稳定的发挥。

在男子单打比赛中,周兰荪再次战胜日本的木村兴治,为中国选手夺冠扫清了最大的障碍。在对外国选手的比赛中,周兰荪保持全胜,并最终获得男单季军(冠、亚军分别是中国的庄则栋和李富春)。在男子双打比赛中,周兰荪搭档余长春也获得了季军(冠、亚军分别是中国的庄则栋/徐寅生、林惠卿/郑敏之),并且实现了外战全胜的目标。

提起20世纪60年代的中国乒坛,庄则栋无疑是最强的,他不仅在世锦赛中实现三连冠,而且在国家队队内也具有统治地位。在国家队的内部比赛中,庄则栋很少输球,仅有的一次就是输给了周兰荪。

蹉跎岁月,不堪回首

第28届世乒赛,中国队大放异彩,在七个项目中勇夺五个冠军、四个亚军和七个第三名(第三名有并列)。但由于众所周知的原因,这一切荣誉没有得到延续，整整十年的停滞使得中国乒乓球走入了低谷，也使得正在当打之年的一大批优秀的运动员不禁感叹岁月的蹉跎，这其中，就包括周兰荪。

第29届和第30届世乒赛，中国没有参赛。到1971年的第31届世乒赛，周兰荪已到而立之年，早已错过了运动员的最佳运动周期。那一届，是周兰荪的最后一届世乒赛，他参加了男单、男双、混双的比赛，但成绩却不甚理想。

更大的打击接踵而至，世乒赛后，周兰荪以莫须有的罪名被关押了8个月，这8个月成了他一生中最为心酸的一段历史。

时间到了1973年，34岁的周兰荪老骥伏枥，在全国男子单打比赛中，勇夺季军。面对着众多十几、二十岁出头的年轻选手，岁月的蹉跎又一次深深触动了他。在运动员运动周期的最后，能够在全国比赛中登上领奖台，这已是很难能可贵了。

全国男子单打比赛后，周兰荪服从组织安排，从运动员岗位上退了下来，成为一名教练。

传道授业，延续辉煌

1979年，周兰荪担任国家女乒的教练，培养出了曹燕华、张德英、齐宝香等优秀选手。

从运动员到教练员的转变，并不是简单的职位上的转变，其涉及一系列复杂的问题，不但包括技战术的传授，还有打法的制定与指导等诸多方面，以及国际前沿动态的了解，甚至还要涉及心理学等学科，这使得困难进一步增大。在担任曹燕华的主管教练期间，鉴于曹燕华的打法已经进入了瓶颈，不适合现代乒乓球发展的整体方向，周兰荪毅然指导曹燕华改变了打法，改为弧圈打法，并在训练中弥补了曹燕华基本功不足的硬伤。在周兰荪的悉心指导之下，曹燕华进步飞快，成为20世纪80年代公认的"乒坛一姐"。

人们不能忘记这样一幕,在1985年瑞典哥德堡的第38届世乒赛上,曹燕华勇夺女单和混双两枚金牌,赛后,她激动地跑向主教练周兰荪,将其中的一枚挂在了周兰荪的胸前。

1986年,因夫人的原因,周兰荪不得不离开自己的祖国,远赴大洋彼岸的澳大利亚,开始了新的生活。但他从未离开过他所热爱的乒乓球事业,在澳大利亚,他成立了乒乓球学院,对乒乓球运动在国际的普及作出了自己的一份贡献。

乒乓大师,叶落归根

1996年,周兰荪辞去了澳大利亚乒乓球队的职务,回到了祖国,任中国台北队教练,为两岸乒乓球运动的发展呕心沥血。其间,他指导过蒋澎龙,帮助其练就了反手推挡的绝技。

2000年10月23日,一代乒乓名将周兰荪与世长辞,遵照遗嘱,家人将他的骨灰安葬在万安公墓。

后记

周兰荪出道于业余之中,发轫于世锦赛的舞台,虽经历曲折,但百折不回,坚持始终。在国际比赛中,能够"猝然临之而不惊",在一个很长的时期内对外国选手未尝一败,为中国乒乓球的崛起作出了卓越的贡献。面对莫须有的指责,他能够"无故加之而不怒",兢兢业业、任劳任怨。无论从运动员还是教练员的角度来讲,他都是中华民族"有大勇者",是中华民族优秀的创业者和实干家。

1966 年

全国十大钢铁企业职工篮球赛在太原举行。

全国公路自行车锦标赛在太原举行,山西选手获得四项冠军。

仰其风采，忆其功勋——记原山西省体委党委书记王金贵

卢静

虽然王金贵老先生已与世长辞，我无缘仰其风采了，但是当我见到其子王雁云，得知王雁云深受父亲影响，投身体育从事运动医学已40年时，我不由可以想见王金贵书记健在时为体育事业倾注的心血，与对各项工作饱含的革命激情。

山西保德县位于秦、晋和内蒙古的交界处，属黄河河曲地带，是长城线上的黄土高原区。1921年12月5日，王金贵便出生在这里。其家境尚殷实，1936年得以升入太原并州中学；同年，王金贵在太原参加薄一波组织的牺牲救国同盟会，上街宣传，组团慰军；1937年卢沟桥头一声炮响，爱国激情沸腾的他，更投身于抗日救亡的滚滚洪流与革命工作中，并于1938年光荣加入了中国共产党。新中国成立后，先后在党的宣传、组织、外交、体育、文教等部门担任领导职务。从1959年到1988年，其一直任山西省政协委员、文体委员会主任。

1965年7月至1967年1月，王金贵曾任山西省体委党委副书记、副主任。上任伊始，正是备战二运会的紧张时刻。据1961年出生的其四子王雁云讲述，自己小时候就是母亲与外祖父母带大的，与一头扑在工作上的父亲很难见面。功夫不负有心人。1965年9月，作为山西代表团的副团长，王金贵随同率团赴京参加第二届全国运动会，山西代表团有3人5次破5项全国纪录，59人82次破56项省纪录，获奖章37枚，其中冠军11项。公路自行车尤其成绩显著，获团体总分第一，取得优良成绩。

每个项目赛前赛后，王金贵都要去慰问运动员。他很尊重运动员，赛后常与教练一起回访运动员，看看代表团哪里做得不到位、今后如何改正，认真倾听一线运动员的心声。运动员训练，他常常临场观看、了解情况。1966年2月，他跟随自行车运动员长途训练去长治，一路

天寒地冻。运动员们汗水湿透衣衫，渗到外面结成了白白的冰，头发上挂着汗水结成了"冰滴溜"。因为途中不停地骑，运动员车架上水瓶里的水冻成了冰，他们就揣在胸前暖暖，吸上一两口冰水，一刻不停地在山路上骑行。王金贵看到运动员为体育事业如此顽强拼搏，大为感动，感到心痛，晚上到了宿营地，他要求随队医生抓紧为运动员进行放松按摩，要求厨师熬汤为运动员解乏，以便次日继续骑行。当时《山西体育报》刊登了题为《二月隆冬登太行》的报道。运动员这种不怕苦不怕累的精神在体工队全员中起到了极大的激励作用。

和王金贵交往过的老同志，言其襟怀夷旷，豁达大度，在诸友中当取首指，闪烁着一个共产党人的高尚人格光芒，与之倾吐心曲，尽可坦诚，百无禁忌；言其一生常为他人排忧解难，却从不向人示惠，且一心为公，不作私谋。1973年王金贵重新调回山西省体委任党委书记、副主任。当时"文化大革命"接近末期，面临的最大问题是团结起来整顿内部，把正常的工作秩序建立起来。王金贵为安定团结做出了杰出贡献。在原处室领导大部分恢复原职的基础上，对于工作成绩突出者大胆提拔使用。王建业是全国自行车健将、练改凤是优秀短跑运动员，破格提拔为省体委副主任。大家拧成了一股劲，从而使体委各项工作很快开创了新局面。1975年9月，王金贵率山西代表团参加了第三、四届全国运动会。三运会山西有5人破12项全国纪录，1人平1项全国纪录，58人破71项省纪录，获奖牌30枚，其中金牌10枚。自行车项目依旧最佳，获6项第1名和公路赛团体总分第1名。

1975年春天，王金贵调任山西省委文化教育工作部副部长，1980年又任省文教委员会主任，外部分管体委、出版局、高教厅等部门的工作。1979年9月，王金贵率山西代表团参加第四届全运会，结出金秋的累累硕果。四运会上山西有135人次进入全国前6名，有74人次获奖牌55枚，其中金牌21枚，金牌数列全国第8位。有4队138人次破10项全国纪录，1人平1项全国纪录，1人创1项全国最好成绩。有10队48人55次破47项省纪录。

令人称道的是，四运会上，山西男子足球队在至今历届全运会中成绩最好，山西女排打进甲级队第八名，也是最好成绩。回省后庆功颁奖，王金贵与运动员亲切合影。他朴实的身影，在流金岁月中，嵌入运动健将们珍贵的回忆里。

不懈努力之下，除全运会外，上世纪六七十年代在全国公路自行车锦标赛、全国排球甲级联赛中，山西队捷报频传。此外，全省职工民兵篮球、射击锦标赛及太原群众性横渡晋阳湖等活动，都开展得有声有色。

在家时，王金贵常惋惜道：运动员很辛苦，然而许多人因伤病结束了运动生命，不少优秀运动员本来可以拿冠军、拿金牌，却因伤病不能为国争光了。他眼噙热泪，对儿子说，一定要学医，减少伤病痛苦，使更多的运动员能够实现梦想！早在游击队时便利用自己掌握的中医知识，将蒲公英碾成药泥，为伤口化脓的战士清热解毒消肿的王金贵，为了给运动员与队医提供良方，每天翻查《黄帝内经》《伤寒论》《脾胃论》等书，精心研究骨伤等疾病。儿子王雁云深受触动，毅然投身体育战线，从事运动医学工作。王雁云先后转战在山西省体工队医务室、自行车训练基地、自行车击剑和田径运动管理中心等，还废寝忘食，为足球、乒乓球、体操、武术等项目运动员治伤疗疾，现任山西省康复基地康复医学主任医师，从事预防伤病、科研培训指导、反兴奋剂等多项工作。

老年的王金贵，曾在忙碌的工作之余，写出十几万字，出版了《六十年纪事》一书。正如中国群众体育杂志社景永魁社长在序言中所写："工作中满腔热忱，为党和人民的事业，胸中永远激荡着一股革命的激情。年高业就，离开了工作第一线，按说该享乐晚年了，然而，他离而不休，把一腔热情又投向了全省老年人体育事业，日夜操劳，到处奔波，在他的一生中似乎永无休止符。"

是呀，日夜操劳，无休无止。1984年王金贵任山西老年体协副主席兼秘书长，又一头扑到为老年人健康长寿的服务上，1999年退下来当顾问。15年来，王金贵不顾高龄，起早贪黑，亲自下地市普及，发动老年人参加走步、跑步运动，大力发展门球以及网球、地掷球、乒乓球运动，大力推行导引养生功、太极拳、形意拳，并举办各类舞蹈、登山、棋类、书画等活动，深受老年人欢迎。省老年体协成立10周年时，已建设各类场地4294块，特别是筹建老年网球馆时，王森浩省长亲批了地址及经费，建在汾河上的迎泽大桥边，为迄今山西最大的网球场，成为山西网球队训练基地，培养出大量优秀运动员，输送到国家队并创造了多项优异成绩。

王金贵酷爱读书，涉猎甚广，下基层时，总为人传授文化科学知识，传播积极向上的能量。

由于王金贵没有官架子，与人为善，人称"平民领导"。一生中，越是对传达室老大爷、保洁员等弱势群体，越要嘘寒问暖，伸出援助之手。离休后住在汾东公寓，遇到去附近信访办的困难群众，他要么给钱周济，要么拿上几个饼子，或回家取衣赠送。他对孩子们的影响非常大，孩子们也时常帮助弱者。

王金贵一生艰苦朴素。早晚小米稀粥，平日吃老伴做的烩菜、咸菜。昔日一年四季粗粮，任大同市委书记时，家里就吃玉茭面发糕、钢丝般硬的高粱面条，从未运用权力获取一点白面，从子女就业到柴米油盐，一切与普通群众一样。

2012年10月19日，王金贵老先生因病在太原去世了，享年91岁。斯人已逝，然而音容宛在，笑貌长存，赫赫功绩，必将载入新中国光辉的体育史册。

1967 年

山西省体委系统造反派夺了省体委党政领导权。

过河的卒子不后退
——记北京棋院副院长、国家大师、国际裁判王品璋

孟志平

初夏。北京的上空,柳絮漫天飞舞,雪一样银白。

北京棋院副院长、国家大师、国际裁判王品璋房间里高低错落的壁柜中,大小不一、种类齐全、造型奇特的国际象棋棋具琳琅满目。

这些国际象棋棋具,均来历不凡:有历史长达100年以上的古棋具,亦有极具现代气息的创意象棋;玉石、香樟木、玛瑙、象牙等材料,尽显各地文化特色;印度、缅甸、尼泊尔、俄罗斯、法国、美国、波兰、匈牙利等地的设计师极尽所能,巧夺天工的技艺使棋具都被赋予了流淌不息的生命色调。

87岁高龄的王品璋坐在阳台上,夏日午后的阳光暖暖洒落。

满视野的棋盘与棋子,那是王品璋征战了一生的疆场。进与退、攻与守、生与死、胜与负,连同人生所有跌宕起伏、浮沉荣辱的经历都一起深深融进他的骨血,不可分割,牵一发动一子,都心疼。

善守,藏于九地;善攻,动于九天。

方寸棋局之上,王品璋纵横捭阖、叱咤风云,他是帅、是将,更是过河的卒子。

误入"棋"途

人生,到处是无法预测的机缘。

王品璋最初的梦想与棋无关,棋只是他的业余爱好。

1932年,祖籍山东的王品璋出生于上海,自幼在上海读书。那时,体格健壮的王品璋对体育情有独钟,尤其是拳击。父母对他寄予厚望,希望他学医,而王品璋在报考上海医科大学附中时恰恰因为体育特长

被顺利录取。

新中国成立后，华东团工委将王品璋保送到华东师大东亚体专，这是他实现人生梦想的新平台。在这个平台上，年轻的王品璋同刚刚成立的新中国一样，朝气蓬勃，热血沸腾。每天除了必修课外，王品璋沉浸在对武术与拳击近乎疯狂的迷恋中，刻苦研习，强化锻炼，很快成为学校体育代表队的重要成员。

1951年，王品璋参加上海拳击比赛，一举夺得丙级第二名的优异成绩。

命运，不可预测。如果不是因为他的工作走向，若干年之后，载入中国体育史册的王品璋，也许是拳坛明星，而不是棋坛国宝。

1952年，王品璋于华东师大毕业后分配到山西省太原市杏花岭体育场任指导员。而在此之前，山西太原对王品璋来说是个完全陌生的地方。远离大都市，初来乍到的王品璋同许多经历相似的同龄人一样，有种背井离乡的孤独感。好在，他所从事的工作还是他所挚爱的老本行体育，习武练拳，强身健体，渐成习惯。

命运，有时就这么调皮。转机，缘于1956年。

这一年，国家体委第一次举办全国性中国象棋比赛和围棋、国际象棋表演赛。通知要求，太原市派一名领队、一名中国象棋运动员参赛。

而在当时，不要说山西全省，就是作为省会的太原市，棋类活动也极少。庞大的棋局，在遍布市内的大街小巷，在市民百姓的茶余饭后。尤其是夏天太阳落山之后，随处可见的象棋摊子成为城市一道亮丽景观。

论公，王品璋的身份是杏花岭体育场的指导员；论私，王品璋平日也爱下棋。上级领导一碰头，就把这项任务交给了王品璋。

王品璋一算，还缺一个高手。

偌大太原市，爱下棋的何止千万。但王品璋清楚，参加全国性的比赛，街头技艺肯定不行。不选出身怀绝技的棋坛高手，领导无法交代不说，比赛场上弄不好丢整个山西的脸。

王品璋开始四处打听，精心物色棋坛高手。有位在饭店工作、名叫王庆杰的年轻人进入他的视野，据说他是太原市有名的棋手。

　　那次，王庆杰在北文化宫组织圈内爱好者进行象棋表演赛。让王品璋惊奇不已的是，王庆杰居然蒙目表演，对弈者竟连连败北。年轻的王品璋不服气，自觉从小也爱下象棋，棋艺虽算不上多高，至少能上去应付一下。没想到，却输了。

　　棋输了，王品璋非但不丧气，反而兴奋异常。因为他找到了可以代表山西省参加国家体委比赛的象棋选手了。

　　经王品璋的极力推荐，王庆杰成了太原市参加大赛的代表。

　　在这次比赛上，王品璋四处观摩，那些国际象棋棋局上高高低低、造型奇异的棋子骤然引起了他的浓厚兴趣。整整一个月左右的棋界涉足，对王品璋而言就像参加了一次高规格、高质量的三棋培训班，他决心从事棋艺运动。

　　1957年，国家体委第一次举办三项棋（中国象棋、围棋、国际象棋）正式比赛，太原市每项派一人参加。出征之前，在市内公开进行了一场选拔，中国象棋、围棋选手很快确定，国际象棋却没人报名。

　　王品璋在1956年棋赛后专门绕道上海买了很多国际象棋的棋书，刻苦学习了整整一年。于是，王品璋身兼两任，既是山西棋队的领队，又是国际象棋的参赛队员。

　　那次比赛先分区，然后决赛。太原代表队在西北赛区，地点在西安。整个比赛全国共有36个城市报名参加，上海、沈阳、西安、武汉预赛后在上海参加决赛。

　　在比赛中，王品璋获得第七名的优异成绩。

　　王品璋误入"棋"途。从此，这条道整整走了一生。

"牧马人"与一花开后百花发

　　王品璋对山西省乃至对中国体育贡献最大的正是棋类。

种种原因，全国棋赛在1961年停办。一年之后，又继续在安徽省会合肥举办。这次对参赛名额进行了压缩，山西省只派围棋、国际象棋各一名选手参加此次比赛。

1. 王品璋和沈果荪

沈果荪是王品璋一手从基层挖掘出来、日后纵横围棋界的选手。

沈果荪，江苏常熟人，七八岁就会下棋。1958年，山西省为准备全运会组织集训队，王品璋慧眼识珠，发现了这个年仅14岁的小徒工，一手将其纳入集训队。沈果荪天资聪慧又勤奋好学，成绩进步很快。集训队解散后，王品璋推荐他到太原体育学院继续下棋。1960年，沈果荪首次参加全国大赛就获得第20名的好成绩。

1962年，合肥之战上，沈果荪一路斩关夺隘，接连战胜六名当时已名震全国的高手，一举获得第五名，在棋坛上引起很大震动。这个名次，山西省尚属首次。沈果荪一鸣惊人。

同年，中国围棋协会和中国象棋协会在合肥成立。

2. 一花开后百花发

沈果荪成为山西在全国第一个杀进前六名的功臣。山西省太原市杏花岭体育场出名了，各地出差或专程到太原交流棋艺的人络绎不绝。

王品璋回忆："我们挖掘出了个沈果荪，山西的棋类活动由此而迅速活跃起来！"

杨晋华，是王品璋发现的又一朵围棋新苗。杨晋华十岁左右学棋，为了学棋，父亲用纸画个小棋盘钉在墙上，红色和白色的图钉当棋子摆成"死活"局，每天晋华下学回来，先把"死活"题答对，然后才能吃饭。

1964年4月，全国比赛在杭州举行。首次参赛，杨晋华输了。但王品璋要求他每局不论胜负，都必须用够四个小时，而且输多少也不许认输，必须坚持到最后一步。这次比赛杨晋华虽然捧回了20个大"鸡蛋",但棋却一局比一局下得好了。

棋坛老将们纷纷惊叹:用不了多久,山西的杨晋华就是第二个沈果荪!

果不其然,杨晋华此后一路高歌猛进,为山西省的围棋事业屡立功勋,并成为国家授予的五段棋手,后被中国棋院派往新加坡担任援外专家。

1967年至1968年初,全国混乱不堪,棋具、棋书受到损坏,王品璋只好与同事们偷偷把其中最好和最重要的一部分包裹好,放在一个大缸里埋在地下。8月,交给了军事接管小组,棋具、棋书全部封存在海子边的棋艺俱乐部,却无人看管。1969年夏天,一些年轻人在海子边游泳,发现了这些棋具、棋书,趁夜色洗劫一空。

10年心血毁于一旦,从来没流过泪的王品璋那天抱头痛哭。

更让他痛苦的是,这一年,国家队解散了。

棋业不能废。此后数年,王品璋带着他的学生在全国各地学习棋艺,被亲切地称为"棋坛牧马人"。

直到1973年,为了迎接日本围棋队来访,国家成立了集训队。王品璋经过深思熟虑,派出了陈惠芳。当年9月,在对阵日本队时,元气尚未恢复的中国队几乎无力抗衡。陈惠芳在对阵日本后起之秀小川诚子二段时,异常冷静,步步为营,稳扎稳打,一局下了整整六个多小时。最后,陈惠芳侥幸胜一子,这一子不仅为山西棋坛注入了一针兴奋剂,更为国家赢得了荣誉。

1976年,山西棋类集训队成立,王品璋出任领队兼教练,后担任山西省体委竞赛处长。

被誉为"棋坛牧马人"的王品璋,牧出的千里马越来越多。

1981年1月,国家象棋队开始集中训练。针对这一年的比赛任务,山西省派去6名运动员参加集训,王品璋担任教练组组长。这是山西省棋类项目参加国家优秀运动员集训队伍人数最多的一次。

山西省国际象棋运动已达到国家一流水平。

这一年，年轻的队员叶江川获全国冠军；队员安艳凤在法国参加国际邀请赛获得第13名；8月，在菲律宾亚洲第十区女子个人冠军赛上，安艳凤获亚军，被国际棋联授予"国际大师"称号。

1984年，王品璋调离山西省，任北京棋院负责人。

长江后浪推前浪，一浪更比浪强，一浪更比一浪高！

1991年秋，菲律宾首都马尼拉。在这次国际比赛上，王品璋整整陪练前后达三年之久的棋手谢军，对战保持世界冠军头衔达13年之久的格鲁吉亚棋手齐布尔达尼泽。经过15局艰苦卓绝的对弈，谢军以4胜2负9和积8.5分的总成绩获胜，成为中国第一位女子国际象棋世界冠军，也是国际象棋史上第一位欧美以外的国际象棋女子世界冠军！

聂卫平，两次中国围棋擂台赛中大胜，获得"棋圣"称号。

在这两次激烈的比赛中，王品璋既负责后勤保障，又是幕后策划。

花开两朵，还得另表一枝。

这位曾经发现并培养出中国国际象棋国家队总教练叶江川的棋坛元老王品璋，在1960年被授予国家级举重裁判称号，是当时山西省较早的国家级裁判之一，也是这项运动的积极倡导者。山西省优秀的举重运动员李斗魁、陈存根、李开震、陈广财等也是由他一手挑选、一手培养出来的。

棋小天地大

棋盘小，乾坤大。

王品璋是一位棋界德高望重的元老，还是一位民间收藏家。

在长达半个多世纪的比赛生涯中，无数次带队出征，无数次参与裁判，王品璋的足迹遍布世界各地。每到一地，必不可少的一项工作就是购买国际象棋。即使价格不菲，王品璋宁愿少吃顿饭，勒紧裤腰带也得买下。

王品璋爱他的棋业，更爱与他肌肤相亲了一生的棋具。

事实证明，这种决定是完全正确的。

多年之后，王品璋这样说："收藏虽然让我家无恒产，但这些象棋棋具让我的晚年不寂寞。"

从相识到相知，从相知到相守，王品璋比谁都清楚他所说的"寂寞"的含义：难离，牵挂，更是不舍。

"天高任鸟飞，海阔凭鱼跃。"王品璋常常念叨，"我这一生能从事自己最喜欢的棋业，让人生活得有意义有价值，完全得益于新中国这座大平台。没有这个大平台，我什么也不是！"

在北京，王品璋举办了八次棋具展览与民同乐。

滴水知恩，必当涌泉为报。多年来在棋坛纵横驰骋，用毕生的心血积累下难以估量的经验和启示，王品璋恨不得再生出一张嘴、两只手，毫无保留地留给社会，留给后人。

繁忙的工作、紧张的训练之余，王品璋埋首案头，在灯光下潜心创作。他不会用电脑，手中的笔如同执了一生的棋子，胸中滚烫如浆液的话语恰恰透过这颗"棋子"与身外的世界做了一个完美的衔接。

王品璋的视野越来越广，眼光却越来越"低"。他要从娃娃抓起，让他们喜欢棋，喜欢这个奇妙的方格世界。

2014年1月5日，国际象棋常青藤北京棋馆。

82岁的王品璋来了，他的听众不是棋手，而是一群孩子。他想告诉在场的所有人，如何发现孩子身上的"才"。

在孩子们面前，王品璋也成了孩子。他激情满怀，以无比快乐的语气畅谈如何发现国际象棋"苗子"、孩子在人生道路的选择上家长们应注重的事项以及如何让孩子参与到自己的人生规划与选择中。

年龄、智商、情商、兴趣、性格、身体，王品璋娓娓讲述。

王品璋认为，人生的道路千万条，没有经历，就不能妄言对错。但他坚信一句话，一个人活在世界上，要做好自己能做的事，尽力去做那些需要努力才能做成的事，尽量不做那些努力也做不好的事。国际象棋这条道注定孤独而艰辛，但它所带来的快乐却明快而深远。

什么都无法代替"我愿意"这三个字。

这是王品璋参加历届全国棋类比赛情况汇总（限于篇幅，只作节选）：

从1957年首次参加上海全国棋类锦标赛，在决赛中获第7名起，王品璋开启了他的棋坛人生（包括任领队、教练）：五省市少年国际象棋团体冠军，围棋邀请赛团体第二名，全国国际象棋比赛男团第三女团第二，日本业余围棋赛亚军，亚洲第二届团体赛（新加坡）获团体亚军，亚洲第五届团体赛（印度）中国队获冠军，全运会围棋男子团体冠军，全运会国际象棋男子个人冠军……

《弈林点滴》《棋坛杂忆》《弈林史话》《弈林散叶》等，一部部著作诠释了"老骥伏枥，志在千里。烈士暮年，壮心不已"的真正内涵。

国家体委编辑的《中国国际象棋史》，王品璋的事迹赫然在列。

一生只干一件事，竭尽所能干好干出个样子。王品璋用自己长达半个多世纪的棋坛经历，一步一个脚印，脚踏实地向人们证明了什么是大国工匠。

人生如棋，棋如人生。王品璋不悔，他明白，这一生的苦在棋，痛在棋，乐在棋；风霜雨雪在棋，悲欢离合在棋，花好月圆也在棋。

人生的棋坛上，王品璋就是那颗过河的卒子，永不言退！

1968 年

山西省革委会和省军区发出"关于军事接管全省体育系统的指示"。

仇宝琴：从山西走出去的女乒冠军

张欣

"小小银球连四海，中华儿女夺金牌；人才辈出一代代，闻名天下几十载。"乒乓球作为中国国球，不仅为国家赢得了巨大的荣誉（在世界乒乓球三大赛事中，中国金牌数均居世界第一位），还在国内非常普及，男女老少都能打，室内室外都能打，深受国人喜爱。今年，"二青会"在山西开赛，乒乓球是其中最令人瞩目的比赛之一。在这样的日子里，我们不由想起了那些为山西乒乓球运动做出贡献的前辈们。今天，就让我们走近山西第一位获得全国乒乓球女单冠军的仇宝琴老师。

仇宝琴，1944年4月17日生，世界优秀乒乓球运动员，运动健将。1957年考入榆次二中，1958年调入山西省乒乓球队。1959年调北京集训区准备第26届世乒赛，是108将之一。1960年调入国家队，1961年参加第26届世乒赛。 1966年4月，在上海举行的全国乒乓球锦标赛女子单打比赛中，力挫群芳，荣登女子单打冠军宝座。

在仇宝琴技术最巅峰时，"文革"开始，她不得不停训3年多。恢复训练后的1972年6月，她与队友荣获全国五项球类运动会乒乓球女团冠军。1972年9月，第一届亚洲乒乓球锦标赛在北京举行，仇宝琴获得女子单打冠军。1972年11月，在第15届斯堪的纳维亚国际乒乓球锦标赛上，获女子双打国际冠军。1973年4月，参加第32届南斯拉夫（萨拉热窝）世界乒乓球锦标赛，与林美群配合，获得女子双打第二名，被国际乒联评为世界优秀乒乓球运动员。1974年5月，在天津举行的全国乒乓球分区赛上，获女子单打冠军。1974年6月，在拉各斯尼日利亚乒乓球公开赛上，与队友获女子团体冠军。

山西乒乓　几多辉煌

"乒乓球小名气大，天下无敌谁不夸；世乒奥运大满贯，男女冠军全拿下。"据统计，自容国团1959年赢得第一个世界冠军至2018年3月，中国乒乓球队共为我国夺得124.5个世界冠军。山西也为国家输送了不少优秀的乒乓球运动员，仇宝琴就是他们当中的优秀代表。那么，山西乒乓球运动发展的轨迹是怎样的呢？

时间得追溯到20世纪初叶，乒乓球运动传入山西，主要在学校中开展。1938年8月，八路军决死一纵队曾在山西沁县东山村组织体育比赛，战士们利用门板架台桌等进行乒乓球比赛。

而山西的乒乓球运动真正发展起来，却是上世纪50年代初期，当时在太原、大同、临汾、晋中、运城等地市，广泛地开展了乒乓球运动。1952年以后，随着一批厂矿由外埠迁来太原，使该项活动在省城有了更大发展，涌现出许多乒乓球优秀选手。1954年至1956年，太原的很多单位都设有乒乓球室。在这一时期，打球使用的球拍是胶皮板，1956年初开始出现海绵拍，在打法上，绝大多数人用直握拍，以短挡快攻为主，采用横握拍的人数极少，技术打法也相当简单。

1956年夏，我国著名教练傅其芳率国家乒乓球队来太原进行表演，促进了山西技术水平的提高，引起各界的关注和重视。在此基础上，山西省乒乓球队于1956年6月建立。1957年，国家体委首次颁布了全国乒乓球锦标赛规程。同年10月，在北京举行的全国乒乓球锦标赛上，山西男子团体获得第17名、女子团体获得第16名，居当时全国中游水平。

1958年，山西乒乓球建立二线队伍。同年10月，山西一、二线队员分别代表山西红、黄二队参加在广州举行的全国乒乓球锦标赛，男、女一队双获团体第4名，山西队首次进入全国四强之列。

1964年冬至1965年春，为迎战第28届世乒赛，学习和掌握山西队的先进发球技术，国家队专门调山西队到北京合练传授发球技术。

可以说，上世纪 60 年代是山西乒乓球运动大发展的年代，山西队员周兰荪、仇宝琴、朱人龙、肖洁雯、石桂明等除在全国比赛中取得较好名次外，还曾出访十几个国家和地区，为国家争得了荣誉，为我国的乒乓球运动做出了较大贡献。

峥嵘岁月　往事历历

受山西乒乓球运动热烈氛围的影响，仇宝琴很小就喜欢上了打乒乓球。1957 年考入榆次二中后，发现学校里有乒乓球桌子，一下课她就赶紧排队，当时每人每次只能打 3 颗球，输的下来，赢的当擂主。在这样艰苦的环境下，凭着一股不服输的劲头儿，她勤学苦练，进步很快。

1958 年 10 月，山西省青少年运动会在大同召开，仇宝琴代表榆次二中参加了比赛。也正是这次比赛，激发了仇宝琴要成为一名优秀乒乓球运动员的坚定信念。当时，国家队教练梁友能受山西省体委委托，在运动会上挑选苗子，测试项目有短跑、跳远、长跑等。各方面素质都较好的仇宝琴于当年 12 月如愿调到山西省乒乓球队，成为培养对象。一年后参加了全国青少年大赛，幸运地被选中，作为准备参加第 26 届世锦赛的 108 将之一，参加了集训。

仇宝琴说，从 1965 年成为山西乒乓球女队主力，一直到 1976 年退役，自己最夺目的成绩，当数 1966 年在上海举行的全国锦标赛女子单打冠军。她一直保存着当年刊登她夺冠消息的那张报纸——1966 年 4 月 16 日的《新民晚报》。报纸上有一个整版全是报道全国锦标赛的文章。其中两篇是写仇宝琴夺冠的：第一篇文章的引题是"比顽强风格　比战斗意志"，主题是"全国乒乓球锦标赛女子单打冠军诞生记"。翻看这些文字，一下把我们拉回到当年的现场：……女子单打决赛，山西队的仇宝琴以 3 比 2 胜了广东队著名选手梁丽珍，赢得了今年全国女子单打冠军。这场比赛，主要是比顽强的风格，让人们看到新的全国女子单打冠军的不服输的精神。

第一局，梁丽珍以21比15拿下。第二局仇宝琴打得很聪明，不时地改变战术，同样以21比15赢回了一局。第三局却是第一局的翻版，梁丽珍又用强烈的攻势以21比12拿下此局。高潮在第四局里出现。人们看到了仇宝琴这个选手顽强的战斗意志。在即将输球的边缘上，还是神色不改，顽强地扛住梁丽珍的攻击。梁丽珍几次扣球碰网弹出了界，但是仍以19比18领先。就在这时，仇宝琴加强了攻势。她的三次反击，都打中梁丽珍的要害，把总比分扳成2平。仇宝琴更加有信心了，她一分一分地和梁丽珍较量，决胜局再次被她以21比11拿下，赢得了当年的全国女子乒乓球单打冠军。人们说，仇宝琴的胜利，是战斗意志的胜利。

另一则报道的标题则是"女子单打冠军仇宝琴"。21岁的仇宝琴，是山西省女子乒乓球队的主力。她有多次参加国内外比赛的经历，曾作为中国队的一员，参加过第二十六届和第二十八届世界乒乓球锦标赛，1964年还访问了日本。在国内比赛中，她第一次参加在天津举行的全国乒乓球表演赛时，就进入了前16名，当时只有15岁。此后，她勤学苦练，球技提高很快，终于在1963年杭州乒乓球邀请赛中，获得女子单打冠军；同年在上海举行的全国锦标赛中，又取得单打并列第五名、双打并列第三名的成绩。

右手横握球拍的仇宝琴，是守中有攻、以守带攻打法的选手。她守得稳、削得低，善于在稳削中突然袭击对方空位，常常使对方措手不及，是一个善守能攻的横板削球好手。昨晚，她以3比2战胜广东选手梁丽珍，夺得女子单打冠军，成为历届乒乓球单打比赛中第一个非种子选手夺得冠军的女运动员。

峥嵘岁月，往事历历，恍若昨天。重温这一时光，仇宝琴依旧心潮澎湃。

友谊第一 比赛第二

正是友谊第一、比赛第二的体育精神,让中国乒乓球队为中国的外交做出了不小的贡献。仇宝琴说,乒乓外交那几年,她出访的机会很多,一出去就是两个月、三四个国家,大多是亚非拉条件艰苦的国家,有些地方刚打完内战,还满目疮痍。

中国乒乓球队之所以能取得优异成绩,与党和国家领导人对乒乓球事业的支持、关心和爱护分不开。仇宝琴介绍,每届世乒赛前,领导们都会接见乒乓球运动员。同时派大夫随队出访,大到运动员安全训练情况,小到饮食起居以及运动员之间的团结,领导们都非常关心。

上世纪70年代已经有了电视机,当时的一段纪录片中曾有这样一个镜头,周恩来总理接见全体运动员时,仇宝琴走到周总理身边耳语了几句,周总理微笑着点点头。事后,很多人都想知道,仇宝琴究竟和周总理说了什么?多年以后,仇宝琴解开了这个谜团。

这件事发生在1972年。一次,在给西哈努克亲王打表演赛时,郑敏芝和李莉闹了点误会。消息在裁判的简报上带了一笔,被周总理知道了,总理亲自为郑敏芝和李莉进行了调解。事隔两天,在人民大会堂欢迎尼泊尔马亨德拉国王晚宴上,仇宝琴和梁丽珍给周总理敬酒,总理问道:她们两人现在怎么样了?仇宝琴说,请总理放心,已经和好了。

十多天后,在全国五项球类运动会上,仇宝琴和她的队友们为山西队争得团体冠军,北京队获团体亚军。在五项球类运动会颁奖仪式上,周总理正好给女子冠、亚军发奖,仇宝琴赶紧对亚军队的李莉说,你向前一步亲自告诉总理你俩和好了。听了李莉的话,总理开心地笑了。"一国总理,每天有多少大事要忙,还能记挂着这些平凡的小事,让我们从内心里非常感动。"仇宝琴感慨不已。

伉俪情深　安享晚年

仇宝琴的丈夫是培养过陆元盛、陈新华、焦志敏、邓亚萍、杨影等优秀运动员的姚国治。两人因乒乓球而结缘，又都曾经是国家队的队员。他们两人不但有着共同的事业，也有着共同的朋友。

仇宝琴说："我今年75周岁，老伴儿76周岁，我们现在以旅游为主。1960年我们就一起在国家队当运动员，老伴退役后，1971年在国家青年队任主教练，我是1976年退役的，当年已经32岁了，我选择在北京队任教。可以这么说，在国家队成立这么多年来，女运动员当中，我是运动生涯最长的。

"回想起来，我没选错行。我不仅身体素质较好，意志品质也很顽强。因为喜欢，所以不怕吃苦；因为喜欢，所以也勤于动脑筋。我是16岁进国家队，到退役整整16年，一直是传统的、正规的两面反胶运动员，这个打法难度比较大。再后来我在队里的年龄比较大，领导就让我担任队长，除了自己要参加训练比赛以外，每天还要负责叫大家起床，检查每个房间是否按时熄灯，同时还要担任一些队里的其他事务性工作。

"现在，我和老伴儿有时候也参加一些社会活动，主要是乒乓球界、体育界组织的，比如说前些年纪念108将的聚会活动，以及2002年庆祝中国乒乓球队成立50周年纪念活动等。"

尽管离开山西多年，但仇宝琴依然深深地关注和牵挂着山西的乒乓球事业。她想嘱咐山西年轻的乒乓球选手们，要好好珍惜今天的生活。当年他们的训练环境很艰苦，没暖气，住平房，还得自己生炉子，但没有阻挡他们对乒乓球事业的热爱。现在生活条件好多了，大家除了要刻苦训练、钻研技术外，更要善于总结自身的问题，少找客观原因，扎扎实实打基础，竞技体育没有捷径。她预祝山西年轻一代的选手们在"二青会"上取得好成绩。

1969 年

山西省军区任命许清源为省体委军事接管组组长,岳连和为副组长。

庞林太：编织桂冠的能人

悦芳

他，是中国武术十大教练之一，是中国武术最高段位九段获得者，是中国武术院专家委员会首批专家之一。他是武术界为数不多的享有国务院特殊津贴的人，也是唯一一位以中国武术队总教练身份进驻奥运村的人。他有众多头衔：国家级教练、省武术队总主教练、省体工队副队长、省武术院院长、省武术协会主席，等等。在他的亲传弟子中，有着28位冠军的名字，并夺得过150余枚金牌，国内外舆论界对他均有极高评价，称他为"编织桂冠的能人"。他，就是著名武术家、"冠军教练"庞林太。

融两式查拳于一身

1938年，庞林太出生于山西太原阳曲县的一个农民家庭，中国农民的朴实善良和抗日战争的烽火造就了他性格中的豪爽侠义之气。

庞林太十多岁时便开始习武，曾拜过许多武术名家为师。最早的一位老师是何振江。何振江有"中外大力士""查拳名家""气力侠"等诸多美称，主要擅长查拳和摔跤；同时，他还是近代查拳大师杨鸿修的爱徒兼女婿、"杨氏查拳"代表人物之一。

俗话说"练武不练功，到老一场空"，庞林太最开始练的是弓步桩，一站就是好长时间，常常是汗流浃背。有时何振江看不下去了，便让庞林太休息一下，但个性倔强的庞林太只是稍微休息一下便又接着练。有一次，因训练时间过长、出汗过多，庞林太晕倒了。这种勤奋，让何振江看在眼里、喜在心中，对这个徒弟喜爱有加。何振江曾问他练武苦不苦，他坚定地说道："师父，我不怕苦，只要让我能练成就行。"至于什么是"成"，年纪轻轻的庞林太当时并不清楚，但他却相信"学武三年一小成，五年一大成"这句话，只有坚持才会获得成功。在开始学习摔跤时，需要每天练习撞胯、撞臀，一撞就是一二百次。当时何振江院里有一棵水桶粗的枣树，庞林太撞胯、撞臀都是对着这棵枣树练习，一段时间后枣树死了。这件事成为何振江口中的笑谈，他常常笑着对人说："他把树给撞死了。"

中学毕业，庞林太考上了太原师范学校。一天晚上，他从师父家习武回校，路过杏花岭体育场，见一大群人正在围观摔跤。一大汉连胜几名跤手，正得意扬扬地傲视周围，半天不见有人迎战。庞林太仗着年轻气盛，加上有扎实的武术功底，挤入圈内，双手一拱，与那大汉斗起来。没想到那大汉在这位瘦小精干的小伙子面前竟手脚失控，连遭败绩。而庞林太却压根也不知道这竟是太原市体委搞的摔跤选拔赛。他的偶然之举竟招来一张让他到忻县参加全省摔跤比赛的通知。

当时，参加这次全省摔跤比赛，庞林太是抱着见世面、开眼界的心理去的，却意外地拿了个第二名。这对他无疑是一个意外的收获，他的兴头上来了，除了武术训练，同时也练习摔跤。俗话说"武术加跤，越练越高"，庞林太进步飞快。有一年山西省武术、摔跤比赛在太谷举行，十七八岁的他既报了武术又报了摔跤，没想到，他拳震赛场、跤扫群雄，竟双双拿回了两个项目的桂冠。

但庞林太没有因此骄傲，而是想着如何能更上一层楼。经过何振江同意，他来到山东周村拜在"张氏查拳"代表人物张锡太门下学习，20多天时间学习了20多种套路。在临别欢送会上，他打了一套四路查拳：起手式弓步推掌架势舒展大方，几个动作之后，并步托掌，给人以顶天立地的感觉；紧接着，他又来了一个"燕子抄水"及"腾空箭弹腿"。整套动作如行云流水又不乏威武有力，赢得了在场观众的喝彩，同时也给武术大师张锡太留下了很深的印象。

山东周村之行虽然时间不长，但庞林太却获益匪浅。之后，他又把张锡太请到了太原。两人每天中午都在杏花岭体育场练习查拳两个小时，庞林太的好学深得张锡太的喜爱，便倾囊相授。至此，他集"杨氏查拳""张氏查拳"于一身，也成了目前全国两式查拳传人中唯一成气候者。慢慢地，他又将两式查拳求同存异巧妙地融合在一起，将其应用在竞技武术套路运动中，对竞技武术技术动作内容、演练技法发展起到了引领带动作用。

编织桂冠的能人

1958年，正当20岁的庞林太踌躇满志准备向全国武术顶峰冲击时，山西省体工队武术教练的重担却早早地压到了他的肩上。亲自去拿冠军的机会没有了，但他没有怨言，他要把自己拿全国冠军的理想在他的队员身上实现。在他的教练生涯中，最初的两位得意弟子是张玲妹和原鸿佑。

张玲妹在中华武坛上也算得上是一位风云人物了，她是著名的运动员和教练员。她跟庞林太学练武术仅一年的工夫，便在太原市武术比赛中获查拳、昆吾剑两项第一，并很快在全省和全国武术界崭露头角。1958年在北京全国武术评奖大会上，她的查拳获二等奖；1964年在全国武术比赛中，获女子全能第三名。行家们评论她的查拳"招正势圆，轻快潇洒，真正的查拳风格"。而原鸿佑则是山西第一块剑术全国金牌获得者。至此，梦寐以求的顶峰已经可望，可偏在这时庞林太被下放到雁门关外的平鲁县骆驼山乡。

两年以后，当庞林太从乡下回来，重新就任山西省体工队武术教练时已到了1972年。在这之前，山西的武术项目奖牌少得可怜。重新实现武术腾飞，成了34岁的庞林太无法抑制的梦想。他先是利用一年时间，跑遍了太原市所有小学，从几万名学生中筛选出了200人进行训练。条件艰苦，连训练鞋都没有，庞林太干脆带头脱了鞋练。时间一长，小武术队得了个雅号"光脚队"。"光脚队"的200余名小队员，经过两个月的观察测试，筛选出20人建立了山西第一支武术队，最后又经严格的选优,剩下了最精干的12名队员。

建队三年后,这支小武术队果然身手不凡。1975年第三届全运会上,张玲妹等一批小队员率先杀出,一举手一投足,使武术界立即刮目相看。一些行家惊呼,山西的武术要起飞了。时隔四年之后的第四届全运会,王冬莲、栗小平、李莉、陈风萍、文嘉太、马威等几位骁勇小将脱颖而出。这届全运会,仅王冬莲一人就夺得女子武术全能、自选拳、刀术、棍术对练等五项桂冠,此外,栗小平也夺得一枚金牌,山西队在这届全运会上共得6枚金牌3枚银牌。继王冬莲之后,栗小平在第五届全运会上异军突起,预赛时,一人包揽了6枚金牌,决赛时她和文嘉太又分别挑下了男女枪术的金牌。从第四届到第十一届全运会,庞林太的弟子勇夺七连冠,共获16枚金牌,这是他担任教练时间最长、培养冠军最多、夺取金牌也最多的一段黄金时间,特别是2001年的九运会上,他所带的袁新东、罗俊伟、王建国三名队员,竟夺得对练和单人两个项目两项冠军,创造了当时"三个队员两冠军"的奇迹。这一段时间,山西队走上了年年出新人、届届有金牌的成功之路。

庞林太爱才惜才,只要他看中的苗子,即使跑到天涯海角,也要把他找回来。"武术王子"原文庆就是这样。这位天资聪慧的平民子弟,9岁开始习武,10岁被长治少体校吸收为正式学员。1977年,11岁的原文庆到省城参加全省少年武术汇演,恰遇庞林太前来选才。原文庆当时虽瘦小单薄,却两眼炯炯有神,拘谨中透出股灵动之气。庞林太慧眼识珠,他认定这个小男孩是一块可雕琢的材料,于是,这个不起眼的小队员被留了下来。

在庞林太的细心雕琢下,仅仅几年工夫,原文庆就完全变了个人。1982年在杭州举行的全国武术比赛中,原文庆初出茅庐,却捧回双刀金牌,1984年便跻身全国武术男子全能第四,1985年跃居第三;1986年他便和多次蝉联全国武术全能冠军的陕西选手赵长军并驾齐驱。这时有人声言:赵长军退下来就轮到原文庆称王了。庞林太不以为然,他充满自信地说:靠自然淘汰称王那不算英雄,要上,就要上得理直气壮。于是，一个赶超赵长军的训练计划形成了。

庞林太将查拳融入武术训练中，根据原文庆的特点，编了一套查拳味较浓的自选长拳，作为他攀登最高领奖台的阶梯。第六届全运会上，原文庆这只武坛上羽翼丰满了的小鹰，以其咄咄逼人的气势直向赵长军发起挑战。他上场后一路风驰电掣，潇洒自如，独特的风格、新颖的编排、规范的动作，使观众惊呼。这是此届全运会武术赛场出现的最为精彩的一幕，叫好声和欢呼声使比赛进入高潮。果然，一路劲健威武的拳脚下来，裁判们同时亮出了比赛的最高裁决，原文庆夺得拳术和棍术两枚金牌。

1991年，第11届亚运会在北京举办，中国武术第一次登上洲际大赛。为备战亚运会，庞林太受命担任国家集训队总教练。11个月的封闭训练，他倾注了全部的精力和心血，妥善地协调南北不同风格的套路训练，使中国武术队齐心协力，在本届亚运会上力挫群雄，一举夺得大赛的全部金牌。原文庆以显著的优势成为第一位亚运会男子武术全能冠军，实现了"武术王子"的梦想。

2002年第十一届省运会，一脸稚气的袁晓超表现不凡，深得教练庞林太青睐。在庞林太的精心指导下，袁晓超进步神速，2004年第一次参加全国武术比赛便脱颖而出获得冠军。从此一发而不可收，第二年全运会，赢得刀术棍术全能金牌，在当年的世锦赛上再获长拳冠军，2006年亚运会又获得了一枚金牌。为适应国际比赛规则的要求，庞林太等还精心为袁晓超设计了一套新的长拳动作，两年的艰苦磨砺，精心塑造，终于取得了巨大成功。几年来，所有国际、国内重大比赛的冠军，袁晓超悉数收入囊中。奥运会北京武术比赛，袁晓超技压群雄，以9.83分的成绩再夺男子长拳（套路）金牌，被国际武术界称为"经典之作"。

2008年，北京奥运会，70岁的庞林太再次老将出马担任中国国家武术队总教练，带队获得6枚金牌，圆满完成了任务。备战北京奥运会期间，庞林太担任奥运会武术比赛中国武术套路集训队教练组组长，以中国武术队总教练身份带队进入奥运村,是当时唯一进入奥运村的教练。中国武术院院长徐才和国家体育总局局长刘鹏在总结会上皆说,武术队在比赛中获得了运动成绩和精神文明双丰收。因此,国家体育总局、中国奥组委授予庞林太"2008年奥运会突出贡献个人"荣誉称号。如此丰硕的成绩使庞林太赢得"冠军教练""武坛常青树"之美誉。

一位教练员的成功,仅靠经验是远远不够的,如果没有科学地把握训练的观念,如果不把科学与训练有机结合,那么在竞技水平越来越高的赛场上,便很难有成功的机会。庞林太的成功也正是因为他把握了这一点。可以说,庞林太1972年从乡下回来的那一天起,就开始了这种准备。从200余名初选队员到12名精英骨干的确定;从18位全国冠军的出现到无出其右的"武术王子"原文庆的产生,他精心积累和总结了一整套系统科学的训练方法,并把它们上升到了理论的高度。

"冠军教练"的囊中之秘

庞林太不仅拥有丰富的执教经验,对武术理论也有很深的研究,谈到武术训练的要诀,他概括为严、高、大、难、新、稳六字。"严"指训练严格;"高"指保持高质量训练;"大"指训练强度;"难"指从难训练;"新"强调创新意识;"稳"则强调稳定性。这"六字秘诀"道出了"冠军教练"的囊中之秘。他不仅以敏捷的思维总结出了独到的培养高水平运动员的方法和理论,而且在学术方面他也独树一帜,不断研究和探讨各拳种在学术方面的价值。从1989年开始,庞林太根据多年的挖掘、整理、研究积累,先后写出了《飞虎拳》《腿拳》等著作,并主持编写了《国际长拳竞赛套路》《全国武术训练教材》《刀、剑、枪、棍三级套路》和《中国武术精华》第四章长拳部分。另外,他还写出了《武术套路技术训练初探》《查拳之风格特点》《析原文庆的成才之路》等文。

教学与理论方面的杰出贡献，使庞林太成为一名学者型教练，成为在国内外有一定影响的武术家。他的事迹多次以《武术名人肖像》《他的主旋律——进取》《编织桂冠的能人》《庞林太·著名武术家》《中国英才》等为题见诸《中国体育报》《中华武术》《中国人物年鉴》《山西体育名人传》《山西日报》等国内外数十种图书及报刊。

2013年，他已75岁高龄，按规定早已退休，可是他不想远离热爱的武术，他的徒弟们也不想让他远离训练，一直请他担任顾问。12月31日，与山西省武术队签订的一轮协议到期。可是对于今后的工作，他依然信心满满。他说："我的愿望就是要让武术成为奥运会的项目。为了这个愿望，我要发挥余热，一直干下去。"听他说的这段话，真是豪气冲天。

总结庞林太的执教生涯，大致可概括为"三最""一奇""六国教"：

"三最"：一是执教时间最长（51年）；二是带队获取金牌最多（150余枚）；三是培养冠军运动员最多（28人）。

"一奇"：创造了从第四届到第十届全运会，连续七届，届届夺得金牌的奇迹。

"六国教"：六次担任中国武术队主教练、总教练，其中包括1990年北京亚运会和2008年北京奥运会，比赛皆获佳绩。

如今步入耄耋之年的庞林太，仍然关心着国家体育事业，他觉得需要做的事情还很多。他说："武术还需要大力发展，竞技武术水平还需要提高，规则还需要进一步完善，同时需要大力协助国际武术技术水平的提高。"他不断地用自己的实际言行践行着这一诺言，他用无私的一生编织出了无数体育"桂冠"，创造了我国竞技武术史上令人难以置信的神话。

1970 年

山西省军区任命岳连和为省体委军事接管组组长。

山西省军区党委批准成立省体委军事接管组临时党委,岳连和任书记,薛光钦任副书记。

杨振铎

郭萍萍

曾经,有一位李姓老红军得了肝炎,他遵医嘱,卧床治疗,但总不见好。后来,听人说太极拳可以治病,他索性从病床上爬起来跟着杨振铎先生学太极拳。经过一段时间的练拳,肝的各项指标都正常了。医生感到奇怪,问他吃了什么药?他说,什么药也没有吃,是练太极拳练好的。

这是真的吗?杨振铎先生又是谁?一连串的问题像吹泡机吹出的泡泡一样不停地涌现出来。

这个事例是千真万确的,这样的例子举不胜举。这位老红军习练的是杨氏太极拳。

杨氏太极拳是太极拳中的一个流派,是中华民族传统武术百花园中的一朵奇葩。杨氏太极拳是杨露禅宗师及其子杨班侯、杨建侯,其孙杨少侯、杨澄甫祖孙三代,在陈氏太极的老架上发展而来,最后经杨澄甫修改定型。杨氏太极拳既是武术,也是医术,它既是自卫技击之术,又有强身祛病之效。其动作舒展大方、简洁柔和,速度缓慢均匀,动中有静,柔中寓刚,以意引气,以气运身,内外相合,身心兼修。新中国成立后,国家体委在1956年与1959年前后就以杨澄甫拳架为蓝本,编写了"24式简化太极拳""88式太极拳"。

杨振铎是谁?杨振铎是杨澄甫宗师的三儿子,为杨氏太极拳第四代传人。中国武术九段,国家体育总局武术研究院专家委员会首批特聘专家,1995年当选为"中华武林百杰",在国内外武术界享有很高声誉,被誉为"武林至尊"。曾任全国武术协会教练委员会委员,现任国家体育总局特授荣誉社会体育指导员、山西省武协副主席、国际杨澄甫太极拳推广中心会长。

武术界的人都清楚,作为武术界最高段位的"中国武术九段"和"国家体育总局武术研究院专家委员会专家"这两份荣誉意味着什么。它们是武术大家实至名归的一份至高尊荣,是国家对武术大家的至高认可的体现。其实,杨振铎获得的荣誉远不止这些,其在国际上也是声名显赫。1987年至1989年,法国太极拳协会聘请他担任名誉会长;上世纪90年代,美国特洛伊市市长两次向先生赠送该城金钥匙;1996美国得克萨斯州圣安东奥市市长向先生颁发名誉市长证书⋯⋯

杨振铎1926年出生,他父亲杨澄甫去世时,他才11岁。在漫长的岁月中,他是怎样承继发扬祖艺,从一个不经世事的孩童成为蜚声海外的太极大师的呢?

刻苦练拳　一鸣惊人

早年间,杨振铎和母亲及二哥杨振基、四弟杨振国一直跟在父亲杨澄甫身边,5岁起他就跟着大人们比比画画地学拳。

杨澄甫在上海授拳时,曾嘱托其伯父杨班侯的儿子杨兆鹏教振基、振铎、振国三兄弟练拳。脾气暴躁的杨兆鹏带他们练拳时,动作只说两遍,孩子们若做不出来,他就动手打,手不对打手,腿不对打,并且出手很重,三兄弟都很怕这位叔叔。为了少挨打,杨振铎认认真真模仿叔叔的动作。由于年龄小,当时的杨振铎根本不能理解动作的含义,但动作的位置、方向都能一一依样做出来。杨澄甫到广州后,杨兆鹏到广西桂林教拳,改由大哥杨守中和大嫂带他们几兄弟练拳。杨振铎回忆说:"这一时期练　不是出于自觉的,是强迫性的。"

"父亲去世后,我就跟着母亲回到了老家河北永年县。在老家,是母亲督促我们兄弟练拳的。"杨振铎说。过去,母亲侯助清在父亲的身边,耳濡目染,对拳也很在行。张庆麟、傅钟文有时住在家里,母亲常与他们推手。日本人占领永年后,杨振铎兄弟们就不能上学了。母亲让他们在家里练拳,不许他们出门。母亲常常告诫他们兄弟不要把拳练散了。要把杨家拳艺练好,将来局势一稳,形势好转了,要发扬杨家祖业。杨振铎在母亲的督促下，练拳很勤。他在家生活到20岁左右，母亲把他送到赵斌（曾跟杨澄甫学过拳，得到杨家的真传）处。在杨振铎随着赵斌上了三年流亡中学期间，练拳是不可缺少的内容。新中国成立后，母亲又把他送到北京崔毅士（杨澄甫的高足，拳艺出众）处，他一面做工，一面与崔师兄交流拳艺。

1951年，杨振铎被分配到山西阳泉矿务局，负责财务工作，一干就是10年。这10年期间，他心里一直铭记着："继承祖先传下来的太极功夫，是我们的祖训，也是我们的责任。"他刻苦自练，同单位的人都不知道他是一代宗师杨澄甫的儿子，也不知道他会拳。

在父亲去世后的20多年中，杨振铎一直默默习练着祖传拳艺。机会终于来了，20世纪50年代末，原华北局主要负责人李雪峰向太极拳家傅钟文学杨氏太极拳。傅先生向他推荐了杨家后人，并建议组织上把杨家后人安排到从事教拳的工作岗位上，让他们继承祖业。后来，杨振铎被调到了山西省人事局，从事推广杨氏太极拳的工作。

1961年，杨振铎应邀到了上海，傅钟文先生见老师的儿子来了，十分高兴。傅钟文带他到上海市体育宫练拳，体育宫主任顾留馨见到杨振铎练拳后，大加赞赏。傅、顾二人商量，请杨振铎在体育宫表演杨式太极拳，他答应了。原计划只表演一场，但因表演得十分成功，在观众的一再要求下，连续表演了九场。新闻媒体对他的表演给予很高的评价，说他的形、神酷似其父杨澄甫。时年，他36岁。真可谓不鸣则已，一鸣惊人呀！

以后，在两次全国太极拳观摩赛上，杨振铎先后取得了金牌和优胜奖。1983年第五届全运会上被评为"先进个人"。1984年，在武汉国际太极拳（剑）观摩表演会上获"中国太极十三名家"称号。1987年第六届全运会又以特邀代表身份参加大会。1989年应国家体委之聘，任太极拳竞赛套路技术研究组成员，并担任杨氏太极拳四十式培训班主教练。

所有这些荣誉的获得，与杨振铎先生一直以来的刻苦自练是分不开的。

求同存异　真知灼见

杨家祖孙五代传拳，弟子门生遍及全球，有不少在海外定居、传拳。目前，杨氏太极拳见书刊、网络的有很多种。太极拳拳架自杨澄甫定型后，就有85式、91式等，太极拳长拳更是有65式、70式、59式、123式、129式等。许多打太极拳的人都以自己所习为正宗、真传，这是因为他们的拳架同是杨家传下来的，只是招式有些差别而已。

杨振铎对此有自己的看法。他认为，这种差异是正常的，不必要求统一。同是曾祖父所传，杨班侯、杨健侯练的就有差别，传的拳也有差别。祖父杨健侯传伯父杨少侯、父亲杨澄甫，两人的拳也存在差别。在他们几兄弟中，以大哥的拳为最好，但兄弟之间练起来也有不同的方法，就不用说父亲传的其他弟子了。这种差别与各人的智力、个性及练拳下的功夫都有关，不可能统一，也不必要统一。唯一要统一的就是要符合"十要"，即太极在行拳过程中要体现"虚灵顶劲、沉肩坠肘、松腰、含胸拔背、用意不用力、气沉丹田、相连不断、内外相合、式式均匀、动中求静"等要求，在动作达到标准式（以杨澄甫的定式动作为标准）时能把自己全身的劲发挥出来。其他枝节问题不必要作无谓的争论，这样才能有利于杨氏太极拳的发展。

在教学中，他发现不少练太极拳的人对太极拳"松"的认识不全面，表现在动作上软塌无力，并错误地认为这就是柔。他认为，练拳时放松，是太极拳的基本要求。要想达到太极拳要求的松，必须使人体躯干、四肢所有连接部位的韧带、肌腱，如同松柔、坚韧、超强弹性的橡皮筋，舒展、收缩、轻灵、自如，游刃有余，绵如浮云，柔如面团。放松自然产生劲感。全身放松不用使劲而自然有劲，从而达到有意放松、无意成刚的境界。对于"用意不用力"，杨振铎则强调不用拙力，要用劲。如何区分"力"与"劲"？先生形象地用生铁比喻"力"，将经过高温冶炼，由生铁变成的钢比喻为"劲"。

为了使学拳的人较快地领会和掌握要领，杨振铎根据数十年教学经验，提出了"杨氏太极拳二十字口诀"，即抻出肘尖，空出胳肢窝。肘尖拽膀尖，连手腕，带手指。它虽指的是上肢各个部位注意学的事项，但能起到由此及彼的效应。严格遵照"二十字诀"练拳，则上肢的活动必然会牵动含胸，引发拔背，导致松腰、松胯，进而实现由脚而腿而腰节节贯穿，达到周身一家的要求。

口传身授　孜孜传承

杨振铎经常讲："杨氏太极拳是属于中国的，属于中华民族的，也是属于世界的。作为杨氏太极拳后人，传播太极拳，责无旁贷，要让太极拳造福人类。"20世纪60年代初，杨振铎先生开始在山西推广杨氏太极拳。初期是一对一辅导教学，学拳者主要是省委省政府、省军区、市委市政府的领导干部，他亲自上门辅导，耐心传授。

杨振铎在山西省委党校任职后，开始向社会公开授拳。一是在中共山西省委党校向来自全省各地（市）、县的党政领导干部学员授拳，二是坚持每个星期天清晨，在迎泽公园向所有爱好太极拳者传授。由于他总是来者不拒，免费传授，而且在口传身授时，从不说别人这不行、那不对，只说他是这样练的、道理在哪儿，渐渐地在他周围聚集了一大批太极拳爱好者。

杨振铎见学拳的人多了，就把大家组织起来，1982年成立了山西省杨氏太极拳研究会，会员274人。这是全国第一个省级群众性业余武术团体。1984年，更名为山西省杨氏太极拳协会，杨振铎任会长。为了让更多的人能学到杨氏太极拳，杨振铎不辞辛劳，每年都带领数名骨干深入各地、县、厂矿、农村传授太极拳。伴随杨振铎的足迹，一个个分会相继成立。目前，协会已有39个团体会员单位，会员人数达35000名，拳友达数十万名。2007年协会召开第七届理事大会，杨振铎退居二线，担任顾问。协会授予他"终身荣誉会长"称号。

为满足一些多年习练太极拳的学生们的心愿，也为杨氏太极拳能够后继有人，2002年7月19日，杨振铎第一次收授入室弟子。老先生从国内外众多习练杨氏太极拳的忠实追随者中，选出首批39名弟子（男弟子20人，女弟子19人）。除了太原地区外，还有来自北京、海口、焦作、无锡、广州等地的弟子，甚至还有来自马来西亚、瑞典、美国的三名外国女弟子。2005年7月25日，在庆祝杨振铎先生80寿辰之际，收了第二批入室弟子，共72人（男弟子38人，女弟子34人）。2014年7月16日，在杨振铎89岁华诞之际，他又高兴地收了第7批入室弟子，共14人。杨振铎说："迄今为止，我共收弟子7批215人，这是最后一批了，愿我们'共铸太极辉煌'！"

7次收徒，都举行了隆重热烈的收徒仪式。杨振铎为弟子颁发"入室弟子证书"，并宣读本门师训。

杨振铎经常说："教拳是我一生的事业，要做到生命不息、教拳不止，要把我的生命献给祖国的武术事业。"先生真正做到了言行一致。

德艺双馨　海外授拳

传拳时，杨振铎不乏遇到试手者。在国外，往往会遇到一些动真格的试手者。

有一次，在巴黎，一个韩国人和一个法国人找到杨振铎，满脸质疑地问道："杨老师，这太极拳能打人吗？"边说边用掌猛击过来。杨振铎刻刻留心，一伸手接住来掌，不丢不顶，判断来力的方向、大小，用引进落空之法，瞬间将对手拨在一侧。对方踉踉跄跄跌倒在一旁，却不知是怎么跌倒的。

杨振铎说："不管对方意欲如何，要点到为止。"不少同行都说杨振铎的为人雍容大度，性格很像他父亲。

杨振铎出国授拳，始于1985年的新加坡之行。国家体委应新加坡之邀，派出杨振铎和李天骥、李秉慈三位太极拳师赴新参加该国第二届太极拳观摩比赛。临近赛事结束时，三位先生被邀作太极拳表演，引起现场轰动，遂挽留他们在新传艺。经国家体委同意，他们三人留新从事授拳活动，其中杨振铎在新加坡逗留达半年之久。自1985年以来，杨振铎多次出国授拳讲学，到过法国、美国、瑞典、加拿大、意大利、德国、新加坡、巴西、瑞士、英国等国，传授的学生、弟子数以万计。杨振铎深受国外杨氏太极拳爱好者的欢迎，同时在国外也获得了多项殊荣。

为使杨氏太极拳在国外的传播变为有组织的活动，在杨振铎的倡导、杨军（杨振铎嫡孙）的努力和友人们的协助下，1988年10月，国际杨氏太极拳协会在美国加利福尼亚州西雅图成立，由杨振铎任会长。之后，在美国其他一些城市以及南美洲和欧洲，也相继建立起30个国际杨氏太极拳中心。

杨振铎先生成为受人尊敬和欢迎的东西方文化交流的民间使者。在其90华诞之际，来自美国、马来西亚、法国、意大利、巴西等15个国家的116名弟子为先生贺寿。

著书立说　推广太极

为将自己多年的习拳和授拳经验加以总结和推广，杨振铎60岁之后，一边授拳，一边开始着手著书立说。为满足国外拳友迫切之需，首先出版了英文版《杨氏太极拳》。之后于1992年，在山西科技出版社出版了《杨氏太极拳·剑·刀》，到2002年，先后出过四个版本，印刷数十次，发行量几十万册。《杨氏太极拳·剑·刀》是继杨澄甫宗师所著《太极拳体用全书》之后，出自杨氏后裔之手的传统杨氏太极拳功夫全书。1997年，在世界图书出版公司西安分公司出版《中国名师经典·中国杨氏太极》。

应《中华武术》杂志之约，杨振铎创编并配以本人拳照的短套路《杨式太极拳（13式）》，已由台北大展出版社出版发行。此外，还编了短套路《杨氏太极拳35式》。

杨振铎示范、讲解，其孙杨军演示套路的《杨氏太极拳》《杨氏太极剑》《杨氏太极刀》系列光盘由人民体育出版社出版发行。

杨振铎还在学术书籍及期刊上陈述自己对太极拳的认知和理解。1992年出版的《太极名家谈真谛》收录了其《由"柔中寓刚，绵里藏针"看当前太极拳的演练中的"柔""软""刚"》一文；1995年出版的《太极拳论文集》收录了其《杨式太极拳风格谈》一文；1998年《太极》杂志1至6期连载了其编写的《杨式太极拳图解》。

杨振铎除了著书立说外，还通过协会定期或不定期举办杨氏太极拳骨干培训班、裁判员培训班和全省杨氏太极拳观摩表演赛及国际邀请赛等，以推广杨氏太极。目前，山西省杨氏太极拳观摩表演赛已成功举办20余届。"中国·山西传统杨氏太极拳国际邀请赛"已经成功举办五届，参赛国家和教练员、运动员数量也是逐届攀升，杨氏太极拳在中国和国际的影响力在不断增加。2017年举办的第五届杨氏太极拳国际邀请赛中，海内外共计122支代表队、1300余名传统杨氏太极拳爱好者齐聚晋中，杨振铎以92岁高龄，冒着酷暑亲赴晋中，参加大赛开幕式，并为各参赛队员加油鼓劲。

是年，杨振铎先生94岁，经先生一直不懈的努力，杨氏太极逐步走出了中国、走向了世界。愿杨氏太极之花绚丽绽放，杨氏太极之冠枝繁叶茂，杨氏太极之根深入人心。

1971 年

经省革命委员会批准,山西省体育运动委员会改名为山西省革命委员会体育局,由省军区领导。

中共山西省委、省军区党委任命岳连和为省体育局局长,张庆平、李长馥为副局长,薛光钦为副政治委员。

军人局长岳连和

李晋瑞

2019年5月中旬的一天,一位家住太原市新建路锦泽苑小区干休所的老人,几经思忖后,让一直照顾自己日常起居的侄媳妇赶紧拿来纸和笔。老人催得很急,慌乱中她找来一块巴掌大的宣纸。接着老人让她代笔,在这块不规则的小纸片上郑重地写下几个名字。

"不是说要我想想那些年哪些人和我、和山西的体育有关系吗?"老人讲,"这几个人,多多少少有些关系。"

老人叫岳连和,1929年6月出生在山东省惠民县一个普通的农民家庭,1945年入伍,打过游击,参加过济南战役、淮海战役、渡江战役和上海战役,担任过太原军分区司令部副参谋长,是一位响当当的军人。但在他的人生履历中,却担任过一段时间的山西体育局局长兼党委书记,在山西体育史上,无论是浓墨重彩,还是轻描淡写,他都曾经留下过足迹。猛然间,让我们在脑海里把一位铁骨铮铮的军人和地方的体育局局长联系在一起,确实感觉有点蹊跷,但要放到历史的长河中用心纵观,便很容易看到它的必然了,正如岳连和老人自己讲的:"你能有什么选择啊,上级命令你干什么,你就得干什么。"今年已是九十高龄的岳老,一米八几的个子,身体厚厚实实、宽宽壮壮,看上去依然魁梧,两只手伸出来,既大,又有力量。他的耳朵一点儿都不聋,讲起话来因为浓浓的口音和十足的底气,很容易让人想到山东大汉。当问到他在山西体育系统工作的情况时,他的神情中便流露出许多掩饰不住的感慨。他讲:那个时候啊,那个时候……故事中,他经常说到的一个词是"革命"。

老人讲的"那个时候",是指那个人人皆知的特殊时期。特殊的时期里自然发生的就是特殊的事,1967年,和其他省份一样,内乱不已的山西惊动了中央。有着丰富作战经验、老红军出身、走过长征的谢振华，和长期搞地方武装斗争，对地方上、部队上的政治工作比较熟悉的曹中南，一个是军长，一个是政委，接受中央指示，带领部队从河北进入山西，负责"支左"和厂矿军管，尽快稳定局势，维护社会秩序，减少工农业生产下滑趋势。身在这支部队中的岳连和那时也在山西，只不过他在教导营，作为训练处长一心还扑在地方武装的培训工作上。

据岳连和老人讲，1948年9月济南战役正式打响，从16日到24日的8天时间里，岳老是二十八军某师某团"尖刀连"的副连长。24日黄昏已经被攻下的济南城进入巷战阶段，岳老所在的连冲锋在前，他和一名通讯员在队伍前边，身后是连里的"尖刀班"。敌人的机枪在"嗒嗒嗒"扫射，富有战斗经验的岳老，知道如何在"嗒嗒嗒"声响间隙间快速移动，带着队伍向前推进。没想到，遇到了敌人的暗堡，敌人在暗堡里将枪口对准他们。他赶紧命令队伍趴下，但一梭子子弹已经射了出来，一班的战士全都负了伤。他当时趴在石头后面，敌人的子弹没有直接击中他，但一块被击中的石头溅出的石子射入了他的眼睛，他的左眼就这样丢掉了，但还一边流血一边从战场上背下了一位负伤的战友。紧接着便是淮海战役、渡江战役，老人讲，在那些烽火连天的日子里，他忍受过吃不上饭的饥饿，也见过一枚炮弹在人群中爆炸。作为经历过战争的他，体味过人生苦难，也看淡了生死，从而形成他开朗、豁达，遇事表现出看似简单、强硬，但实则是勇气和担当的性格。

1951年，岳老带领参加过淮海战役的旧部准备随军二次入朝。他们接到命令在天津训练三个月，但因为不知道的原因最终一拖再拖没能入朝。而作为全师最年轻、25岁便担任营长的他，在领导的推荐下，1959年准备考取南京军事学院。"当时我是不太愿意的，因为我没有文化，是个大老粗。"岳老说。是师干部处的领导专门找他谈话后，他才接受。学校那边也曾对他的身体情况有所担心，毕竟他的左眼不在了，学校害怕他的右眼将来发生交感性眼炎。离开南京军事学院的岳老进入教导营，担任营长职务，负责全面工作，师长实际上只是挂名负责。1960年，他奉命带领这个全部由军官组成的教导营进入山西，担任加强全省基层武装部军事干部的培训工作。随着教导营更名为军区教导大队后，岳老的职务称呼也由副营长变成了教导队副大队长。提起当时的情况，岳老咳嗽一声，说："那可是1960年啊，我们来山西，来的不仅是军官，还带来了20只羊、十几头猪和1万多斤的红薯干。"想一想，几十名军官风尘仆仆远道而来，出现在太原的大街上，不仅有猪、有羊，还有一麻袋一麻袋的红薯干，那场景在现在人看来，大概就像拍电影一样，但在当年那就是现实中真真实实的生活。正如前面所讲，岳连和身体里流淌着的是"革命"的血液，他习惯了摸着枪的感觉，喜欢教人带着部队在夜间野外煮饭时，如何不被敌人的冷炮打中而造成不必要的人员伤亡。体育是一群运动员在场地上蹦蹦跳跳的事情，那种竞技与军人在战争中的生死智慧相差太远。让他做梦也没想到的是，几年后他便与体育打上了交道，他还得打得认认真真，像模像样。

作为曾经主政一方的岳连和，在体育系统待了8年，可无论是查阅《山西通志·体育志》《山西体工队史》，还是1966年到1976年的《山西日报》，有关岳连和的文字并不多，这可能与当时的时代背景有关，也可能是因为那个一切似乎都不正常的特殊时期里，真的没有人对发生的事做过详细记录，毕竟那段时间，"教练员、运动员被编入了毛泽东思想宣传队"，"训练被迫停止了，废了一批运动员"，在"靠边站"大行其道的几年里，具体的体育工作自然也就名存实亡了。在那时，"革命"与"反革命"成了整个时代的两大主流，然而人们对革命与反革命的含义却又莫衷一是，无论哪派，始终坚信自己是革命的，而自己的对立面那派就是反革命，人们被一团雾一样的混乱日夜包围着，尤其是最初几年，机关关门，工厂停产。在这种情况下，山西体育何能安如泰山，它自然也会不出意外地摁下暂停键。

就是在这种特殊背景下，岳连和走上了山西体育的舞台。1969年5月，已经担任山西省革命委员会主任、山西省委第一书记、山西省军区司令员的谢振华，下令由数十名军、师级领导干部带队的宣传队，到各地、市宣传，并统一负责"支左"工作，努力促进对立两派的大联合。在中央的支持下，还在北京军区大华饭店组织了规模很大的学习班。作为接管体育系统军管组副组长兼办公室主任的岳连和，负责的就是与军区各方的协调与联络工作。作为军人，尽管不是在战争时期，但干起工作来也要拿出军人的风范。由于工作认真，作风踏实，1970年，他被任命为军事接管小组组长，兼临时党委书记。

这段经历，在史志报刊资料上几乎找不到，顶多一句"体育系统实行军事接管"便一笔带过了。但是军事接管之后呢，尤其是1970年后，混乱基本趋于平稳，山西省体育运动委员会在1971年2月，改为山西省革命委员会体育局，由省军区领导。岳连和是1971年5月担任省体育局局长兼党委书记的，尽管当时对运动员进行连改，也就是按连队编制，实行军事化管理，但他深知不论是何种形式，是体育就离不了运动员和教练，少不了训练。他心中有个想法，尽快恢复各专业队，补充运动员，开始正规训练。他是这样想的，也是这样做的。在体育局局长位置上的岳老，全力支持运动员恢复训练，为了提高体能，他亲自带队徒步去过汾阳；支持自行车队从1972年冬开始，让运动员从太原出发，到上海、长沙、广西，进行跨省长距离拉练；又率先在全国恢复新运动员的招收工作；在省财政吃紧的情况下，到省军区争取到50万元，用于室内训练馆的修建。虽然这在专业上是再正常不过的，但放在当时的情况下，却是要冒天下之大不韪的。

说到山西体育，就绕不开自行车，在人们的印象中山西的自行车一直是强项，但人们所不知道的是这个强项差点儿被取消。岳老回忆说，当时的"体育取消论"声势十分浩大，不要说群众体育活动，就是学校的体育课都变成了只做一些队列、投弹、刺杀等简单动作的军体课，因此当他拿着文件站到省委书记谢振华面前，谢书记将自行车项目用笔划掉，似乎也是再正常不过的事。可是，岳老觉得不合理，也许是出于军人的原因，有那么一股执拗劲儿，他坚持给谢振华讲，体育里的自行车作为比赛项目，可不是人人都会骑那么简单，它有非常强的专业技能在里面。正是由于他的争取，自行车项目才得以保留下来。《山西体工队史》自行车篇中有这么一段话：

军管组曾试图撤销自行车项目，在这岌岌可危之际，领队王斌海、教练陈彦龙，怀着对自行车项目的热爱和对体育事业的强烈责任感，带着队伍在省内上上下下到处巡演，搞宣传，造舆论，争取社会支持；又拉练到北京，专门为国家体委领导在赛车场组织了一次声势较大的汇报表演，争取领导支持。终于，良苦用心感动了方方面面，在国家体委和省革委的支持下，全国就只有山西省一家保留了自行车项目。

这样的总结，有点简单，又含糊不清，也有失公允。争取支持是一定要的，但是能否保留这个项目，有人能说服省革委、省委以及省军区的有关领导同意才是关键的关键。在这一点上，岳连和功不可没。

1993年版的《山西体工队史》关于体工队事业发展概况中写道，在党中央的关怀下，1972年6月，省体委重新回归省革委领导，结束了长达五年的军事接管。文中提到一大批曾经被插队、下放的干部、教练、医生和运动员相继回到工作岗位，但在五年军管时期，一些人除了不得不顺应大形势需要外，必定还是为山西体育事业出过力的，哪怕仅仅从"拨乱反正"的意义上，哪怕是从在全国率先恢复各项体育工作上讲，岳连和是做出过贡献的。

1972 年

中共山西省委、省军区党委任命田垒为省体育局政治委员。

全国公路自行车邀请赛在太原举行,山西获得男子成年组100公里团体赛和女子成年组25公里团体赛第一名。

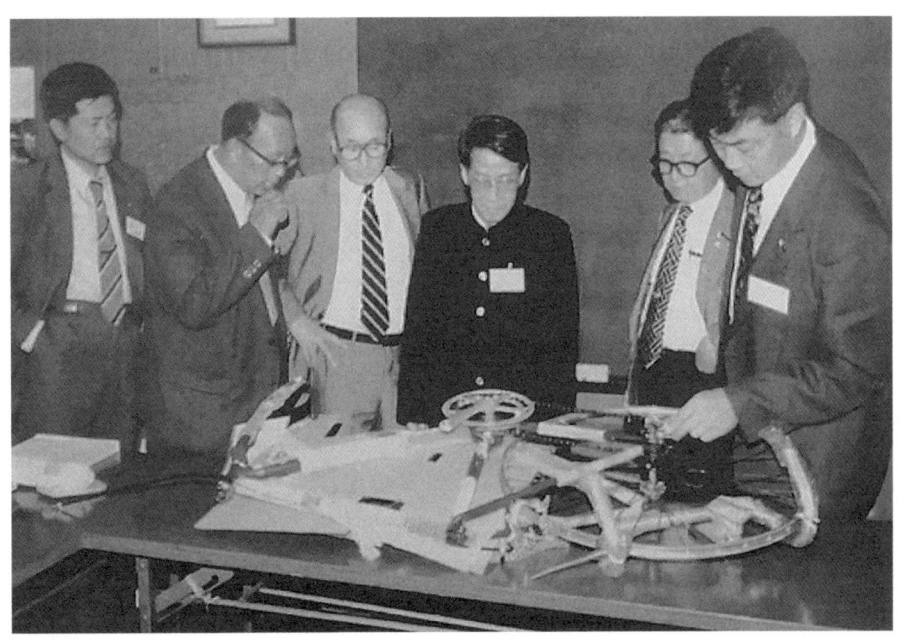

破风者——记新中国体育开拓者、原山西省体委主任刘杰

王国伟

当我们回首新中国70年的体育发展史时，我们往往会想起诸多灿若星辰的世界冠军，他们让五星红旗一次次地高扬在世界的赛场之上，为祖国和人民赢得了荣誉。然而我们也应该知道，在每一个冠军的背后，都有着难以计数的默默无闻的奉献者。1985年，国家体委为表彰对开拓新中国体育事业作出贡献的老体育工作者，决定对50年代开始一直在体委系统工作，以及对发展体育事业有特殊贡献的干部授予"新中国体育开拓者"荣誉奖章、荣誉证书和纪念品。山西共有292名同志获此殊荣。刘杰作为从1956年进入山西省体育系统直至离休，为山西体育事业鞠躬尽瘁了一生的体育战线的老干部，当之无愧地成为山西"新中国体育开拓者"表彰名单中的第一人。

1923年的正月十八日，正是惊蛰前一天。刘杰（本名刘劼）出生在平遥县东泉村。东泉村地处县城东南16公里处，宝塔山下，惠济河畔，东泉镇政府所在地，是典型的丘陵山区。这里的村民以种植、养殖业为生，是全镇的人口大村，更是一个求学氛围浓厚的文化村。东泉村较早就开办了东泉小学，在校生近千人，分初级小学和高级小学。校舍宽大，从东到西一长排，好几个大院的教室，侧面是村大道，后面还有大操场、篮球场、足球场等设施。老师绝大多数是本村人，有山西大学、山西师范大学的毕业生，他们学术水平高、作风好，对在校学生影响很大，为培养各级各类人才起到了基础性、基地性的作用。

刘杰可以说是幸运的。他在本村小学、高级小学读书六年，为他奠定了文化学习的基础。1939年，16岁的刘杰毅然报名参加了抗日救国工作，22岁加入中国共产党，先后担任区委助理员、县抗日民主政府科员、四区区长、区委书记。解放战争期间，刘杰已成长为平遥县武委会军事部长、副主任，第一〇七团副团长。作为平遥县武委会的

负责人，他带领一支精干的武装部队，抗击阎锡山顽固势力，指挥过多次武装战斗，给"地主武装奋斗团"以沉重打击，被评为战斗英雄，直至平遥解放。

1948年10月，刘杰担任晋中三地委青委会负责人。1949年4月，赴北平（今北京）出席了中国共产主义青年团的前身——中国新民主主义青年团的成立大会。山西全省解放后，任榆次团地委副书记、书记。1954年春，调任省团校校长，主要工作是做全省各团县委的组建工作，培训团县委以上干部，建立团的基层组织，壮大团组织力量，充分发挥青年团党的助手和后备力量的作用。

1956年4月，33岁的刘杰调任山西省体育运动委员会工作，担任秘书长。从此，刘杰与山西体育结下了不解之缘，真正做到了鞠躬尽瘁，死而后已。

1949年太原解放时，省城唯一的体育场地就是杏花岭体育场，而且没有专职的管理人员，可谓是一穷二白。为了加强对全省体育工作的组织和领导，省人民政府于1953年9月决定成立山西省体育运动委员会，从此揭开了山西体育史上新的一页。1953年至1955年，省体委直属的事业单位只有一个省体委干部训练班，编制7人。此外，太原、大同、阳泉、长治、榆次等地市体委先后成立，但面临的首要问题是体育干部的奇缺。山西体育事业真正的快速发展是从1956年开始的。也正是在这年初，刘杰被委以省体委秘书长的重任，开始了他白手起家的艰苦创业。

刘杰是个实干型、创业型的干部。省团校校长的工作经历也为他组建全省体育队伍获得了经验。刘杰到省体委工作的第一件大事就是雷厉风行地组建山西省体育工作队（简称体工队，4月9日正式成立），培训高水平运动员。编制100人，设篮球、排球、足球、田径、乒乓球、体操、摔跤、举重八个项目。在全国各省中最早创办了山西体育运动学校，编制50人，当年招收新生100名。并推动各地市体校的成立，为解决运动员的后备人才问题和德智体全面发展开辟了新路。5月，正式成立了"山西省国防体育协会",太原、大同也相继成立。8月,省委批准了省体委的"关于重点县体委机构编制的意见",在全省36个县率先设立体委,编制100人。此外,教练员、运动员队伍得到了配置和加强,对重要体育运动场馆设施进行了修建、改良,实施了专职管理和利用。

1957年11月,山西省召开了为期7天的首届全省体育积极分子代表会议,出席会议的代表315人。国家体委副主任黄中向大会作专题报告。山西省委第一书记陶鲁笳、代省长卫恒等出席会议。刘杰作了会议的总结报告。报告中他再三阐述了社会主义体育是培养运动员的道德品质,全面发展劳动群众的体能,为生产和国防建设服务。此外,他还就如何开展多种多样的体育活动、大力推广广播体操、发展运动队,以及如何开展劳卫制锻炼等工作做了详细的讲解和安排。

抓队伍、抓训练、抓建设、抓活动、抓比赛,招招抓在点子上,很快就有了成果。在1957年全国田径对抗赛上,陈立祥为山西赢得了第一个田径冠军,崔世一在10公里竞走中夺冠。在抓竞技体育的同时,积极推进群众体育活动,培养出了万荣县"海鸥"女子体育锻炼队,为妇女的解放树立了榜样。培养了新绛纺织厂、汾阳实验小学等群体先进典型,被国家体委分别授予群众体育运动先进单位。

在1986年离休之前,刘杰亲自参与组织的全省运动会共有六届,其中仅1958年、1959两年就连续举行了三届,力度之大、密度之强前所未有,而最让他难以忘怀的就是1958年10月19日至27日在太原杏花岭体育场举行的"山西省第一届运动会"了。经过两年多深入细致的工作,山西的体育事业从一穷二白到实现了历史的跨越,第一届省运会既是一次检阅,也是一次汇报。特别是出席这届省运会的中央领导规格之高也是空前绝后的。为此,省委专门成立了省运会组委会,刘杰担任组委会秘书长。当时参加省运会开幕典礼的有新中国体育的奠基人,时任国务院副总理、国家体委主任的贺龙元帅,国务院副总理聂荣臻元帅,全国人大常委会副委员长罗荣桓元帅,公安部部长罗瑞卿大将，最高人民法院副院长、最高军事法院院长陈奇涵上将。贺龙元帅还为大会题写祝词："鼓足干劲，锻炼身体，建设祖国，保卫祖国。"山西省委书记、代省长卫恒，副省长王中青，省军区司令员王紫峰中将等省市领导出席大会。参加本届运动会的运动员、教练员、裁判员近3000名，其中等级运动员880名，参加了23个项目的比赛。运动会上，耿建业打破100公里自行车全国纪录；王政伟、白敏崇打破全国马拉松纪录；在田径、自行车、举重等项目中，87人刷新了39项省纪录，涌现出1150名等级运动员，向党和人民交出了一份满意的答卷。开幕式第二天，贺龙元帅接见了省运会各代表队领队和运动员、体育工作者代表，并做了重要指示。

借着第一届省运会成功举办的东风，省体委又于1959年连续举办了两届省运会，旨在为第一届全国运动会选拔人才，并促进群众性体育运动的广泛开展。作为山西省体育代表团的秘书长，刘杰参加了在北京举办的第一届全运会。261名运动员参加了34项比赛和3项表演。山西代表团共有10人14次破10项全国纪录，39人3队75次破53项省纪录。110名运动员获奖章、奖状。其中冠军8项、亚军9项、季军10项，在17个项目上获团体名次20个。

1960年4月，刘杰被国务院任命为山西省体育运动委员会副主任。这一年，山西体育事业的发展也出现了第一次高峰，省体委委员达到20人，是历年人数最多的一届。全省各类体育事业单位75个，其中省直9个，编制1063人。特别是山西体育学院、省体工队等直属单位，人才济济，呈现出欣欣向荣的良好局面。

刘杰勤奋好学，勇于担当。用他自己的话说就是："人生在世，总是要有点作为的，多给国家和民族做点贡献。要做贡献，就得爱学习，动脑筋，务一行、爱一行、学一行。学的知识越多，能力就越高，才能有胆有识。要不怕风险，开拓创业。无论做什么事，都要处以公心。光明磊落，诚恳待人。公字当头，秉公办事，就什么也不怕。"他是这样说的，也是这样做的。在省体委机关工作中，他特别注重工作和学习良好风气的营造，带头组织机关人员参加各种体育业务学习和体育锻炼，提高工作能力和身体素质。体委机关形成了一种紧张而活泼、繁忙而有秩序，人人兢兢业业、个个奋发向上的良好氛围。这一时期，全省的群众性体育运动非常活跃，各类业余体育锻炼队有2万多个，经常参加体育锻炼的达30多万人。

刘杰干工作严肃认真，一丝不苟，坚持原则，是非分明，特别善于抓潜力项目、优势项目。山西女篮、女排、男女乒乓球队，都进入过全国甲级队行列。摔跤特别是自行车、射箭队取得的成绩，从20世纪50年代到80年代，长期在全国保持领先地位。公路自行车运动时间长、距离远，体现的是耐力和意志，展现的是挑战自我、超越极限的拼搏精神。山西人吃苦耐劳，自行车运动有着广泛的群众基础，正是能够在竞技体育上出成果的项目，为此，刘杰力抓自行车项目。1958年成立了自行车集训队，1960年正式成立山西自行车队。全队凭着舍得吃苦、乐于流汗的精神，战胜重重困难，运动成绩不断上升，成为山西体育运动的王牌项目。从1958年到1990年，山西自行车参加的全国比赛，共获得冠军143个、亚军113个、季军96个。参加国际比赛，共获冠军7个、亚军1个、季军9个、第四名6个、第五名1个、第六名4个的优异成绩。运动员先后60多次破全国纪录，2人获国际运动健将称号，73人获国家运动健将称号。先后有30人60多次代表国家出访、迎访20多个国家和地区，为增强中国与世界人民的友谊做出了贡献。

1966年，刘杰被下放到雁北地区参加"四清"运动，兼任大同县委书记。1971年春调任浑源县革委会主任。但他无论到哪里工作，都坚持自己务实肯干的作风，到了基层就一门心思抓生产，当年就增产1500多万斤粮食。全县20万人，平均每人多了70斤口粮，农民们高兴极了。干部群众因此都公认他是个敢想敢干的实干家。

1972年7月，军管组撤出省体委。省委准备调刘杰回新改组的省体育局主持工作，但刘杰更愿意在基层干实实在在服务老百姓的事，这是他第一次没有服从组织安排。但全省体育事业一大摊子事也在等着他去恢复和整顿。在省委三令五申的督促下，刘杰于11月回到了省体育局任局长。1973年恢复省体委，重新调整了班子，刘杰任副主任。1975年4月，省体委再次调整，刘杰再次任主任。自此，刘杰从初到体委时的全省体育工作的组织者、执行者，成为山西体育事业的掌门人。

百废待兴、拨乱反正。刘杰再次布局山西体育全面发展、全面开拓的大棋。他在体育界最早迈出了体育社会化的步伐。在太原钢铁厂成功试办了手球队，5人次代表国家队参加奥运会，其中两名女子手球队员获得奥运铜牌。刘杰的改革创新之举在全国体育战略研究会上，被称为"太钢模式"。

1975年、1979年、1983年，刘杰作为省体委主任，亲自选拔和率领山西省体育代表团参加了第三、四、五届全运会，成绩优异。获得金牌排名进入全国上游，其中四届第八名、五届第九名，在全国影响颇大。不仅为山西人民争得了荣誉，还为国家培养了一批批拔尖人才，输送给国家队的优秀选手，多年来一直保持在每年30名左右，为国家体育事业做出了一定的贡献。1984年的奥运会上，我省运动员获得一金三铜。

刘杰十分重视体育科技的研究。1979年成立了科研室，1980年成立省体育科学研究所，1982年正式成为山西省唯一的独立的体育科学研究机构，为山西省体育科技发展奠定了良好的基础。

他十分注重体育宣传教育。早在1956年就在体委办公室明确分工，设立了宣传报道人员，同年创办了《山西体育报》。1980年恢复了《山西体育报》，1983年出版了《柔道与摔跤》创刊号，1984年又创办了《搏击》杂志。同时通过开展各种体育活动增强社会体育运动的影响力。1982年，支持山西电影制片厂成功拍摄了新中国成立以来第一部以反映山西自行车运动员生活为题材的影片——山西第一部彩色故事片《神行太保》。拍摄过程和放映时都引起了轰动。剧中表现出的自行车运动员蓬勃向上的精神，打动了一代又一代的观众，它产生的影响远远超出了山西体育人和电影人的预料。

体育场馆的建设，更是他重抓不放的主体性、基础性工作。1961年，通过干部、运动员参加劳动建成了坐落在太原双塔西街的山西省体育馆，当年9月承办全国乒乓球锦标赛。1980年到1985年间，完成体育基础建设投资3833元，平均增速32%。特别是1979年刘杰当选中国自行车运动协会主席（并连续五次当选亚洲自行车运动协会副主席）后，在太原主持兴建了符合国际比赛标准要求的自行车赛场和长达6公里的封闭式公路训练跑（赛）道。山西自行车赛场的建成为我国场馆建设史增添了新的一页。赛车场是当时我省唯一的较大型综合现代化体育场地，建场六年就承办了多次全国自行车锦标赛和四届、五届全运会的自行车比赛。

他先后三次率领中国自行车队赴马来西亚等国参加亚洲地区自行车锦标赛和代表会议。1984年、1985年连续两年经国际自行车联合会批准，在太原举办了两届"禹王杯"国际自行车邀请赛。波兰等九个国家和地区的代表队及数百名运动员参赛，有力地促进了我国各省自行车运动的发展和技术水平的提高，增进了国际友好交往与合作。

1986年4月，刘杰主动辞任省体委主任职务。虽然退居二线，但他心里仍然惦记着山西体育的发展。在山西省政协常委兼医卫体委员会主任、中华全国体育总会常委、山西省体育总会主席、山西省钓鱼协会主席等职位上，继续为山西体育事业鼓风扬帆。他亲自组织为第十一届北京亚运会募捐集资，为我国首次成功举办国际性体育大赛做出了突出贡献。他还写出了《振兴山西竞技体育的报告》，引起省委领导的重视，从而进一步促进了山西体育事业发展。

2012年，刘杰溘然去世，享年90岁。他的一生几乎都奉献给了国家，特别是山西的体育事业，是当之无愧的新中国体育事业的开拓者。然而他又是那么的低调，以至于在当今的网络上居然只能搜索到凤毛麟角的几条与他有关的简单信息。

他真的就像自行车比赛中的一个破风者，为车队冲线手挡风阻、卡车位，为冲线手在冲刺前保存体力，创造最有利的冲线环境。他是一个自行车队冲线前的开路先锋，却又是冲线时、夺金后的幕后英雄。

我在数十本文史资料中寻找、爬梳刘杰的生平事迹时，总能在那些蛛丝马迹间，看到一个破风者奋力赶超、勇敢前行和默默付出的伟岸身影。

刘杰先生不朽。

1973 年

省革委撤销山西省革命委员会体育局，恢复山西省体育运动委员会，任命省军区副司令员冯福林兼任省体委主任，任命王金贵、刘杰、岳连和、王立远、王建业为副主任。

冯福林：一生都在战斗的军人

王芳

在山西体育史上，冯福林的重点位置在 1973 年。

1973 年 10 月，撤销山西省革命委员会体育局，恢复山西省体育运动委员会，任命冯福林兼任省体委主任。

这一年，世界并不平静，第四次中东战争爆发，基辛格出任国务卿，越南战争达成停战协议。国内，中共第十次代表大会召开，王洪文就任中央副主席，江青、张春桥、姚文元、王洪文结成"四人帮"，局面也不平静。

这时"文化大革命"还在进行中，冯福林兼任省体委主任，把家从大同搬到了太原。只是没想到，全省的体育工作在他手中才刚刚开始起步，他就永远地离开了这个世界。

当我知道，按照分配，要写作冯福林的时候，按惯例，先去查找资料，但是官方所给出的资料实在有限，只有寥寥上百字。再找，并没有什么痕迹，从他去世的 1975 年到现在虽然只过去了 40 多年，但这 40 多年已足够物是人非，几番人事更换，现在在体育部门工作的人，对他已经没有了记忆。

怎么办？继续在网上"巡逻"，功夫不负有心人，终于有一天晚上，搜到了痕迹，孔夫子旧书网有一本旧书出售，书名为《从放羊娃到司令员》，按只言片语介绍，应该是冯福林的事迹，我便宁可信其有不可信其无地买了回来。三天后，书送到我手上，打开一看，真的是关于冯福林的书，而且这本书还是冯福林的爱人姜锁卿亲自担任主编。

喜出望外。

用了两个晚上，把这本由冯福林生前的战友、同事、亲人、警卫员等共同写成的怀念文章看完了。合上书页，一个个头不高、紫红脸庞、头戴毛皮军帽、身穿棉军装、身板结实、虎背熊腰、性格开朗、好喝酒、能抽烟、爱打篮球的西北豪爽汉子的形象也就清晰起来了。

冯福林从出生到去世，在这个世界上生活了56年，在这56年的岁月中，他首先是军人，其次是体育部门领导，然后才是一个丈夫、父亲。

冯福林并不是山西人，他是宁夏盐池人。

许多年前，现代著名诗人李季曾以信天游的形式写过一部民歌体叙事长诗《王贵与李香香》，故事发生地就在宁夏盐池。前几天，我刚刚看过宁夏秦腔剧院编排的秦腔《王贵与李香香》，没想到，几天过后就能碰到一个现实版的"王贵"。冯福林和王贵一样，给地主放羊，后来参加了革命。

1919年阴历二月初七的清晨，狂风怒吼，宁夏盐池一个叫冯记沟的小村庄里，只听一声婴儿啼哭，长工冯千冲进屋内，妻子许登吉朝冯千露出了欣慰的笑容。新生儿的哭声冲散了屋外的冷风，冯千想起父亲临死前的嘱托：你们给孩子起名字一定要生猛一些，要胜过狼。于是冯千在屋外依然凛冽的寒风中，给儿子起名叫虎林。

虎林就在沙漠的风中，勉强挣扎到10岁。父亲长年在外扛长工，全家重担都落在母亲一个人身上，贫穷、饥饿、天灾困扰着这个家庭。为了减轻家里的负担，虎林离开母亲和弟妹，来到离家几十里外的姓金的地主家中，给人家放羊。

放羊的日子并不好过，晚上风太寒，只能睡在羊群中取暖，就是这样也经常被地主克扣工钱。15岁时，虎林已具备成为羊倌的能力，但姓金的地主始终不同意。一气之下，虎林来到陈家洼的地主陈财迷家中做羊倌。在陈家，虎林跟着一起放羊的另一个姓白的羊倌学会了过硬的拳脚功夫。虎林聪明，经常谎称羊被土匪抢去了，然后和村里的小伙伴一起分吃羊肉，也会偷偷带些羊肉给弟妹们。

一件事情的发生，改变了虎林的命运，不然，他也许得一生给地主放羊。

1935年，虎林16岁，教他拳脚功夫的白大哥结婚了，这位嫂子和白大哥一样对虎林特别好，有他们一口吃的，就会有虎林一口。这天，虎林刚放羊回来，就听到嫂子一声凄厉的惨叫，他看到马匪（即土匪马鸿逵的队伍）在污辱自己的嫂子，虎林一口闷气生上来，把这个禽兽抓起来扔到院子里，拿起木棍一顿痛揍。可是，陈财迷怕出事，却去报了信。一帮马匪把虎林抓起来，一鞭一鞭地打，虎林不叫痛，一直到被打晕过去。15天后，又一群人把他救了，告诉他说他们是刘志丹领导的红军。虎林就这样参加了陕北红军，成为徐海东率领的红十五军团的一名战士。成为红军战士后，虎林当众把自己的名字改成了福林。从此，红军队伍中多了一位名叫冯福林的战士，他将战斗当成自己的事业。

1937年，18岁的冯福林跟随部队，也就是改编后的八路军一一五师，东渡黄河，从陕北来到山西，参加了平型关战役，从此和山西结下一生的缘分。平型关战役中，他的脚受了重伤。医生要把他的脚锯掉，他对医生说：把我的脚锯了，我要这条命有什么用？我的生命就是战斗。医生答应了他的请求，经过精心治疗，他的脚竟奇迹般地好了起来，之后又生龙活虎地投入了战斗。

1941年，22岁的冯福林成为新四军第四师的成员，师长彭雪枫决定成立一支骑兵团，他被选中了。他想起1937年初，他所在的西路军在甘肃河西走廊同国民党骑兵作战，受了重大损失。突围到新疆后，他被派到喀什当骑兵连长。河西走廊的战斗失利，使他憋了一肚子气，决心非学好骑术不可。机会来了一定要抓住，于是他开始了刻苦的骑术训练。他练马术有三条经验，就是一要胆大敢干，二要有体力，三要不怕摔。他的信条是摔死拉倒，摔不死继续练，练会了，就不摔了。就这样，他练成了骑兵团一流的骑手，不久被任命为骑兵大队长。在一次次的作战中，"冯大队长"威名远扬。

1945年，骑兵团编入华中野战军第九纵队，该纵队的主力是六十二师。

1946年，他被调入一八四团第三营任营长，参加了宿迁、鲁南、莱芜、孟良崮、南麻、临朐、诸城、胶河、高密、莱阳、益林、盐南、众兴等战役。每次战斗他都冲在最前面,即使负伤也不下火线。他不但自己勇猛作战,还足智多谋,取得多少次胜利、又有多少次带伤作战,连身边人都不记得了。

1948年夏,他就任华野二纵五师十三团参谋长、副团长,参加这个团所有战役的筹划和指挥。渡江之后,他接任三野二十一军六十二师一八四团团长。参加了济南战役、淮海战役、渡江战役,解放杭州,进军浙东沿海。1949年,他参加了解放舟山群岛的战斗。

1951年,他进入中国人民解放军的最高学府——南京军事学院第一期学习。毕业后,于1952年任中国人民志愿军第六十一师副参谋长,后任副师长。1953年3月渡过鸭绿江参加了抗美援朝战争。朝鲜停战后,他带领部队一面训练,一面帮助朝鲜人民重建家园,平安南道大型灌溉工程就是他组织实施的,并因此荣获朝鲜民主主义人民共和国授予的国旗勋章和劳动奖章。

1958年回国后不久,在1959年又奉命参加了甘南平叛战斗。从甘南回来后,他又先后担任雁北军分区副司令员、山西省军区副司令员。

"文化大革命"中,社会上"批斗风"横行,但雁北军分区秩序井然。在雁北军分区,他工作了12年,这12年,他走遍了厂矿和农村的山山水水、村村寨寨、山庄窝铺。他作为司令员,运用娴熟的斗争艺术,迅速实现了雁北地区各派大联合,在全省比较早地稳定了局势,恢复了生产和生活秩序,又解放了大批领导干部,使各项工作初步走上正轨。在他的领导下,大同市的煤炭产量月月超额,年总产量达到2400万吨,保证了北京、天津、武汉、广州等地的用煤,多次受到党中央和国务院的表扬与奖励。水泥产量也大幅度提高,最高年产75万吨,大大超过国家提出的指标要求。市革委会用煤和水泥从外省换糖、酒、肉等食品,有力保障了全市人民的生活。

作为一名军人,他一生勇敢善战,不论是最初的小战士,还是后来的司令员,他尽了一个军人的天职。

一直到1973年,他兼任了省体委主任。

他是受命于危难之际的，这时已是"文化大革命"后期，体育系统机构瘫痪，人心涣散，困难重重。他到任后，先抓体育队伍的整顿。他大胆解放了一批领导干部，让其官复原职，委以重任。又想方设法将下放人员及时调回体育局，发挥他们的作用。他还认真细致地做了大量的思想政治工作，教育大家要以大局为重，消除顾虑，克服派性，放下包袱，轻装上阵，体育系统很快就焕发了生机。

他在日常工作中，把精力都放在了运动员的训练上，起早贪黑，和教练员、运动员摸爬滚打在一起。他和运动员同桌就餐，拉家常，交朋友，不辞辛劳，问寒问暖，打成一片。所以，从场地设施、训练情况、人员安排到经费开支，他都考虑得很周到，问题能得到及时解决。

在他任职期间，1973年首先举办了有10个地、市参加的第五届全省中学生运动会，接着又于1974年举办了有1700多名运动员参加的"文化大革命"后期恢复的第五届运动会。1975年，山西省派出182名男女运动员参加了第三届全运会，在山西体育代表团参加的16个项目中，有5人打破12项全国纪录，1人平1项全国纪录，58人打破71项省纪录，共获得金牌10枚、银牌7枚、铜牌13枚的好成绩，全省体育恢复了以往的平静。

他对体育的情怀不是有了这个任命才有的，而是早就开始了。还在抗美援朝期间，他就是篮球迷，为了鼓舞士气，他主持修建了篮球场，组建了篮球队。在劳动间隙，组织内部篮球比赛，也和当地的朝鲜人民进行友谊比赛。他自己也经常参加比赛，他的持球、传球、运球、抢球和投篮动作都非常熟练，常常赢得观众的阵阵掌声。

上世纪60年代，他任军分区司令员时，也组建了一支篮球队，每逢节假日，就和当地驻军以及地区厂矿篮球队进行友谊赛，既提高了战士素质，也促进了军民团结。1972年调任省军区副司令员后，承办了北京军区篮球分区赛，活跃了部队的文体生活。

篮球场，也是他的另一个战场。

山西省的体育工作，成为他人生的最后一个战场。

40多年过去了,由于他在体育战线工作的时间太短,很多事情已经变得模糊不清,无法详细地还原他的工作细节,于是就把他就任期间发生的体育大事摘抄一遍,从中也可追寻到他的痕迹。

1974年1月,省城1.8万余名长跑爱好者参加了元旦环城赛跑。3月,山西省体育工作会议在太原召开。为迎接第三届全运会,决定组建手球队。4月,全省中长跑比赛在运城举行,共有10人打破3项省纪录。5月,全国排球联赛在省体育馆举行。6月,华北区少年田径运动会在大同举行。7月,山西省第五届运动会在太原举行。8月,全国19个单位少年足球赛在大同举行。10月,全国篮球联赛第二阶段比赛举行。

1975年4月,全国乒乓球分区赛在省体育馆举行,1975年全省体育工作会议在太原召开。5月,省体委在太原召开了在我省工作的30名台湾籍体育工作者、运动员座谈会。

各项工作很密集。

时间就定格在这里了。

1975年6月15日早上,开完军事体育工作会议的冯福林从北京出发,要赶回太原。他和警卫员张福林,还有一个司机,在良乡吃了早饭,在涞源吃了午饭,走到灵丘西南的三娄公社下坡到繁峙时,天下起了雨,车打滑,过了阳明堡,刚走了300米远,雨越下越大,汽车一下子撞到了右边一棵树上。冯福林坐在前排,前排座位旁的门被撞开了,人被摔出车外,滚落到路基下面,警卫员当时急忙从后排冲上前去抱他,可是没抱住,车也翻了。等附近部队的战士赶来,把人抬到卫生队时,冯福林已经没有了呼吸,没有了脉搏,心脏已经停止了跳动。

一个16岁就参加了陕北红军,参加了抗日战争、解放战争、抗美援朝战争,从放羊娃成长为司令员的战士,永远地离开了这个世界。他留给世人的,只有怀念和伤痛。

宁夏盐池的沙蒿蒿,在北风的狂吹下,唱起了凄凉的离歌。

那一天,原平的雨就是为他送行的离歌。

一声声离歌，是对这样一位年富力强的司令员离世的祭奠。

少年、青年、中年，他都在征战，以至于到了1950年，31岁的他才有机会和自己心爱的姑娘姜锁卿结了婚。他们在一起度过了25个春秋，生育了五男一女六个孩子。

他去世后，姜锁卿送走了公婆，养大了孩子，还为我们留下了这本书。于是，适逢"二青会"的重大节点，我们去追述体育史的时候，还能找到这样详尽的资料，让我们能够了解这样一个为新中国的建立鞠躬尽瘁、为体育事业死而后已、把工作都当成了战斗的、顶天立地的男人。

感谢姜锁卿女士，也感谢为出版这本书而住进医院的冯鲁生。

正是因为写下这些文字，我的人生也多出了两份牵挂。

一个牵挂是，不知道姜锁卿和她的孩子们生活得还好吗？

另一个牵挂是，在平型关战役中受伤后，冯司令曾经在长治市长子县一个山村养伤，一户人家的老大娘和小姑娘曾经照顾过他，他曾托长子县的人为他寻找，一直没找到，成为一生遗憾。我想知道，长子县的这户人家过得怎么样？是否还记得这样一个战争中受伤的伤员，他欠你们一个多年后的会见。

如果大家有消息，一定帮我带到。

1974 年

山西省体委为迎接第三届全运会,将太原钢铁公司男、女篮球队改建成手球队,开创了山西省企业办高水平运动队的先例。

军事接管组撤出省体委。

为自己正名，为中华健儿正名，更为祖国正名
——记第七届亚运会铁饼冠军高育葵

胡海生

伴随着新中国的曙光出生的一代体育人，可以说是无畏的创业者，他们有着火一般的工作热情与超出常人的刻苦精神，并因此创造了一个又一个奇迹。在体坛上，为新中国、为中华民族挺起了脊梁。在他们之中，有一位田径运动员，伴随着新中国体育融入世界的步伐，她以中华民族特有的坚忍与风骨，在充满竞争的铁饼赛场上，脱颖而出，为自己正名，也为祖国正名。她就是新中国铁饼项目的领军者——高育葵。

高育葵，1947年出生于辽宁海城，幼年时在吉林长春柴油机厂子弟小学读书，后随父母迁到山西大同市，在山西读完了中学。父亲从事军工工作，受父亲的影响，高育葵从小就养成了对事认真的态度和不服输的精神，这对她之后的运动生涯有着不可或缺的影响。高育葵的运动生涯，始于1964年的中学生运动会。在这届运动会上，虽然她成绩并不十分突出，但她良好的运动素养和顽强的拼搏精神却被国家队教练石宝珠慧眼识珠。从此，开启了高育葵引以为傲的"国字号"运动生涯。

进入国家队的第一年，由于种种原因，高育葵并没有直接到北京去训练，而是进入山西体工队青年集训队，与其他十几名选手一起，进行了近一年的基础训练。回首这近一年的时光，在山西体工大队教练的悉心指导下，高育葵刻苦训练，基础动作迅速提高，很快在同龄人中脱颖而出。每每提到当时的情景，高育葵总是感慨万千。一方面，为自己的刻苦与坚忍而喝彩；另一方面，也是更重要的，是对山西体工大队及其教练员的一份殷切的感谢之情。

1965年，高育葵来到了首都北京，正式成为国家田径队女子铁饼

运动员。在石宝珠教练的悉心指导下，高育葵在技术和心理层面成长都很迅速，在全国大赛中，连续获得铁饼和铅球冠军。

宝剑锋从磨砺出，梅花香自苦寒来。六年的寒暑，六年的磨炼。高育葵最好的时光是在训练场度过的，她最好的年华贡献给了祖国。1971 年，高育葵终于等来了出国比赛的机会，第一次走出国门，去阿尔巴尼亚参加比赛。她深刻地体会到了作为新中国第一批体育工作者的重任，在祖国人民的殷切期盼中，她立志要为国争光、为国奋斗。

1974 年 8 月的一天，高育葵在国人的期盼、他人的怀疑中走上了赛场。在她之前，中国选手一次次高奏凯歌，五星红旗一次次高高飘扬在德黑兰的上空。这一次，她能否延续中国体育代表团的辉煌？成败在此一举。

高育葵坚定地走上了赛场，她身着 21 号运动服，高高的个子，戴着一副眼镜，两条辫子搭在肩上，显得那么干练。她似乎看不到一丝的紧张，有的只是中国人特有的坚毅与无畏，以及巾帼不让须眉的气概。只见她背对投掷方向，两脚开立，身体开始预摆，然后飞快地旋转了起来，速度越来越快，似轻盈的舞者，紧接着腿蹬地，铁饼顺势而出，身体依靠惯性保持平衡，进而站住了。抬眼望去，铁饼划出了一道优美的抛物线，向远方飞去。

51.84 米，这个成绩太不可思议了。现场的观众不约而同地起立，为这惊人的成绩而赞叹不已。

此时的高育葵并没有庆祝，因为比赛还没有结束，她的对手还没有完赛，一切都可能发生。她只是平静地走下赛场，等待着其他选手的表演。

平心而论，鉴于技术条件，50 米当时在女子铁饼项目中，可以说是一道很难逾越的屏障，前六届亚运会从来没有运动员突破这个界限，赛前专家的种种怀疑，抛开对国家的态度不谈，其实也是有一定原因的。但对新中国的偏见使这份怀疑被无限放大，致使他们带着偏见审视中国运动员，这是堂堂中华儿女所不能接受的，高育葵胸有块垒，堆积于心，必然会在比赛中爆发，"毕其功于一役，为国正名"，这是高育葵坚定的信念。她是这么想的，也这么做了。

51.84 米，面对这绝对的竞争力，蒙古和日本选手进行了最后的冲锋。只听见蒙古选手伴随着铁饼出手，一声大喊响彻云霄，观众的眼神随着飞翔的铁饼而动，铁饼还未落地，人们便纷纷摇头，这怎么也不是能超过 50 米的飞行轨迹啊！日本选手也是同样，在高育葵绝对的优势面前，她们纷纷败下阵来。

最终，高育葵以 51.84 米获得冠军，而第二名蒙古选手和第三名日本选手的成绩都没有超过 48 米。绝对的实力比出了绝对的差距。外国选手纷纷败下阵来。

高育葵开启了一个时代，中国统治亚洲女子铁饼运动的时代。从高育葵开始，我国运动员在这个项目上 12 次参赛、10 次夺冠。

高育葵是幸运的，作为迎着新中国的曙光出生，在新中国母亲的哺育下成长起来的第一代运动员，她告别了前辈们战火纷飞的日子。新中国培养了她，并给了她一展抱负的机会。

第七届亚运会时，高育葵已近 30 岁，接近铁饼运动员的极限年龄。以后的几年，她仍然坚持在第一线，取得了令人信服的成绩，为祖国赢得了荣誉，实现了她为国正名的誓言。

1977 年，高育葵正式退役。从运动员岗位上退下来的高育葵，并没有故步自封，而是走上了新的工作岗位。她从一名运动员转变为一名教练员。起初接手这个岗位，她充满着动力，党和国家交给了她新的任务，她需要交出一份满意的答卷。而这份答卷，最重要的一环就是运动员的比赛成绩。由于所带的队员较多，时间紧、任务重，高育葵几乎没有闲下来的时候，每天白天要组织训练，晚上还要开会学习，并对一天的成果进行总结。她始终坚持在训练的第一线，与运动员一起，克服疲劳与压力，圆满完成了党和国家交给她的任务。在教练岗位上，高育葵培养出了闵春风（女）、赵永华（女）、李少杰（男）等铁饼名将。其中，李少杰曾以 65.16 米创造了男子铁饼的亚洲纪录。

作为运动员，高育葵以自己的实际行动，为自己正名，更为祖国正名。作为教练员，面对陌生的领域，面对无比多的困难，面对巨大的心理压力，高育葵也没有退缩。她把满腔的热血洒在了她热爱的铁饼事业上，诲人不倦，为中华健儿扬名赛场贡献心力，甘做一名默默无闻的园丁，为中华健儿正名，更为祖国正名。

1975 年

山西省委决定由刘杰担任省体委党委书记、主任,冯福林、王立远、王建业担任省体委党委副书记、副主任,练改凤、王亮担任省体委党委委员、副主任。

山西体育代表团在北京参加第三届全运会,共夺得30枚奖牌,其中金牌10枚;5人打破12项全国纪录,1人平1项全国纪录,58人破71项省纪录。

健康生活，骑乐无穷——记著名自行车运动员吴增仁

张玉

2014年8月11日，太原，山西省自行车赛场内正在进行第十四届运动会场地自行车项目的比赛。场外是繁华的街道，车如流水，东西两侧斑驳的看台上流过时光的河，绿树掩映着场地中央那条宽阔的跑道。看台上，一个中年男子面带微笑凝望着沧桑跑道上青春逼人的脸庞——他就是山西省自行车运动的标志性人物、"中国自行车第一人"吴增仁。这里曾留有他最美好的青春时光。他曾在此连夺三金，书写了自己的传奇经历。

吴增仁，1956年出生，山西省定襄县人，著名自行车运动员，国际公路自行车赛冠军获得者。1978年当选为中国自行车协会副主席，1980年又被推选为山西省自行车协会副主席。1984年，任山西省公路女队的主教练。此后任职于山西省体育局各处室，一直主抓体育训练，2016年退休于山西省体育局竞赛管理中心。他为山西的体育事业奉献了自己半生的青春和热血。

吴增仁于1973年入选山西省自行车集训队，年仅17岁。当时他风华正茂，在赛场上驰骋如风。1975年9月，他在第三届全运会上为山西队夺得100公里和180公里两项团体冠军，个人成绩创山西最高纪录。山西省队给了他更宽广的平台和道路，这个仪表出众的小伙子一身短打的照片令世人瞩目。1977年9月，他在全国赛车场比赛中获得冠军，成绩是5分19秒43，创"文化大革命"后的最好成绩。1978年5月，他代表国家队参加省际100公里团体邀请赛，以2小时17分6秒的成绩打破全国纪录。1979年7月，他在太原参加第四届全运会公路自行车赛，一举夺得40公里、100公里和总分第一3块金牌，其中40公里赛以57分13秒创全国最好成绩。同年9月，在第四届全运会场地4公里比赛中，又以5分8秒74的成绩打破了保持15年之久

的全国纪录，同时获得10公里个人追逐赛第一名。全运会后，他被山西省政府授予全国新长征突击手，记特等功。1982年，他获得全国公路锦标赛100公里第一名。1985年，他代表山西队参加第五届全运会，与队友一起获100公里、180公里、赛车场4公里三块团体金牌。

这些辉煌的战绩彪炳于吴增仁的黄金时代，他成为新中国体育史上第一批明星。回头翻看老照片，在那些青葱的岁月里，他已经呈现出自己独特而强烈的个人风采。那是"文化大革命"刚刚结束，国家百废待兴的时期，中国这个"自行车王国"刚刚开始接受这项新兴运动，国人开始意识到自行车不仅是简单实用的代步工具，而且可以作为健身器械来代表更为绿色环保的生活方式。吴增仁就这样以清新的笑容和健硕的造型骑行而来，仿佛他的存在就是为了令人震撼，他永远冲在人群的最前沿。

他骑着单车，冲出国界。1979年在墨西哥参加环加利福尼亚半岛国际公路自行车12段赛，他获第11段冠军。这是中国运动员第一次参加这样的项目，他的胜利震动了墨西哥城，当地报纸称他是"中国队发射的一颗自行车运动卫星"。紧接这次比赛之后，他在国内迎战泰国队，获100公里大组个人第一，100公里团体赛中他的成绩又获第一。同年10月，他在亚洲自行车锦标赛中获得两个第二、两个第三。1980年，他与队友在太原迎战日本运动员，获100公里团体第一。

年轻时的吴增仁英俊潇洒，谦恭有礼。他不仅在赛场上意气风发，同时也向往赛场之外的学习和积淀。年龄渐长之后，他开始逐步退出赛场第一线，追求自己新的人生目标。1984年，他进入山西大学体育专科班学习，主攻教练专业。他立志造梦解梦，去帮助那些和他一样心怀梦想的年轻的体育人。他禀赋过人，但依然潜心钻研理论体系，与这些自己曾经渴求的文化知识和体育理念在高等学府相遇，然后汲取能量，为自己的事业助力。1987年，他大学毕业，回到山西省自行车队担任教练。

曾是优秀运动员的他，褪去光环后，又是尽职尽责的老师。吴增仁更自豪的，是为人师表的坦率和骄傲。在他的教学过程中，会把学员带到广袤天地中进行野外训练，将自己的特技融入课堂。吴增仁介绍，他教授的是自行车运动，这项运动是从西方传入中国，以其入手，再转移到中国传统体育竞技这一专业化方向。谈及他对教练身份的理解，感触颇为微妙。他认为，如今的师生关系有别于儒家"以师为尊"的教育体系；作为一名引路之人，他不仅要传授学员们竞技的本领，还要对其人生轨迹负责，在最大程度上起到带领指导作用。他享受着这些天真烂漫的年轻人的追随，在他的人生旅途中，是先做学生，又成为老师。

这个时候，第六届全国运动会刚刚结束，山西体坛战况不佳。大家说："全国排名二十三，山西人民心不甘。"反映了当时人们对体育和竞技项目寄托的梦想。吴增仁临危受命，参与组建山西自行车新队伍，备战第七届全运会。在他的精心训练下，省队的实力和成绩都提高很多。1992年，他被任命为体工队副队长，主抓训练。第七届全运会时，省体委下达给体工队的任务是拿下3块金牌，最后在赛场上，省队大放异彩，一举斩获5块金牌，超额完成了任务。吴增仁无比欣慰。

1990年起，为了备战在北京举办的亚运会和在辽宁沈阳举办的全国"二青会"，吴增仁暂时离开了自行车，服务于这两场全国盛会，并在其中取得了骄人业绩。1994年，他回到山西体委，任综合处副处长；1996年，调任群体处副处长；1998年，任射击训练基地主任。他转战于山西体坛各个竞技项目的组建，培养一批又一批的年轻运动员不断成长。他坦言名誉是攒给别人看的，自己执着热爱的还是竞技本身带给生命的快乐。

2006年，吴增仁告别了两射中心，离开了训练和赛场的第一线。2009年，他回到山西省体育技术学院任副院长，开始教书育人。回忆自己的体育生涯，起先出道时有慷慨激昂的人生梦想，后来慢慢发生风格转型，更多的是享受生活。多年的体育锻炼让他意识到生命的强大，快乐的骑行隐喻着美好的人生之旅。而后随着对精湛技艺的追求、知识的堆积和健康生活理念掌握的日臻成熟，让他的人生和成就达到巅峰。对于现代的竞技体育，对于茁壮成长起来的新的运动员，吴增仁觉得看得越多心就越广，体育人理应无条件丰富人生阅历，注重自身修养，要对社会百态有所领悟，形成理性思维，平和心气，懂得规矩礼仪有所畏惧，不能让自己变成四肢发达头脑简单的人。作为体育明星，作为公众人物，要有指引国人健康体魄的使命感。他享受过作为名人的荣誉感，也享受过作为一名教师的责任感。这些都是他自己对内心呼唤的遵循和虔诚。

2009年，吴增仁来到晋中市榆社县，参加这里举办的环湖公路自行车赛。这场比赛在炎夏7月举行，参加比赛的选手总骑行距离长达数百公里，途中还要翻过高耸的群山，比赛的难度可想而知。但是整个比赛路线沿途风景如画，选手们不时穿越一个个美丽的村庄、一片片碧绿的水泽，而这一切正是体育运动的魅力所在。那弯弯曲曲、上下起伏的公路，那冲刺的壮观、观众的助威声，让自行车选手们感受到美的熏陶、体力的宣泄、超越的呐喊、集体行进的魅力。从喧闹的城市到绿色的田野再到那波涛起伏的云竹湖之滨，这种超极限自行车比赛，令广大选手和游客真正体验到了自行车运动的魅力！在大家的共同努力和助推下，山西榆社环云竹湖山地自行车比赛以每年一届的举办频率延续下来，活动影响力广，全民参与度高，常态化发展过程中，获得了社会各界的广泛关注和一致好评。它以体育所特有的魅力，带动更多游客参与到低碳旅游、低碳竞技中来，体验文化体育所带来的健康、激情和活力。

2010年，吴增仁被任命为山西省体育局竞赛管理中心主任，此时正值省委、省政府建设"健康山西"的重大决策部署实施阶段，山西体育界喊出"健康山西，体育先行"的口号，为全省人民提供体育服务，倡导文明生活，前移健康关口。作为竞赛管理中心的负责人，吴增仁责无旁贷。他提出竞技体育应该由定位全运向奥运驱动转变。要定好目标，接好地气，续好后劲。他认为要把为国争光作为竞技体育的最高目标，积极发展国家奥运优势项目；大力扶持群众喜闻乐见的传统项目，鼓励有条件的运动项目走职业化道路；完善全省竞技体育项目布局，加强后备人才梯队建设。在吴增仁的影响下，越来越多的自行车运动爱好者，或通过网络，或通过民间自发组织，将群众性自行车运动这一传统体育项目，逐渐上升到科学锻炼与快乐骑行的健康理念中来。作为车友，他们快乐无比地到郊野、到全国各地骑行。

营造这样的氛围和活动，是吴增仁最喜欢的工作。在他的多方周旋、积极筹办下，省竞赛管理中心组织、举办了一系列的精品赛事，自行车运动取得了历史性突破，经过比赛选拔、培养出的尖子人才，在奥运会、亚运会、全运会上都取得了优秀成绩。与此同时，与教育部门建立联席会议制度，加强体教结合，共建人才基地，增强了竞技体育的发展后劲。

经历了运动生涯的辉煌，到中年桃李满天下的丰盈，再到后来的倾心奉献，在山西体坛的40年，凝聚了吴增仁的半生岁月。让他坚持下来的，就是对体育的热爱，对自由骑行运动的痴迷。自行车对吴增仁来说就是一场重生，它代表着自由和热血，它让他看到了飞翔的希望。社会在发展，中国在进步，人们的生活好了，对很多东西都有了更个性和具体的要求。自行车在三晋大地上快乐地飞驰。

最后，当被问及网络词条对于自己的评价时，吴增仁谦逊地否定了关于自身的种种定位，他说他觉得政府很给力，现在各种运动文化越来越包容了，运动员的活力、激情能够展现给社会。正确的价值观和骑行方式能够让自行车带给大家更多的正能量……他坦然说自己仍然在路上，并将一生骑行在路上。

1976 年

批准山西省体委建设体育中心,以发展全省体育事业。

"并州箭侠"冯泽民

高璟

> 白马饰金羁，连翩西北驰。
> 借问谁家子，幽并游侠儿。
> 少小去乡邑，扬声沙漠垂。
> 宿昔秉良弓，楛矢何参差。
> 控弦破左的，右发摧月支。
> 仰手接飞猱，俯身散马蹄。
> ……
>
> ——三国·曹植《白马篇》

借问谁家子

应该说，与体育结缘，对于冯泽民是一件极其偶然的事情。

时光退回到1972年，一位名叫姚晋生的体育老师从山西财经学院调到太原市第二十一中任教。偶一日，他从省体工队一间尘封的老库房翻拣出来几套不知何朝何代的传统样式牛角弓，他灵机一动，就想带一帮学生"玩一玩"。没想到，这一玩，就玩出了一支纵横华夏的山西射箭队。

冯泽民的工龄是从1972年起开始计算的，那年，他才14岁，这正是这个业余训练队开始组建的时间。是的，这个从零起步的团队，由当年三十多岁的姚教练和十几名二十一中的男女中学生组成，这群少男少女绝大多数都是山西财经学院的教工子弟，其中就有少年冯泽民。虽已时过境迁，但在冯泽民的记忆中，初创时期的艰辛不易已成了一种充满温情的回忆。他们通常是白天正常上学,下午放学后,再集合去找姚老师训练。没有场地,他们就在马路边找一片开阔地,面朝着一堵墙训练;冬天再冷,只要一上场拉弓,就得甩掉大衣,上身只留一件薄薄的秋衣。

他们是在一种对射箭这个竞技项目完全一无所知的摸索中开始训练的。直到1973年他们第一次远赴广东观摩了一次射箭比赛,才渐渐积累到了一些基本资料,比如他们曾央求现场的摄影记者把外省著名运动员的动作、站姿在比赛现场专门拍了照再寄给他们,这样一来他们就能对照着照片一遍遍地练习拉弓动作了。

射箭这项运动对器材的要求比较高,但山西射箭队却硬是靠着老旧的传统弓和自制的、修修补补的环氧树脂板做的"扁担弓"闯天下。1974年底在青海举办的一次赛事中,他们的装备被当时在场的兄弟队战友赞为"山西的扁担弓、扁担队"。青海赛后,姚教练听说上海体育器材三厂正在研制一批弓箭,他立马亲赴上海,天天和工人师傅吃住在一起,终于感动了工人师傅们,把他们试制出来的第一批玻璃钢弓全部交给了姚教练,这批器材后来就被大家亲切地称为"争气弓"。

1975年,是冯泽民运动生涯的起飞之年。年初,为备战全运会,山西省体委在二十一中业余射箭队中选拔了部分运动员,组成了山西省射箭男队。在9月举办的第三届全运会上,山西射箭队取得了来之不易的第七名的成绩,要知道,就在当年上半年福建的赛场上,他们的成绩还和其他省队的成绩相差很远,别人都射200多环,而他们最多才能射100多环。

此次全运会因射箭比赛开始得早,结束得也较早,原本是希望射箭有破纪录的表现,当时的国家体委就决定把前八名的队伍组织成两个联队,趁这次难得的碰面机会,打一场集训形式的"破纪录赛"。奇迹就是在此时发生的,冯泽民在90米项目上射出了280环的优异成绩,一举打破全国纪录!之后,70米、50米、30米、全能的纪录纷纷被他和队友们刷新。就这样,这个17岁的腼腆少年,在还没有做好心理准备的情况下一战成名。但不难想象，成绩的突飞猛进背后，浸透了他们多少汗水！

山西射箭队载誉归来，这支队伍也顺理成章由业余转成专业。但他们的训练条件依然还是很艰苦。这群半大小子住在四面走风的大宿舍里，每间宿舍都得自己生火炉取暖，在北方长达五六个月的采暖季里，因为训练时间紧，他们又普遍生活经验不足，照料不好火炉，宿舍里烟熏火燎浓烟阵阵是常事。有时晚上回来发现火熄了，但实在没有精力重生，干脆就不生了，直接躺倒就睡着了，可等到第二天早上的时候，他们还是得万分艰难地钻出被窝穿上冰冷的衣服开始一天紧张的训练。

在冯泽民的心目中，姚教练如父如兄，陪伴着他们走过了那些难忘的青春岁月。姚教练每天天不亮就从家里骑自行车出发，半小时左右到训练场，早上六点准时喊队员们起床晨练，天天如此，从不间断。这种甘苦与共的师生关系，让今天的冯泽民想来依旧感慨不已。

少小去乡邑

进国家队应该是每个运动员的理想，冯泽民是山西射箭队中最早入选国家队的运动员。在那儿，他开始了一段长达 11 年的职业运动员生涯。他南征北战，多次参加世锦赛、亚锦赛及亚运会，更是连续参加了四届全运会的比赛。获得的个人及团队冠军不计其数，一次次为家乡赢得荣誉。特别是他还在 1984 年入选了中华人民共和国的第一支奥运代表团，赴洛杉矶参加了第二十三届奥运会的射箭比赛。在此次顶级赛事中，冯泽民虽未获得殊荣，但在他 15 年的运动生涯中还是取得了全国十一连冠的骄人战绩。他与另外两名队友被同行们誉为"三箭客"，有他们参赛的团队项目，其他省队的运动员最高也只能瞄准亚军发起冲击，而有他们参赛的个人项目，前三名也基本不会旁落他人，"三箭客"的辉煌就这样一直延续了 10 年之久！

冯泽民有个年代久远的小本子，他在上面认真地记录了自己参加过的71场正式比赛所打出的成绩。直到现在，他对1982年在福建省三明市参加过的一场比赛还记忆犹新。根据赛制，每场个人赛，每个运动员需要射6组箭，每组6支，共36支箭，休息10到15分钟之后，按照上述程序再射一遍，共72支箭。那天，他的注意力格外集中，心里只想着把眼前的这一支箭射好，根本不去计算自己拿到了几环、丢掉了几环，更不去关心同场其他对手的成绩。随着比赛的推进，他身后聚集的人越来越多，但他依旧保持屏息凝神的姿态不变，一直到把72支箭全部射完。事后他才知道，那群人不仅是来见证一个冠军的诞生的，还是来见证他破纪录的成绩的。"那次比赛，是我最为投入和忘我的一次。"他用了这样一句话来总结。

弹指一挥离家已有10年之久，冯泽民年龄渐长，多年的不间断的紧张训练让他和亲人们难得团聚。他往往连万家团圆的春节也回不了家，只是每年开春后在南方结束冬训返回北京时，他才能抽出一两天时间回太原探望一下父母和兄弟。他的婚姻问题也是在进入大龄行列之后才有空考虑。

1986年，冯泽民挥别国家队，回到山西射箭队，当起了一名普通的射箭教练。那时，他已是全国人大代表，而且一共当了两届。每逢去北京开两会，便天天跟省领导们吃住在一起，但他从未想过要借助这个机会向领导申请改行，或者走仕途。有些人替他感到惋惜，但冯泽民就是这样一个单纯而执着的人，他早早地就将自己的一生都许给了平凡而艰辛的体育事业。

羽檄从北来

其实做教练员和做运动员一样，日常生活往往比较简单、枯燥，而冯泽民一向对自己高标准严要求，和队员们同甘共苦，一道在训练场上拼搏流汗。他先后担任过女队总教练、男队主教练。为了提高基层运动水平，还曾经被省体委业余训练处委派到各地市指导基层业余运动员的训练，这个成天到处奔波的工作，他一做就是两年。

或许冯泽民骨子里就有一种游侠的气质，2003年，他被国家选派到墨西哥做援外教练工作。出发前只进行过一点简单的西班牙语培训的他，就这样远渡重洋踏上了北美洲的土地。在那儿，有语言、文化、生活习惯上的诸多障碍，但他天生就是一个有韧劲儿的人，不但慢慢克服了语言关，开始和当地人顺畅地交流，还因为业余时间的寂寞而学会了使用笔记本电脑这个高科技玩意儿。那台电脑是他省吃俭用花了1000美金托当地一位华人餐馆的老板从美国带回来的。买回来后，他慢慢研究它，使用它，还学会了装机。赶上回国探亲，他带了一大摞DVD影碟到墨西哥，供节假日打发时间。那时，与他一同援外的中国教练们在节假日除了想办法从四面八方赶来聚在一起痛快地聊天之外，还有一项重要的工作就是交换彼此带来的影碟。

三年时光，一千多个日夜，在远离故土的异国他乡，冯泽民肩负着祖国的神圣重托，承受孤单，不辱使命，为墨西哥体育运动事业的发展做出了自己应有的贡献，再次为山西父老争得了荣誉。

2006年底，冯泽民终于结束了援外任务，回到了家乡，继续从事自己心爱的体育事业。但这些年里，物是人非，山西射箭队已没有适合他的位置。于是他服从组织的安排，欣然转赴射击队，接起了领队的重任。

厉马登高堤

射击与射箭看似一字之差，但隔行如隔山，一切都得从头再来。冯泽民是个肯学习、爱动脑的人，他干一行爱一行，很快适应了新的角色，在日常管理中既严管也厚爱，和其他同事们一同努力，带出了一支能征善战的优秀队伍。

从2007年至2017年，11年里，冯泽民和他的射击运动员们连续在三届全运会赛场上奋勇争先，获得的成绩节节攀升，由此也创造出了他体育生涯中的第二个高峰。

回想起这三届全运会的备战和参赛过程，冯泽民颇多感慨，有许多亲身经历的细节依旧历历在目。2009年虽未取得出色成绩，但他们积累到了宝贵的实战经验，认清了不足，于是在平日的训练中更加注重过程管理，并着力在细节上下功夫。

2013年全运会开赛前夕，作为后勤保障工作的主要负责人，冯泽民数次奔赴沈阳，现场踩点，为运动员打前站，精心安排食宿。因比赛场馆大多新建在城市外围，找一处离场馆近一些的地方作为后勤保障工作点成了最大的困难。他不厌其烦地一次次在射击馆周围勘察走访。功夫不负有心人，他们发现了一家新成立的特教学校，那儿的设施条件很令人满意。但等他说明来意后，对方负责人却表示，因内部装修还未完成，不便接待。他于是又软磨硬泡，双方终于谈妥，先向对方提供预付款，他们用这笔钱尽快装修，购置内部设备。等到正式比赛时，运动员们得到了最好的休息和调整。在中心领导的周密安排下，运动员们气定神闲，心无旁骛，在这次比赛中取得了令人惊叹的好成绩，三块沉甸甸的金牌被他们捧回了山西，冯泽民也终于露出了欣慰的笑容。

2017年，山西射击队再次出征天津全运会。为了备战，他更早动身，提前三年就开始关注天津射击场馆的建设选址及施工进展，为此，他经常开车在天津、太原两地奔波。当发现射击馆附近新开了一家高端养老院时，冯泽民心中有了底。接下来，他花了一年的时间和对方接触，终于在正式比赛时，让山西团的射击运动员们住在了离比赛场馆最近的条件最好的地方。两金、两银、两个第六、两个第八的成绩又一次为山西代表团赢得了开门红。

为了提升山西射击队的实力，他们集中精力培养潜力新人，先后为国家队输送了优秀运动员刘毅、王智伟、赵若竹等人，他们不仅为山西，还为中国赢得了体育荣誉！

在回忆这些往事时，冯泽民总是自然地提起曾在一起并肩战斗的射击射箭中心主任程中平等人，像对启蒙教练姚晋生一样，他在不经意的一言一行中，总是透露出对师友们发自内心的推崇与尊重。

2018年，冯泽民的体育生涯进入了新的历史阶段，由于年龄原因，他正式办理了退休手续，然而，山西射击事业离不开他，于是他便开始了"退而不休"的返聘生活。每天，他驱车几十公里，在家和单位之间奔波，和射击队的同事们一道，沉浸在没有尽头的忙碌中，大大小小的赛事接连不断，而第二届全国青运会的召开又已临近，这次在家门口举办的重要赛事，让冯泽民的工作节奏更加快了几分。

这个朴实厚道的山西太原人，这位将大半生时光奉献给体育事业的运动健将，在他年届六旬时，依旧像一轮红日般精力充沛。或许是因为长期的职业训练已刻入骨髓，在繁杂的事务面前，他总是能保持一种气定神闲的姿态，说话沉稳，办事条理，那略略发福但依然矫健的身姿，散发着无穷的活力。虽也曾历经世事坎坷，但透过他善意而真诚的目光，我们依然能清晰地感受得到，那一颗对体育事业全情投入的不悔初心。

为强大而自在的灵魂喝彩！向默默奉献的体育英雄致敬！

1977 年

全国公路自行车比赛在长治市举行。

全国中国式摔跤比赛在忻县举行，山西选手获得三项第一名。

四十七年弯弓记——访神箭手王友群

闫文盛

古弓箭和扁担队

王友群的射箭生涯开始于"文化大革命"后期的1972年,当时他只有14岁。47年后,当他回忆起这一段经历,这位曾经屡获殊荣的神箭手满怀感慨地说:"最初开始学习射箭,完全是无意识的。因为在我们山西省财经学院院里,有一位二十一中的体育老师姚晋生,他原来毕业于体干校,从那儿借回来一些弓箭,就把我们组织起来练习射箭。一共十五六个孩子,大多是财经学院的子弟,当时年龄都小,也没有为国争光那些大的想法,仅仅是凭着一种兴趣,还有对老师的信任,再加上家长也支持,放学以后去练练箭,就不用上街去调皮捣蛋……这样,一边玩,一边就开始了……"

姚晋生老师本是田径教练,起初对于射箭运动完全外行,只是因为当时特殊的时代环境,出于组织学生参加体育锻炼的目的,组织起了一支业余的射箭队伍。当时,山西省的射箭项目已经在20世纪60年代荒废了10多年,所以,姚老师此举无疑是10多年后的重新拓荒。在一张保留至今的"1973年建队初期全体合影"照片中,除这位姚老师外,一共是18位满脸青春稚气的男女运动员(9男9女)。就是这样一支队伍,凭借一种内在的热情和无限的钻研精神,迅速地完成着角色的转换。在王友群的回忆中,当时,各方面的资源都非常有限:

……我们的器材不是现在这种器材,是传统弓,清朝末年的牛角弓,大家可以在描述古代历史生活的电影里看到的那种。这种弓年代都比较久远了,又硬又旧,是故宫"破四旧"时清出来的。训练用的箭也是古代的木箭,箭的材质是木头的,实心、很重,整支箭长有1.1

米左右。箭杆很粗，直径大概有1厘米多，箭速慢、射不远，我们就用玻璃片把它小心地刮到铅笔般粗细，跟现在的铝合金箭差不多粗，还有那个古箭头，是金属的大菱形箭头，加上镶到箭杆里边的部分，有10厘米那么长，所以我们锯掉大菱形箭头以后把剩余两厘米的部分磨成锥形箭头，适合我们用。然后再找鸡的羽毛给它粘上，这样可以增加稳定性。当时院里只要谁家一杀鸡，大家都抢着把羽毛捡回来，家长也都帮着一起捡。

我们是一边学，一边摸索，一边体会。1973年，我们去观摩学习"文化大革命"以后第一次恢复的全国射箭友谊比赛。参观完以后，才知道我们学的和专业运动员的射箭姿势完全不一样。当时我们练习射箭是左手食指、中指两个手指头勾弦，人家是右手三个手指头勾弦。我们练的是右手持弓，专业运动员都是左手持弓，从此后我们全部改为左手持弓、右手三指拉弓射箭。所以，我们最早就是非专业的。看到连环画里的花荣射箭、李广射箭，就照着学，因为当时没有影像资料，只能照猫画虎地练习。

1974年4月，我们第一次到广州参加全国春季射箭比赛，在那里我们山西队得了一个名字，叫"扁担队"。因为我们那时候拿的是"扁担弓"。最早我们用的那种古弓，实际上也就用了不到一年就拉断了。断了以后没弓练了，我们就用竹板或环氧树脂板，把它砍成中间宽、两边细，完了把它装上弓弦就是一张弓，把弓弦一卸了就像扁担嘛！所以我们当时一去比赛场地，别人就说"扁担队"来了。1974年，我们参加了两次全国比赛。在这期间，即使是这样的条件，到1974年底，我们还是把当时所有的山西省射箭纪录都打破了。

由于已经取得一定的成绩，省体委感觉到我们这支队伍还是有希望的，于是由姚晋生老师组建的这支射箭队就归属山西省体委备战第三届全运会筹备办公室直接领导，并提供一定的经费、服装和粮食补助等。射箭队由此进入脱学集训，在组织建制上迈出了重要一步。

十二连冠

1974年底，在姚晋生老师的努力下，从上海体育器材三厂购进21张燕子牌"争气弓"。有了新的装备，又经过冬天的训练，到1975年9月的第三届全运会，这支队伍就有一定的成绩了，由冯泽民、郝生其、樊卫平组成的男子队，使用国产"争气弓"，破天荒杀入双轮团体国内六强行列（第6名）。赛后，在国家体委组织的天坛射箭联赛中，冯泽民一举打破7项全国纪录。这次全运会后，射箭队正式归属省体工队建制。

而王友群作为射箭运动员的巅峰生涯则开始于1976年。这一年7月，在内蒙古呼和浩特市举行的全国十三单位射箭赛中，由王友群、郝生其、冯泽民组成的山西团队，首次以6561环的成绩勇夺全国双轮团体冠军。到1979年，第四届全运会上，王友群个人还获得两枚金牌，打破了50米的全国纪录。

从1976年7月起，由王友群、冯泽民、郝生其、樊卫平、李秀森、崔建中等组成的山西射箭男队，连续20次蝉联全国双轮团体冠军，并在男子13个单项（含室内18米项目）中共129人次打破了全国纪录。直到1986年，男子12个室外单项纪录中，有11项为山西男队所保持。这一成就创造了山西乃至全国射箭史上的奇迹。

在这里，似乎有必要对王友群及他的战友们持续缔造的这份冠军榜单稍作罗列。而推动他们获得这一系列荣耀的，是姚晋生及1981年开始加入的张天佑两位教练员：

1. 在1976年7月于内蒙古呼和浩特市举办的全国射箭比赛中，郝生其、冯泽民、王友群获团体冠军（团体6561环）。

2. 在1977年10月于福建福州举办的全国射箭比赛中，王友群、樊卫平、李秀森获团体冠军（团体6612环）。

3. 在1978年4月于广西南宁举办的全国射箭比赛中，王友群、冯泽民、郝生其获团体冠军（团体6923环）。

4. 在 1978 年 9 月于辽宁沈阳举办的全国射箭比赛中，王友群、冯泽民、樊卫平获团体冠军（团体 6923 环）。

5. 在 1979 年 4 月于广西柳州举办的全国春季射箭比赛中，王友群、冯泽民、郝生其获团体冠军（团体 6956 环）。

6. 在 1979 年 7 月于河北秦皇岛举办的全国夏季射箭比赛中，冯泽民、王友群、郝生其获团体冠军（团体 7118 环）。

……

这样的团体冠军纪录，一直保持到 1987 年 8 月，时间长达 12 年。除上述 1976 年 7 月到 1979 年 7 月共 6 次全国射箭比赛外，还包括第四、五届全运会，6 次全国冠军赛，3 次全国锦标赛，1 次全国优秀运动员对抗赛，两次全国射箭达标赛。在这 20 场赛事中，王友群是唯一一位全程参与的运动员。

12 年中，王友群还在各类赛事中获得数十次个人冠军。其间，还和他的战友们参加了第八、九届亚运会，分别获得了团体第二、三名的好成绩。

一把钥匙开不了千把锁

1987 年 11 月 20 日至 12 月 5 日，第六届全运会在广州举办。遗憾的是，这一次，山西射箭队败走麦城，仅获男子团体第 7 名。在这种情况下，省体委领导决定，王友群、郝生其、冯泽民不再兼任运动员，而是专心致志地在教练岗位上抓训练。这一年 12 月，29 岁的王友群开始担任山西射箭女队教练。

在山西射箭男队称雄全国箭坛的 12 年中，山西射箭女队的成绩并不理想，几乎没有进入过全国前 8 名。王友群等新的教练员们上任后，既为了节约经费，又为了鼓舞队员斗志，从库房里找出封存多年的"争气弓"。实战训练开始后，许多年轻的女队员们手上打起了血泡，血泡被弓弦崩破，点点鲜血溅到了雪白的球衣上，看起来触目惊心。但女队员并无一人退缩，用胶布缠上手指后继续训练，每天的箭支数会一支不少地射完。

经过刻苦训练，终于在1990年3月广州举办的全国射箭达标赛上，山西射箭女队王秀荣获得了个人淘汰赛冠军。山西队终于又一次站在了冠军领奖台上。

王友群：这是我带队的第一个冠军，所以印象很深，前后带了两年多吧。而后，在1992年的全国室内锦标赛中，我们获得了第一项女子团体冠军。1992年，还有一个全国锦标赛的个人冠军，霍瑞萍。

自1988年起，山西射箭队优异成绩接踵而至。32年中，由王友群、樊爱莉（王友群妻子，1994年加入）任教练的山西射箭女队在多次全国室内锦标赛、全国室外锦标赛、全国冠军赛、全国奥项锦标赛、城运会及第十一、十三届全运会收获个人冠军及团体冠军，共约80项次。除王秀荣、霍瑞萍外，又涌现出张帆、蔡小晶、杨建平、范一帆、祝珊珊、方玉婷、于少卿、刘慧敏、吕娜、李柯鑫、杜安琪、张萌萌等一批批优秀运动员，由她们组成的山西射箭女队，多次获得个人和团体全国冠军。另，王友群、樊爱莉还培养出了郭长乐（全国冠军）、常亮（第26届世界大学生运动会射箭比赛冠军）等优秀的男射箭运动员。平均两年培养出一个全国冠军。

2012年的伦敦奥运会上，方玉婷随中国队出战，取得了团体亚军的战绩。

笔者：取得这么多成绩，您总结过这其中最主要的因素是什么？

王友群：我觉得有几个方面。首先是选材。先是要判断肌肉类型是不是属于比较稳定一些的。有的人爆发力好，但耐力不好，稳定性差；有的人爆发力差，但是稳定性、耐力都比较好。还有，得看骨及关节是否适合射箭项目。第二个方面是运动员的神经类型。有的神经类型可以抗压，有压力的情况下，能够比较正常地发挥自己的训练水平。有的人承压能力差，技术练得很好，但是比赛完全发挥不了，甚至崩溃的都有。第三个方面就是技术。技术好的，有很好的精度；技术不好，打出来箭就是散的。有的人肌肉敏感性不是特别强，对动作感受性不强。有的人不敏感，要进行大量的训练。有的人很聪明，感觉很清楚，不用太大的量就可以调整到很好的状态。第四是临场指挥，一定要把比赛场上出现的各种情况及运动员的身体、技术、心理、器材等方面因素综合起来，加以分析判断，要在最短的时间里拿出最准确的方案，指挥比赛场上的运动员。这几个方面都很重要，综合起来，再加上严格的管理，就是成功的几个关键因素。因为运动员上场，要听教练的话，平时如果没有严格的管理是不行的。当然，严格管理不是严格到不近人情，我们都是从保护运动员这个角度来严格。比如准确的作息时间，我说的是准确。必须是做到令行禁止。晚上十点钟熄灯，必须十点钟熄灯，超一分那就不对。早操六点半要集合，就是六点半。你可以提前，不能推后。六点半你要超过一秒钟，就要对你说个一二三了。为什么要超？超在哪里？刚开始运动员不太理解。我就举这个例子，我说我们现在要外出比赛，或者你们要出去旅游，坐火车，火车是6点10分发车，你要提前5分钟上车。不然的话你超过了这个时间，火车就开走了，火车不会因为你自己的一些客观原因而等你的。这个就是时间概念的重要性。再说训练，在训练场上要安安心心训练，分析自己，我这支箭打到什么地方了，为什么打到这个地方？一点一滴，从生活和训练上严格要求大家……这样的话，到比赛的过程中，我们教练员的每一句话，他们才能很好地去执行。

　　笔者是在2019年5月28日上午，前往位于长风街的太原市第二少年业余体育学校（简称"二体校"）的射箭场采访王友群的。他们临时在这里，备战第二届全国青年运动会（即"二青会"）。两个多小时的采访期间，射箭场上空持续地响着"啪啪啪"的箭支中靶声。队员们的射箭训练一直在正常进行着。

　　笔者：像这样的训练，每天会坚持几个小时？

　　王友群：基本上，从早上8点20分开始，正常要到11点。量大的时候，到11点50分左右，接近开饭。赛前训练，时间上会短点，强度会大一些。根据不同的训练阶段，安排不同的量和强度的比例。所谓强度，就是打的箭支数，在基本期进行大量的训练。可能一上午要打 400 支或者更多的箭支来训练。我们比赛的话，一个上午最多就 72 支箭。训练的过程中，一个上午要翻两倍、三倍、四倍。增加量以后，就是让他们增加本体感觉，同时让肌肉记忆更加深刻。比赛前期，我们把量减少，提高负荷强度。负荷强度，就是这支箭、这组箭需要打到多少环，达到一定的指标有奖励，达不到指标有一定的"处罚"。不同训练时期的手段不一样，根据周期变化来定。

笔者：从一个成功的运动员到一个成功的教练，您是怎么转型的？

王友群：1987 年开始转到教练以后，当时感觉好像射箭很容易。为什么容易？就是自己把自己管好，自己射自己的箭，完了把动作做出来就可以了。因为从我个人来说，获得了很多的全国冠军，我要带运动员，把我的经验拿来教不就成了？但实际上，好像不是这样，因为我所掌握的这套技术可能适合我，但不一定适合所有的人。在这个过程中，我摔了跟头也罢，受到教训也罢，总之带队两年来，1988 年一年、1989 年一年，整个过程中很莫名其妙，为什么他们出不了成绩？后来想，还是因为我一味地按照我自己的那套东西来教大家，这样肯定是不适合的，不可能一把钥匙开千把锁。所以，不断地分析，不断地总结。因为运动员有不同的性格、不同的肌肉、不同的动作，就要用不同的方法来教他们。就是说，千人千方。目前一共 22 个运动员，每一个人关键点是不一样的。通过自己不断地观察、摸索、总结，当然也要把自己的经验融进去，再结合运动员的实际情况，给他们提供适合他们的方法。这样的话，运动员在不断掌握的过程中，在整个比赛训练的过程中，会少走弯路，成才会更加快一些。现在，我也是每天和运动员在一起，不断地分析、了解他们，不断地提出一些适合他们的方法。实际上，教练员就是一面"镜子"，不仅仅要熟悉每一个运动员的优缺点，并且要把每一个运动员的真实情况反馈给他们自己。教练就是干这个工作……

箭坛47年，一晃就过去了。而在两年前的2017年，天津，第十一届全运会上，王友群、樊爱莉夫妇带领的男运动员任沿舟获得个人亚军；女弟子方玉婷、吕娜会师决赛，包揽了个人冠亚军，成为一时新闻热点。王、樊夫妇二人与爱徒一起站到了领奖台上。对王友群来说，自1987年结束自己的运动员生涯以来，这像是"他的第二次胜利"。

他是否重温了久违的冠军记忆？

现在是2019年了，从王牌运动员到王牌教练，时光不知不觉地，已经挪动了32年。

1978 年

日本全"日立"女排二队与山西女排在省体育馆进行比赛,山西队以3比1获胜。

全国航空模型比赛在太原航空运动学校举行,山西队获得团体第六名。

全国手球比赛在太原举行。

一入体育门，此生体育人——记女排主教练李富信

孙峰

2019年5月下旬，山西省学生排球锦标赛暨"二青会"排球项目测试赛在省城太原举行，其中山西省体育博物馆举行的是山西省中学生女子组的比赛。

在场地后面的观摩席上，每天都能看到一位白发苍苍的老人，在人数不多的观众中他很醒目：清瘦，专注，目光刚毅。

他就是原山西女排主教练李富信。

体育已经融入血液

此前跟李教练约了几次，他都在医院并且一再拒绝探望，只说例行检查结束后有便血，观察几天。我在想一位年近八旬的老人，接下来的采访该约哪里？老人说家里吧，我在老体育馆对面的小区住，等我方便联系你。

5月17日下午，李教练突然打来电话：我明天上午去老体育馆看比赛，咱们省的中学生女排比赛，你来吗？

第二天，周六，上午九点，见面了。

一进体育馆，就看到李教练跟老伴，此前没有见过，之所以一眼就能认出来，是因为馆里年龄最大的就是他。

问：您刚出院就来看比赛，身体可以吗？

答：没问题啊，都检查了，无大碍。退休18年了，咱们省举办过的排球赛，我都在现场。我家的电视永远只有一个台，那就是体育频道。说起来从1959年参加工作就搞体育，从运动员到教练员再到体育管理，我这一生从来没有走出"体育之门"。

问：您看现在这些中学生女排队伍与您当时执教的山西女排水平

差距大吗？

答：不大，但现在的孩子条件更好。

问：山西女排当年平均身高勉强一米七三，但也拿过全国前八的好成绩，靠的是技战术，那么您如何看待现在孩子们的技战术？

答：袁伟民袁教练曾经评价山西女排"全国三流的条件，全国一流的技战术"，但那是那个时代，那样的球队条件，如果我当年有这样平均身高一米八多的队伍，我可以拿全国前三。

场上两支山西女子中学生女排在激烈拼争，场边李教练低声回忆曾经的峥嵘岁月，就从这个"技战术"开始。

"特色"山西女排

"高度、力量"不够，"快速、变化"补；"网上"劣势，"网下"补——这就是当年我们确立的山西女排的主要技战术，扬长避短，概括起来六个字：快速、多变、全面。

李教练指着场地中间正在比赛的队伍：左边这支队伍拿过全国冠军，她们技术全面，但也不是没有漏洞，比如她们进攻多依赖四号位强攻，她们的主攻也确实有高度与力量。跟这样的队伍交手，就要运用速度和变化，最主要是减少自身失误，少给对方送分，拦不住网、防不起重扣可以理解，自己进攻缺少变化就注定要输球。

1979年第四届全运会预赛，山西女排3比0战胜了拥有郎平等多名国手的北京队，从而奠定了山西女排进军该届全运会的决赛权，当时，胜利的消息传回省里，没人敢相信，山西体工队的上上下下都认为电报发错了，0比3才是对的，所以打电话到赛区进行证实。

李教练说那场比赛的赛前动员会，当我说今晚咱们要赢北京队时，队员们都以为是鼓劲是开玩笑，但我说越强的队弱点就越明显，北京队有世界级的强攻郎平，但她们在场上也过于依赖这点，所以副攻在场上几乎是摆设，她们拦防三号位进攻的能力就很差。而三号位进攻是咱们队的强项，今晚咱就打三号位，我要求这场比赛 70% 以上的进攻都在三号位。

打过排球的都知道，这是奇招，三号位的进攻对一传到位率、配合默契度都有很高的要求，这样的战术似乎有些武断，队员们都表示出困难，我就下了死命令：不管一传情况如何，二传必须尽最大可能调整到三号位进攻，副攻只要有球就必须找点上步，不能扣就吊，实在不行处理过去，就算处理不了失误了教练也不怪你们。

比赛开始后，队员严格执行了赛前要求，三号位一再奏效，居然一路高歌猛进，3 比 0 轻松拿下强大的北京队，当然这场胜利不只是战术对路，队员们平时艰苦的训练与对比赛的应变都是值得赞扬的。

比赛结束后，我碰到了郎平，她在第三局中崴了脚提前下场。问她伤得严重不严重，郎平说：不要紧，李教练，祝贺你们山西队赢球。这场比赛不是我们运动员在比赛，是你们教练在斗智斗勇。

1983 年第五届全运会，我们遇到劲敌辽宁队，人家两个副攻都是 1.85 米左右，对付这样的副攻，各个队都是加强拦网，但咱山西队身高基本矮人家十多厘米，拦网高度低，再加强也不是办法。比赛前我们就制定了针对性战术：用发球压制前排的副攻，迫使其接发球或者把球发到副攻进攻线路上，从而干扰副攻手进攻的节奏。

有些迟疑怕失误，发球都求稳，第一局 5 比 15 败北，队员们接受教训，第二局开始贯彻准备会的内容，于是场上形势急转直下，最后 3 比 1 逆转，赢得了这场关键比赛。赛后辽宁队主攻姜英过来轻轻"打"了我后背一拳：李教练，你把我累死了。——意思是说副攻进攻太少，球全给了主攻，所以把她"累死"了。

发现周晓兰，训练周晓兰

李教练聊起往事滔滔不绝，且很多专业术语，郎平、姜英都是国家女排"三连冠"的主力队员，而那时候山西女排也有一位功勋队员，她就是被誉为"天安门城墙"的周晓兰。

李教练听到这个名字很平静：他们说我是晓兰的启蒙教练，拿到国家队就能打比赛的队员是启蒙教练带出来的吗？

当然，1972年山西重组女排的时候，排球在山西基础开展情况几乎等于零，入队的运动员除了个别打过几天篮球，大都没有基础，甚至有些运动员都没摸过排球，白纸一张。

周晓兰并非出自体育家庭，父亲是工程师、母亲是医生。她走上运动员的道路，也仅仅是因为当年异于同龄人的身高，开始接受正规体育训练是在中学。1973年，太原市体校的教练发现了16岁的周晓兰，把她从重机中学发掘出来，代表山西队参加全国业余比赛。虽然1.76米的身高，在队友中有身高优势，但初习排球的周晓兰并无上场机会。在想把周晓兰送回重机中学之前，市体校的教练"多了一句嘴"和李教练说，我们这有个大个儿，你要不要？不要就退回去了。

当时正缺人手，李教练说是苗子就带过来看看。第一次见周晓兰，身高优势明显，下了场地后，李教练随意抛了几个球让她扣几下球，发现这个女孩的天赋还不错，尽管没怎么练过，但滞空感觉非常好，把握时机得当。

求贤若渴，李教练随即决定留下周晓兰。一年之后，周晓兰已经在山西队打上了主力。这让李教练又惊又喜，要知道完成这个转变，其他队员怎么也得两年的时间。也正是在周晓兰这拨队员的努力下，加上教练的战术思想得当，一直在全国没有位置的山西女排，达到了史无前例的高度，进入全国强队行列。在山西队，周晓兰也逐渐成长为领军人物。

"周晓兰绝对是个好队员。"时至今日，李教练仍不住感叹。

周晓兰特别聪明，而且要强。普通运动员指出毛病不好改，而她却用不了多长时间。有的问题甚至不用教练说，她自己就修正过来。她是属于稳定型的球员，心理素质很好，情绪不会出现大波动，无论比赛顺逆，她都很沉稳。

周晓兰非常自觉，从国家队返回山西队参加全国比赛时，她从不搞特殊：一夜火车的劳顿过后，早上到达太原必定先到省队报到，参加当天训练，晚上再回父母家中。作为运动员的周晓兰，不管什么时候都不戴手表、不穿皮鞋。在国家队条件好，也会有些像项链这样的简单首饰，但一回到省队就马上拿掉。打全国比赛时，各地的国家队队员就会凑在一起，但周晓兰不会，始终与山西队员打成一片。

当时在球类运动圈内，流传这样一句话："三年成型，五年成才，八年成器。"但是周晓兰在山西队度过了四年的时光之后，长到1.81米的她，入选了国家青年队。由于国家队副攻位置的球员有伤，同年周晓兰就从国青队到了国家队。周晓兰和她的中国女排在上世纪80年代里，以敢打、敢拼、敢抢的拼搏精神，在世界排坛上连夺三次冠军。那个时候，女排精神感染了整个社会，掀起了"为中华民族崛起而奋斗"的热潮。

最难忘 "抗日一战"

场地内的比赛结束，李教练站起身，场边球馆的管理者，还有场上的球队教练、裁判员都过来跟他握手，"他们这些年轻人都是我'徒孙'辈了！"他呵呵笑着挨着握手说着跟排球相关的话，李教练很满足。

那么，从未离开过排球的李教练最难忘的一场比赛是哪场？

不假思索：1978年打日本二组，我们3比1赢了。

这有些不可思议，要知道20世纪60、70年代是日本女排名扬世界排坛的鼎盛时期。1962年在前苏联举行的第四届女排世锦赛日本女排打破了欧美国家对这个项目的垄断，首次夺得了世界冠军。随后1964年的东京奥运会，日本女排又将第一个排球项目的冠军写在自己的名下。1967年世锦赛的再次折桂帮助她们成为首个实现"三连冠"的队伍。"东洋魔女"的步伐并没有就此停下，又拿到了三次世界冠军。

当时的日本女排名扬世界，在亚洲女子排坛更是独占鳌头。参加了15次亚运会的日本女排共获得过5金3银4铜，所获的5次冠军全部是在上世纪的60、70年代。值得一提的是，她们也是唯一一支在亚运会实现"五连冠"的队伍。

要问为什么日本女排在那个年代能取得如此优秀的成绩，大松博文这个名字是怎么也绕不过去的。作为时任日本女排的主教练，大松博文从无到有创造了奇迹，在世界排球推崇攻势打法的时候，他却强调防守制胜，采用大强度、高密度的"魔鬼训练法"，结合创新的勾手发飘球、双手垫击、滚翻防守、小抡臂扣球等新技术，将一群工厂普通女工训练成"东洋魔女"。

"东洋魔女"的成功曾带给中国女排很多宝贵的经验。大松博文来华协助训练中国女排一个月的时间里，使中国排球受益匪浅。他在训练中所提倡的拼搏精神，令当时的中国女排得到较有系统的训练和明确的发展方针，奠定了中国排球日后成长和腾飞的基石。

就是在这样的背景下，李教练说我们"要来了一场比赛"。

1978年，国家体委安排，山西太原承办了一次赛事：国家女排对阵日本女排一组，国内联赛前三名对阵日本女排二组。为了锻炼队伍，向日本女排学习，凡是跟日本女排二组比赛的队伍，比赛结束后由日本队教练主持一堂共同训练课。

因为这个赛事是在太原举行，李教练他们就向国家体委提出，为锻炼队伍，请求给山西女排安排一次跟日本二组的比赛。但这个请求刚一提出就遭到国家体委否定，当时山西女排刚组建了六年，还没打出什么成绩，国家体委认为山西女排水平不高，在家门口比赛输惨了影响不好。

后来，在李教练他们一再请求并征得日方同意的情况下，第二天安排了山西女排对阵日本二组，第一天当时的国内劲旅四川队2比3已经负于对手。

比赛开始后，山西女排的姑娘们敢打敢拼，全场气势如虹，在不被看好的情况下3比1力克对手，尤其是第三局以15比1轻取。这一结果引起全场轰动，震惊了在场的国家体委、山西省领导，轰动了全国排球界。赛后本应由日本教练主持的共同训练课被日方谢绝：败兵之将有何脸面执教这堂训练课？应该由山西女排教练主持这堂训练课！

这场比赛后，在场的山西省主要领导亲切接见了山西女排并合影留念，这次接见历时两个小时。

也正是从这场比赛开始，山西女排开始走向全国。

十二年，光辉之路

一切几乎都是从零开始，李教练说12年间，山西女排几乎都是训练场先到后走的运动队，最开始连室内场地都没有，队员们在土地上训练完跟乞丐一样脏兮兮的，但没有人叫苦叫累，"从严、从难、从实战出发、大运动量训练"——"三从一大"就是我们每天训练的标准。

正是在这样的刻苦训练下，形成了一套行之有效的打法，逐步形成山西女排特有的技战术方法，很快在全国排坛独树一帜，打出了名气，并取得良好的战绩。

1979年在全运会获得全国第十，打破了山西女排从来没有参加过全运会决赛的历史；1980年参加全国乙级联赛获得冠军晋升全国甲级队；1981年，山西女排第一次参加全国甲级联赛，进入全国前八名，同年的全国甲级队锦标赛获得第七；1983年，第五届全运会获得全国第八……

为了表彰山西女排取得的骄人战绩，国家体委授予山西女排"银盾奖"，山西省体委给女排荣立集体一等功，省妇联授予山西女排"三八红旗手集体"的光荣称号。

接着这个话题，李教练说执教山西女排12年，我的队员个个优秀，她们退役后能继续发扬女排精神，在新的岗位兢兢业业认真负责。我前后带过的40余名队员退役后，担任处级以上领导职务或取得高级职称的有20人左右，还有的成为名医、国际级教练。

走出体育馆，"说说我自己？"李教练说没啥说的，我这个人一生平平淡淡，从运动员到厅级干部，既无大功也无大错。我这个人本事不大，遇事顺其自然，但运气却总是不错，这也许是我做人诚实、办事认真的回报吧！

还是说山西女排吧！李教练看着体育馆前飘扬的国旗想了想：执教山西女排12年，最遗憾的是强攻的问题始终没有解决，致使我们队尽管特点突出有优势，但始终都像是一条腿走路，所以没有爬上最高峰。为此我也想了很多办法，包括发明了切球等技术，尽管起了一些作用，但解决不了根本问题，所以最好的成绩只是全国七八名。

说到这里，李教练擦擦额头的汗：想起过往真有点遗憾！

天很蓝，初夏的太原逐渐热起来。这位可敬的老体育人在云淡风轻的年龄仍旧有壮志未酬的感慨，这便是最珍贵的体育情怀。

1979 年

山西体育代表团在北京参加第四届全运会，获得21枚金牌、18枚银牌、16枚铜牌，奖牌数位居全国第八；26人次打破10项全国纪录，90人打破45项省纪录。

冬日莲花——王冬莲印象

赵树义

"认识"王冬莲是在微信上,她的头像摄于出国援教时期,那时候她30岁刚出头,乌发蓝衣红鞋,右手持剑,左手向天,如松如竹,英姿飒爽。打开她的朋友圈,看到的最近一条信息竟然是2017年12月15日的。此前的12月12日,王冬莲光荣退休,这条迟到的微信是同事为她制作的视频,除了欢送会场面,多为她比赛和训练的照片集锦,背景音乐锣鼓喧天,传统文化气息浓郁。

见到王冬莲是5月一个周末的下午,在省体育局位于体育路的宿舍大院。上世纪末我经常来这座大院看望一位朋友,时隔20多年再次走进这里,周边早已高楼林立,不复当年模样,此地却几无变化。不,它也有变化,只不过它的变化可以忽略而已——大院中心地带新修了一座小型体育活动广场,比篮球场略大些,设施简单,与社区或路边公园的全民健身活动场所并无二致,王冬莲称之"小花园"。这里曾是山西体育人的生活中心,上世纪七八十年代活跃在山西体育界的知名人物大多生活在这里,但作为专业的体育人,他们沾到体育的"阳光雨露"竟与普通市民一样,令人感慨。

采访之前,我与王冬莲有过两次电话沟通,提出想去家里看看,了解一下她的生活环境,都被婉拒。我在小花园徘徊,午后的阳光很好,有微风,空气中似有雨意。周边树木老房子般暗淡,无蝉鸣,无池塘,但我还是想起杨万里的名句:"接天莲叶无穷碧,映日荷花别样红。"这一印象与环境不搭调,却在脑中萦回,或与王冬莲的微信头像有关。

王冬莲从角门走进来,面带笑容,诚挚,热情,一见面便一再解释家里叫了工人装修,不好意思云云。我笑一笑,说在这里采访也很好。王冬莲选了一张靠角落的红色桌子,把两张报纸垫在凳子上,很细心。我想打开手机录音,王冬莲微笑拒绝,我也未坚持。王冬莲把带来的资料放在桌子上，拿出一枚褪色的金牌让我看，上有"1979"和"中华人民共和国第四届运动会"字样，奖牌样式为五角星，金色，正中间为红色火炬图案。王冬莲说，那一年她一口气拿了五块金牌，中央电视台制作了《获金牌最多的小将》的新闻专题，播出时她还在北京，只听同事说镜头里的她很漂亮，自己却未看到。出门遇到路人指指点点，说她就是电视里的那个小姑娘，吓得她跑回宾馆不敢出门。那一年，王冬莲17岁，照片上的她看上去像个孩子，稚气未脱，憨态可掬，笑起来比金牌还灿烂。比赛回来，王冬莲把金牌送了教练、队医，自己只保留一枚作纪念。居然把金牌送人，我很诧异，王冬莲却笑着解释，自己那时候小，就是觉得他们对自己特别好，不知道该怎么感谢，就把金牌送了人。说这番话时，王冬莲一直在笑，表情虽略有遗憾，但并不后悔。

　　见面之前，我在电话里告诉她，希望她能提供一些当年的文字资料，包括当年的新闻报道，不曾想她带来的文字资料仅两页，还是当年出国援教时提交给国家体委的个人简历。以她当年取得的成就，应该被大篇幅报道过的，她居然一篇都没保存，我再次诧异。两页简历之外，多是比赛和训练照，其中一张是出访日本时候拍的，她在表演旋子转体360度接劈叉，动感十足，旋转效果极好。王冬莲特意指着这张照片让我看，很是感慨，可她感慨的并非自己的动作难度如何大、完成得如何漂亮，而是摄影师竟然把旋转效果拍了出来，王冬莲思考问题似乎总站在对方的立场上。照片装在旧信封里，有20余张，3寸大小，彩色，与她微信头像所用照片是一组，每张都英气逼人，俨然"侠女"。与新闻有关的个人资料仅两件，也是照片。一件是一本1979年第12期《山西少年》，封二《武术新蕾》刊登了她和她的小伙伴李莉、栗小平、马威等的一组训练照，她是少年武术队队长，也是这群小姐妹的领头雁。最后一张照片为《雏鹰凌空》，黑白剪影，晨光中，垂柳下，两只"雏鹰"凌空而起，斜身对刺，我却觉得更像两只燕子，正以青春和矫健演绎"不知细叶谁裁出，二月春风似剪刀"的意境。1979年我已上高中，不过，我的父亲是小学班主任，家里经常会有一堆少年读物送来，这期《山西少年》便似曾相识，尤其封面设计风格和照片处理方式，时代烙印深刻。另外一件是她从报纸上剪下来的出席第五届省政协会议时与98岁高龄的杨紫霞女士的合影。杨紫霞是位传奇女性，被誉为辛亥革命的"双枪老太婆"，女扮男装参加革命军，屡次与清兵交战，出生入死。反袁斗争时，杨紫霞又穿梭于章太炎与众反袁党人之间，金簪藏书，密递书信。杨紫霞是那一届最年长的政协委员，王冬莲是那一届年龄最小的政协委员，一老一少都喜欢"舞刀弄棒"，相见是缘分，也是新闻。我熟悉这种套路，可她居然没有向摄影记者索要原照，该多么憨厚和本分！除了一本发黄的《山西少年》和一张一揉就碎的报纸剪贴照片，她没有保存任何新闻资料，我不禁再一次诧异。在第四届全运会上，王冬莲还获得一枚银牌、一枚铜牌，摘取奖牌数最多，年龄又很小，无疑是最好的新闻噱头，若在当今，网络上早铺天盖地了，可她居然一篇新闻报道都未保留下来，的确不可思议。谈到这个话题，王冬莲也觉遗憾，一再解释说自己当时很小，不懂得保留这些，父母亲是工人，也不懂得收藏这些。

王冬莲出生于1962年冬天，祖籍河北任县，祖父那一辈迁移到太原，住在大南门一带。我猜测她的祖父是做生意来到太原的，她同意我的猜测，却不能确定，可见历史于她多么模糊，怪不得连自己的"辉煌史"也被她不经意间忽略。俗语有云："莲花开在污泥中，人才出在贫寒家。""冬莲"之名或许便是父母希望她做一朵白纸一样干干净净的冬日莲花吧！王冬莲兄弟姐妹六人，她排行老三，最早就读于南海街小学，邻居说她是大南门最能跑的小姑娘，男孩子都没她跑得快。王冬莲身体素质好，能吃苦，爱蹦爱跳，或与父亲喜欢打篮球有关。王冬莲一入学便成为舞蹈队的一员，二年级时又被挑选到少年宫，接受正规的舞蹈训练。王冬莲本有机会从事舞蹈的，父母也觉得女孩子跳舞就不错，可1973年省武术队全省选拔运动员，她又被选中，开始师从武术大师庞林太习武，同时转学到双西小学完成学业。1975年，王冬莲年仅13岁便代表山西队登上第三届全运会赛场，"小荷才露尖尖角"。1978年，王冬莲参加了在湖南湘潭举行的全国武术比赛，夺得女子刀术冠军、棍术第三名、自选拳第三名、长穗剑第五名、全能第四名，在武术界崭露头角。1979年，王冬莲第二次登上全运会赛场，一举摘得全能、自选拳、刀术、棍术、长穗剑五项冠军，独揽女子武术项目金牌一半，一鸣惊人。1980年，王冬莲再接再厉，获山东全国武术邀请赛刀术、棍术、自选拳、对练、长穗剑六个第一。同年10月，又在云南举行的全国武术比赛中获得刀术、棍术、自选拳、对练四项冠军。1984年，王冬莲因伤告别赛场，一路走来一切水到渠成，顺理成章，可她总念着别人的好，心存感恩。

1980年后，王冬莲作为中国武术代表团成员多次出访日本、英国、法国、马耳他共和国等十余个国家，被授予"新长征突击手"荣誉称号，先后当选山西省第五届政协委员、太原市第七届人大代表、山西省青联委员。王冬莲参加全国性的武术比赛共获得冠军12次、亚军9次、季军11次，大小奖牌总计32枚，可谓荣誉等身。如果把这些奖牌特制成一串项链，定然可以从头垂挂到脚，金光闪闪，可她却仅保存着一枚。无疑，荣誉于她是身外之物，或者说，本性之中这些东西都被她无意间忽略。

人不留客天留客，我与王冬莲刚聊了半个小时，豆子大的雨滴便落下来，王冬莲怕我看到她家里的"乱"，却又不得不请我去她家做客，这也是"天意"吧。在我的想象中，武术是表演项目，运动员受伤的概率并不大，可看到她蹒跚的背影，我的心还是"咯噔"一下。王冬莲买了新房不去住，还生活在上世纪建的老房子里，或因念旧。老房子砖混结构，没有电梯，她住在四层，爬楼梯时愈显吃力。我心中惴惴，王冬莲回头告诉我她有伤，这些年越来越严重，本来该做手术的，但因身体底子好，大夫建议别做，还说换作常人早该坐轮椅了。手术没有做，伤痛伴随多年，可说到这些她依然一脸笑容，好像那伤痛长在别人身上。王冬莲是武术高级教练、国家级裁判，武术段位七段，按规定可以工作到60岁，她55岁就退休便与伤病有关。专家对王冬莲的评语是"动作勇猛刚健，快速有力，节奏分明"，可当年那个跑得最快的小姑娘如今也不得不慢下来，令人不胜唏嘘。

王冬莲的家其实并不"乱"，只不过不断有工人进出罢了。工人在干活，我俩坐在沙发上继续聊天，这场景很温暖。我从事新闻30余年，最喜欢的采访方式就是聊天，因为聊天可以让你走近对方，可以让你从对方的谈吐举止中窥探到对方的心迹。王冬莲一再强调家里"乱"便与她的为人有关，她习惯了与人为善，凡事处处为他人着想，即使遇到挫折，也从不怨天尤人。王冬莲特别爱笑，采访过程中自始至终都在笑，这无疑是一种生活态度，却不单单乐观那么简单。实际上，王冬莲喜欢把事物美好的一面展现给人看，这不是虚伪，而是善良，一种与生俱来的天性。照片中的王冬莲爱笑，生活中的王冬莲也爱笑，无论做运动员，还是做教练，无论是在国内，还是在国外，王冬莲都是那个最能吃苦的人，也是那个最爱吃亏的人，当然，还是那个最豁达的人。

王冬莲的爱人是我的学兄，学经济的，毕业后从事法律工作，曾是山西大学武术协会理事，他与王冬莲结缘，便与武术有关。学兄头发半白，很儒雅，他笑我学化学却码起字来，学兄何尝不是所用非所学呢！实际上，那个年代人的选择机会很少，我读大学时曾想转到中文系，但校规不允许。1985年，我大学毕业那一年，王冬莲考入山西大学体育专科班学习，那时候，她的运动员生涯已经结束，教练生涯刚刚开启。我与夫妻二人都是校友，又是同时代人，话题自然也多一些。那一代人比较单纯，很小便过上集体生活的人尤其单纯。王冬莲在集体中长大，自然而然便把自己视作集体的一部分，组织安排什么便做什么，从不挑肥拣瘦。1982年，电影《少林寺》正式公映，紧接着，电视连续剧《霍元甲》又霸占荧屏。王冬莲爆红之时，正是功夫影视剧席卷大陆之日，可谓生逢其时，她无论气质、相貌，还是成就，都有机会踏入影视圈，但她并未成为"武打明星"，我想便与她根深蒂固的组织观念有关。王冬莲年少时与舞蹈失之交臂，成名时又与影视擦肩而过，命中注定她就是个体育人。回首往事，王冬莲反复强调毅力，说一个人没有毅力是不可能做成事的。毋庸置疑，王冬莲就是个有毅力的人，否则她不会有这番人生感慨，但毅力仅是成功的一半，天赋也不可或缺。王冬莲还反复强调，武术是用来强身健体的，不是用来打人的，可她却偏偏被伤痛打倒，这不能不说是一件十分遗憾的事。1993年，王冬莲被国家体委选派到印度尼西亚，帮助他们组建国家队，第一次援教历时一年多，留下极好的口碑。或因这口碑，王冬莲1997年又被国家体委选派到新加坡，次年担任新加坡国家队总教练，1999年底回国。援教期间语言不通，王冬莲授课更多靠的是"身教"，而非"言传"。王冬莲一招一式，一丝不苟，严师出高徒，她的弟子几乎包揽新加坡各项赛事的所有大奖，友人很喜欢她，曾多次挽留。王冬莲做教练认真，做人更认真，她做人做事的想法都很朴素，朴素到令人诧异，仿佛一朵无法更白的莲花，父母为她取了这个名字，她便不折不扣地去做一朵冬天的莲花，这是她的命运，也是她的使命。

想起宋人周敦颐《爱莲说》中的名句："予独爱莲之出淤泥而不染，濯清涟而不妖，中通外直，不蔓不枝，香远益清，亭亭净植。""香远益清，亭亭净植"这八个字用在王冬莲身上并无不当，但我更喜欢莲花的花语：信仰。是的，王冬莲一路走来很辉煌，也很平淡，辉煌便辉煌到令人惊诧，平淡也平淡到令人惊诧，这无疑是天性使然。但无论辉煌还是平淡，王冬莲都在默默坚守一种信仰，这信仰无疑也是她的天性——把善良当作一种习惯。

1980 年

中共山西省委批准将省体委党委会改为党组,撤销政治部,成立机关党委,刘杰任书记,王立远任副书记。

中华全国体育总会山西省分会在太原恢复,王立远任分会主席。

薄建伟："跌对英雄"成"跤王"

赵建雄

1

薄建伟，1954年10月生，山西定襄人，中共党员，大学学历，运动健将，1974年进入山西省摔跤队，多次夺得全国摔跤比赛冠军，历任山西省中国跤及国际跤运动员、主教练，山西省国际跤队总教练。1993年任山西省体工队副队长；1996年任山西省游泳训练馆馆长兼国际跤总教练，同年被授予国家级教练（正教授）；1998年任山西省体工队队长兼省国际式摔跤协会、省柔道协会主席；2003年任山西省体育局副巡视员（副厅）兼省摔揉跆运动管理中心主任。2015年10月退休。

2

薄建伟天生就是一块儿摔跤的料。他出生在忻州定襄县宏道镇一个普通农民家庭，兄妹四个，他为哥哥，下有三个妹妹。母亲体弱多病，父亲种地养家。薄建伟是家中唯一男丁，父母视他为"宝"，希望他好好读书、将来出人头地，哪怕是当一名乡村教书先生，也是薄家的荣耀。但是，20岁以前的薄建伟却不这样想，他一次次地让父母担心、生气，甚至失望。在忻州、原平、定襄一带，有一种从宋朝就流传沿袭下来的传统民俗活动——挠羊赛，实际上就是一种以一只活羊作为奖品的摔跤比赛，也叫"跌对"。当地民间风俗，除了农闲时组织的专场挠羊赛，但凡有庙会，必然搞跌对。比赛时，场子内会竖起两块牌子：英雄跌对，死伤无罪。也就是说，参加比赛，伤亡自负。这是一种民间认可的、没有法律约束的危险活动。薄建伟从三四岁刚懂事起，就经常跟着大人们去村里戏台前看"挠羊汉"们表演"挠羊赛"，比赛不结束，他总是不尽兴，哭喊着不回家。六七岁时，他就对这一民风赛事产生了浓厚的兴趣，往往是大人一不留神，他就钻进摔跤赛场，比比画画，模仿跤手摔跤动作。十二三岁，他开始偷偷参加这一充满刺激而又危险的跌对活动，经常是衣服被抓破、裤子被扯烂，跌得满身伤痕。14岁时，薄建伟升入初中，遇到了启蒙老师续双槐。续双槐老师也是一个业余摔跤爱好者，他拜定襄籍跤手张毛清为师。1956年山西体工队组建后，张毛清于1958年取得山西摔跤队第一个中国式摔跤次轻量级全国冠军，是当地有名的"跌对高手"。他发现薄建伟特别喜欢摔跤，而且很有摔跤潜质和天赋，就传授了薄建伟许多正规摔跤技术。薄建伟性野心细、体健力壮，对摔跤又情有独钟，一有机会就偷偷参加"挠羊赛"，而且多次得了第一名，仅仅十四五岁，便成了当地有名的少年跤手。父母知道他偷偷参加摔跤比赛，坚决不同意，生气、担心，害怕发生什么意外。所以，每当乡里举办挠羊赛，父母就会把他锁在家里，然后才去下地劳动。有一次，父母从地头回来，碰上同村几个赶庙会回来的人，见面就夸：啊呀，你家薄伟子可厉害了，才十几岁，就成"跤王"了。父母听了，自然是不信的，因为他们知道，下地的时候，儿子是被反锁在家里的。可是他们哪里知道，儿子已经偷偷爬窗出去参加了"跌对"，并拿到了第一名。回到家，父亲问清真相，自然少不了对他一顿打骂责罚，可他就是不认错、不服气、不悔改，过后依然我行我素，总是寻找机会跑到跤场小试身手，而且往往会取得令人瞩目的成绩。到十六七岁，小小的薄伟子，已经成了当地很有名气的"少年挠羊汉"，"薄伟子"这个名字家喻户晓，他"跌对不怕死"的故事更是广为流传。

薄建伟从小就性格外向，胆大心野，桀骜不驯，只要他认准要干的事，就一定会坚持干下去，即使九头牛也不能拉他回头。他迷恋的是当地民风盛行的"摔跤""跌对"，他羡慕那些在摔跤场上力战群雄的跌对高手，他崇拜那些扛着肥羊挺胸绕场的挠羊汉子。然而，这与父亲的主张和期望格格不入。因此，父子俩常常为此发生冲突，而每次冲突的后果，都是他被父亲严厉地打骂。但是，父亲责罚打骂之后，结果还是薄建伟照样出现在摔跤场上。12岁那年，有一次，他在跤场被父亲逮个正着，父亲火冒三丈，一路将他拎回家中，没有片言只语，劈头盖脸就是一顿拳打脚踢。之后，父亲仍不解气，还找来麻绳将他绑在院中的枣树上，逼他表态，要他改"邪"归正，以后好好念书，不再参加跌对。然而，铁了心的薄建伟硬是采取"三不政策"，不听、不犟、不从，任凭父亲软硬兼施，就是不说一句悔改的话。怒不可遏的父亲有如火上浇油，随手从窗台前抓起一条挑水扁担，抹去两头的扁担钩子，使出浑身力气，照着他幼小身躯狠狠抡去，他歪头一躲，只听得"咔嚓"一声，扁担重重地斜劈在他小小的肩头，生硬而坚韧的槐木扁担即刻折成两截，而他的肩膀顿时皮开肉绽、血流如注，但他硬是闭着眼睛、咧着嘴、流着泪，就是一言不发。这时，旁边再也看不下去的母亲，像疯了一般扑到他身上护着他，对着父亲连哭带骂。无可奈何的父亲，也一屁股瘫坐在地上，老泪纵横，指着他数落："伟子啊，你咋就跟你爸一样的驴脾气呢？你就不会说上一句软话给俺一个台阶下啊？你咋就不理解父母的良苦用心呀？"然而，年少气盛的薄建伟，心里只有一个想法：我喜欢跌对！我喜欢摔跤！我要做挠羊汉！我要当真正的跤王！所以，他怀着被父亲打残打死的心理准备，也冒着参加跌对被对手摔伤摔死的风险，坚持自己的选择，坚持自己的理想。"恨铁不成钢"的父亲，终究毫无办法。而他，硬是用自己的不屈与执着，默默地换取了父亲对他从事摔跤的"睁一只眼闭一只眼"。从此，忻州、原平、定襄一带，家家户户都知道，有一个"跌对不怕死"的少年"挠羊汉"——"跤王"薄伟子。

3

1974年，为备战即将举办的第三届全国运动会，山西省重建体工队。山西省体工队组建于1956年，1971年解散，当时的省体工队就有一支闻名省内外的摔跤队，其中有许多队员来自山西忻州、原平、定襄，所以，省体工队摔跤队重点在晋北这一带招募队员。消息传来，曾在 1965 年第二届全运会上获得摔跤第三名的朱富山，是薄建伟的老乡，也是薄建伟的摔跤"忘年交"，还当过薄建伟的指导教练，他极力向当时山西省摔跤队教练高书文、张毛清推荐薄建伟，并且约请他们在农历五月十三的宏道古庙会现场观看了薄建伟在挠羊赛场上的摔跤表现。那一场"挠羊赛"，薄建伟不负众望、大显身手，不仅一举完胜六个对手，顺利挠羊，而且还横扫了省队教练带来的四名现役队员。20 岁的薄建伟，凭着师友的举荐和自己的实力，顺利入选省摔跤队，来到省摔跤队所在地——忻州。当时入选的队员中，有的二十二三岁，有的二十五六岁，父母知道后，担心儿子年纪小、吃不了苦，更害怕儿子参加摔跤训练、比赛有危险，坚决不同意。而薄建伟知道自己一时说服不了父母，硬是义无反顾地离开了家。由此，父子二人成了一对"冤家对头"。

1975 年 9 月 12 日至 28 日，第三届全国运动会在北京举办，山西摔跤队由 20 岁的薄建伟领衔出征，他马到功成，一举拿下中国式摔跤次轻量级冠军。消息传回家乡，他的父亲激动不已、老泪纵横，在祝贺儿子夺冠的同时，又一次默认了儿子的选择和坚持。

进入省队后，薄建伟的生活节奏，除了参加比赛就是刻苦训练。没有他吃不了的苦，没有他受不了的罪。他不与队友结恩怨，也不与队友拉团伙；扬人之长、弃己之短；跤场上永不服输、永不言败；技能上水平，不能被淘汰；不拍摔死，力争王者……薄建伟就是抱着这些信条，珍惜每一次训练、珍惜每一个机会、珍惜每一场比赛，在为时 8 年的专业运动员生涯中，他纵横国内外、身经百余战，历练成蜚声全国的一代"跤王"。

1977 年 12 月 31 日，薄建伟入选国家队，同年，参加全国自由式摔跤锦标赛，夺得 62 公斤级全国冠军。

1978 年 8 月，为备战 12 月在泰谷曼谷召开的第八届亚洲运动会，薄建伟参加了全国摔跤锦标赛，夺得国际摔跤项目全国冠军。

1979 年 5 月，参加全国锦标赛，再次夺得自由式摔跤 62 公斤级全国冠军。9月，参加北京第四届全国运动会，又一次夺得自由式摔跤62公斤级全国冠军。同年，参加第一届亚洲自由式摔跤锦标赛，薄建伟代表中国出征，夺得第四名。

1979年6月，25岁的薄建伟退出国家摔跤队，担任山西摔跤队教练。当时，山西摔跤队训练中心驻地在他的老家、"中国摔跤之乡"——忻州，薄建伟如同一匹"北方的狼"，又回到了快乐成长、自由驰骋的故乡。

刚刚入主山西摔跤队的薄建伟，是全国各省市一线摔跤教练中最年轻的"少帅"级主教练，雄姿英发，激情四射，夺冠的信心满满。他在担任山西古典式摔跤队主教练的几年，硬是凭着一股韧劲、冲劲、闯劲，克服队里长训队员技术素质差、训练经费短缺、人员编制核减、环境条件滞后等不足，惨淡经营，卧薪尝胆，打拼出了一片"跤乡"新天地。其间，1983年，当时忻州地区公安处的领导慧眼识英才，看上了他这个身经百战的"跤王"，认为他干刑警一定是把好手；薄建伟也觉得当警察威风惊险刺激，也是一个"方显英雄本色"的好职业。但是，就在他办理手续即将踏进人民警察行列之际，他还是舍不下他挚爱的摔跤事业，加之他的摔跤恩师高书文教练一番语重心长的约谈，最终他还是留了下来。从此，他在自己脑海里一遍遍地擘画着山西古典式摔跤的宏伟蓝图，苦心经营，破釜沉舟，以一种"舍我其谁"的勇气和担当，开辟出山西古典跤的历史新纪元。

4

1987年11月，第六届全国运动会在广州举行。此时，薄建伟以近乎立军令状的形式承揽了第七届全运会古典跤夺取金牌的任务，他暗暗下定决心，要带领自己组建的"嫡系"部队，人们戏称的"襄军（定襄军团）"，实现山西古典跤在全运会比赛中零的突破。

1988年，薄建伟被调回山西省体工队，担任国际跤古典式摔跤教练。1991年，他又被任命为省体工队自由式摔跤兼古典式摔跤主教练、总教练。重任在肩，希望在前，他把自身成长过程中的"三个不怕死"精神，即：少年时学摔跤不怕被父亲打死、青年时练摔跤不怕被对手摔死、中年时管摔跤不怕被训练累死的"拼命三郎"精神不断地灌输给队员。他总是不厌其烦地告诉他们：你们一定要记住，你们都来自农村。你们一定要想明白，为什么来？来干什么？怎么去干？政府花钱养你们又是为什么？一句话，不怕苦、不怕累、不怕死，就是要拿成绩！就是要拿冠军！凭着他的这股子不服输劲儿，加之他对摔跤运动的潜心经营，仅仅用了十年左右时间，就培养出一大批自由式、古典式摔跤佼佼者，把山西古典跤从衰败推向强盛，也使上世纪80年代以后在全国衰落的山西摔跤队又重振雄风回归到全国前列，这时的薄建伟还不到40岁。

1993年9月4日至15日，在北京举办的第七届全国运动会上，山西代表队共取得10块金牌，而薄建伟担任教练的摔跤队就夺得3块。其中，李春生夺得自由式52公斤级冠军，韩玉伟夺得古典式52公斤级冠军，张泽田夺得古典式82公斤级冠军。

1997年10月12日至24日，第八届全国运动会在上海举办。山西代表队共摘得8块金牌，薄建伟担任教练的摔跤队队员韩玉伟又一次夺得古典式52公斤级冠军，而张泽田依然保持了古典式82公斤级冠军。

2001年11月11日至25日，第九届全国运动会在广东广州等15个城市举办，山西代表队摘得8.5块金牌。此时，薄建伟已经担任省体工队副队长兼古典式摔跤总教练，他率领的队员又夺得3个冠军，其中韩玉伟夺得古典式52公斤级冠军，王四根夺得古典式74公斤级冠军，张泽田夺得古典式82公斤级冠军。

这一时期的山西体育军团，所有参赛项目在历届全运会上无一具有夺冠优势，只能凭运气零星摘取，只有摔跤项目较有把握，而且还可包揽数金，因此薄建伟统帅的摔跤项目就成了山西竞技体育的"王牌项目"和"定海神针"。第九届全国运动会结束后，时任山西省体育局局长的李光明评价爱将薄建伟是"有本事、靠得住"的全运战将。

鉴于薄建伟多年为山西体育做出的卓越贡献，中共山西省委于2003年提拔他为山西省体育局副巡视员（副厅级）兼省摔揉跆运动管理中心主任，这也创造了新中国成立60多年来摔跤界迄今为止只有两人升任副厅局级干部的记录，一位是国家体育总局摔跤柔道运动管理中心副主任宋兆年先生，另一位就是山西"跤王"薄建伟。这时的薄建伟，已经成为山西摔跤界的第三代领军人物。

2005年10月12日至23日，第十届全国运动会在南京举办，薄建伟再次率队出征。当年，山西代表队摘得10块金牌，其中，柔道选手杨波夺得60公斤级冠军，自由式摔跤选手梁磊夺得120公斤级冠军。而且，在十运会上，他的团队又创造出了男子自由式摔跤和男子柔道双双夺金的新亮点。

短短12年，薄建伟挂帅的山西摔跤队连续四届全运会多人多次夺冠，一直保持成绩名列前茅。因此，山西体育界都公认薄建伟为摔跤界的领军人物，并尊称他为"薄大帅"。

5

十运会后，薄建伟离开了"举摔柔"一线指挥员的岗位，他以铸就山西摔跤又一次辉煌全身而退，历时四个全运周期跨度十余年。这十余年来，薄建伟功绩赫赫：一是开创了古典跤全运会拿金牌的先河并且连续三届夺冠，二是奠定了古典跤成为山西王牌运动项目的优势（七运会两金、八运会两金、九运会三金），三是创造了两名古典跤队员（张泽田、韩玉伟）连续三届蝉联全运会冠军的神话，四是用自己以及自己恩师、爱徒的实际行动和辉煌成就验证了他的家乡——定襄是当之无愧的"中国摔跤之乡"。这些近乎神话般的现实故事，在薄建伟以及他的"襄军"身上演绎得淋漓尽致。

5年的摔跤队员、25年的教练员，30年的摔跤运动生涯中，他先后夺得4次全国冠军、1次亚洲第4名；先后培养出众多体育明星和健将，其中国际健将5人、运动健将50余人，为国家队输送优秀运动员100余人，有80余人次夺得全国冠军、10余人次夺得全运会冠军。他培养的运动员韩玉伟、张泽田、梁磊实现全运会"三连冠"，常永祥勇夺北京奥运会古典跤74公斤级银牌。薄建伟先后获得"运动健将"，山西省政府、太原市政府"特等功臣"以及"山西省劳动模范""山西省十佳教练""全省优秀青年专家"等荣誉称号和嘉奖。1996年1月获国务院"政府特殊津贴"；2002年获山西省"五一劳动奖章"并记功，同年开始担任山西省政协委员（八、九两届连任）；2004年5月获"山西省特级劳动模范"称号。

退休后的薄建伟，过起了品茶嗜酒学书画的文人雅士生活。他曾写了一幅颇为自得的书法条幅——"跤魂"，行笔间渗透着"里掏外抠上挑勾"的摔跤元素，被书法界朋友戏称为薄建伟独创的"摔跤体"，现收藏于忻州市摔跤俱乐部挠羊赛博物馆。这简简单单的两个字，也许正是"跤王"薄建伟的一生与内心的真实写照。

1981 年

运动员周晓兰、郭补祥、梅喜怀和教练崔富海作为中国体育代表团成员参加1981年世界大学生运动会。

省体委给周晓兰荣记特等功,团省委授予周晓兰"新长征突击手"称号。

幽兰花，袅袅独立众所非——记女排队员周晓兰

孙峰

微软2006年进行的一项调查研究显示，这个星球上任意两个人互相联系的桥梁平均需要通过6.6个人，这就是著名的六度空间理论，又名六度分隔理论，意思是你至多只要通过六个人就能认识任何一个陌生人。

为了采访到周晓兰，曾当过体育记者的笔者，先后联系了十多个人，仍旧没有找到她，甚至电话号码、邮件地址。这其中有当年她的队友，有当年采访过她的记者，有在美国从事排球相关产业的朋友。

原来任何理论在实际操作的时候都会有盲点，比如这个六度分隔理论，笔者在继续想办法联系的同时，开始查阅资料，其中有段话如下：

曾经的排球女神，自1995年一别至今，几乎消失在公众的视线中，老女排相约的每年聚会，她没有来；央视多次策划的特别节目想找她，寻不到她的影子……很多能够以各种方式见到周晓兰的记者都试图在她那里得到对目前排球的只言片语，可是她对自己曾经留下无数汗水的职业和辉煌选择了沉默，她一再拒绝回答为什么辞职，也闭口不谈排球的是是非非。她表示只想做好目前的工作，当然还有目前的生活状况也令她感到非常满意。

同意但要实事求是

继续联系，原山西女排主教练李富信说他来想办法吧，当年周晓兰就是他招到省队的，但山西女排老队员近几年聚会过，周晓兰也没参加。

也就是李教练答应想办法的第二天，山西省排球协会秘书长刘智浩先生加了我微信，他说李教练跟他沟通了，他跟周晓兰联系过了，"同

意写，但要实事求是！"

本想要个联系方式，但想了想还是回复了一句：谢谢。

通过查资料，采访她的教练、队友，还有曾接触过她的记者，接下来就写写关于周晓兰的几件实事吧！

"天安门城墙"

中国女排在上世纪70年代末期开始崛起，但想要在世界排坛取得突破，就要击败当时实力超群的日本女排。上世纪六七十年代至80年代初，日本女排曾一度称霸世界排坛。"东洋魔女"已经拿到奥运冠军与世界冠军，还是亚运会的五连冠。

1981年，中国女排参加了在日本举行的第三届女排世界杯，在那届杯赛上，中国队一路"过关斩将"，最终在决赛场上与日本女排展开了终极较量。双方在比赛中都发挥得异常出色，但中国女排更胜一筹，最终击败对手获得了冠军。正是在那场比赛中，中国队的两位运动员让日本队难以招架，一位是有"铁榔头"之称的郎平，另一位就是网前拦截技术突出的周晓兰。日本队在比赛中饱尝周晓兰犹如城墙般坚固拦网之苦，比赛后，日本媒体将她高超的拦网能力比作"天安门城墙。"

1982年，带着一场负分进入复赛，形势十分严峻，中国女排3比0轻取古巴，赢得了扭转战局的关键一役。此后中国女排又以3比0战胜前苏联女排，杀入四强。并最终在与东道主秘鲁队的冠亚军决战中以3比0完胜，获得本届锦标赛冠军。

1984年，在8月3日奥运会预赛的最后一场对美国队的比赛中，中国女排姑娘以1比3失利。半决赛中国队以3比0轻取日本队后，中美再次决战，中国女排丝毫没有受到小组赛失利的影响，以3比0完胜对手，取得了几代人梦寐以求的"三连冠"。

曾经红极一时的杂志《大众电影》，1982年3月的封面就是周晓兰和演员龚雪的合影。那是该杂志创刊以来首次用非电影人物作封面。

上世纪 80 年代,"中国女排"就如同当下的流行语一样被人熟知,因为一群姑娘在 18 米 ×9 米的场地上摸爬滚打出中国第一个大球项目的奥运会冠军。周晓兰,这群姑娘中的一位——即使是最不关心体育的中国人也会知道这个名字——场上的"天安门城墙"。

大器晚成

周晓兰是中国三连冠女排队员中练排球起步最晚的一个,梁艳 13 岁接触排球,然而比梁艳更晚的是周晓兰——16 岁才接触排球,这在国内职业运动员里实属少有。周晓兰并非出自体育家庭,父亲是工程师、母亲是医生。她走上运动员的道路,也仅仅是因为当年异于同龄人的身高,开始接受业余体育训练是在太原重机中学。

由于当年那场轰轰烈烈的上山下乡运动,13 岁的周晓兰随父母来到山西古交农村。当时的古交非常贫穷,吃的是小米,喝的是雨水,用的是煤油灯。年龄不大的周晓兰,也要下地做农活,使她饱尝了贫瘠生活的艰辛。

1973 年,太原市体校的教练发现了 16 岁的周晓兰,把她从重机中学发掘出来,代表山西队参加全国业余比赛。虽然 1.76 米的身高,在队友中有身高优势,但初习排球的周晓兰并无上场机会。在想把周晓兰送回重机中学之前,市体校的教练"多了一句嘴",和时任山西女排主教练的李富信说,我们这有个大个儿,你要不要?不要就退回去了。

当时山西女排正缺人手,李教练说是苗子就带过来看看。第一次见周晓兰,身高优势明显,下了场地后,李教练随意抛了几个球让她扣几下球,发现这个女孩的天赋还不错,尽管没怎么练过,但弹跳好、滞空能力强,把握时机得当。

求贤若渴,李教练随即决定留下周晓兰。一年之后,周晓兰已经在山西队打上了主力。这让李教练又惊又喜,要知道完成这个转变,其他队员怎么也得两年的时间。也正是在周晓兰这拨队员的努力下,加上教练的战术思想得当，一直在全国没有位置的山西女排，达到了史无前例的高度，进入全国强队行列。在山西队，周晓兰也逐渐成长为领军人物。

非常用心、能吃苦，周晓兰排球技术快速提升，仅用4年时间就打进国家青年排球集训队，然后进入国家排球集训队。周晓兰在国家队里以敢打、敢拼和善于拦网著称，"铁榔头"和"天安门城墙"似乎成了老女排的代名词，郎平、孙晋芳和周晓兰这三人成了当时最耀眼的明星，她们的汗水铸就了三连冠的辉煌。女排精神感染了整个社会，掀起了"为中华民族崛起而奋斗"的热潮，让国人觉得解气，也给了国人信心和力量。

质朴淡雅

"周晓兰绝对是个好队员。"时至今日，原山西女排教练李富信仍不住感叹。

周晓兰特别聪明，而且要强。普通运动员指出毛病不好改，而她却用不了多长时间。有的问题甚至不用教练说，她自己就修正过来了。她属于稳定型的球员，心理素质很好，情绪不会出现大波动，无论比赛顺逆，她都很沉稳。

李教练在山西女排执教12年，他说当年山西女排从无到有，管理严、规矩多，不但是训练，日常生活都有要求，比如必须勤俭节约、艰苦朴素，运动员不准穿皮鞋、戴手表，不准烫发；见了生人要点头微笑，见了熟人要礼貌问候，和人说话要双目注视对方，外出乘坐火车不能大声喧哗，要主动帮乘务人员清洁卫生；等等。

"别看晓兰是世界级球星，她回队执行这些管理条例是不折不扣的。"李教练回忆往事仍旧很欣慰：运动队最难管理的就是那些尖子运动员、老队员、条件好的苗子队员。这些队员领导喜欢，往往会产生溺爱和迁就心理，于是这些运动员一般都会有优越感，训练、生活上就想当特殊队员。这些队员教练员很头疼，管也不是，不管又不行，但我们山西女排是没有这个现象的，这得益于我们严格的管理，也有周晓兰这样的好队员的模范带头作用。

李教练介绍说周晓兰非常自觉，从国家队返回山西队参加全国比赛时，她不搞特殊，一夜火车的劳顿过后，早上到达太原必定先去省队报到、参加当天训练，晚上再回父母家中。作为运动员的周晓兰，不管什么时候都不戴手表、不穿皮鞋。在国家队条件好，也会有些像项链这样的简单首饰，但一回到省队就马上拿掉。打全国比赛时，各地的国家队员就会"身穿国字号"凑在一起，但周晓兰不会，一贯是回队就穿山西队队服，始终与山西队员打成一片。

"她身上没有丝毫名人名将的臭毛病"，李教练说起自己的得意弟子不吝赞扬：就算成了世界顶级排球队员，只要回队参加比赛，在准备会上晓兰总是一如既往地认真做笔记，她身上永远都有世界冠军的风采与风度。

1983年，全国第五届运动会的一场排球比赛中，山西女排执行准备会"发球找副攻"要求不坚决，第一局输掉了。李教练对周晓兰说：不管是谁发球，你都要提醒她！如果你提醒她了，她不听是她的问题，如果你不提醒她，是你的问题！

第二局比赛开始，每次山西队发球前都能看到周晓兰跑到一号位提醒发球队员——李教练想起往事仍然激动：这就是我们的周晓兰，世界三连冠获得者周晓兰。这样的跑动对一个场上队员来说既消耗体力同时还容易分心，正是这样的表现，全队众志成城，从第二局开始场上形势倾斜到我们这边，这场关键比赛我们3比1逆转获得胜利。

往事如烟

周晓兰在经历了三连冠之后退役，她和不少第一代女排明星一道，很快就走上了仕途。上海体育学院毕业后，周晓兰于1988年进入国家体委，出任排球处处长。因为工作出色，1994年周晓兰担任了国家体委球类司副司长。1995年初，周晓兰代表中国排协，动员正在美国读书的前队友郎平回国出任女排主教练。

同年，为中国排球事业奋战了20余载的周晓兰辞去公职，随丈夫、原中国男排主攻手侯晓非旅居美国。初到美国，周晓兰在乔治华盛顿大学从事校队教练的工作。随着大女儿的出生，周晓兰感到陪伴女儿成长的重要性，再三考虑后，她放弃了钟爱的排球事业，选择在一个离家近的医疗投资公司，从事数据处理工程师的工作。

如今周晓兰在美国过着安静和舒适的生活，她的两个女儿不仅继承了良好的运动天赋，而且在学业上也非常优秀，特别是她的大女儿Lucy从小语言天赋就非常突出。在周晓兰的悉心培养下，Lucy已经熟练掌握汉语、英语、法语和西班牙语四国语言。从女排世界冠军到定居美国从零开始打拼，周晓兰这些年来凭借坚毅和不屈的性格，一次次面对困难，没有放弃，最终收获了属于自己的美好生活。

女排精神

20世纪60年代的严抓训练，为中国女排的骄人成就进行了良好的铺垫。1964年，国家体委在上海召开工作会议，要求运动员要做到：第一，"三不怕"，即不怕苦、不怕难和不怕伤；第二，"五过硬"，即思想过硬、身体过硬、技术过硬、训练过硬和比赛过硬；第三，"三从一大"，即从难、从严、从实战出发、大运动量训练；第四，基本技术训练要全面、熟练、准确和实用。这为中国排球，特别是中国女排日后的发展奠定了坚实的技术基础和作风基础，可以说，这是女排精神的起点。

周晓兰和她的中国女排在80年代里，以敢打、敢拼、敢抢的拼搏精神，在世界排坛上连夺三次冠军，为中国体育、山西体育都书写了浓重的一笔。

这是排球运动史上的奇迹。而女排精神也鼓舞了一代中国青年以拼搏和奋发的干劲在各个领域作出了成绩。那段辉煌对于如今三四十岁的人们来说，并不陌生。在老女排中，周晓兰有着"天安门城墙"的美誉，跟现任国家女排主教练郎平的"铁榔头"交相辉映。

那个时候，女排精神感染了整个社会，掀起了"为中华民族崛起而奋斗"的热潮。"女排当年让全国人民高兴，不能简单归结于取得了好成绩。这也有对手强大的原因，只有在一场势均力敌甚至处于劣势的较量中取得胜利，才能显示出英雄本色，才能感动人。中国当时刚刚改革开放，可谓百废待兴，很多方面跟国外相比，都处于劣势，女排取得三连冠，让国人觉得解气，也给了国人信心和力量。"

中国女排的"三连冠"，是指世界杯、世界锦标赛和奥运会三大顶级赛事。女排获得的三连冠，不仅是一个球一个球打出来的，而且都是在很艰苦的情况下取得的，这才是最可宝贵的。

2016年，习近平总书记在会见中国奥运代表团时特别褒奖中国女排不畏强手、英勇顽强，打出了风格、打出了水平，时隔12年再夺奥运金牌，充分展现了女排精神，全国人民都很振奋。

包括周晓兰在内的一代代中国女排队员，在赛场上的英姿、在赛场外的风范，生动诠释了奥林匹克精神、中国精神、中华体育精神，展现了当代中国人特别是当代中国青年人的风采。

1982 年

全国国际象棋比赛，山西男队获团体冠军。

山西体育代表团赴内蒙古参加第一届少数民族运动会。

弈者江铸久

徐建宏

棋话

博弈之道,贵乎严谨。高者在腹,下者在边,中者在角,此棋家之常法。法曰:宁输一子,不失一先。击左则视右,攻后则瞻前。有先而后,有后而先。两生勿断,皆活勿连。阔不可太疏,密不可太促。与其恋子以求生,不若弃之而取胜;与其无事而独行,不若固之而自补。彼众我寡,先谋其生;我众彼寡,务张其势。善胜者不争,善阵者不战;善战者不败,善败者不乱。夫棋始以正合,终以奇胜。凡敌无事而自补者,有侵绝之意;弃小而不救者,有图大之心。随手而下者,无谋之人;不思而应者,取败之道。《诗》云:"惴惴小心,如临于谷。"此之谓也。(《棋经·合战篇第四》)

这一段阐述围棋精髓的经典论述,吴承恩曾经在《西游记》第十回中作为引首词。

多少年来,它以棋理引喻人生,演绎出了一段又一段棋坛佳话,催生了一代又一代的博弈高手。

围棋无国界,弈理通天地。

在围棋发源地的中国,山西陵川棋子山的烂柯传说,于2011年5月23日经国务院批准列入第三批国家级非物质文化遗产名录。

棋子山,古名棋子岭、谋棋岭,位于山西省陵川县六泉乡西南。相传周武王灭商后,箕子曾避居于此,摆布石子,推演天文。经国家有关部门考察论证, 陵川棋子山为中国围棋发源地。

箕子在棋子山上,用那里的天然黑白石子摆卦占方,借以观测天象、星象、授时制历,却于不知不觉中创造了围棋,并且经常与人对垒,使围棋日益成熟。

一个与围棋的起源密切相关的地域，诞生过哪些弈界高手呢？

2017年2月8日，新华网的一则报道格外引人注目：

第21届LG杯世界围棋棋王战决赛第二局8日中午在首尔战罢，山西棋手党毅飞九段执白1目半胜周睿羊，在三番棋战中以2比0零封对手获得自己的首个世界冠军。这也是中国棋坛第35个世界冠军，党毅飞成为中国围棋第18个世界冠军。

23岁的党毅飞是土生土长的太原人，他的这个冠军，是山西围棋棋手获得的第一个世界冠军。这是继江铸久九段在中日围棋擂台赛取得五连胜之后，山西围棋的又一大历史性突破，对于山西围棋以及山西棋类运动的发展具有不可估量的历史意义。

报道中提到的江铸久，无疑就是当代山西围棋第一人了。

江铸久，1962年2月17日生于山西太原，中国著名职业围棋九段棋手。6岁学棋，12岁进体校，14岁进集训队。1982年定为五段，1987年升为九段。第一届中日围棋对抗赛中五连胜。1995年至1998年连续四届称雄北美锦标赛；1996年进入首届LG杯八强；1999年3月作为韩国棋院客座棋手，赴韩下棋；2000年进入第43届韩国国手战和第八届倍达王战本赛；2002年进入LG杯本赛，并获得第四届九段最强战冠军；2003年进入第22届棋王战本赛、第八届三星杯八强和亚洲电视快棋赛本赛；2004年作为韩国杨森队一员出战韩国职业围棋联赛，进入第48届国手战本赛。2017年9月赴法国联合国教科文组织本部作中国传统文化——围棋与易经的演讲。

这一段简明的弈棋经历，已经把一个身经百战的王者形象大致勾勒出来了。

然而，要为江铸久做一个小传，这些笔墨还远远不够。

还是从江铸久的成名之战——中日围棋擂台赛开始说起吧！

怒涛

第一届中日擂台赛于1984年10月16日在日本东京正式打响,中日双方各遣出八名棋手,中国队可谓当时的精英尽出:聂卫平、马晓春、刘小光、曹大元、钱宇平、邵震中、江铸久、汪见虹。日本队阵容更显强悍:藤泽秀行、加藤正夫、小林光一、石田章、片冈聪、淡路修三、小林觉、依田纪基。以当时的客观情况论,日本队每一名棋手都有抗衡中国最强者的实力,所以中国队的赛前目标也不过是请出小林光一即算及格。

而在此前排兵布阵时,江铸久是以不俗的战绩入选这个阵容的:

江铸久,11岁时就在十省市围棋邀请赛中获得儿童组冠军;15岁获全国少年围棋赛冠军,入选国家围棋队。在以后相当长一段时间内,他以"外战内行"著称,1980年首次随中国代表团访日,取得6胜1负的佳绩;1982年访日,江铸久更是七战全胜;1983年,江铸久在全国个人赛上获得第四名;1984年晋升为七段。以他各项赛事的出色表现,获得代表中国出战第一届中日围棋擂台赛的资格顺理成章。

而他所处的位置,便是预防一旦我方先锋失利,就要挡住对方先锋的锐气,以振全队士气。

后来的实践证明,他不仅挡住了对方咄咄逼人的先锋依田纪基的胜势,而且越战越勇,又接连战胜小林觉、淡路修三、片冈聪、石田章四位超一流棋手,取得了五连胜的绝佳战绩,一战成名!

取得如此骄人战绩的江铸久,当时的职业段位只有七段。面对中国新锐棋手的凌厉表现和一边倒的胜势,日本新闻记者发出惊呼:怒涛五连胜!

为什么叫"怒涛"呢?因为江铸久的"铸"字,在日本文字中看起来像"涛";这个名字在棋战新闻中出现得多了,记者们便形象地把他称为"怒涛"。而用这一称谓形容当时的赛事,再恰当不过了。

在后来的赛程中,中国队主将聂卫平出马,顶住压力,以排山倒海之势连胜对方强手，取得了第一届擂台赛的胜利。

而在此首届擂台赛中，江铸久的守擂与反击，起了巨大作用。

一个猛然间掀起滔天巨浪的棋界黑马，是如何练就这身武艺的呢？

来历

江铸久是土生土长的太原人，出生于一个围棋世家。他的爷爷江润甲，以行医为生，喜爱围棋，倾毕生精力攻读了大量的古棋谱，通晓棋理弈道，围棋水平在山西是比较高的。来他们家下棋的人很多，山西围棋的发展和江铸久的爷爷有些关系，因为后来下围棋的人中很多是他的学生。就是在这样的环境中，江铸久学会了下棋，并且一发不可收拾。12岁时参加在郑州举行的十一省市儿童围棋赛，一举夺得儿童组的冠军。在接下来成都举行的全国围棋赛中，江铸久和哥哥江鸣久并肩作战，又拿到了少年组金牌。

这样的成绩似乎应该归功于他出生于围棋世家，却不想江铸久笑言自己常把下围棋的动力归根于山西的二两馒头。"有段时间，在体育界内，围棋下得好的业余选手每晚能得到一个二两馒头的伙食补贴。这对于我们那个时代的人来说，每晚吃上一顿饱饭是件很幸福的事。"江铸久曾经这样回忆自己的过去。1976年冬天，山西省运动队开始接纳围棋队，江鸣久、江铸久、方天丰三位少年如愿以偿被吸收为山西省围棋队的运动员。后来这三位选手不但都进入国家队，而且以他们为主力的山西队也成为中国棋坛一支不可忽视的劲旅。

1977年，国家恢复高考，考大学还是继续下棋，成为江铸久面临的选择。他更喜欢下棋，认为这样发展下去，极有可能进专业队。

这次选择让江铸久有机会被选入国家队。

1978年到1979年，日本派出了业余和专业棋手来华访问。和日本队员的比赛，是江铸久个人围棋历史上的一个里程碑。那一次他充分发挥他的"野性"，第一次赢了日本职业棋手，并以此为契机，进入了 1980 年的访日名单。

或许因为生性执着，江铸久在国家围棋队的几年里，不但没有磨去"野路子"的棱角，相反那种"奋不顾身"的舍命搏击精神越来越凸现在他的棋风中。随着棋艺的不断提高，1987 年，江铸久升为职业九段，成为山西省第一个围棋职业九段选手。

漂泊

1990 年，江铸久九段从中国大陆赴美国旧金山湾区，开始在北美普及围棋。1993 年起，江铸久、芮乃伟夫妇自筹资金，在美国举办"铸久杯"围棋公开赛。之后，美国应氏基金会开始赞助"铸久杯"。到了 1997 年，已有 150 名小朋友前来参赛，是全美最大型的青少年围棋盛会。

"铸久杯"从创办至今已连续举办 27 届，该赛事对在美国推广围棋做出了巨大贡献，也成为全美最大的围棋盛事，备受中、美、日、韩等多个国家围棋棋院以及协会的关注。

"铸久杯"每年年初如约而至，陈祖德、华以刚、车敏洙、韩国棋院总长洪太善七段，都曾作为嘉宾出席；李世石、俞斌和常昊等世界冠军们都有参加（李世石参加儿童组，常昊参加少年组）；韩国明智大学教授郑寿炫九段，教授南治亨初段也参加过比赛。每年都会有从世界各地赶来的围棋爱好者参加"铸久杯"盛会。许多当年从"铸久杯"走向名校、已经就职的棋友也会回来参加比赛，和老友们见面对局，交流分享经验。

也是在上世纪 90 年代初，离开中国棋院的芮乃伟客居日本，先是去做"昭和棋圣"吴清源老师的助手，1991 年开始，一周一次或两次去吴老师那儿。

1992 年 7 月，旅居日本的芮乃伟与相恋已久的江铸久登记结婚。从此，一对棋坛伉俪"十八段夫妇"的佳话正式在世上流传。

1993年12月6日，东京新宿，在林海峰夫妇和日本作家江崎诚志的见证下，芮乃伟磕头，正式拜吴清源先生为师。

也是在这一个时期，从1991年到1996年，江铸久跟随着芮乃伟去吴清源老师家最多，一边观摩一边请教聊天，渐渐地也成了吴老师膝下的编外弟子。

一个从小就被他当成神一样崇拜的伟大棋手，被称为"昭和棋圣"的吴清源，就这样进入他的生活、他的内心、他的精神和情感世界。

在《师父吴清源》系列文章中，江铸久曾不止一次地写出了他对吴老师的崇拜和景仰之情：

对于很多专业棋手来说，吴清源是一座无法抵达的山。

在我学棋的漫长岁月里，吴清源老师就好像是来自很远地方的——比方说云端的高手。上世纪70年代，吴老师的《定式举要》《黑布局》《白布局》《序盘作战》以及十番棋棋谱，感觉学都学不够，遑论其他。1978年进入国家队，不顺时我就会想，如果吴老师是天才的话，说明自己怎么努力也是没用的。好气馁。

又有时成绩还可以，顺的时候，就会想既然学棋用功是必要的，有高手带、向高手学是必要的，那么当年在没有高手的北平城，吴老师是如何练成高手的？没有高手对练，十二三岁的孩子是怎么一出来就把中国许多高手比下去的？按照我的学棋经验，就靠当时国内的学棋环境和水平，是不可能的事。

直接用天才来归纳当然对，但不够，也无趣。就像吴老师下十番棋时期，如日中天不难理解。能发明新布局的人，他跨步的速度常人自然无法追赶，也所以才会更好奇，天才会有多努力？用什么方法努力？

不认识，甚至到认识吴老师的时年里，我一直怀揣着这些问题，每每想起来就要琢磨。大约这就是我终将得以认识吴老师的因由，这是后话。在这之前，穷尽想象，都会觉得能和吴清源学棋，是痴儿说梦。

吴老师对中国传统文化中的中庸思想的理解是非常深刻的。他的一本书起名《中的精神》。他认为围棋是和谐的，是调和的，最高境界不是一方压倒一方，而是在和谐之中进行的。一方下得不够合理时，你来抓住对手取得胜利，而不是靠过分来获胜。而作为日本传统武士道精神的棋手，可能有过的地方，无论是木谷实的棋风还是藤泽库之助的棋风，可以看出与吴老师明显的不同。吴老师吸取的是日本棋界的术，而道的部分是从中国传统文化中吸取的，所以在一开始就能分叉出来。因为中的精神，吴老师愿意和当时所有的高手一起研究，共同提高，甚至只要棋手愿意探讨棋，吴老师都愿意同其探讨。连秀哉也邀请吴老师到家做客，一起研究棋，这正是因为吴老师中的精神在棋界赢得了广泛的尊敬。

在《从吴清源到AlphaGo》一文中，他这样讲述吴清源：

日本有这样的传统，他们会请最优秀的懂棋的文人来写观战记，当时给吴老师写观战记的是川端康成。在他笔下，我们看到了不一样的吴老师。川端是非常喜欢汉文化的。他和吴老师谈，谈到《大学》《中庸》，发现吴老师的精神世界是非常丰富的。

川端康成说："吴清源是一个生活上像僧侣一样的人。"

川端康成问吴清源老师：如何在下棋的时候处理争胜的欲望？吴先生说他欲望特别过剩的时候，就会背诵白乐天的诗《对酒》：蜗牛角上争何事？石火光中寄此身。随贫随富且欢乐，不开口笑是痴人。而当没什么动力的时候，他就会背诵文天祥的《正气歌》。川端从这些角度来描写吴老师，给我们留下了生动的例子。

……

我碰上吴老师的时候，他已经和比赛没什么关系了，但吴老师还在研究棋，然后提出了要研究21世纪的围棋。他把自己的布局理论就叫"21世纪的围棋"，称之为"六合之棋"，并且认为自己以前的战绩不值一谈，现在研究的棋，才是将来面对21世纪的围棋。

这张照片是他99岁的时候拍的。每当摆上棋盘的时候，吴老师精神是最好的，他对学生指出，你下棋最重要的是要着眼于大，不要拘泥于小。21世纪的棋一定是全局的棋。

一直到AlphaGo出来之后，我们知道，它用的所有的招数，用得最多的，就是吴老师的招，很多就是六合之棋。

……

吴老师因为水平高，什么都敢下，什么都敢尝试，即使是再大的比赛，他都敢把自己不成熟的棋拿出来下。这点我非常佩服。吴老师说，棋艺，只有在越大的比赛才越能拿出来检验啊。另外一个是，吴老师在最后研究最多的是《易经》，他有国学为底子。阿城老师说过，吴老师身上体现了中国的文脉，在中国文化这方面，他是做得最纯粹的，他是用围棋阐述了自己的人生观。

所以说吴老师的棋很多看上去非常不成熟。但现在我想，觉得不成熟是我理解的问题，他可能已经探索到了他的真理了，可惜他的解释，我当时没明白，直到我看到AlphaGo，才明白。

在此生中能与伟大的吴清源老师相遇，是江铸久最大的收获。

后来，为了生活，更为了围棋，这对围棋界有名的"十八段夫妇"从日本移居美国，再从美国受邀赴韩国，成为韩国棋院的客座棋手。

但是，无论遇到什么艰难和挫折，两位相爱的人总是形影不离，紧扣十指勇敢前行。在黑白世界里，他们看棋、说棋、研究棋。围棋之外，写书、写字、画画、摄影，拿到奖金便满世界旅游。

回归

2011年9月，江铸久、芮乃伟夫妇结束了与韩国棋院的客座棋手协议，回到上海。芮乃伟签约上海队，开始出战国内的围棋比赛。江铸久则创办了"铸久会"，在上海从事学生围棋教育，希望通过围棋让孩子们开发智力，同时增进他们的道德观、荣誉感以及大局意识等。

从专业队员到如今普及围棋的老师，江铸久一直在走着自己的围棋之路。几十年如一日对围棋的热爱，使江铸久更加坚定了自己的人生道路。如今，他也正一笔一画按照自己的规划诠释演绎着自己的围棋人生。

追昔抚今，正如江铸久书法所写就的"乐在棋中""守拙""若愚"一般，他的辉煌源于围棋，围棋也给他带来随性、淡泊、谦和、内敛的由内而外的身心修养。此生只愿"携手相伴，在围棋的世界里，一起慢慢变老"——也许只有江铸久和芮乃伟这对"十八段"的"神仙眷侣"才有这样的浪漫吧！

除此之外，他还在贵州卫视做了100集的吴清源讲座，在广州台做了60集，《弈坛春秋》做了30集，都是在讲吴清源的传奇故事，宣传他对传统文化的不懈学习。

2008年、2009年，江铸久和邵源开始出版吴清源的漫画，讲到十番棋的恶斗，也讲到吴清源儿童时期学棋的故事。里面直接引用吴清源读的一些经典。这对孩子们的影响非常大，孩子们会问他，为什么会有两个吴清源？一个是老爷爷吴清源，很厉害，大家都知道；还有个小娃娃吴清源，而小娃娃吴清源学的这些四书五经跟他们学的一模一样。他觉得能够让孩子们渐渐意识到，学习国学跟学习围棋是十分类似的，这样他们学习围棋的兴趣就会更大了。很多孩子非常喜欢吴清源漫画，有些书甚至翻烂了。

顿悟

江铸久对围棋的深度理解，可以从他2017年应邀赴联合国教科文组织总部的一次演讲《围棋中的易经思想》中得到印证：

《易经》是解释宇宙和开悟人生的天书，正像围棋大师吴清源九段研究认为的，围棋是解释《易经》的工具。围棋更像是实践中的天书，是人间的宇宙模型，其思想内容可以包含演绎许多人间的哲理逻辑，其中演绎出许多与《易经》内容类似的思想。

……

《易经》与围棋是两个系统，而《易经》这个系统是比喻的系统，是高屋建瓴的理论，理解得对时便有无穷之理。不要把《易经》当成是具象的，而要把它当成一个符号的系统。这样参考来观棋道就容易打开思路，提供更为广阔的视角，协助人走向另一个高度。如果把《易经》教条性化，就容易让人进入只认死理的死胡同。

……

在弈棋的过程中，往往同时存在相反的两个目标，如正与奇、攻与守、先与后等等，什么时候该用这个目标什么时候该用那个目标，非有明时正位的观念不得其用。世界是时空的，其中空间可以相对不变，但是时间必然向前，时间流动则条件形势、力量的对比等一系列要素都会发生变化。这个时候就需要清醒地认识到自己所处的环境条件，只有这样，才会给出适合目前情况的方案。并非该方案一定合理，但如果没有时时明时正位的观念，这个方案就可能不那么合理。

《易经》全篇都在讲明时正位，在讲选择，围棋也在讲选择，譬如哪里大下哪里，但是没有明时正位作为基础，做出这种选择就可能丧失其基础而效率低下。

……

自己从事围棋学习50年，棋道博大精深，愈来愈觉得不懂的地方为多。

一个空明澄澈、心无旁骛的悟道者的心迹，跃然纸上。

一个名叫杨小果的人在一篇《老师江铸久》的文章中写出了他对江铸久教授围棋的一些旁观体会：

和大部分培训机构不一样，江芮围棋是鼓励家长旁听的。我在四明山认认真真听过一期，听的不是棋术，是江九段在给一帮不谙世事的小孩传授棋道。我感兴趣的是，对于一项结果论的博弈运动，在输赢之前，如何让孩子在不自知中修习道。大约这就是人们说的道法自然。道法可修，难就难在自然这件事。……围棋是神仙打架，你继续修炼如何有趣和有度地打架，而我围观一场机缘修来的热闹，也可视为道。我懂的归我，你想懂的，我提醒自己，不要妨碍你去懂。

二者相互比照，可以帮助我们从更多的角度解读"弈者江铸久"。

回家

2017年12月25日下午，江铸久、芮乃伟夫妇携手，在太原市工人文化宫举办了《十八段和朋友们——书画迎新雅集》书画展。

借此机会，江九段回到了故乡。

说起对太原的感觉，江铸久说，因为父母都在太原，会经常回来陪陪他们，而每一次回来，太原都会给他带来惊喜。看着幼时的街区、道路发生了不少变化，总禁不住感叹太原变化真不小。说起他的穿着，江铸久笑了："回家嘛，总要随意放松一些，感觉很踏实。"

1983 年

山西体育代表团在上海参加第五届全运会，共获得 11 枚金牌、9 枚银牌、9 枚铜牌，奖牌数名列全国第九位。

由山西电影制片厂摄制的体育故事片《神行太保》正式发行。

艳若桃李 灼灼其华
——记著名体操运动员、世界冠军获得者杨艳丽

周俊芳

在中国体操界,杨艳丽的名字就像一颗璀璨的明星,闪耀在国内外的赛场上。她那优美的动作,是体操与艺术的完美融合;那舒展高飘的身姿,以舞步的轻盈将体操的艺术性发挥到了极致,成为一代人最美好的青春记忆。在她的运动生涯中,曾与李宁、陈永妍、马燕红等共同挥洒汗水,共同铸就梦想,并肩作战,为国争光,在体操史上留下了光辉的印记。

1978年,在全国体操锦标赛上,她在高低杠比赛中成功地做出了当时世界上少见的"向后大回环"动作,又在自由体操比赛中出色地完成了"团身后空翻两周""直体后空翻转体720度"等,被媒体誉为"我国第一个完成这个动作的选手"。"高低杠向后大回环技术的出现,填补了我国高低杠大摆技术的空白"。

1981年和1982年,她在意大利和日本举行的两次国际体操锦标赛中先后夺得自由体操和高低杠两枚金牌,并成功地引用了男子单杠的"特卡切夫腾跃"动作。

作为著名体操运动员,杨艳丽参加过一系列国内外重大比赛,共获金牌15枚、银牌14枚、铜牌12枚。1983年,杨艳丽荣获山西省"十佳运动员"称号,先后三次荣立一等功。1985年,在第三届瑞士国际体操邀请赛中,她与李宁混合配对出赛,捧走"瑞士杯"。1986年,杨艳丽荣获国际级运动健将称号,成为山西省体操史上首个获此殊荣的运动员。

小荷才露尖尖角

1966年2月，杨艳丽出生在太原一个普通家庭。8岁开始接受体操专业训练，12岁因完成向后大回环动作而名动天下。

8岁，一个孩子最美好的童年时光，小艳丽选择了体操运动。

那年，她在太原市建联子弟小学上二年级，山西省体操队教练去学校选队员，艳丽那天并不在场。下学后听同学说了，就跑去找体育老师，小小年纪并不了解体操是什么，以为如跳舞一般。她攥着老师给写的小纸条，自己跑到体工队。她的机灵、果敢和执著，打动了教练们。当场测试，身体素质和爆发力都不错，于是被收了下来。同一批100多个小孩，经过一次次考核、一批批淘汰，艳丽经受住了层层选拔，脱颖而出。得天独厚的体操天赋和超乎常人的毅力，注定了未来她在体操事业上的辉煌。

少年不识愁滋味，训练再苦再累，小艳丽也甘之如饴。学校离体工队不太远，下学就自己背着小书包走过去，每天晚上要训练到七八点钟。艳丽在家最小，有一个姐姐和两个哥哥，父母对她练体操，不反对也不逼她，全由着她的兴趣去练。这种因喜爱而生发的坚持，使她在之后的体育生涯中受益匪浅。体工队生活、训练环境不错，更激发了她刻苦训练、拼搏向上的热情。

在启蒙教练杨钟眼中，艳丽是个有志气的女孩。聪明伶俐，理解能力很强，有着一点就通的悟性。艳丽清瘦挺拔，灵动轻盈，形体姿态美，是难得的体操苗子。两年后的1976年，她正式进入山西省体操队，成为专业运动员。

没有一个人单靠天赋能赢得胜利和尊重。训练受伤在体操运动中很常见，艳丽练高低杠时小拇指骨折。教练让她别练了，艳丽哭着非要练，手受伤不能练高低杠，就换项去练跳马、平衡木。在她意识里，自己少练了就会落后，就会被别人超越。教练逼着练和自己非要练，其结果完全不同。"怕落在别人后头"的想法让她坚持了下来，训练吃苦耐劳，主动"加餐"，她的这种顽强进取的精神，成就了她卓越的体操生涯。

"高低杠一口气一组十个正掏回环，腾身倒立，在那个年龄段很少有运动员能完成。学习单杠大回环只保护助力两节课，到第三节课就可以独立完成。我都佩服，她毫不费力就能很快学会。"杨教练如是说。1977年，在教练杨钟指导下，杨艳丽在高低杠项目中，练习男子单杠大回环的动作，在此之前，从未有人在女子项目中使用过。杨艳丽以超人的领悟力和每天十来个小时的苦练，顺利掌握了男子单杠向后大回环动作，将这个高难动作运用到女子高低杠上。

她带着对体操的热爱与激情一步步地走向了巅峰。1978年，在南京举行的全国体操锦标赛上，杨艳丽在高低杠比赛中成功而完美地完成了当时世界上少见的"向后大回环"动作，又在自由体操比赛中出色地完成了"团身后空翻两周""直体后空翻转体720度"等，被媒体誉为"我国第一个完成这个动作的选手"。高低杠向后大回环技术，填补了我国体操技术的空白，这是杨艳丽一次大胆的技术创新。

一周的比赛，每场开始都有杨艳丽向后大回环动作的宣传，媒体采访纷至沓来，赞誉频频，整个体操界无人不知杨艳丽。

征战赛场捷报频

体操是个周期性很长的项目，一般练五六年出成绩都很难，但艳丽4年就一鸣惊人。1980年，她顺利通过了健将标准，入选国家队，接受著名教练曲德瑞的精心指导。

1981年和1982年，她在意大利和日本举行的两次国际体操锦标赛中先后夺得自由体操和高低杠两枚金牌。

站在冠军领奖台上，杨艳丽激动得热泪盈眶，那份自豪感无与伦比："我是代表国家参加比赛，这份荣誉属于祖国。"经过国际大赛的历练，杨艳丽的眼界宽了，在高手如云的国家队，艳丽遇强愈强，势头迅猛。

1982年11月,在印度新德里举行的第九届亚运会上,艳丽为中国女子体操队夺得团体冠军立了功,并获个人高低杠第五名。

新德里亚运会,首先是天气炎热,在适应场地练习时,艳丽感觉器械也不适应,为了不干扰队友情绪,有队友问她时还是会说"很好",不能给大家不好的心理暗示。竞技运动中不紧张是不可能的,艳丽心理素质好,抗压和抗干扰能力强。在团体赛当中,她一直给自己打气鼓劲,暗示自己一定要稳住,绝不能拖大家后腿。过硬的心理素质,使她在重大赛事中常常能超常发挥,完美呈现。

1983年9月,第五届全运会在上海举办,杨艳丽代表山西队出征,技压群芳,夺得高低杠和自由体操两枚金牌,并获个人全能第二名和平衡木第三名,一人独得四枚奖牌。这对沉闷已久的山西队犹如一记春雷,令人倍感欢欣鼓舞。媒体有诗赞曰:转眼腾空飞霞,瞬间玉树凝花,尽道地杰人灵,风流婀娜,夺标女在中华。

17岁的杨艳丽出落得亭亭玉立,身体柔软,动作优美,舞姿飘逸,被亲昵地称为另一个马燕红。在马燕红、吴佳妮退役后,杨艳丽挑起了中国女子体操的大梁。

1984年10月,在南宁举行的全国体操锦标赛上,她夺得个人全能冠军及跳马、高低杠亚军。12月,在美国旧金山太平洋体操联盟锦标赛上获高低杠冠军及全能第三名。

女子体操四个项目,杨艳丽技术全面,高低杠和自由体操尤为突出。技术动作既有高难度,又稳健漂亮,比赛中朝气蓬勃,锐气逼人。在自由体操项目上,动作惊险、新颖,跟头翻得又高又飘,舞蹈优美,编排紧凑,连贯完整,令观众目不暇接。

国家著名体操教练陆善如此评价:"杨艳丽是上世纪80年代中国体操女队出色的全能型选手。她的体操悟性高,理解能力强,特点突出,风格鲜明,动作轻盈、飘逸。在1982年第九届亚运会上崭露头角,1983年达到体操事业的巅峰。为备战1984年的奥运会,她刻苦训练,经常第一个进体操房,最后一个离开训练场。技术上向更高难度发展,高低杠、自由体操都进行了新的编排,决心在奥运会上取得好成绩。然而,多年大运动量形成的疲劳性的伤病开始出现,因伤病困扰无法系统训练,错失1984年奥运会,成为她运动生涯中最大的遗憾。"

艳丽没有气馁,在治疗伤病的同时,仍靠顽强的毅力坚持训练。1985年4月,在有苏联、罗马尼亚等众多强手参加的上海国际体操四个项目的比赛中,她一人独得三枚金牌。

平素里不苟言笑的艳丽,勤于思考,善于总结。每次比赛或训练课后,她就开始琢磨,找差距想办法,提高很快。她感觉自己下肢力量不足,在比赛中,会影响自由体操旋空翻和跳马的空翻加转体等高难度动作的发挥。为了练体能,特别是下肢力量,她大热天穿着4公斤的沙衣,练习单腿下蹲。别的队员穿背心都汗流浃背,她却忍着酷热,毫不懈怠,一堂课下来,那件沙衣早已被汗水浸透了。

体操被誉为"空中芭蕾",比赛中优美的舞姿和高难动作,都令观者如痴如醉,啧啧称叹。赛场上,人们看到的是精彩瞬间,台上一分钟台下十年功。

为了手与杠子的最敏锐接触和正确判断,杨艳丽甩掉护掌,光手握杠。她明知不戴护掌会磨破手皮,但她那倔强的性格偏偏知难而进,手心被打磨出了血泡,挑破后的血泡遇到防滑涂的镁粉,蛰得钻心地疼。教练让她歇歇,她咬着嘴唇,闷声不响,转眼又飞身跃上杠,无数次抓杠旋转,一大块皮被粘住,杠上留下了血印子……寒来暑往,倔强的艳丽用惊人的毅力,硬是练出了厚厚的老茧,光手握杠成了她的一大特点。

在高低杠比赛中,运动员需要提前给杠子擦镁粉。因为不戴护掌,艳丽自然而然地揽下这个活儿。利用裁判员打分数的间隙,要快速完成擦镁粉的活儿,既要匀称又要干湿合适。朝夕相处在一起训练达成的默契,使艳丽非常熟悉其他队友的习惯,总能擦得恰到好处。杠子高,个头小,仰着头跳起来去擦镁粉,落了一头一脸,可队友一句"艳丽擦的杠子真合适",就足以让她开心和满足。

在竞技体育项目中，团队精神不可或缺。队员们从七八岁，甚至更小就开始驻队训练，生活上要独立自强，训练中要自觉坚韧。那时还没洗衣机，艳丽和队友们就把床单、被罩等大件平铺开，用刷子一点点刷着洗……当了女队队长之后，艳丽更是身体力行，关爱小队员，肩负起了传帮带的重担。共同的生活和训练，使她们之间形成了友善互助的体育精神。在离开国家队20多年后，艳丽仍十分珍惜感念那段美好时光。她与李宁、陈永妍等队友的情谊，延续至今。

1987年第六届全运会后，杨艳丽告别赛场，进入上海体育学院学习深造。

在其体操生涯当中，她在高低杠上完成的向后大回环和男子动作"特卡切夫腾跃"及反臂握前空翻、自由体操中的360度旋空翻等超难度动作，对后来中国体操的发展都具有重要意义。

化作春泥更护花

1990年，学成归来的杨艳丽，回到曾经培养过自己的山西体操队执教。与她合作的是启蒙教练杨钟，6年时间，他们培养出了全国冠军何花、王晓霞、王洁等。

"杨艳丽不仅是一名优秀运动员，还是一名优秀教练员。她教学严格认真，一丝不苟。"杨钟教练认为杨艳丽就是个练体操的标杆，他在广州执教培养的奥运冠军杨伊琳，就是以杨艳丽为标准挑选训练的。

1972年，山西女队在南昌举行的全国少年体操比赛中垫底，1975年，全运会打入第八名，实现了预期目标。而真正让山西体操扬眉吐气的人，正是杨艳丽。

1978年8月，教练杨钟在广州江门全国体操论文会上，就高低杠大回环发展过程做了详细的解说，得到国家体操队的认可。这一创新，后被载入1991年出版的《中国体操运动史》。

作为运动员，杨艳丽不忘初心，不辱使命；作为教练，她殚精竭虑，不负众望。

教练工作对艳丽来说是驾轻就熟，但其中辛劳却不比运动员少，责任更重大。每天早上五点半起床，晚上七八点结束，事无巨细地操劳，忙的时候还要加班加点，投入的精力和时间都非常大。做运动员只管好自己就行了，当教练操心更多，要因人而异，因材施教，根据每个人的特长有的放矢地去教。训练时要狠得下心，不能留情面，私底下却要体贴入微。"既当爹又当妈"，像对待自己孩子一样，让她们感受到爱和家庭的温暖。

现任国家体操女队教练的何花，是世界大学生运动会个人全能冠军、全国锦标赛女团冠军。她说："我与杨导亦师亦友，曾经同台比赛，之后杨导成为我的教练。在训练中对我严格要求，一丝不苟，在动作技术上精雕细琢，精准到位。在生活中，她总是像大姐姐一样关心我们，逢年过节都带我们回家吃饭，杨导手很巧，还给我织过毛衣，非常漂亮。我伤病很多，每每受伤遇到挫折的时候，都是杨导鼓励我、帮助我，使我一次次战胜困难。杨导对工作认真执著的精神，直接影响了我之后的执教工作。"何花与杨艳丽过从甚密，感情颇深，她曾培养了奥运会冠军何可欣、李珊珊、谭思欣，世界冠军范晔、李娅等。

杨钟教练对杨艳丽执教何花时的情形，记忆犹新。1993年，临近第七届全运会，练习平衡木小翻拉拉提，因完成动作不够规范，何花从木侧掉下，大腿股四头肌磕了一个鸡蛋大小的包。杨艳丽并没有让何花休息，而是认真讲起了技术要领。稍事休息，何花又忍着痛继续练习，直到完成整套动作。运动员出身的杨艳丽，岂能不知会很疼？但她心里清楚，训练来不得半点马虎，必须咬紧牙挺住。这绝不是她不关心运动员，而是相信何花能够扛过来。这便是薪火相传，弥足珍贵的体育精神！

退出教练岗位，杨艳丽作为体操国际级裁判，曾多次参加全国赛事的裁判工作。她还是山西省第八届政协委员，1986年被评为"山西省劳动模范"。

自小的运动训练，让杨艳丽养成了独立勇敢的性格，做起事情来有股子冲劲，心态乐观，充满正能量。杨艳丽先后担任体操运动管理中心副主任、党总支书记等职务。虽然走上了管理岗位，但她从没有离开过训练一线。

如今艳丽工作更忙了，操的心也更多了。为了迎接在太原举行的第二届全国青年运动会，她已经好几周没好好休息了。看着她忙碌的身影，一种敬佩感油然而生。艳丽把青春的年华献给了体操事业，是她非凡的天赋和创造力成就了她的梦想，但她对事业的执著与担当更让人感动，从1976年入队到现在，整整43年没有离开过她热爱的队伍，这种坚守，这种忠诚，就是一个体育人的人生境界，就是代代传承的体育精神！

1984 年

第二十三届奥运会，女排队员周晓兰摘金，手球队员孙秀兰、张维红摘铜。省政府举行授奖大会，表彰周晓兰、孙秀兰、张维红、冯泽民 4 名运动员。

杨凤楼任国家手球队副教练。

奥运赛场上的首位山西集体项目教练
——记山西省体育局原副局长杨凤楼

卢静

他,原中国女子手球队教练,奥运赛场上的首位山西集体项目教练。

他,有着强烈的奥林匹克情怀,后又担任山西体育行政管理工作,为体育事业立下赫赫功勋。

然而,当笔者采访时,他却十分谦逊,一再强调祖国培养,念念难忘故乡土地的哺育。

他就是杨凤楼,北京体育大学运动训练学学士,山西大学体育学院硕士生导师,国家高级教练。曾任山西省体育局副局长,山西省体育总会副主席,中国武术协会、中国手球协会、中国蹦床与技巧协会副主席,山西省篮球协会主席。

"小教练"的大情怀

杨凤楼祖籍河北,1956年9月出生在汾水贯穿而过的山西太原,父母都是普通职工。12岁因身材高大被老师选入篮球队,15岁上太原体校,一步步踏上体育生涯。

1974年3月,为迎接第三届全运会,省体委决定在太钢男女篮球队的基础上,组建省男女手球队。组建之初,队伍里竟无一人接触过手球。一个月后赴安徽参加全国手球赛,将赛场当成课堂学习,才逐步入了手球之门。几个月后,杨凤楼入队。1975年6月,经过一年多的训练,省男女队参加第三届全运会预赛却均被淘汰。回并后,手球队做了队伍调整,杨凤楼此时出任教练。

因为杨凤楼年纪最小,在中国手球界被戏称为"小教练"

当时条件很艰苦,体育设施缺乏。自己没伙房,大家只好去职工食堂，或沿街小饭店买饭。杨凤楼却认为，艰难中，恰恰能培养艰苦奋斗、奋勇争先、不甘落后的精神。杨凤楼利用周日和队员们一起拉起撑子，翻修场地。他做教练，还做场地工，场上不时闪现他浇水、画线的忙碌身影。

"小教练"杨凤楼，心存为国争光的高远理想。坚持学诸家之长，走自己发展之路的教学方针。杨凤楼不断思考着，山西队虽是中国体能最好的一支队，始终保持充沛的体力和战斗力，但是手球底子差，必须闯出一条新路，树立自身风格与打法。深思熟虑之下，最终确定了"快准灵狠、以我为主、强守促攻"的指导思想。

此时的手球队严字当头，严格训练，严格管理，严格纪律，形成团结战斗的集体。如何严字当头？举例而言，平日训练中，当成绩较好的运动员未完成指标时，全队陪着加班训练，这已成为不可违抗的铁律。当全队陪跑时，教练杨凤楼也跟着陪跑，汗水屡屡湿透衣衫。杨凤楼认为，起点低，就必须付出超人的代价。这一切，都为了培养运动员一个"不达目标，誓不罢休"的信念，人生坚定的信念，必然来自平日的点滴形成。"七分管理，三分训练"，申明了管理的重要意义。对于烫发、戴首饰、穿高跟鞋，包括恋爱，队里都有相应管理规定。正因为严格管理与训练，使得山西女子手球队成为中国一支强劲之旅。

像爱护眼睛一样爱护运动员，在杨凤楼心里，从严管理是必须的，但对于每一名运动员，时刻都要关心爱护。比如说，当运动量大时，队里为给运动员增加营养，不避其烦，经常自配恢复体能的中草药剂。不仅从生活上关心，还要从精神层面上去关心。队里合理安排好业余生活，组织一些演讲比赛、文艺活动、英语培训等，使生龙活虎的运动员们综合素质不断提高，获得了充实的幸福感。

当教练必须身先士卒，关心运动员要渗透到每一个细小的工作环节中。孙秀兰人称"破门尖刀"，后来因优秀被输送到国家手球队，出战奥运会载誉归来。孙秀兰的成长，离不开教练杨凤楼的精心指导。孙秀兰原本打内线，队里根据她的身体素质改为右前锋，并进行持球训练。杨凤楼为提高孙秀兰的技术能力,不分寒冬酷暑,常不辞劳苦,一遍遍亲做示范。1978年的冬天在广东训练,杨凤楼率队在沙土地上作鱼跃训练,为孙秀兰做示范时,不慎摔掉自己下巴的一层皮。数年来,这一类事多得数不清了。杨凤楼始终认为,欲攻坚克难,教练员一定要身先士卒,这样才能激发运动员积极向上的动力。结果孙秀兰在教练一腔热情的指导下,受到熏陶,努力不懈,在右前锋位置上发挥到了极限,成为中国最优秀的前锋!

那时候,手球队冬季往往奔赴南方广东、广西等地训练。尤其对于广西南宁,杨凤楼与队员们比太原还熟悉。就这样,鞭炮齐鸣、万家团聚、举杯欢庆的时刻,杨凤楼却离家千里,在南宁度过了许多个春节。1982年与妻子赵晋华结婚后,长年的分离牵挂之苦,令鸿雁传书的刹那美好,在二人心头分外珍贵,一丝丝咀嚼着,回味着。1983年宝贝女儿杨洁降生了,因工作需要,杨凤楼在妻子临产前赶回,女儿出生三天后,杨凤楼深情凝望一眼襁褓中的婴儿,又匆匆归队了。

春来秋往,默默耕耘,虽然牺牲不少,但杨凤楼毫无怨言,因为祖国荣誉至高无上。妻子理解丈夫,引以为豪,十分支持他投身于中国体育事业,后来杨凤楼又被聘为中国手球队教练,她一人带了孩子8年,柔弱的肩膀毅然挑起家庭的重担。

一生炽热的奥林匹克梦想

体育教练是一个高尚的职业,付出的艰辛劳动,常人往往难以想象。杨凤楼与赵晋华却深感到,我们遇上了好时候,中国的国际地位有了很大提升,一定要勇于作为,报效哺育儿女的祖国。

山西女子手球队严格训练的同时,不断走出去向全国高水平队伍学习求教,在不断磨炼中,形成了自己快速勇猛、机智灵活的作战风格,成绩稳步提高。1979年四运会上一跃进入全国甲级队行列,1981年获全国青年手球赛冠军,并且在与国内外手球队的比赛中捷报频传!除孙秀兰外，队里还精心培养出了"小坦克"张维红、李玉梅、何智敏等精锐强将，被输送到国家队。

1983年杨凤楼被聘为中国手球队顾问，孙秀兰、张维红等入选国家队参加第23届洛杉矶奥运会。《山西日报》刊登的《我省参加奥运会的四名运动员》一文中，女子手球队就占了2人。一个激动人心的时刻降临了，中国女子手球队获奥运铜牌的消息，令华夏儿女精神振奋。此刻的杨教练倍觉欣慰，百感交集，却并不像普通电视观众一般激动，因为他早已成竹在胸，决赛前，便根据赛场形势，对教练员提到我们一定赢！奥运会结束后，为表彰先进，国家授予山西体委"中国体育银盾奖"。

杨凤楼被中国手协聘任为国家队教练，备战第24届奥运会，是1984年12月。身负重任，他十分敬业，对每一名运动员的身体状况、伤病情况、思想波动无不细心留意，关怀备至。靠近比赛日程时，针对运动员有的焦虑、有的怕承担责任、有的特想上场等等现象，杨凤楼逐一分析，无时无刻不处在分析问题与解决问题之中。杨凤楼有一个口头禅"比赛就是训练的一面镜子"。是的，习惯养成甚为重要，对杨凤楼来说，一个优秀的教练员，必须在训练当中把所有问题解决掉！他的工作笔记本上，眉头页尾，密密麻麻。他每周对运动员训练日记的批复，每个赛事前后的计划与总结，无不十分周详。倾尽心血的杨凤楼，精研覃思，1986年世锦赛前后，专门写了一篇关于世界手球运动发展趋势的文章，发表在《中国体育》上。汗水浇灌了金秋的累累果实。在省队执教时，杨凤楼曾培养出十余名国家运动健将，在国家队期间，又培养出国际运动健将十余人。

作为一个体育人，参加奥运会，既是荣誉与幸福，也是一个艰巨的挑战。在汉城（今首尔）举行第24届奥运会，是1988年的秋天。在第23届奥运会上，因故未能参赛的手球世界强队，这一次都来了，中国女子手球队面临巨大的挑战。然而在教练沉着坚定的目光下，在团结一心奋力拼搏下，依旧取得第六名的好成绩，难能可贵保持了队伍的整体水平。多年来令杨凤楼难忘的是，第24届奥运会期间，他得到国际奥委会主席萨马兰奇接见，这不仅是个人荣誉，更重要的，是世界奥林匹克运动在关注中国。

他所培养的选手孙秀兰，后来又荣获世界最佳射手；他率队参加第11届亚运会，获得亚军。在国家队执教八年，他多次率队参加世界锦标赛、亚洲锦标赛及重大国际赛事，均取得良好成绩。

1989年杨凤楼荣获中国手球协会"贡献奖"奖杯，并多次被山西省社会主义劳动竞赛委员会授予二等功。毋庸赘言，国家与人民给予的荣誉，在一腔爱国热血的杨凤楼心里，成了终生干好体育事业的不竭动力。

一痕雁迹唱天涯，南来北往寄韶华。直到1991年杨凤楼才回山西与家人团聚，一晃女儿已8岁了。这段分别的日子里，鸿雁传情依旧是夫妻俩的思恋方式。杨凤楼每星期都写一封家书。每当他在千里之外的京城见到邮递员，看到汾水之畔的家信来了，便眼噙热泪，兴奋不已。那时候，他特别喜欢描写克拉玛依石油工人的一首歌，娓娓动听的歌声，同样表达了写上一封信，等着邮递员来传信的款款思念之情。

从1991年开始，杨凤楼由国家体委调回山西体委工作，任训竞综合处副处长，1996年任处长，1999年任山西体委党组成员、体委副主任，2000年任省体育局副局长。1991年至2010年主要参与竞技体育及其他业务工作，参与运动员一、二、三线队伍的各个项目管理。起早贪黑，殚精竭虑，20年来，作为备战奥运的核心团队，杨凤楼又将一腔热血洒在山西体育事业上。可喜的是这20年来，从七届到十一届全运会，山西较稳定地占据了全国中游偏上的水平，每一届全运会都有新项目、新亮点出现，并且培养出众多教练、运动员，使山西籍教练与运动员走向世界，为国争光！

杨凤楼开始从事体育产业是在2010年。在其努力下，2015年山西成功承办了中国体育文化旅游博览会，扩大了山西的影响力。

从1999年开始，杨凤楼至今还担任着山西篮球协会主席。也是在他的多方努力下，促成了山西中宇、兴瑞等职业篮球俱乐部的建立。谈到2019—2020赛季，杨凤楼衷心希望男篮进季后赛，争取冲进前8名，而希望更加优秀的女篮确保前4名，争取最好成绩。

为祖国送上恒久的祝福

莫道桑榆晚，霞光红满天。2016年杨凤楼光荣退休了，但他浓烈的奥林匹克情怀，依旧未减少半分。

人生最大的价值是什么？在已过花甲之年的杨凤楼心底，依然是1988年站在奥运赛场上，听国际奥委会主席讲话，和各种肤色的人站在一起，组成奥林匹克大家庭。当时他强烈感受到，这是体育的升华，我将为奥林匹克发展做出毕生贡献！正因这圣洁炽热的梦想，杨凤楼不倦奋斗了一生，培养了一代又一代高水平运动员，无论当教练还是从事体育行政管理工作期间，牢记祖国荣誉高于一切。

尽管付出无数心血，杨凤楼却很少谈赫赫功勋，而是一片真情，感恩祖国。他说，幸运的是我得到组织的信任，组织对我的关心多于我的贡献。

如今虽已退休，杨凤楼依旧愿做体育事业的老黄牛。青年是祖国的未来，肩负民族的希望。杨凤楼决心从太原开始，一步步推进，向青少年传播人类宝贵的奥林匹克梦想，让孩子们清澈的眼睛，看到奥林匹克熊熊圣火，为那照亮了天涯海角的美丽火光惊叹。

他始终藏着一个心愿——走遍世上的奥运会举办地。为此，迄今杨凤楼已走访了欧亚大陆超过一半的奥运会举办地。由于奔走四方，他对中西文化颇有了解。奥林匹克为人类文化发展做出了不可替代的贡献。在多年体育生涯中，杨凤楼积累了从古希腊直到现代奥运会的不少资料，尽管如此，他还不辞劳苦去图书馆查阅，认真学习研究奥林匹克文化，在海外走访中，更是细心观察了奥运后文化现象，即奥运事业给当地社会发展、人文环境带来何种影响。

笔者去红灯笼体育场采访时，那里的人们亲切地称呼他"杨局"。眺望着窗外的如茵绿草，他对笔者说，你瞧，就是在红灯笼体育场，我们曾会见过前奥委会罗格主席，罗格主席看到山西的体育设施，认为同样可以申报奥运会。因此，我的奋斗与体育事业、奥林匹克梦想紧密联系在一起。准确地说，中国体育有国家强大的后盾，得到了快速发展，正由体育大国向体育强国迈进。

看到运动员，杨凤楼也总是很亲切，孩子们为祖国争光，洒下了青春的汗水。有时候，他紧握运动员的手勉励他们后，不禁心潮起伏，想到2008年中国成功举办奥运会。当时的国际奥委会主席罗格致辞说，这是一届真正的无与伦比的奥运会。如今随着国力增强，2022年中国还将举办冬奥会，北京将成为全球首个双双举办夏奥会、冬奥会的城市。

只要仰望蓝天下的鸽群，杨凤楼总想为祖国送上恒久的祝福，为奥林匹克火光一生点燃激情。

1985 年

围棋选手江铸久在NEC中日围棋擂台赛中连胜5名日本高手，轰动中日棋坛。

山西女选手管建华在第三十八届世界乒乓球锦标赛中，与童玲合作夺得女子双打第三名，成为山西省第一位国际运动健将。

弯道超车

苏二花

1984年,素有"伊比利亚半岛的明珠"之称的西班牙巴塞罗那,举行了世界自行车锦标赛。世界自行车顶级运动员齐聚巴塞罗那,其中就有来自中国的山西籍运动员周素英。

巴列埃布隆赛车场,让周素英一见就满心欢喜。木质赛道周长250米,直道长45.98米,弯道长79.70米,坡度11°42′15″~41°21′16″。弯道长、直道短、坡度大,这样的赛车道,非常适合周素英的耐力特长。周素英隐约感觉到,她将要在这里向世界证明一些什么。

周素英出生于1960年,是山西榆次张庆乡人。

榆次被称为"自行车之乡",自行车运动项目开展由来已久。上世纪,从1956年8月榆次举办首次自行车赛以来,自行车比赛成为榆次群众比赛的主要运动项目之一,自行车技术由此不断提高。同年,榆次体委成立,开始组织自行车训练班。到了60年代,榆次自行车运动开展已经十分广泛,各系统各部门都在业余时间组织自行车比赛。当时,榆次晋华纺织厂搞了一次自行车运动会,参赛工人达100多名。70年代,榆次女子自行车运动成绩尤为突出。1977年至1979年山西省四城市自行车赛中,每次所设的6个女子项目第1名均为榆次所得。1985年5月,在北京举行全国自行车赛,山西队参加团体赛的8名运动员有4名女队员、2名男队员均来自榆次。

周素英就是在这样的背景下迅速成长起来的。1976年,年仅16岁的周素英在山西省四城市自行车赛上,获得1项第一、3项第二。第2年,她又夺得3项第一。周素英在自行车运动上的天赋,越来越显现。1977年10月,周素英由榆次体校进入山西省队。自此,周素英的自行车运动生涯正式开启。

初出茅庐，周素英就显示出锐不可当的劲头。1981年她获得两项全国冠军，一项是全国赛车场地自行车冠军赛2公里团体追逐赛冠军；一项是全国赛车场地自行车冠军赛女子1000米争先赛冠军。这两项桂冠的摘取，既奠定了她在自行车队的顶级地位，又极大地鼓舞了士气，她已经明白，她是为自行车赛而生的，她这一生，将与自行车赛紧密相连。

1982年4月，第10届亚洲自行车锦标赛在曼谷举行，这一年周素英22岁，正是一个运动员的黄金时代。英姿飒爽的周素英，在女子1000米争先赛中稳夺第一名，经过此役，周素英成长为一个具有国际竞争力的选手。

然而，在1980年和1982年，她先后参加法国和捷克斯洛伐克的世界锦标赛，均无成绩。这个无成绩，如果用世界视野来看，很正常，毕竟我国当时的国力还未见强大，自行车这种起源于欧洲的赛事，我们还差着很远一段距离。但在运动员看来，尤其周素英这样具有天赋的运动员看来，是不能忍的。更快、更高、更强，一个运动员在赛场上，就是要超越对手，超越自我，实现新目标，达到新境界。

当周素英在巴塞罗那的巴列埃布隆赛车场做适应练习时，她想要向世界证明点什么的欲望越来越强烈。她一次又一次俯冲，24岁的身体条件和技术经验，都在巅峰状态，而场地恰又如此令人欣喜。机会来了！周素英暗自对自己说。

8月28日，上午9点，周素英经过4场比赛，2场失利、2场复活，取得争先赛第8名。险胜，但还算顺利。同来的伙伴已经被阻挡在12名以外，剩下的，每一个都实力强大。这样的国际大赛，真是高手如云，它不是只有精神、只有信心就能获胜，它更多考量一个运动员的综合素质。

8进4，与周素英对峙的是法国名将尼克罗瑟·伊莎贝尔。伊莎贝尔曾获得过世界锦标赛第3名的好成绩，而周素英此前最好成绩，是曼谷亚洲锦标赛第1名。

比赛开始。第一战周素英外道，伊莎贝尔里道。场地自行车赛，内道运动员必须领骑至对面赛道的追逐线。领骑意味着遭受的风阻大，车速与风阻的比例是：当车速增大2倍，风阻增大64倍；车速增大3倍，风阻增大729倍。也就是说领骑消耗体力极大。而比赛不计时，只看谁在最后一圈冲过终点。这样，在前几百米，为节省体力，谁也不愿意成为领骑。

周素英的特点是爆发力强，但不善于"定"车。于是周素英采取了外道"s"形阻挡战术，企图干扰伊莎贝尔的速度。事实证明，周素英同样也不善于"s"形阻挡战术，反而给伊莎贝尔让出道路，输了第一战。

技战术马上进行调整，开始第二战。

第二战，周素英占里道，伊莎贝尔占外道。自行车场地赛，对手之间大部分时间是在玩等待游戏，"定车"技术很重要，不想领骑，前几百米就是"比慢"的过程，在慢中寻找对手的破绽，然后发动出其不意的进攻。伊莎贝尔也不例外，她"定车"技术显然高过周素英，这时候就需要周素英用极大的耐心与伊莎贝尔进行周旋，她稳稳地跟在伊莎贝尔后面。周素英太稳了，像潜伏着的老虎，不给对方任何破绽。伊莎贝尔晃动了一下，为保持平衡，只得领骑。

自行车赛场是椭圆的盆形，内圈周长小，外圈周长大，内圈地势低，外圈地势高。这就造成，如果在内道低速运动，拐弯会很容易，体力消耗也不大；自行车一旦高速运动起来，拐弯很困难，必须拐很大的弯儿，才能平衡，否则就会滑倒。速度一旦加起来，自行车会自动"甩"出外道。

上了高坡弯道，周素英突然加速，突破伊莎贝尔封锁。伊莎贝尔显然没想到，要知道外道高速，要比里道周长大得多。还有一点是伊莎贝尔不知道的，那就是周素英的爆发力。周素英突然加速，伊莎贝尔紧追慢赶，都无法超过周素英。

第二战，周素英胜。

第三战是决胜局,伊莎贝尔占里道,经验丰富的伊莎贝尔还是用"定车"技术。经过前两轮,双方体力消耗都很大,谁领骑,谁就不占优势。应该说,伊莎贝尔的战术一点毛病没有,她的"定车"技术显然高过周素英。

周素英在等待机会。潜伏着的老虎,必有猛然一击。伊莎贝尔也不含糊,把"定车"技术发挥得淋漓尽致。周素英好像是沉不住气了,又好像在忍气吞声,反正,伊莎贝尔一直压着周素英,这使她稍稍有点得意。又一个弯道,周素英突然加速,速度之快,伊莎贝尔甚至来不及反应。

周素英在弯道突然加速,令所有人都大吃一惊。在场地自行车赛场上,过早加速其实并不占便宜,往往费力不讨好,所以比赛双方都是在最后冲刺阶段才开始加速。弯道加速,只能使周长增加,体力消耗增加。周素英突然加速,伊莎贝尔并不着急,真正的高手比赛,都是在直道上。直道高位和低位距离相等,那才是真正拼速度的时候。

还是那句话,伊莎贝尔对周素英的爆发力了解不够。这一战,周素英赢了!

世锦赛进入前四,这在当时,已经是中国女子自行车最好的成绩了,只要保持住优势,就有望实现奖牌零突破。24岁正值运动员黄金年龄的周素英,跃跃欲试。

晚上9点,铜牌争夺赛开始。这回与周素英对阵的,是丹麦选手莱·蒙克。

与法国的伊莎贝尔比赛,周素英知道她是名将,这回与莱·蒙克比赛,周素英已经无所谓对方是老将还是新秀了,她只要把自己做好。

连续征战,教练担心周素英身体疲累,周素英却愈战愈勇。

与莱·蒙克的第一战,周素英占内道。占内道必须领骑,周素英采取的战术同样是"定车";莱·蒙克采取的,也是弯道超车。战术就那么几种,但运动员却千差万别。莱·蒙克没有用"定车"技术来压制周素英,这正好是周素英想要的。

从物理角度讲，高速圆周运动会产生离心力，速度越大离心力越大，质量越大离心力越大。要抵消离心力，只有两种办法，一种是减速，一种是倾斜身体角度来平衡。

莱·蒙克加速，眼看两人之间就拉开距离了。没想到，周素英北弯道突然超车，如猛虎下山势不可挡。木质赛道，周长250米，直道长45.98米，弯道长79.70米，坡度11°42′15″~41°21′16″。弯道长、直道短、坡度大，非常适合周素英的耐力特长，感觉超好的周素英拿下第一战。

状态越来越好，教练本来担心连续征战周素英会疲劳，现在看来，24岁的周素英，正当鼎盛。

与莱·蒙克的第二战，周素英已经完全放开。这一回莱·蒙克不再冒失，而是用了谨慎战术，一次一次别周素英，企图给周素英造成干扰。周素英已经看出，要比速度和爆发力，她有把握取胜。放开的周素英还是弯道超车，猛烈加速。渐渐的，观众席的叫喊和鼓掌声消失了，教练的声音也消失了，只有自行车轮摩擦赛道的声音。

这是一种熟悉的声音，从16岁伴随周素英至今，给周素英带来无限荣光。周素英喜欢这声音，也喜欢骑在自行车上的感觉。风从耳际掠过，飒飒有声，如同生出一双翅膀，在高空飞翔。光荣与梦想在天上飞舞，双腿的力量，是唯一能够到达的真实。周素英有梦想，也有实力。她相信自己。

1984年8月28日，这一天对周素英很重要，对中国自行车运动也很重要。在这一天，周素英拿到了第28届世界自行车锦标赛女子争先赛第三名，铜牌。这是中国运动员在世界自行车大赛获得的第一枚奖牌。

前进的脚步从不停止。随后周素英又陆续拿过很多冠军，其中包括：

1986年9月第10届韩国汉城亚运会场地赛1000米争先赛冠军。

1987年7月雅加达第13届亚洲自行车锦标赛女子1000米争先赛冠军。

1988年7月第3届赫尔辛基大奖赛女子100米计时赛和女子200米行进赛冠军。

1988年9月汉城第24届奥运会女子1000米争先赛第6名。

让我们来盘点一下周素英自1977年从事自行车运动开始,参加过的一系列国内外大型比赛和所获得的奖励吧!她获得过12次全国冠军,第6届全运会冠军,2次亚洲锦标赛冠军,第10届亚运会冠军,世界锦标赛第3名,第24届奥运会第6名,破全国纪录20次。

从成绩来看,周素英应该是个天才型运动员。值得一提的,是一条来自1987年10月18日《山西日报》的报道资料。报道的主标题是:周素英夺得第一枚金牌。下面副标题是:我队成绩令人失望。报道这样写:六届全运会自行车场地赛决赛10月7日在上海赛车场结束。在这天下午进行的女子自行车争先赛中,车坛国手周素英,为我省体育代表团夺得参加六届全运会的第一枚金牌。在全部8场比赛中,周素英一场未输……在自行车场地赛的决赛中……我省成绩很不理想,是多年来我省在国内自行车大赛中取得成绩最差的一次,很令人失望……

这段来自1987年的资料,年代未曾久远,我们依然能从字里行间感受到体育竞争在所属年代里所起的作用。那是蒸蒸日上、人人争先的时代,体育竞争的输赢远远超过体育本身,被寄予多层意义的期待和寄托,成为一种精神象征。这大概才是周素英受嘉奖的真正意义。周素英身上体现的,正是强大的竞争意识。这既是体育人本身必备的素质,也是时代塑造的典型性格和典型人物。周素英先后获得的荣誉有:山西省劳动模范;五一劳动奖章;省级三八红旗手;省体委特等功1次;全国新长征突击手;第八届全国人大代表;第十三届全国党代表。还多次被评为优秀党员,多次被记功。

此外,周素英还写了系列体育论文。代表作有:

一、山西省体育科学学会、山西体育科学研究所主办《山西体育科技》2001年1月第21卷第1期刊登的《计算训练法在自行车短距离项目训练中的应用》。

二、山西省体育科学学会、山西体育科学研究所主办《山西体育科技》2002年3月第22卷第1期刊登的《场地短距离自行车运动员快速力量训练方法》。

三、《搏击（体育论坛）》2010年第2卷第12期刊登的《场地自行车男子短距离项目专项力量特征与训练研究》。

体育论文的发表，代表周素英在自行车运动项目上已经非常成熟。她1977年10月至1988年10月为山西省自行车队运动员；1989年2月至1991年1月在北京体育学院学习；1991年1月至1993年12月任山西省自行车队短组主教练；1994年1月至1996年9月任山西省自行车协会办公室主任；1996年9月至2010年3月任山西省训练基地副主任，山西省自行车队男女短组主教练、总教练。履历显示，她的运动生涯也实现了弯道超车，目光更开阔，更深远。

2010年3月，周素英通过高级人才引进，到了浙江省体育职业技术学校，负责组建车队，并担任浙江省自行车队场地组主教练。她所带自行车队快速进入全国先进行列，2015、2016、2017、2018、2019年夺得男子团体竞速赛所有比赛的全国冠军。周素英说：我的目标是做一名最优秀的教练员，培养出更多的冠军运动员。

1986 年

第十届亚运会，山西8名运动员参赛，6人获得奖牌，周素英在赛车场女子1000米争先赛中夺得冠军。

太原三桥冷冻设备专营商店举办"三桥冷冻杯"1986年全国女排锦标赛。

为迎接七届省运会，全省举行规模浩大的群众性长跑接力活动，参加长跑者达700万人，长跑队伍路经871个乡镇，行程1687公里。

第二届"禹王杯"国际自行车邀请赛，中国队捧走"禹王杯"。

我命在我不在天
——记原山西省体委党组书记、主任，省文联党组书记任国维

孟志平

枕恒岳、络太行，潇河由此一路滚滚南下。

山水养人更育魂。

清朝"三代帝王师"祁寯藻官至体仁阁大学士、军机大臣，曾侍教道光、咸丰、同治三位皇帝。

硝烟弥漫的解放战争中，年仅16岁的共产党员、女英雄尹灵芝慷慨赴难，浩气长存于天地。

这里是山西省晋中市寿阳县。

先贤与英烈、品德与正气、志铭与魂魄，一脉相承，古今相通。

2012年9月2日，山西省体委原党组书记、主任，省文联党组书记任国维因病辞世，时年76岁。

"生在寿水西，长在汾河晋泉东，一个受苦人；求誉不作匪，贪杯常醉不越轨，一生心无悔。"这是任国维先生70岁生日时为自己提前所作的"盖棺之言"，也是他的墓志铭。

古稀之年，一场场病痛，使任国维预感到生命即将进入倒计时，意识到人生苦短，内心有凄苦、有无奈，更多的则是不能再风风火火地为他挚爱的工作和事业、为他倾心的岗位和社会尽绵薄之力的无尽痛楚。

病痛一解除，任国维顿时生龙活虎。从病房走出，沐浴在长天朗日之下，他对自己说：

"我命在我不在天。"

我以我苦　坚志扬帆

乡贤故里的寿阳，是山西省晋中市一座群山环抱中的小城。小城不大，古往今来，从这里走出去的"受苦人"不少。

任国维生前曾自谦为"受苦人"，而这个"受苦人"他"愿意当，也当不够"。

1936年4月29日，任国维就出生于寿阳。与身边多数同龄人不同的是，本应该安安静静的读书时代，他的两腿却一刻不停，经历可谓丰富多彩。这从他的人生履历中可见一斑：1943年，时年7岁的任国维就读于寿阳县城关小学；1947年4月，随全家迁居省城太原，先后在太原"寿阳帐篷小学"、私立明原小学、太原师范附小就读；两年之后，太原师范附小高小毕业后，考入山西省立国民师范，直至三年后毕业。

十年，两地，小学读了三所；从7岁到16岁，正是人生由懵懵懂懂到充满强烈求知欲望的青春岁月。这十年，对任国维来说，是成长最为关键的十年，也是培养他人生志趣最重要的十年。

也正是这十年，他经历了从抗日战争、解放战争到新中国成立后社会改造风起云涌的时代。任国维目睹了频繁的战乱给人民带来的深重苦难，曾经的出生地寿阳城和省城太原在战火中满目疮痍，民不聊生。也正是这段跌宕起伏的不平凡经历，在任国维心里深深地埋下对日本帝国主义和国民党反动派刻骨铭心的仇恨，同所有憧憬和平、自由、奋飞梦想的血气方刚的年轻人一样，他一边埋头苦学，一边积极向党组织靠拢。

新中国成立后的第二年，任国维加入新民主主义青年团（共青团）；1973年，加入中国共产党。

从幼年时期的战乱一步跨入新中国，任国维觉得自己是最幸福的一代。他明白，这种幸福是千千万万为新中国成立而前仆后继的革命先烈用他们的一腔热血和无畏牺牲换来的，需要他们这一代学有所成的青年人同样用鲜血和牺牲来保护、去建设。

读书之目的，在教书，在育人，在树魂。

1952年8月，任国维完成学业，任太原四完小（西缉虎营小学）教师，教授体育、算术等课程。

任国维思维敏捷、多才多艺。在他任教的岗位上，对学生所教授的内容除了课本上的文化知识，还倾向于开拓学生的视野，锤炼学生的意志，更注重对他们吃苦意识和吃苦能力的培养。

任国维相信，报效祖国，首先得具备能吃苦、甘于吃苦的灼热情怀。

喊破嗓子不如做出样子。任国维业余时间，身为体育教师，他每天早睡早起，带头锻炼。顶着朝升的旭日，沐着晚霞的光芒，他的身影常常出现在操场或街道上。在他的带动下，许多学生加入了强身健体的队伍。而他最爱好的体育项目是打网球。

1954年，任国维考入太原第二师范中师部；1957年8月，毕业后分配到榆次市郭家堡小学任教。一年之后，任榆次市教育局视导员，先后任榆次市大峪乡文教委员、什贴人民公社文教部副部长等职。1960年，调《榆次报》任编辑工作；1963年，调《山西日报》农村版任编辑。

其间，无论工作如何变，无论职位如何变，任国维打网球的业余爱好都没有变。

直到多年之后，生前和同事友人回想起年轻时代，任国维都深有感触："我从小就是个受苦人，我相信能吃苦的人肯定不是人生的弱者。打网球是个重体力活，运动量大，正好锻炼人。"

勇于吃苦、不畏艰险的脾性与品格正是从那时开始养成的，为他日后在人生起起伏伏的风雨中，始终坚守信念、意志坚定打下了坚实基础。

任国维在网球场上获得的深刻体会，为他扬起了多彩的人生风帆。

"我听从组织安排。"

在任国维76年的人生中，他所经历的坎坷崎岖自然一言难尽。直到临终，他卧病在床，心里仍放不下25年前的一件憾事。

从1960年到1986年，前后长达26年的漫长时光，任国维从风华正茂的24岁到两鬓斑白知天命之年的50岁；从《榆次报》编辑到《山西日报》《山西农民》《中国摄影报》主编。正当任国维几乎投入了毕生心血的新闻事业正干得风生水起的时候，他突然被调到山西省体委任主任。

对此，任国维选择了沉默。时隔两年，1988年底，任国维调任山西省文联任党组书记。

任国维仍然选择了沉默，前后两年两次调动，他只有一句话："我听从组织安排。"

直到23年之后的2009年，任国维时已73岁高龄，因病住院，自知去日无多，他才在自传中提及当年的事情。

1986年3月的一天，中共山西省委组织部常务副部长张德春找任国维谈话。内容很简单，就一件事，问他是否愿意到省体委工作。当时正是第六届全国运动会前夕，而省体委主任年龄已超，不可能再工作到六运会期，需要有人去接班。

任国维当时一下愣住了。说起体育，他早年就当过两年体育老师，在报社虽然分管体育工作，但他的本职还是报纸编辑。况且，几乎圈里圈外的人都知道，任国维喜欢摄影，报社正好是他的用武之地。无论对新闻还是艺术，他都到了近乎疯狂痴迷的程度。

"我实在不愿意去，于是提出允许我考虑一下再说。回到机关后与总编辑陈墨章商量，他说省委基本定了，你准备上任吧。就在这种情况下，于1986年4月初离开了我日夜辛苦了近30年的新闻工作，调到山西省体委担任党组书记、副主任主持工作。"

时间回到1987年11月，就是任国维调到体委工作的第二年。

这一年，在我国改革、开放、搞活的新形势下，第六届全国运动会于11月20日至12月5日在羊城广州举行。此届全国运动会比赛项目之多、规模之大，都超过以往历届全国运动会。

1987年山西体育十大新闻中，有两条格外引人注意。

第一条："在第六届全运会自行车决赛山西队全面失利的情况下，车坛名将周素英，宝刀不老，沉着应战，奋力夺得女子1000米争先赛冠军，为我省在六运会上夺得第一枚金牌。"

第二条："在举世瞩目的第六届全运会上，我省共得金牌6枚、银牌5枚、铜牌6枚，总计166分，名次由第五届全国第9位降到第23位，这是我省代表团参加历届全运会比赛最差的一届。"

也就是在广州全运会召开期间，身为省体委主任的任国维接到父亲病重住院的电报。他一声没吭，将电报装进了口袋。

第六届全运会结束，山西省代表队铩羽而归。回到太原后，仿佛冥冥之中有割舍不断的牵挂，任国维赶到医院父子见了面，没想到却是最后一面。第二天，父亲与世长辞。任国维抱头痛哭。

这痛哭，不只为他的父亲，还为着全运会山西代表团的黯淡战绩。

山西代表团的惨败，身为省体委主任，任国维觉得他没有做好工作，愧对省委省政府领导，更愧对山西的父老乡亲。

这是任国维一生都无法弥补的憾事。

这件事，在任国维的人生历程中注定要深深地刻下印痕，成为他重新审视自己、重新调整思路、重新寻找价值的参照和坐标。

我命在我不在天

人生原本就是一场充满无常的旅程，远近、快慢、阴晴都不重要，重要的是态度和选择，生命的所有意义即在于此。

1988年12月，时年52岁的任国维调任山西省文联党组书记。

任国维最大的优势在组织能力和协调能力。他的个人爱好，除了体育，就是摄影。

文联党组书记，这一散发着强烈艺术气息的工作岗位，让任国维热血沸腾。

哪里跌倒了，在别的地方爬起来也是一种生命智慧。

确切地说，在新的工作领域，风风火火的工作态度，与其说是任国维找到了他擅长且挚爱的事业，倒不如说他是怀着一腔不服气的热忱，为他的上一任工作遗憾而"赎罪"。

早在1953年，任国维首次接触到照相机，兴奋地按下快门，拍下处女作《少先队大会》，而发表日期却是46年之后的1999年。这张意义非凡的照片任国维一直悉心珍藏，发表在《小学生》杂志6月号。

也正是在那一年，任国维第一次使用"谷威"笔名，在《太原日报》发表简讯。

"谷威"从此伴随了他半个多世纪。

"谷威"，活力无限，激情四溢。他不信命，所谓的命运事实上一直都紧握在自己手中。

任国维心里是这样想的，行动上也是这样做的。尤为让人钦佩的是，他用充满激情的工作态度在有限的生命过程中绘出了一张无愧于人生的壮丽画卷。

从上世纪50年代始，任国维或独立创作或与人合作发表、出版的文学、摄影作品有：通讯集《汾河之春》（1973年7月）；论文《影响新闻照片新闻价值的种种因素》（1983年）；参与编写了《中国实用文体大全》（1984年）；《中国实用人际关系大全》，与他人合作编写《摄影知识手册》《摄影入门100问》（1986年）；出版诗集《小河浪》，参与编写《中国实用方法大全》，高等教育自学课本《实用写作》（1988年）；出版《摄影用光浅论》《傻瓜相机使用常识》（1988年）。其著述还有：《摄影禁忌100条》、散文集《摄影的辩证法》《彩色摄影问答》《傻瓜相机使用手册》《动体摄影技巧》《家庭摄影技巧》《摄影入门问答》《摄影构图 100 例》《中外摄影名作鉴赏》《窑洞摄影专辑》、评述文集《谷威聊影》《谷威汉俳新作选》等几十部摄影、文学读物。

从 1990 年至 2008 年，在太原、晋中、大同等地举办了《谷威花草小品摄影展》；与著名摄影师梁铭联合举办《西双版纳风情摄影作品展》；与郑社奎等六人举办《美国印象作品联展》；在太原、晋中、寿阳举办《谷威风光摄影展》；与王悦等四人举办《宝岛台湾摄影作品联展》；在阳泉举办《人体摄影展》等一系列展览。

1982 年 10 月，参与筹建山西新闻摄影学会，并当选为秘书长；1983 年 9 月，筹划创办并主编了中国第一份公开发行的摄影专业报《摄影报》；1999 年 7 月，策划筹办成立了"山西省祁寯藻研究会"，并当选为会长；2001 年 5 月，与兰安乐等五人发起组建了山西省政协摄影协会；2001 年 9 月，参与策划和创办了"平遥国际摄影大展"；2006 年 3 月，发起成立了"新广角摄影沙龙"；2007 年，帮助寿阳申报和完成了"中国寿星文化之乡"的评审工作，举办了全国老年摄影节。

此外，任国维还担任了清史编纂工程《祁寯藻集》项目负责人，创办了祁寯藻研究会书画艺术沙龙，编印了大型画册《寿阳家这十年》。

任国维是一位公认的"闲不住的人"，一旦闲下，就如芒在背，就如坐针毡。

直到生命的最后一年，2011 年，刚从病床上爬起来的任国维就一路奔到陕西，和年轻人一道，背着沉重的摄影器材，在茫茫八百里秦岭通过他的另一只眼——摄影镜头——捕捉世间之美。

透过摄影镜头，任国维定格画面的时候，实际上也在定格他的一生。

路在心中，心在路上。任国维以超人的耐力与韧劲，以超人的激情与信念，将他的人生铺排得匀称而色彩斑斓，生命的给养酝酿得滋味独特，余韵悠长，回味无穷。

"今天起得早，昨天的事全忘了，明天会更好。"

这首小诗，任国维激励着对生命满怀热望的年轻一代，也曾激励着自己。

1987 年

第六届全运会,山西共夺得金牌6枚、银牌5枚、铜牌6枚,总计166分。

省人大作出《关于振兴山西省体育事业的决定》,开创先例。

第三届中日围棋擂台赛第11、12场比赛在太原开战,中方负于日队,中日双方扳成6平。

山西省农民体育协会在太原成立。

一飞冲天看肖郎——著名体操运动员肖瑞智小传

成向阳

创新是一切进步的唯一动力。而几乎所有的创新都源于偶然——偶然的发现，偶然的思索，甚至偶然的灵机一动。而这神奇的偶然到来之时，矢志创新的人需要牢牢抓住这稍纵即逝的火花，用自己的整个生命、整个智慧去那中间寻找一条可能的缝隙勇敢切入，然后开天辟地，创造出一个全新的领域。

而在体操运动中，动作创新是推动竞技体操不断向前发展的重要因素之一，是赢得比赛胜利的秘密武器。著名的前苏联体操运动员科罗廖夫在总结自己取胜的秘密经验时曾说："关键在于创新，要有自己独特的风格。我始终在寻求新的动作，新动作是取胜的前提。"

诚哉斯言！在世界体操史上，在现行的体操教科书中，就流传着这样一个以偶然实现创新、以创新夺取胜利、铸造辉煌的经典故事——

一个年轻的体操运动员，在训练特卡切夫腾跃动作过程中，由于偶然的灵机一动，顿时如遇神启，窥见了实现创新的可能性，他经过反复思考、苦练、完善，终于创造出一套"正握向后大回环前摆反方向分腿前空翻成反握悬垂"动作，并携带这一神奇的秘密武器，于1987年的太平洋国家体操协会联盟锦标赛中一举夺魁。

这位年轻的运动员，便是来自中国山西的肖瑞智。而他通过创新缔造的这套新动作，因其惊险新颖的特点被国际体操联盟命名为"肖瑞智空翻"，并被列入1989年国际男子体操比赛新规则！

他的创新故事，在体操史上逐渐被演绎为一个津津乐道的传奇，激励、鼓舞着一个个有志于技术创新的后辈同道。

1

1987年9月，中国澳门。第三届太平洋国家体操协会联盟锦标赛如期举行，来自中国、美国、日本、加拿大、澳大利亚、新西兰、韩国、菲律宾等国以及中国台湾和香港地区的运动员在此激烈地争夺各项目金牌。

在单杠比赛环节，中国出场的是20岁的肖瑞智。在裁判员和所有观众期待的目光中，肖瑞智徐徐上场，按程序完成热身动作之后，就见他一个上跃正向握住单杠，以规范的振浪、沉浪动作开始向后大回环前摆，几个大幅度摆动之后，肖瑞智一个急停，倾斜着倒立在单杠上，然后又忽然以大摆下落。此时，细心的裁判发现，在下落仅仅0.3492秒的时间内，这位中国运动员就已充分调动脊柱与髋关节，开始振浪，他的背弓也已隐隐形成。在裁判员的职业经验中，像这样的下落姿势，不仅会影响做含胸顶肩及远伸脚尖动作，而且必然会使后面各个环节的动作过早产生。这显然超出了他对本场比赛的预想，他不禁暗暗自问：这个中国人究竟要做什么呢？

就在裁判思索的瞬间，单杠上的肖瑞智已经开始大摆沉浪，但见他略一沉肩，便形成强劲的背弓，体前肌肉群瞬间拉长，看不见的肌肉组织在猛烈的收缩中爆发出巨大的力量，推动身体猛然前摆。但他的这一动作显然再次引起了裁判员的疑惑：按照正确技术的要求，这个中国运动员的沉肩动作做得并不太充分啊！他这样做，对接下来的兜腿上摆动作是相当不利的啊！

而单杠上的肖瑞智似乎早已胸有成竹，当他的身体在单杠下面接近垂直的一刹那，他迅速往上兜腿，但在兜腿的同时，他并没有像一般运动员那样去刻意"留肩"。他的这一动作省略同样没有脱出裁判员的眼睛，并再次加重了裁判的疑惑。在裁判员的经验中，运动员兜腿时，随着腿迅速向前上方的运动，髋角会迅速缩小，肩角也会相应缩小，这样做的好处是，能在关键的制动时刻更好地完成压杠振肩动作。而眼前这个中国运动员呢，他这样省略是技术失误吗？但就在疑问产生的同时，另外一个念头忽然在裁判员脑中掠过，难道——这个中国人有他自己的"秘密武器"？你看，由于他几乎省略了"留肩"动作，肩角不但没有缩小，反而在增大中被打开了，这直接导致上臂肌肉群和肩胛骨上的回旋肌肉群在兜腿之后、制动之前已处于足够的紧张状态了。这种状态，虽然很可能影响制动，但它同时可能会产生另外一个效果，那就是在压杠振肩时，这些已经被充分调动的肌肉群必将发挥更大的收缩力！

难道，这种在大舍大取之间的剑走偏锋，正是这个中国人刻意要达到的预期效果吗？如果真是这样，那他就太厉害了！因为他此刻正做的这一切，还没有人尝试过，甚至还没有人来得及想象！结果究竟会怎样呢？还是拭目以待吧！

关键的制动时刻到来了！所谓"制动"，就是体操运动员在杠上大摆向前的过程中，在快速沉浪兜腿后，迅速下压前伸的脚尖，达到减小脚的运动速度、同时提高上体运动速度的目的。这样一来，虽然手臂在单杠上仍然按原方向朝前摆动，但躯干与下肢转动的方向已经与原方向相反，从而产生出一个强劲的逆转态势。从体育力学的角度来看，这是一个动量传递的过程，是要为接下来的压杠振肩作准备。而所谓"压杠振肩"，就是在制动的同时，运动员的手臂猛然压一下单杠，单杠便会产生出一个相同动量的反作用力给人体，使运动员在撒手离开单杠后瞬时迅速立起，并获取逆向翻转的速度。肖瑞智正是这样做的，但见他的双臂猛然间一压杠，同时积极振肩，单杠在向下一弯之后猛然间弹了起来，将瞬间撒手脱离单杠的肖瑞智以一个"√"的姿态高高抛向空中。奇迹就在这时候出现了，在所有观众与裁判的眼前，身在空中的肖瑞智并未像一般的特卡切夫腾跃动作那样直接分腿下落并用正手去握杠。只见他在撒手的刹那间迅速低头，含胸立肩，使上体沿着顺时针方向高高立起，而与此同时，他的下体却立即发生一个奇妙的逆向翻转——从沿着撒手时的顺时针方向突然间转为逆时针转动。随着这种上下体之间的相向运动趋向结束，肖瑞智的身体姿势在高速的翻滚中逐渐从"✓"变化成了"∧"——一个尖端朝上并向前迅速翻转中的锐角。如果将肖瑞智在这一个过程中的身体姿势转化成形象的车标的话，那我们可以说他的身姿是从雷克萨斯到纳智捷，再到迈凯伦。在这个高速翻转的过程中，肖瑞智的头部拱起向前，双腿下垂在后，而双臂由上向下外旋后，又经过身体两侧向胸腹之间运动，然后就从分开的两腿之间伸出，在下降的头部刚刚经过单杠上缘时，他的双手恰到好处地伸展，以一个利索的反握抓住了单杠，而完成了翻转的身体也迅速悬垂下来。

这套惊险凌厉又如行云流水一般的空翻反握抓杠立即引起了全场的惊呼与喝彩。而方才还陷入困惑与沉思的裁判此时却激动地站起来热烈鼓掌了！

没有任何悬念的，肖瑞智获得了本次单杠比赛的金牌。

而在这届比赛中，除了单杠金牌之外，肖瑞智还获得了全能、双杠、团体三枚金牌，以及一枚银牌、一枚铜牌，成为本届锦标赛上收获满满的大赢家！

2

在太平洋国家体操协会联盟锦标赛上光芒四射的那一年，肖瑞智虽然才20岁，但事实上，又可以说他早已是一位老资格的国家级运动员了。

1967年出生于山西阳高县城的肖瑞智，1975年上小学后便加入县少年体工队。他身体素质好，身轻如燕，头脑灵活，很快便掌握了体操基本动作,打下了坚实的基础。1978年选入省体工队后,他更是发奋努力,决心练好本领,为国争光!1981年14岁时,他便进入国家队,1982年便成为国家一级运动员。同年5月,他在山东济南第一次参加全国少年体操比赛并获得了双杠第一名,全能第七名。三个月后,在江苏徐州举办的全国业余体操大赛上,他又获得全能、单杠、双杠、鞍马、吊环、跳马六项第一名,自由体操第二名。1983年5月,他在苏州参加全国少年锦标赛,获全能、双杠、单杠第一名,鞍马第五名。同年8月,他带着一名中国少年体操运动员的自豪出访法国。

1984年5月,在徐州举办的第六届世界中学生体操选拔赛上,他获得了全能、单杠、双杠、鞍马、跳马五项冠军,自由体操亚军。同年6月,在意大利佛罗伦萨举办的第六届中学生运动会上,他获得单杠、双杠、全能三枚金牌,吊环银牌、自由体操铜牌。自此,他的体操事业开始迈出国门,走向世界。

1985年,他又成为健将运动员,开始更广泛地参与国内外重大比赛。在太平洋锦标赛5个月前,他在上海全国体操锦标赛上获得了双杠第一名、单杠第四名的成绩,一个月后,他又在意大利罗马体操大奖赛上,获得双杠第一名、鞍马第二名、全能第五名的佳绩。

一块块金牌固然可喜,但肖瑞智最让人惊讶与称颂的,还是他通过大胆创新、勇于实践而独创的那套"逆向空翻再握"动作。关于这一革命性的动作创新,一种很流行的"经典说法"是:肖瑞智的创新其实源于一次训练中的偶然失误。具体说来,是他在训练特卡切夫腾跃动作时,由于撒手瞬间向后切的动作不太到位,不能按标准形成腾跃,这本来算是个失败动作,但他急中生智做了个前空翻再抓杠,结果就形成了一个全新的"肖空翻"。这样一个几近儿戏的说法,竟然非常"著名",甚至被很多体操教材作为开拓创新动作思路的"经典案例"来加以引用。

教材通过生动的案例来引导创新的意愿虽然是好的,但如果将创新仅仅归结于失误中的"急中生智"就未免不够科学。因为这样做,明显夸大了创新的运气成分，而降低了创新的实际难度，忽视了任何一种真正的创新所必经的深入理论探索与严格实践淬炼，从而也拉低了创新的含金量。其最终结果只能是误导后生。

肖瑞智本人就明确否定了这一说法。他说："任何真正的动作创新都不可能仅仅源于一种失误过程中的偶然性补救，不可能单纯靠什么急中生智与灵机一动，那是不科学的。我当年，的确是在练习特卡切夫腾跃的过程中，在反复做一些辅助性训练的时候，忽然有了一种新想法。我想，特卡切夫腾跃作为经典脱手再握动作当然是高明的，但如果我换一种方式去尝试会怎么样呢？也许，会产生其他人根本意想不到的效果。这样想着，我就去尝试了一下，果然很有意思，然后我就继续大胆设想，大胆尝试，在一次一次的动作求证中逐渐完善，逐次修正，最后就形成了后来那一整套的动作。这个创新给我的启示是什么呢？我后来的反思就是，很多东西，不管是体育运动也好，其他领域也好，它都存在举一反三的可能性。我们体育运动员，做一个动作，其实同时存在 N 种可能性，你可以尝试用各种各样的方式去完成它。如果你这样做，说不定在某一种方式中，你就会找到比其他方式好很多倍的效果。所以啊，千万不必拘泥于哪一种一成不变的方式，你在练习某个动作的时候，大胆想想怎样用其他的方法去完成它。你只要这样认真一想、认真一做，意想不到的效果就离你很近啦！"

完全可以验证肖瑞智动作创新绝非源于"急中生智与灵机一动"的一个典型例证是，1986 年 4 月 22 日下午，在国家集训队训练场，技术人员用德国产 DV16 高速摄影机拍摄了肖瑞智空翻动作，并将拍摄素材利用日本 NAC 公司所产的 GP-2000 型影片分析仪进行了数字化处理，然后又在 Eagle-Pc 和 IBM-Pc/XT 电子计算机上用温特数字滤波法做了数据处理，由此形成了学术数据分析。本次拍摄与学术分析的目的，就是要用科学的严谨态度来对比分析肖瑞智创新的空翻动作与特卡切夫腾跃之间的差异性。为了现场对比，除肖瑞智之外，研究人员还邀请了王晓明、史孟君、王勇三位运动员，而这三位运动员做的都是特卡切夫腾跃动作。研究人员在1989年的一篇相关论文的末尾写道："最后必须说明的是，肖瑞智空翻目前只有肖瑞智一人能完成并用于比赛中，故样本只有一个。"

这说明，肖瑞智的空翻动作创新，绝对是其艰辛独创，而且在很长的一段时间之内，是只属于他一个人的独门秘密武器，而别人是无法模仿与复制的。它充满难度，绝非是"急中生智与灵机一动"那么轻巧简单的儿戏。

3

肖瑞智独创的这套逆向空翻再握动作，被国际体操协会最终确定为单杠前摆分腿前空翻反握抓杠技术，1989年至1990年《国际体操男子评分规则》将其定为"肖瑞智空翻"，中国体操协会为此授予肖瑞智动作创新一等奖。

这一套创新动作，很快引起国内外体操专家的极大兴趣与长久关注。他们一致认为，肖瑞智空翻动作的问世，其巨大意义绝不仅仅限于为单杠项目增添了一个空翻再握动作，而且极有可能开辟一种新的空翻动作类型和技术——逆向空翻再握动作和技术，并积极引导与促动其他体操运动员的创新实践。

果不其然，北京亚运会上，朝鲜女运动员金光淑在高低杠比赛中，就借用了肖空翻动作，并将它接到了特卡切夫上，以其独特的难度与新颖的连接征服了裁判与观众，由此创造了亚运会上的"金空翻"传奇。但如果说到底，高低杠项目上的"金空翻"事实上就是挪用了"肖瑞智空翻"。它预示了一个非常宝贵、非常让人惊讶的新趋势，那就是"肖瑞智空翻"在体操项目中被广泛借用并实现多次创新的巨大可能性。

事实上也真是如此，"肖瑞智空翻"除了被高低杠项目借用外，还被引用到了吊环等比赛项目之中。尤其是高低杠项目，在上世纪90年代黄金期，彻底告别了腹弹和支撑摆，一跃进入以大摆为主的飞行时代。而这个全新飞行时代的到来,"肖瑞智空翻"可谓功不可没!

创新之火,可以薪火相传,可以星火燎原。退役后走上体操教练岗位的肖瑞智,将自己的创新哲学通过一次次的训练实践潜移默化地传授给了自己的弟子。他的弟子中,先后涌现出如邓少杰、刘佳敏、张杰等一批富有创新精神和骄人业绩的年轻体操运动员。

一飞冲天看肖郎,矢志创新谱华章。空翻反握惊世界,薪火相传美名扬。

这,便是一代体操名将肖瑞智大写的人生!

1988 年

第二届世界女子举重锦标赛暨第一届亚洲女子举重锦标赛,山西运动员郭秋香夺得67.5公斤级抓举、挺举和总成绩3枚金牌,打破这3项世界纪录。

山西体操运动员肖瑞智首创的单杠飞行动作"正握向后大回环前摆反方向分腿前空翻成反握悬垂",被正式列入1989年版《国际男子体操比赛新规则》,并称为"肖瑞智空翻"。

郭秋香：除却冠军亦英雄

赵建雄

1

郭秋香，1969年出生，山西孝义人。大学本科学历。1990年加入中国共产党。女子举重运动员，世界女子举重冠军，曾荣获"全国三八红旗手""山西省劳动模范""当代吕梁英雄"等称号。现任山西体育职业学院民族传统体育系党总支书记。2019年3月，入选山西省"三晋英才"扶持计划之"拔尖骨干人才"。

2

郭秋香出生在孝义市柱濮乡下智峪村，这是一个荒僻、落后、穷困的小山村。在她还是一个十一二岁的小女孩时，村里人就发现她的力气很大。她勤劳、懂事，一年四季，春夏秋冬，总是跟着大人们在田间、地头、山野、沟渠劳动，除草、刨土、担肥、挑水、背玉茭、扛土豆……干着跟小伙子们差不多的活儿，粗气不喘，腿脚利索，让大人们目瞪口呆。上初中的时候，有一次，学校组织参加柱濮乡联合学区召开的全乡运动会，选拔运动员参加孝义县运动会，体育老师觉得她劲头大、爆发力强，就让她报名参加铅球项目，比赛时，她拿起铅球奋力一掷，居然轻而易举地就成了孝义县和吕梁地区的铅球冠军。村里人不懂什么是"冠军"，只知道一个小小的女孩子，竟然力气那么大，还得了全县、全区第一名，所以，大家都说她是"英雄"！

而老师们都说她在体育方面很有天赋。这次运动会以后，11岁的郭秋香被选进当时的孝义县少体校，从此，这个"小英雄"跟体育运动结下了不解之缘。

1985年，山西省体工队的柔道队教练到孝义选拔柔道运动员，一眼就看中了郭秋香，于是，她便来到了设在忻州的柔道队训练基地。在郭秋香和村里人看来，这就意味着穷人家的孩子要"鲤鱼跃龙门"了。然而，这种高兴劲儿对郭秋香来讲，并没有维持多久。在省体工队训练柔道仅仅一个多月，她发现，自己并不是很喜欢柔道。一个偶然的机会，郭秋香得知了山西省体校有一个女子举重队。"女子举重"——郭秋香为此怦然心动，于是，她便大着胆子给教练张闻喜写了一封信，表达了自己想参加举重训练的想法。信发出去以后，好长时间都没有等来张教练的回复。就在她万分失望的时候，张闻喜教练却突然出现在忻州柔道队训练基地，在对郭秋香进行了一番全面细致的考察后，张教练说："只要你愿意来举重队，我随时都欢迎。"

听说郭秋香要去举重队，柔道队的领导们着急了，坚决不同意她走。一个明显有潜力夺取冠军的运动员，怎么可能随意放弃呢？

可是，举重对郭秋香的诱惑太大了。有一天，柔道队的队友们发现，秋香不见了，原来是她自己卷起铺盖卷跑到了省体校。

刚来到省体校的时候，她还不是正式学员。她便自己掏钱买饭吃，每天坚持和正式学员一起学习、一起训练。几个月后，1986年，她通过了学校的正式考试，才终于成了山西省举重队的一名正式队员。从此，郭秋香开始了自己向往的举重事业。

3

举重似乎是世界上最枯燥最沉重的体育项目了。在小小的举重台上，每天把那副沉重的杠铃抓起来、举上去、放下去，再抓起来、举上去、放下去……这个动作每天要做200多次，每天举起来的重量加在一起将近有16000多公斤，郭秋香这样整整举了9年……

其间，1985年9月至1989年7月，郭秋香在山西省体育运动学校学习训练。1987年，她又入选国家举重队。1989年6月，她大专毕业后，仍然留在了省体工队。1990年，郭秋香想深造，被录取到北京体育大学进修，但是，因为她在举重项目上独一无二的夺冠优势，省体工队无论如何都不放她走。就这样，郭秋香只能留了下来，继续她的举重训练和参赛活动。1991年9月至1994年7月，她在山西大学运动训练专业参加了大专专业学习训练，并作为一名举重运动员，参加了大大小小的多次国内外赛事，夺得了多次冠军，甚至打破好几项世界纪录。

几年来的高强度训练，在郭秋香身上留下了许许多多的伤痛。她的腰椎、手腕、肩部、膝关节、小腿部都有重伤，每天，她就带着这些伤痛坚持不懈地训练着。每当训练结束的时候，她浑身疼得站都站不住，只想早点躺到床上去。可是晚上还要去听课、学习。等到九点半熄灯号吹响后，终于可以躺到床上了，但疼痛却不肯放过她，她常常整夜整夜地呻吟着，无法入睡，泪水有时候会不由自主地流下来，打湿了枕巾。尽管如此，每天清晨起床号一响，她便又和队友们一起，出现在训练场上。

训练是残酷的，参赛是痛苦的，而取得成绩，特别是拿到冠军、走上领奖台、高高举起金牌、奖杯的时候，却又是让她那么兴奋、骄傲、自豪，甚至产生一种英雄般的冲动。每每这时，她才会觉得这是对父母、对家人的极好回报。

郭秋香虽然出生在那样一个小山村，但在那个时代，她的家庭还是让不少人羡慕的，因为她的父亲是柱濮乡（当时叫公社）供销社的采购员，她的家庭是"经济来源户"。可是，天有不测风云。就在她13岁的那一年，一次，她56岁的父亲在上班途中横遭车祸，不幸去世。以后的日子怎么过？她48岁的母亲一夜白了头发。她有两个姐姐、一个哥哥、两个弟弟、一个妹妹，兄弟姐妹7个，她是最中间的那一个。残酷的现实，让小小年纪的她，过早地成熟起来。她开始替母亲着想了。也就是这以后，她才偷偷下定决心要进举重队的。她知道，凭借自己的天赋，一旦进了举重队，虽然会吃不少苦、受不少罪，但可以减轻家庭负担；她也知道，如果父亲还在，父母是无论如何不会让她选择这条路的。当时，她只有一个想法：考入学校，走出农村，将来有了工作，就能为母亲分忧解难，就能为兄弟姐妹尽心尽力。至于夺冠军、当英雄，那时她还没有想过。

就是带着这种善良、单纯、朴实的信念，郭秋香咬着牙关，不论严寒酷暑，不怕伤痛苦累，以超出队友们几倍、十几倍的努力，孜孜不倦地训练着、拼搏着……甚至有一次，在赛前挺举训练的时候，突然杠铃断了，抓在手中的杠铃一下子失衡，直直地朝着她的下巴挑去，教练惊呆了，她也吓蒙了，好在她手劲儿大、反应快，千钧一发之际，硬是把杠铃推了出去，否则，后果不堪设想。

4

汗水换得成功，付出就有收获。

1985年12月份，河南郑州，全国女子举重邀请赛。郭秋香初次参赛，牛刀小试，一举夺取了67.5公斤级抓举、挺举、总成绩三个第二名。

1986年5月份，山东淄博，第二届全国"浪潮杯"女子举重比赛，郭秋香力创67.5公斤级抓举第二、挺举第一、总成绩第一的好成绩，勇夺冠军。

1986年12月份，上海，第二届全国女子举重邀请赛。郭秋香一鼓作气，获67.5公斤级挺举第一、总成绩第一，再次夺得冠军。

1988年12月份，印度尼西亚雅加达，第二届世界女子举重锦标赛暨亚洲首届女子举重锦标赛同时举办。在67.5公斤级比赛中，她抓举（95公斤）第一、挺举（115公斤）第一、总成绩（210公斤）第一，轻松夺得冠军，将三块世界金牌、三块亚洲金牌悉数收入囊中，同时打破三项世界纪录。

1989年11月份，英国曼彻斯特，第三届世界女子举重锦标赛。在67.5公斤级比赛中，她以抓举97.5公斤、挺举122.5公斤和总成绩220公斤三个第一名的好成绩，蝉联世界冠军，再获三枚世界金牌，并打破了由自己保持的这三项世界纪录。

1990年9月份，北京，第十一届亚运会。她获得了女子举重67.5公斤级总成绩冠军，同时打破抓举、挺举两项亚洲纪录。同年，在第三届亚洲女子举重锦标赛上，她奋力拼搏，又是67.5公斤级抓举第一、挺举第一、总成绩第一，夺取三项亚锦赛冠军。

1993年9月份，第七届全国运动会在北京等地举办，此时，24岁的郭秋香由于十几年来不间断地训练和参赛，已是伤痕累累，体力不支。她参赛64公斤级女子举重，仍以顽强毅力，取得了第五名。

在北京第十一届亚运会前夕，郭秋香曾经在日记中写下这样一段话："……每前进一步都必须付出更大的代价和加倍的努力，尽管如此也不等于下一次的成功……能不能像接受成功一样接受失败？要做到这一点是很难很难的，但这又是每一个人必须学会的，只有这样才能赢得再一次的成功。今年的亚运会和以后的各种比赛都等着我去搏击，我唯一能做到的就是刻苦训练，迎接挑战。如果我成功了，属于我的国家和人民；如果我失败了，希望人们像理解我的成功一样理解我的失败……"短短的几句话，朴实无华，却透露出她曾经饱尝的艰苦付出，以及对未来充满斗志的赤子之心。不难看出，郭秋香头顶一项项"桂冠"的背后，其实她都像是做了一次次无名的"英雄"，光彩耀眼却脚踏实地。

5

十几年的刻苦训练，七八年的血汗赛场，郭秋香在她的举重运动生涯中，共夺得国内、国际比赛20多枚金牌，6次打破世界纪录。她用实际成绩报答了家人，回馈了故乡，更为山西和国家争得了荣光。

1988年，山西省社会主义劳动竞赛委员会为她荣记特等功；1989年5月，山西省委、省政府授予她"劳动模范"称号；1990年10月，全国妇联命名表彰她为"三八红旗手"；1989年、1990年，国家体育总局两次颁发给她"体育运动荣誉奖章"；1991年3月，郭秋香被中共吕梁地委、吕梁行政公署命名为"当代吕梁英雄";1996年荣获"四十年来为中国举重事业做出贡献"荣誉奖章和证书;2009年8月,荣获国家体育总局颁发的"新中国举重贡献奖"。

从一个山村小女孩,到亚运会、世锦赛女子举重冠军,毫无疑问,郭秋香取得了成功。她的成功,属于亲人、属于家乡、属于祖国,同样也属于她自己。她说,除了感谢自己的努力和教练的指导,她更应该感谢家人的支持、家乡的孕育、人民的鼓励、祖国的培养。

退役后,1993年11月,她回到山西体育中心举重项目办公室任副主任;1996年2月,升任山西体育中心举重项目办公室主任;1998年8月,改任山西体育中心举重队领队;2002年12月,调任山西省田径运动管理中心行政科长;2009年6月,任山西省田径运动管理中心场地器材科科长;2010年12月,任山西体育职业学院训练处处长;2011年1月,任山西体育职业学院运动训练系党总支书记;2017年7月开始担任山西体育职业学院民族传统体育系党总支书记。岗位变动虽然频繁,却丝毫没有改变她对体育事业的热爱,更没有改变她对举重运动的钟情。她经常告诉她的队员和学生说,体育事业是伟大的事业,我们必须对它热爱、倾情和关注。作为运动员,无论是否加入职业队,有了成绩,就应该有夺取冠军的想法,而且必须有吃苦和牺牲精神;作为运动员,走上赛场,就是走向战场,你必须要做一名英雄,不能服输和失败。

其实,她一直就是这样做的。她说,她的遗憾,就是没有参加奥运会,因为2000年悉尼奥运会,女子举重项目才被列入,要不然,她还想夺一回冠军,当一次英雄。她说,山西人才济济,特别希望山西多多培养体育人才,多多挖掘体育人才,走出三晋、冲出国门,为祖国争光,为山西添彩!

郭秋香,作为一名曾经的举重运动员,她崇尚英雄、努力拼搏。对钟爱的举重运动、对祖国的体育事业,她不忘初心、本色依旧、倾情奉献、永不言悔!

1989 年

山西短跑好手葛卫东代表亚洲队参加第五届世界杯田径赛,成为山西省田径史上第一位代表中国参加世界杯赛的运动员。

全省"群众体育月"活动共举办各级各类体育比赛1万多次,参加者500万人次。

玲珑心曲款款弹——记山西省蹦床队总教练蔡光亮

王秀琴

蔡教练出现在北京体育大学公寓楼前。寸头、浓眉,两鬓已微显霜白。传说中标配之一——黑色棒球帽居然没戴,运动装依然利落。话未出口,笑容先绽;言语温和,闻之可亲。当与蔡教练相向而立于方斗般电梯里,才知其一张低调亲和的笑容背后,目光如炬。这目光清澈犀利,既洞穿人性,又看透规律,更破解规则,叫人不知不觉瞬间为他巨大气场所裹挟。在这双眼睛面前,最好一切都做到极致,不要有任何一点炫技,更不要有任何一点伪装,因为他一眼能透视到你思想的沟沟壑壑里去。

"他是山西蹦床项目的标杆。"

现在国家体育总局体操运动管理中心做蹦床教练的蔡教练,曾在安徽省滁州市京剧团做小生演员四五年。"幼时家贫,姐弟多,铁路工人的父亲是唯一劳力,一碗干米饭只给父亲吃。那时,我最大渴望就是能吃上公家饭,顿顿吃上干米饭。"穷则思变,变则努力。不论何时何地,蔡光亮都用心做事,心智较一般人开阔纵深很多。因喜欢,他调做体操运动员。其实,无技不巧,无巧不技。取得不菲成绩的蔡光亮,结束运动员生涯后,想深化知识结构,加深理论修养,增强文化底蕴,以优异成绩被北京体育学院教练员专科班录取。

1990年,山西正觅优秀技巧教练员。"其时,山西条件艰苦,但对人才如饥似渴,我看重的是干事儿机会多。"在恩师推荐下,蔡光亮心甘情愿落户山西,成为山西省体工队技巧项目教练员,带出过王英、田书帆等首批弟子。1997年国家体育总局正式设蹦床项目,到现在,短短20多年间,我国涌现出一大批优秀蹦床运动员,一跃成为世界一流蹦床强国，山西就是其中一支劲旅，而蔡光亮则为灵魂与核心人物。"他是山西蹦床的标杆。若无蔡练，则无我们，更无今天山西蹦床如此优秀的成绩，无山西一大批蹦床优秀人才。"穆勇峰、董栋、涂潇、王英、田书帆等发出共同心声。

2002年，蔡光亮"晋升"国家蹦床队，成为董栋、涂潇、穆勇峰的主教练。对蔡光亮而言，他们皆为其麾下爱将。弟子们无不尊敬他，董栋说："蔡练点石成金，他为我恩师，若今生我没遇到他，或许会有一些成绩，但绝不会走到今天这一步，遇到蔡练我三生有幸。"那么，蔡光亮是如何打造了蹦床界一批灿烂群星？其秘诀何在？

"开头就要打好底子。"其时，资料欠缺，一盘1997年世界运动会比赛录像带被蔡光亮视为宝贝。一遍一遍看动作要领，一点一点琢磨研究裁判规则。看金鱼游动时的沉思默想，看燕子飞翔时的惊鸿一瞥，蔡光亮是不疯魔不成活，就琢磨那一点点，"差之毫厘，失之千里"，蹦床上几秒钟，蹦床下几年功。蔡光亮因材施教，因势利导，因人而异，发现其缺陷，一点一点抠细节，一点一点进行微调。"比赛中细节决定胜负。训练过程是一个不断调整动作质量的过程，就像以前给那种老式电视机调台，一点一点调，调到最正确位置，画面自然就出来了。"老将穆勇峰说："蔡老师谦虚、低调、好学，尤其对业务钻研和学习对我印象最为深刻。记得1998年，我开始练蹦床，那时我国刚开展蹦床项目，没有经验，除周末以外，几乎天天晚上到他家里学习，观看技术录像，研究国外几十年的训练经验，第二天再进行模仿学习。"涂潇是被蔡光亮选中留下来的。"蔡练专程去成都体育技术学院观看我的一堂训练课，但少年懵懂的我并不知道伯乐与千里马就此结下深厚感情。"现蹦床女队教练田书帆回忆说："当时跟涂潇一起训练的还有另一位蹦床运动员，那位运动员的成绩比涂潇更突出一些。但蔡练最后只留下涂潇。事实证明涂潇很优秀，也就证明蔡练确实能点石成金。"多年来，蔡光亮已形成自己的一套对蹦床人才的挑选与教授办法。如今，他收获并享受着属于他的蹦床荣誉：

在蔡光亮悉心指导、精心打造下，从穆勇峰到董栋到涂潇，山西蹦床荣誉像击鼓传花一样，捷报频传，中国蹦床人才风起云涌。

"一个极致之人，一定能将自己钟爱的事业做到极致。"

"竞技体育就是不断向自我发起挑战，不断超越自我，别人做不到的，你做到了，那你就优秀，你是冠军。历史只会记住冠军。"对蔡光亮而言，他要求弟子们做到的就是精益求精，把一个动作分解成若干细节，做到极致，做到无可挑剔，做到强于所有对手。带领山西乃至整个中国蹦床队，一路披荆斩棘但也如履薄冰战战兢兢走过来的蔡光亮，历史记住了他不少经典画面。

细节决定成败。平时训练中，大到动作衔接，小到向裁判示意，蔡光亮要求运动员每个细节都必须做到一丝不苟。九层之台，起于垒土。"生活中，蔡练几乎无任何恶习。一个极致的人，一定能将自己钟爱的事业做到极致。""生活中的蔡练是个十分严谨的人。"其首批弟子亦即其现在两位黄金助手王英与田书帆如此评价蔡光亮，其敬畏之情溢于言表。因为，30多年来，从运动员到助教，她们一直追随蔡光亮，其以身作则凡事追求完美与极致的品格精神，已深深注入她们灵魂深处。"他一直支撑着整个山西蹦床事业。他之所以如此出色，给山西蹦床带来如此大的成就和荣誉，就因其不忘初心，不想愧对山西这片古老土地，不想愧对山西父老多年来对他的一片厚爱，不想愧对山西各届领导对蹦床寄予的期许与希望。他真的想带出些成绩，想慰藉自己和家人，把自己的青春年华都奉献给蹦床事业。若有一点点疏忽和懈怠，他心里会感到不安。"如睡莲般静静绽放的王英深有感触地说："为追求极致，蔡练已经成了那种具有精神与灵魂洁癖的人。"宇之表无极，宙之端无穷。极致本身就是对宇宙脉脉律动，对自然生生不息，对阴阳平衡之道衍生的一种遵守与敬畏。无限风光在极致处。极致是一种向上向善之境界，是现代人拥有之人生姿态，更是竞技体育走向高难与精准的必备之技、必经之途。

取舍之间，得失之际，皆其之世界观、价值观和人生观的体现与选择。凭借多年经验教训，早已对蹦床训练熟稔于心，为之奋斗近30年，牺牲很多个人幸福与快乐的蔡光亮，也赢得了"山西省劳动模范""山西省尖端人才"等各种荣誉和光荣称号。

"传帮带一直是山西竞技体育的优良传统。"

从2002年到如今，蔡光亮一直奋战在中国蹦床事业第一线与最高平台上。从2004年雅典奥运会，到2008年北京奥运会，到2012年伦敦奥运会，到2016年里约热内卢奥运会，再到全力以赴备战2020年东京奥运会，蔡光亮都赫然在列国家级蹦床教练名单，这一点都不奇怪。每四年一届的全运会、亚运会；每年举行的世锦赛、冠军赛，蔡光亮都马不停蹄带着他的蹦床精英们奋战不休，战绩傲人。山西呢，他继续被委以重任，兼着总教练，而把10岁到30岁这个关键衔接口男女蹦床运动员培养的重任，托付给王英与田书帆两位女将。她们是全国少有的女全能助教。

"传帮带一直是山西竞技体育的优良传统。若遇问题请示蔡练。我们能解决的则尽量自己解决，尽量报喜不报忧。"精干利落的男队教练王英表示，"我们发自内心敬畏蔡练，因为他是山西蹦床界标杆，是英雄，更是智者。每天让运动员有进步、超越自己，已成为我们的信念。"一身典雅气质的田书帆说："我们这里的孩子，没有一个不努力。"她们皆以蔡光亮为标杆、为榜样，紧紧跟着他，带着山西蹦床队的希望，前行跋涉，奋进攀援。

说到学习，有的孩子很小开始训练，为让他们享受"体教结合"下的双重雨露，中心开设文化课。更重要的是蔡光亮、王英、田书帆他们，已意识到自己需要大量学习，提高职业素养，增强知识储备，所以，他们不仅自己学，还经常督导运动员写日记，细细为其批改。

"我批改得认真,他们也就写得认真,点点滴滴积累。"说到读书,蔡光亮说他眼花了,现在改读为听,在听《鲁迅全集》。王英说她十分迷恋世界名人传记,"四五年时间,大概读了上百部世界名人传记,还一篇一篇做读书笔记,受益匪浅。"田书帆则说:"有一段时间感到静不下来,就开始练瘦金体。每天写几十个字,坚持了好几年,没想到孩子们也跟着我练硬笔瘦金体。"

天赐食于鸟,绝不投食于巢。无技不精,无艺不巧,学无止境。他们不仅用心生活,更在以顽强拼搏的身姿,追求着生命的最高价值。克制,内敛,静默如初却暗流涌动。他们从不张扬,从不炫耀,带着信念,过好每一天,将自己喜欢的事做到极致,做到无怨无悔。从他们身上,我们真切看到了山西体育乃至中国体育的未来可待、辉煌可期。

"对爱情的想象依然停留在热恋阶段。"

熟悉蔡光亮的人,都知道身负山西与国家蹦床争金夺银重责的他与家人聚少离多,既未尽到人夫之职,又未尽到教女之责,对娇妻爱女既满怀愧疚,又饱含思恋。所谓"家国不能两顾,忠孝不能两全",在蔡光亮身上,体现得最为贴切。可是,正是这份对家庭对亲人情感与爱的忠贞坚守,成就了他专注并热爱的技巧事业。

说起爱情,这个世界上人类最美好的情感之一,蔡光亮满脸幸福,是那种洞察世事后的达观与经历人世沧桑后的纯真:"对爱情的想象依然停留在热恋阶段","记忆里留下的全是美好"。这种对爱情乌托邦式的坚守引领了他审美上的苛刻与纯净。他与爱妻相识于少年。那时,练体操的蔡光亮住在教练家里,妻子住教练对门。见一帮小男孩在邻居家每天出出进进,除了好奇,便是寻求接近。就这样,这位可爱而美丽的小姑娘走到了蔡光亮身边。练体操、做过小生演员的蔡光亮,我们无法想象他有多帅,有多阳光,有多俊朗,举手投足间掩藏着多少风流倜傥。几年后,师母转达了姑娘这份情窦初开的浪漫表白。

蔡光亮也被丘比特之箭射中,从此,他们鸿雁传书。"知道我们的情书有多少吗?这么满满一大箱子。"问世间情为何物,直教人生死相许。他们缠绵悱恻温婉动人的爱情,在无数训练结束单调枯燥的日子里,一直闪闪亮亮萦绕氤氲在蔡光亮心间,温暖着他,陪伴着他,走过无数赛场风云,走过无数云淡风轻。

"爱情在左,婚姻在右"。在蔡光亮与爱妻这里,满满皆甜蜜。为了丈夫的事业,曾是安徽省滁州市京剧团演员的妻子追随蔡光亮来并。许多年,她换了许多工作,幼儿园老师、电话总机室接线员、体育馆工作人员,如今退休在家。只要在一起,蔡光亮就会把全部温情给她,他们是夫唱妇随的一对佳偶。闲暇时,妻子经常观看丈夫训练,时间长了,她也成了蹦床行家。全家人少有时间团聚。一个小队员说:"有时去外地比赛,在火车站看到蔡练与师母分别的情景,我鼻子都酸了。"这样的分别是离愁别绪,是情更浓,是家国情怀里最亮的底色。

自1990年起,蔡光亮几乎每年都有奖牌入账。可他就是那么低调谦和。笔者在采访程中平副巡视员时,他说:"像光亮那样低调谦和始终如一的教练员,真让人佩服!"低调做人,高调做事。"水平不高者才低调。"蔡光亮时不时爆爆冷幽默,然后圆融地笑一下。可他的蹦床技巧梦想却一天天充盈,一如其爱情果实,在等候与思恋中,一天天饱满,"还有三四年退休。那时,我们就可以牵着手,逛街买菜,像天下无数普通夫妻一样操心着柴米油盐酱醋茶,不再分居两地了。平时我最大爱好就是听京戏,有时上网听,有时让妻子唱。我只是听,因为我一唱就跑调。"说到这里,清脆密集而又悦耳的声响,妖妖娆娆,从衣兜里传出,分明是蔡光亮又在磨核桃了。

爱情与事业皆不了情。蔡光亮用一颗玲珑心,两首款款曲,唱念做打,抹挑勾踢,轻轻和,絮絮弹,弹出人间真爱与大爱,弹出人生本真与纯洌,弹出似水流年里风花雪月般的诗与远方。

1990年

山西人民积极响应,900万人捐赠,分三批向第十一届亚运会基金会捐款2036.7万元,数额列全国之首。

"亚运之光"西北路火炬在三晋大地传递。亚运会期间,大型民俗系列舞蹈《黄河儿女情》《黄河一方土》及"煤海之光"灯展轰动京城。亚运会开幕式上,绛县飞龙腾空而起,太钢锣鼓、临汾威风锣鼓打出中华民族威风。

山西8名运动员参加第十一届亚运会,取得2金1银2铜和两项第四名。

原文庆小传

江雪

题记：9岁习武，34岁退役。山西武坛宿将原文庆，在世界锦标赛、亚运会及亚洲和全国的其他比赛中，金牌总数达78枚。尤其是从六运会到八运会，在长达14年的时间里，他创造的全运会"三连冠"，在时间的跨度上，至今无人能比。他是当之无愧的"世界武术王子"。

走向武术

1966年10月2日，原文庆出生在山西长治一个普通工人的家里。父亲原满喜是山西淮海机械厂某分厂书记，母亲延秀兰是淮海厂的临时工。原文庆是家里的第七个孩子，他有一个哥哥、五个姐姐。

原文庆没有上过幼儿园，是姐姐们带大的。7岁那年，原文庆上了小学。在淮海厂子弟学校，好胜心强、聪明可爱的他，总是代表班集体参加学校田径运动会，并在长跑和跳高比赛中名列前茅。

三年级时，淮海厂成立少年武术队，当时还是淮海厂工人的陈贺林来到他们班，叫出几个学生，要他们跑一跑、跳一跳。陈贺林发现，几个孩子中，就数原文庆的动作协调能力和弹跳能力突出，于是选中了他。

刚接触武术，原文庆便显示出了他的灵活性和悟性来。仅仅一个寒暑之后，极具武术天赋的原文庆在参加长治市小学生武术比赛时，便一举夺得了规定拳第一名。独具慧眼的陈贺林决定给这个孩子创造更好的训练平台，于是把他介绍到武术训练条件比较优越的长治轴承厂子弟学校，希望他跟着该校武术教师赵子建好好学艺。

长治轴承厂离原文庆的家有十多里路，小文庆得吃住在学校，每周只能回家一次看爸爸妈妈。两个月后，他连招呼也没打偷偷跑回了家。

陈贺林不甘心,他再次推荐他加入了新组建的长治市业余体操武术队。

4个月短暂训练后,长治市武术队到太原参加表演赛。表演赛间隙,一个原文庆不认识的教练忽然招手叫他过来,要与他掰手腕。11岁的原文庆,单薄瘦弱,哪里是教练的对手。那位教练笑着拍拍他的头,说了一句,这孩子挺机灵,好!当时的原文庆并不知道,这位教练就是全国十大武术教练、山西鼎鼎大名的武术总教练、他日后的武术恩师庞林太。

1977年6月,山西省体校在全省挑选武术运动员。赵子建带着长治市业余体操武术队的一班小弟子奔赴太原。谁知测完自选拳,几个年纪稍大的学生被选中,唯有原文庆因年龄太小被淘汰。这次挑选有年龄限制,要求运动员最小14岁,而当时原文庆只有11岁。

本来抱着武术好玩、强身健体心态进行训练的原文庆对这次的选拔并没在意。1977年12月,一封热情洋溢的信从山西省武术队领队张玲妹手中飞到了淮海子弟学校。陈贺林拆开一看,是让原文庆赴太原参加省武术队集训的通知。如果仅仅因为年龄小就淘汰他,对这个孩子不公平,山西省几位武术教练一商量,决定破格把这个孩子招进来。他们也没想到,这个孩子会成为日后中国乃至世界响当当的"武术王子"。

叫响"武术王子"

可喜的是,原文庆遇到了他一生难忘的恩师——山西省武术队教练庞林太。

庞林太是山西太原人,10岁习武,师从何振江、张锡太、布学宽等武术家,擅长查拳、形意拳。他看起来十分随和,却有一种不怒自威的气质。庞林太一眼看出了原文庆的潜力。在辅导原文庆练好基本功和自选拳的同时,对他的每一个动作仔细雕琢,并把集查拳、华拳、红拳、炮拳为一体的长拳悉心教授给他。得到老师悉心教诲的原文庆如鱼得水。棍术、刀术、长剑……冬练三九、夏练三伏，每一个项目他都苦学苦练苦苦揣摩，一招一式力求完美。

1980年，原文庆正式成为山西省武术队的一员，并首次代表山西赴昆明参加全国武术比赛。这是一次全国武术表演赛，初试锋芒的原文庆获得刀术第七名。

庞林太特意带着他观看了陕西武术名将赵长军的比赛。赵长军娴熟的武艺使原文庆大开眼界。庞教练的良苦用心使他萌发了挑战武术冠军的念头。

业内评价，原文庆是用脑练武的典型。原文庆悟性极高，他善取人之长，为己所用。1978年，他开始训练地躺拳。看了赵长军的地躺拳表演，他找到了自己的差距。

1981年，在全国武术比赛中，原文庆获得双刀、地躺拳两项第三名。训练加经验，这时候的原文庆开始向最高峰冲刺了。1982年，在全国武术锦标赛上，16岁的原文庆夺得全国双刀冠军，获得了他人生第一枚国家级比赛金牌。

1986年，原文庆终于在棍术上超越赵长军夺得冠军，成为赵长军势均力敌的对手。

随后一发而不可收。1986年、1988年、1989年在全国武术锦标赛上，他获6枚金牌；1987年在全国第六届运动会上获2枚金牌，表演一等奖；1988年在杭州国际武术节上获4枚金牌；1989年在香港举行的第二届亚洲武术锦标赛上获4枚金牌；1990年在马来西亚国际武术节上获3枚金牌；1990年在北京第十一届亚运会上获武术男子全能金牌……有人统计，原文庆获得的奖牌是山西省体育界有史以来获奖牌总数的1/6！

上世纪90年代乃至2000年之后，红遍武术界的原文庆占据了很多媒体的头版头条。《中华武术》《搏击》《记者观察》《沧桑》《今日山西》……诸多媒体争先恐后报道着这颗冉冉升起的武术新星。他成了享誉中国、当之无愧的"武术王子""中国十大武星"。

在1990年第十一届亚运会开幕式上,他被国家体委主任伍绍祖"钦定"为8位护旗手之一。同年,他被团中央授予"新长征突击手"光荣称号。他成为继李连杰、赵长军之后的"中华武术王子"!

尽管事业如日中天,1993年,27岁的原文庆在拿到第二届世界锦标赛冠军金牌、第七届全运会金牌后,还是急流勇退,宣布退役!

1994年,第十二届亚运会比赛在即。没有了原文庆,国家武术管理中心很多教练都不踏实。经过多次研究,原文庆被紧急召回。肩负重任的原文庆再一次出现在北京训练场上。

按照日本法律规定,钢制品不得入境,顺手的钢刀不得已改成了铝刀。原文庆怎么也适应不了一抖就哗哗乱颤的小片刀。一天,手中铝刀因抖幅太大,一不留神,刀片落到了胳膊上,肘部一片皮肉立即翻出。他拿绷带一绑,接着训练。

原文庆带伤来到广岛。比赛前,中国武术代表团到日本进行推广和宣传。一天晚上,原文庆的表演获得了满堂彩,第二天一大早,原文庆刚一出门,一位韩国人拦住了他的去路要与他比试。对方1.80米的个头,长得膀大腰圆。他靠近这位同道中人,突然一发力,对方还没明白过来,已经被掀翻在地。

原文庆不负众望,在广岛亚运会的武术比赛上以绝对优势摘得了男子3项全能冠军。

原文庆第二次宣布退役。

涉足影视

1982年,电影《少林寺》上映掀起了国内"武打""功夫"电影热潮。《少林寺》以1毛钱的平均票价创下1.61亿元的票房纪录,香港票房更是达到了1616万港元,打破功夫片在香港地区的票房纪录。李连杰饰演的武功高强、匡扶正义的武僧觉远深入人心,甚至掀起了一股民间练武高潮。

李连杰的成功给同是"中华武术王子"的原文庆一些启示，或者他也应走与之相似的影视道路。当时，原文庆在武术界的声誉和身手，吸引着很多电影制作人。果然，原文庆很快"触电"。

电视连续剧《塞外奇侠》中，原文庆饰演卓一航一角。很多演员用替身，原文庆从来不用替身。1995年，《塞外奇侠》播出。

之后，原文庆又参加了由香港某电影公司投资拍摄的电影《铁血壮士》（又名《街头杀手》）。这部影片的动作指导是袁和平，男一号"铁猴子"由香港影视明星甄子丹饰演，原文庆在影片中饰演阿金。1996年，《铁血壮士》在全国上映。

原文庆至今记得，他和甄子丹被吊着威亚到竹林高空，甄子丹与他进行切磋交流的情景。原文庆用心学习着不同于竞技场上电影武术表演技艺，此时的他，以为影视业将会成为他一生的事业了。

无论外形还是技艺，原文庆无疑都是优秀的、具有影视发展潜力的。这两部影视剧后，他与香港太阳海公司签了6部片约，正式开始向影视界发展。

命运抉择

上世纪90年代，原文庆红遍中国，红极一时。

1995年，原文庆被评为中国当代"十大武星"之一。1996年，《中华武术》杂志第12期刊发文章《武影双星原文庆》，1999年《记者观察》杂志第3期刊发文章《武坛老将的新追求》……这些似乎预示着，如果按照这条路走下去，也许他会成为家喻户晓的另一个"成龙""李小龙"或者"李连杰"。

可是，生活没有如果。

1995年5月，原文庆回家休假，正赶上山西省体委备战八运会。

而此时，山西武术队的队员青黄不接、尚不具备夺冠条件。号称"武术之乡"的山西，此时此刻该怎么办？时任山西省体委竞训综合处处长的杨凤楼、老教练庞林太以及山西体委领导，不约而同想到了"武术王子"原文庆。

封拳多年的原文庆已在影视圈小有名气。此时让原文庆放弃正在拍摄的影片，再度出山，他能同意吗？

原文庆进行了激烈的思想斗争。国际武联主席伍绍祖曾说，武术要重武艺，更要重武德。于是原文庆出现在他签约的那家影视公司："我想请假两年，打完第八届全运会！"

"正在拍的影片，那是多少投资？由一名'武术王子'转向一名功夫巨星的两年多的精心包装，那是多少心血？放弃拍片的机会，在影视界也许就不会再有发展的可能了……再说，倘若拿不到金牌，你的影视发展会受到极大影响，你现在已经小有名气了……"

"我是山西人，为了山西，无论如何，我必须去搏一把！"说完这句话，原文庆义无反顾转身离去！

强化训练在山西大同进行。两年没有训练的原文庆的身形已发生了明显变化。一个武术运动员，首先要有健美的身材。此时的庞教练虽然身兼山西省体工大队副大队长、党委书记等职，却每天在一线监督着武术队的训练。他对原文庆提出要求：不许吃肉，不许吃晚饭。

没有足够的能量怎么保证高强度的体力训练？食堂内不能吃晚饭，每天训练结束，原文庆就偷偷跑到附近一家面馆，美美吃一碗面。但还必须短期内瘦下来，怎么办？原文庆的办法是，每天早上多练一个小时，下午正常训练结束，再训练一个小时，也就是说他每天要比别人多练两个小时。两个月后，他的体重由 80 公斤瘦回 65 公斤。

1997 年 10 月 12 日，第八届全运会在上海开幕。比赛开始，只见一身红衣红裤、一头及肩长发的原文庆几步跨至天蓝色地毯中央，一个起势，便以其飘逸、刚健的气质震慑了全场观众的心，体育馆内鸦雀无声……原文庆的一套长拳舒展大方，快速有力，节奏分明。他威猛挺秀、矫健敏捷，动作幅度大，跳得高，难度大，但他做得行云流水、疾如猛虎，灵如猿猴。

八届全运会的山西武术，再度卷起"原文庆旋风"。第二天，原文庆的一套自选拳打得令人叫绝，显示出他超人的体能、独特的风格。第三天，他的刀术又以9.07分名列榜首……

有人说，原文庆的复出，对山西来说是一大幸事，而对于他的对手来说，却是一场"悲剧"。原文庆何止是不负众望，他超额完成了山西体委交给他的任务，获得了第八届全运会长拳冠军，刀、棍小全能冠军。

至此，共获得78枚世界、国家级金牌的原文庆那红色的身影永远告别了武术赛场！

很多年后，武术竞技场上，很多人还在模仿着原文庆的装束，及肩长发随身形腾跃起伏飘飞……

哺育桃李

告别赛场的原文庆先到北京体育学院完成了本科学业，之后又到山西大学完成了研究生学业。

2000年，研究生毕业的原文庆接受福建省石竹山文武学校的邀请，前往该校挂职任武术校长。原文庆担任武术校长后，学校生源急剧飙升，最后达到了5000多人，一举扭转了亏损，达到了2.7亿的赢利。

2004年，原文庆放弃福建优厚的待遇和外国武馆的盛情邀请，毅然回到山西，在清徐县租赁场地筹办起一所以文化教育为主导思想、武术训练为交流手段的新式全日制文武学校——"原文庆文武学校"。

2005年10月6日，原文庆首次开始收徒授艺。

2007年，第二届香港国际武术大奖赛暨国际健身气功展示大会在香港举行。恰逢香港回归10周年，海内外50多个国家和地区的127支武术代表队云集香港，参加了比赛。原文庆带着他的8名弟子参加比赛，一举摘得本次比赛的23枚金牌、2枚银牌。

此间，虽然原文庆也参加了一些影视剧演出，比如，2005年由鞠觉亮执导的电视剧《侠骨丹心》，邀请他饰演宇文雄；2006年随陈勋奇到太原拍摄了《功夫小英雄》（又名《功夫之王》），扮演劈挂门大师兄陈磊。但时过境迁，年近40岁的原文庆已无心于影视业的发展之路了。

返璞归真

在长达14年的时间里，原文庆创造了六、七、八届全运会"三连冠"，在时间的跨度上，至今无人能比。遗憾的是，武术不是奥运会项目，致使原文庆这样天才的运动员失去了在奥运会上展现自己的机会。要不然，他耀眼的光华，完全可以和李小双、田亮、陈中等奥运会冠军相媲美。

2006年2月，曾亲自指导过成龙、李连杰拍戏的香港著名影视导演陈勋奇来到太原，谈起原文庆："把他和李连杰两个名字放在一起，我们都扼腕叹息，当今境遇实天地之差，但曾经，原文庆的身手确实好过同为武术运动员的李连杰，他（影视）没能成名……至今让人惋惜。"

2009年，原文庆受聘于上海市武术运动管理中心，担任主教练。如今，他的学生侯天齐、刘金元、刘续亮、马秋颖等，活跃在武术竞技场上，不断夺得金牌，光耀着中华武术！

工作之余，原文庆正研习着一套功法。一位武术前辈交给他一卷"武功秘籍"。据说，这套"秘籍"出土于中国，之后流落日本。一位中国武术大师在日本见到后，不惜重金买了回来，原文庆拿到的是复印本。"秘籍"皆是武功套路图形，属于哪家功法没人知道。几十年习武，原文庆对中华武术大多知道一二，他在慢慢破解，希望使之成为中华武术的一部分……

今天的原文庆早已剪去一头长发，留着与平常人一样的寸头。古铜色的脸依旧棱角分明、俊朗、刚毅，还多了几分经历世事后的平静。

1991 年

山西省第八届运动会举行，5人5次超7项全国纪录，5队6人17次超12项全国少儿年龄组纪录，4队13人打破53项少年省纪录。

山西著名棋手叶江川，在北京举行的国际象棋公开赛和国际象棋特级大师邀请赛上，分别获得季军和亚军。

叶江川：从棋王到棋王制造者

悦芳

叶江川，国际象棋男子国际特级大师、国家体育总局棋牌运动管理中心副主任、世界国际象棋联合会副主席、中国国际象棋协会副主席、中国国际象棋国家队总教练、第十届全国政协委员。他1981年首次参加全国国际象棋个人赛获得冠军，此后又于1984、1986、1987、1989、1994、1996年获得6届全国冠军，他是我国获得全国男子冠军次数最多的棋手。由一位半路出家的国象队员，到成为中国独步世界棋坛的棋王，直至带出四位美丽的棋后，又率中国国象男团在奥赛中夺冠。由棋王到棋王制造者，无论棋盘或人生，每一步都"走心"的叶江川，以极其缜密的思维和独特的方式，将中国国际象棋带到了前所未有的高度。

半路出家　18岁改行下国象

叶江川，1960年出生于山西，他坚称自己是山西人。其父亲是江苏人，母亲是四川人，故为其取名为"江川"。小时候，叶江川在无锡老家度过了自己的童年，7岁时才回到太原父母身边。

叶江川出生于饥饿年代，他能走上当时比较稀有的职业棋手的道路，应该得益于其与众不同的父母。"现在想想，我父亲是个开明的家长。当时没有素质教育一说，但我们家有4个孩子，父亲按琴棋书画分类，让我们四个孩子习练。"那时候，国内还几乎没有国际象棋赛事，叶江川与哥哥学下中国象棋，两个妹妹，一个拉二胡，一个练书法。下棋下了一段时间，哥哥不太喜欢，叶江川却一下就迷住了。没过多久，大院里的人都下不过小江川了，骄傲的父亲便骑车驮着他到处找对手。冬天的太原下很大的雪，车轮轧过，雪地里留下很深的车辙辘印儿，刻下了叶江川对棋类运动的热爱。

1974年，国家开始恢复棋类全国个人比赛。第二年，叶江川就获得太原市中国象棋少年组冠军。1976年，他去兰州参加全国比赛，见到了胡荣华、杨官麟等顶尖象棋大师。16岁的叶江川暗下决心，希望自己将来也能像这些前辈一样出色。可惜兴奋劲儿没持续多久，已经打进前12名的叶江川却接到了比赛暂停的通知。原来，那一年国家多位领导人相继去世，比赛被延迟到次年举行。结果，重新参赛的叶江川获得全国少年组第7名，当时省里内定取得前六将成立象棋队，因一名之差计划被取消。

这时候，一位前辈伸出援手，把叶江川引向另一条路——国际象棋之路。这位前辈就是中国棋界大名鼎鼎的王品璋先生。但那时的中国百废待兴，棋类比赛也是走走停停。已进入省队没能打进全国比赛前六的叶江川，回到家中准备高考，这时候，王品璋老师找到叶江川的父亲，建议棋感不错的叶江川改下国象。嗜棋如命的叶江川一听喜坏了：只要有棋下就好！这一年是1978年，叶江川18岁。

进了专业队，叶江川才发现棋类项目最依仗童子功，自己前面十多年打的全是中象的底子，一到国象队里，成了岁数最大却水平最差的一个。队友们普遍比他小两三岁，但队内比赛，他老是输，压力特别大。这可怎么办？要强的叶江川思来想去，只有笨鸟先飞、暗下苦功。他把每天泡在棋上的时间增加到10个小时，甚至12个小时，抄棋书、背棋谱，他以过人的用功，来弥补半路出家的不足。就这样，一年多时间的艰苦磨砺，他成为队里的"老大"。闭门修炼让叶江川的水平在队里拔尖，但这个年轻人的心里却蕴藏更大的梦想和更高的目标。

当时，整个山西省国象队只有一本油印的棋书，是美国棋手菲舍尔撰写的《难忘的60局》。叶江川和队友们反反复复打谱（按谱摆棋），最后基本上可以倒背如流。为了获得更多、更新的棋谱和对战招数，他不得不到天津、南京、上海等发达地区去"取经"。在那个信息闭塞的年代，这些书籍、资料特别珍贵。所以他每到一处就跟武侠小说里写的那样，手抄"武林秘籍"。这些"手抄本"后来成为山西队异军突起的秘密武器。

三年之后即1981年，叶江川在全国国际象棋个人赛上一举夺取冠军。从此，这位山西小伙一发不可收拾，成绩一年好似一年，国内鲜有能与他匹敌的棋手。

急流勇退　带谢军登上棋后宝座

1986年是中国国际象棋运动史上值得记载的一年，国家体委竞赛训练四司副司长陈祖德出面成立了中国国际象棋集训队，叶江川终于找到了自己的归宿。两年后，即1988年，陈祖德在一次会议上，提出中国国际象棋队"四步走"的奋斗目标。"四步走"的具体设想是：先夺女子个人世界冠军，再夺女子团体世界冠军，随后是男子团体进入世界前列，最后是夺取男子世界好名次。中国国象要想实现突破，得先从女子抓起，形成互助组制度，由中国男一号帮助中国女一号，男二号帮女二号，以此类推。于是身为男一号的叶江川在28岁时第一次有了自己的学生，这就是当年只有18岁的北京小将谢军。在1989年全国冠军赛上，师徒二人双双折桂，谢军是首次登上全国冠军宝座，叶江川则已是五次夺魁了。1990年，苏联世锦赛一举成名，谢军战胜了南斯拉夫的马里奇，获得了对在位棋后齐布尔达尼泽的挑战权。

那个阶段特别的辛苦，叶江川每天工作都在10个小时以上，从苏联的棋书《情报》和其他书籍中，找谢军对手的蛛丝马迹，每个对手的特点、思维方式都要研究精透。齐布尔达尼泽聘请了前男子世界冠军做教练，叶江川还要把她的教练的思路和棋风完全摸清楚，要做大量的资料分析和统计。那时候，叶江川几乎把自己下过的每一盘棋的每一招都给谢军讲清楚了，后者的水平提升很快。谢军的棋风实用、韧劲十足，由于她也是中象改下的国象，和叶江川的风格有些类似，攻杀力很强。因为备战充足，1991年，谢军挑落齐布尔达尼泽，成功登顶。此后的10年间，谢军4次蝉联女子个人世界冠军。

无论奥运，还是非奥，竞技体育始终是"以成败论英雄"的地方，所以，当谢军登上棋后宝座后，叶江川以"谢军教练"的身份进入国人视线。正是有了这位中国男一号的付出，才有了谢军的成功封后。

慧眼识才　接连带出四大棋后

看到叶江川在带女徒弟上的潜力和成效，领导们将更多女棋手交到叶江川手中。2000年，叶江川担任国际象棋国家队的总教练。1998年至2004年，他率领中国女队在奥林匹克团体赛上实现四连冠。那时棋院的人见到他都不喊名字，直接叫他"三包"。因为他上午的时间都被谢军包了，中午则指导赵雪，晚上还得给许昱华讲棋。

在此期间，中国女子国象棋手继谢军之后，又涌现了诸宸、许昱华和侯逸凡。当叶江川在济南首次与侯逸凡对弈时，侯逸凡凭借精确的计算跟叶江川下和了。一下子，这位棋感很好的女孩子便引起了他的注意。回到北京后，他一直觉得必须培养好这个好苗子，他坚信，侯逸凡一定是未来的世界冠军！可按照规定，当时棋院不能收这么小的孩子。他跟棋院其他领导商量，决定让侯逸凡的妈妈到棋院担任图书管理员，顺便照顾孩子，还给她俩安排了一间宿舍。就这样，侯逸凡从9岁开始，便被叶江川带在身边，叶江川将大部分时间倾注在侯逸凡身上，一招一招调教。侯逸凡也不负恩师，16岁夺冠，17岁卫冕。短短7年，他就培养出了又一位女子世界冠军。

这四大棋后以及她们团体奥赛的骄人成绩，让整个中国女子国象屹立于世界巅峰。说起当教练，叶江川直言自己是一把好手。他说，"我给队员讲棋条理清楚，语言生动，而且常常有实例列举，所以队员都很爱听。""做教练，要有传教士般的热情。"这也是叶江川常常挂在嘴边的一句话。更有外界评论，他是国象界一位向来对自己的学生毫无保留的教练。

步步惊心　从棋王到棋王制造者

叶江川说，他有两个梦想：一是希望更多的人热爱国际象棋这项运动；二是希望男子国象能出个世界冠军，男子团体跃上世界顶峰。有梦就会成真，2014 年 8 月 14 日，中国男子国象队在挪威举行的第 41 届国际象棋奥林匹克团体赛上取得历史性突破，勇夺奥林匹克团体赛冠军，打破了欧美人对奥赛长达 87 年的垄断，树立了中国国象的一座里程碑。

8 月 16 日中午，叶江川从首都机场 T3 航站楼走出，高举汉密尔顿·罗素杯，脸上写满了笑容。作为一个从事国际象棋近 40 年的工作者，这次夺冠让叶江川心情非常激动，感慨颇多。"下棋就是下个错。"他说，高手对弈，棋力相当，往往就等着对方出错，所谓的一着不慎，满盘皆输。挪威奥赛男团桂冠，是国际象棋比赛中含金量很高的一块金牌，也曾是中国男队眼中难以逾越的高峰。更让叶江川欣喜的是，成功夺冠的中国男团，平均年龄只有 22 岁，正是男选手棋力最好的时候，除倪华年岁稍长外，王玥、丁立人、余泱漪、韦奕等，一个个都是花样年华，可以说这样的年龄预示着年轻的一代已经挑起了中国男子国际象棋的大梁。这批充满朝气的选手，在比赛中协同作战，过匈牙利、平俄罗斯、拼法国，一场场全是硬仗，每一盘步步惊心，终于实现了夺冠梦想。

两年之后，2016 年 9 月 13 日，中国国象女队经过 12 年历练，重夺奥赛团体赛冠军。四年之后，2018 年 10 月 5 日晚，中国国际象棋男女队在格鲁吉亚又双双加冕奥赛冠军。在叶江川看来，国象队能够取得这样的成绩，是几代国象人的共同努力，他说这是对坚忍不拔和永不放弃精神的充分体现。

从棋王，到棋王制造者，叶江川每一步都走得很稳健，前提是，他对国象有着发自内心的深沉的爱。他可以放弃大学录取通知书，毅然重返棋队；为了普及国象，他在 2000 年时应邀挑战吉尼斯纪录，1 比 1004 人，足足下了 28.5 小时，下到第 800 个选手时，感到体力不支，把陈祖德吓得够呛："别把小叶下残了！"为了带队多打比赛，他衣兜里放着诸多航空公司的会员卡，空中飞人般飞来飞去。而在夺得奥赛男团冠军后，他不敢有一丝松懈，"扩大人才群厚度，不能昙花一现"成为当务之急。

任重道远　俯首甘为"无冕之王"

从国象部副主任、主任、国象协会秘书长兼国家队总教练，到今天的中心副主任，叶江川一直是双肩挑。他集棋手、教练、管理者于一身。作为棋手，他曾两进世界杯8强，世锦赛打到9至16名，7个全国冠军，1995年和1999年两次获得"陈振南杯"国际特级大师邀请赛冠军。1999年7月，他的等级分首次达到2620分，成为我国第一个等级分超过2600分大关的男子棋手。这些纪录，中国棋手至今没人能破。他和世界上所有的男子高手都有过交锋，曾与卡斯帕罗夫、卡尔波夫战平，并击败瑞士科尔奇诺依和英国肖特两位世界亚军。说起自己的以往战绩，叶江川脸上仍露出自豪之色。但肩负的使命，令其淡然了曾经的辉煌。

作为教练，他带出了谢军、侯逸凡等一批国际顶尖的棋后级选手；作为国家队的总教练，他麾下的中国女队稳居世界一流，男队迅猛发展，最终实现夺冠梦想；作为国际象棋协会副主席，他积极进行着国象的推广、普及、管理工作。逐步完善了国际象棋在中国的竞赛体系，从他担任行政工作开始，职业联赛从计划变为现实，大批年轻棋手涌现，促成了中国国际象棋人口从几万人到几百万人的迅猛提升，使得国象教学、普及推动的专业层越来越厚，越来越广。

2005年，叶江川创办中国国际象棋甲级联赛，一方面整合了社会各界棋手力量，另一方面为年轻棋手跟顶尖高手过招提供了机会，至今已连续举办12届。自2004年至2015年举办了几十场有影响力的赛事，如南京大师赛、太原大师赛、儋州大师赛、中俄对抗赛、中美对抗赛、男女名人赛等。这些赛事极大地提升了我国国际象棋的影响力，推动了我国棋手水平的提高，加强了与各国棋友的友谊。同时大力推动发展我国国际象棋人口，建立全国国际象棋特色学校，目前已发展300余所，建立全国国际象棋之乡，建立全国后备人才基地与高水平后备人才基地。这些举措有力地推动了国际象棋人口的普及和增加，目前据初步统计，学习过国际象棋的青少年已达500万之多。

对叶江川而言，只要还在中国国象的棋盘中，他便可以成为任何一枚"棋子"，且尽可能发挥每个角色的作用。"我早已养成了竞争的习惯，从未懈怠过。国象讲究局面推进，把握好节奏感和计划，不断往前拱。"即便"最想当的还是棋手"，但他依然把"与赞助商打交道、为国象爱好者服务和协调社会力量的关系"等令不少专业棋手听到就头疼的事，视作头等大事。2014年，叶江川入围"2014CCTV体坛风云人物年度评选"最佳教练提名榜单。2015年8月5日叶江川被国家体育总局任命为棋牌运动管理中心副主任（中国棋院副院长）。2016年，叶江川撰写的《冠军的荣耀》（男、女版）出版。

叶江川把自己当作火种，且庆幸于"全方位参与，一天也没离开过"，但他并不认为自己是少数人："以前从事国象的人三分之二还在一线工作。每个人身上都会有时代的烙印，或许我们那代人被留下的，就是'责任'二字吧！"

正是因为叶江川在国际象棋方面作出的杰出贡献，以及他在国际象棋界的影响力，2018年，他当选为国际棋联副主席。更值得一提的，叶江川是当选国际棋联的唯一一位亚洲副主席，他深感责任和压力在身。他说，正是因为国家的培养，才有了他取得的一系列荣誉和成绩，"在其位谋其政"，自己有责任和义务带领中国国际象棋协会和亚洲国际象棋界，与国际棋联紧密协作，学习国际上的先进办赛经验和项目发展理念，大力推动中国乃至亚洲国际象棋事业实现新的发展和跨越。

1992 年

'92 文体消夏晚会举行，中国足坛劲旅、歌坛歌星、时装名模进行精彩表演，中国足球队首任洋教练施拉普纳到会助兴。

山西国际摔跤队赴乌克兰冬训，这是我省历史上第一支出国进行短期训练的队伍。

高二伟传

岳占东

定襄自古出俊男，所谓人中吕布、马中赤兔，吕布便是定襄郡人。东汉建安二十年（215）定襄内迁，由塞外迁至雁门关内。内迁后的定襄仍旧人杰地灵，英雄辈出。

今有高二伟，便是定襄一俊男。

高二伟于1967年7月生于定襄县崔家庄。定襄因秦汉时久居塞外，内迁后遂流传有"挠羊赛"一俗。高二伟自小耳闻目染，幼年常与邻里孩童嬉闹摔打，渐成尚武之志，16岁时在家乡定襄县读初中就师从县体校教练朱富山学习摔跤，1983年，17岁便以优异的跤艺成绩考入省体校，两年后又入选省体校柔道组师从张俊明、陈玉楼教练专攻柔道，并迅速在国内大赛上崭露头角。

高二伟身高1.72米，体重65公斤，生得浓眉大眼，鼻直口方，大有北方汉子俊朗飘逸之貌，又兼运动员修长敦厚身材。其沉稳执著的性格让他不仅在运动员生涯中佼佼而立，而且在体育事业中为全省摔跤柔道发展尽立汗马功劳。

1989年，22岁的高二伟第一次在全国男子柔道锦标赛上获得65公斤级冠军，此后连续10次在本级别赛事上接连夺冠，成为山西男子柔道在全国大赛上的"冠军王"。这期间他先后于1990年代表国家参加了第十一届北京亚运会并夺得了65公斤级铜牌；1991年在朝鲜平壤杯世界A级赛上获65公斤级金牌；还于1992年代表国家参加了第二十五届巴塞罗那奥运会，成为跤乡第一个在奥运赛场上展示身手的摔跤汉子，获国家级运动健将称号。

20世纪90年代前后，高二伟密集参加全运会、亚运会、奥运会各种集训和比赛，其运动强度不断加大，连续训练时间日益紧张，致使他在令人羡慕的光环背后，落下了一身的伤病，但他却紧咬牙关从不流露。

从参加第二十五届巴塞罗那奥运会以后他便信心大增，立志要在下一届奥运会上拿到奖牌。为此，无论训练如何艰苦，训练时间如何紧张，他都默默地将每一滴汗水化为自己前进的动力。然而，就在他满怀信心向奥运金牌挺进的时候，他带伤训练的状况还是被细心的教练发现了。在强度训练课上，负重极限训练时他面部出现了常人不易察觉的异常表情，实战对抗赛中，他回避了许多自己早已掌握的炉火纯青的高难惊险动作，这些细节，瞒不过火眼金睛的教练。经过医生诊断，他已患有严重的关节肌肉劳损症，不宜继续从事大运动量训练。

当医生向他宣布诊断结果时，这个很少流泪汉子，第一次流下了无可奈何的泪水。他唯一的选择就是不得不离开自己心爱的运动员岗位，转任省柔道队教练。

1993年高二伟最早出任山西省忻州摔跤柔道训练基地教练。定襄、忻州、原平三县素有"跤乡"美誉，三县崇尚摔跤如出一辙，因此到忻州摔跤柔道训练基地任教，他若鱼归大海、鸟入山林。高二伟执教忻州训练基地后，网罗忻州三县可塑之材，让忻州地区体校与训练基地一时活跃非凡。正当他将忻州基地办得如日中天的时候，他却接到了省体委的调令，让他转战省城，执掌全省男柔主教练一职。

在此需要交代一下当时山西柔道发展状况和背景。1993年第七届全运会山西男子柔道队战绩平平，无金牌入账，立刻引起了省体委领导高度警觉。摔跤、柔道多少年来一直是山西的拳头项目，出现下滑趋势，势必影响山西今后在全运会的整体排名，这是全省过去绝无仅有的事情。因为新中国成立后山西的竞技体育排名一直处在全国的中等以上，其中有一届全运会排名跌至全国排位第二十三名，为此，当时一家省级媒体还发了一篇题为《位居二十三，全省人民心不甘》的报道。有这样的先例，省体委的领导是绝不敢懈怠全运会的金牌排位。因此一度金牌成了整个体育系统的最大政治，"有金牌就上位，无金牌就下岗"成了各级体育部门的普遍现象。男柔队在七运会出现下滑情况，自然立即引起省体委领导的高度警觉。为了改善现状，省体委专门调整了项目和管理布局，把在全国处于优势的项目确定为一线项目，整合省城内就近的有关项目管理中心，由竞技体育处统一协调管理；把优势不明显和全运会以外的优势项目划为二线项目，由群体处统一管理。摔跤、柔道作为拳头项目，自然被列为重中之重，为了强化训练，省体委将在忻州布局的摔跤柔道基地重新分化管理，其中国际式摔跤归到了省体工队摔跤协会管理，男女柔道归省体工队柔道协会管理。在此背景下，高二伟带领山西省忻州摔跤柔道训练队回到省城太原强化训练，并升任为男柔主教练。

接过主教练教鞭的高二伟和他的教练班子立即着手选拔人才组建队伍，准备在1997年举办的第八届全运会上大打翻身仗。然而由于当时省内的二、三线业余训练已出现了严重的断层现象，优秀人才极其匮乏，为了重整队伍，在没有别的办法可想的前提下，柔道队只好从原有的二流苗子中选拔十几名队员充实队伍。训练两年后，他们才发现这支队伍几乎毫无起色，要想在八运会上夺金，可能性极小。因为这支队伍无论是年龄较长的老将，还是入门还浅的小将，其身体素质和比赛技能都潜力不大，出现了"老将上不了马、小将拉不开弓"的局面。

面对这种情况，领导们心急如焚、教练们心情纠结、队员们无可奈何，于是各个层面纷纷开会献计献策，无论如何也要在八运会前找出一个补救夺金的万全之策。几次会议下来，大家逐步形成一个共识：只能让高二伟教练重披战袍再度出山，领衔亲征方可保银夺金。但如何对高二伟开口，却成了一个问题。因为所有业务领导和教练班子的成员都是过来人，他们深知面对一个退役3年多，且年过30岁，体重增加了近30斤，又有满身伤病的同事开这样的口，是太不近人情的事情。然而高二伟却早已看穿了领导和同事们的心思，他很明白，此等事情自己不首先表明态度，别人很难张口。经过一番深思熟虑，他首先试探着向年迈的父母和新婚的妻子征询意见。亲人们一听他想重返赛场，态度自然是坚决反对，因为他们都担心高强度超负荷的训练和比赛随时都可能把超龄服役带伤比赛的亲人折腾得不成样子，弄不好还会留个残疾，这将是一辈子追悔莫及的事情。高二伟了解了亲人们的担心后，他便晓之以理动之以情，对父母和妻子说：自古道，人生不得圆满，忠孝不得双全，既然我领军全省柔道主教练，就须竭尽全力为省里增光，当下既然已无别的办法可想，我只能披肝沥胆，奋力一试了！一席话下来，家人们却知道他决心已定，再多劝也是徒劳。父母和妻子都是识大体顾大局的人，尤其是父母，他们将儿子从小看到大，知道他从小在摔跤上就没服过别人，现在省里正在用人之际，他们即使心疼儿子，担心他的身体，也只能成全他了。取得了家人理解和支持后，他立即向领导和同事们表明态度，并迅速转换角色，投身到八运会的训练场上。

高二伟深知自己的这个选择没有任何退路，八运会上的夺金任务只能成功，不能失败。为了保证训练质量不受任何方面的干扰，他选择了远离山西去万里之遥的云南高原进行全封闭训练。那里无人打扰，只要自己关闭手机，就可断绝与外界的一切来往。他性格倔强，在他看来，承诺的事情就一定要尽心竭力去完成，那样他才能上对得起信任他的领导，下对得起家人的理解和支持。为了强化技术训练，他专门聘请了曾在国家队带过自己的教练石明先生作为自己的技术指导，运用日本女排教练大松博文创立的"魔鬼"训练手段，近乎自残般地高强度训练自己的身体、锤炼自己的意志。在他心目中，目标只有一个，就是直逼八运会男子柔道65公斤级宝座。

经过一年多艰苦卓绝的训练，高二伟不负众望一举拿下八运会男子柔道65公斤级金牌。这是山西柔道在本届全运会上获得的唯一一块金牌，其含金量可想而知。这个结果也验证了一年前决策此事的领导和同事们对他自身素质认可的英明和及时，也验证了他是一个能在"危难时刻显身手"的具有英雄气概的人，同时也成就了他"全运有金、亚运有牌、奥运有影"在摔跤柔道事业上近乎完美的人生三部曲。

俗话说："好人一生平安。"八运会后高二伟的伤情不仅没有加重，而且奇迹般地减轻了不少，这也许就是上苍对他顾全大局、勇于担当、不惧个人安危的英雄壮举的一种特别回赠吧!

1998年高二伟开始担任山西省男女柔道总教练。在此以后,他励精图治,奋勇赶超,为山西省柔道队广纳贤才,建功立业。到2010年他共为山西培养出十余名优秀柔道运动员,其中60公斤级武建军、杨波,66公斤级林阳,73公斤级包虎,81公斤级崔太东,90公斤级巴力吉,57公斤级女子柔道运动员王丽静,等等。王丽静在几十次全国运动会上夺冠,突破了女子柔道历史无金的困境。

"教练,我把金牌挂你脖子上吧,你辛苦了!"2009年在第十一届全运会上,柔道女子57公斤级冠军山西队王丽静,在赛后的新闻发布会上把金牌"颁发"给了教练高二伟。

"我也来好好感受一下……"高二伟低头抚摸着这枚既熟悉又夹带着欣慰的金牌,竟一时语塞。

在任总教练期间,高二伟大胆起用有潜力的运动员,王丽静就是其中的一位。30岁的王丽静本已退役休息一年,高二伟觉得她身体素质好,技术又娴熟,就又鼓励她重新投入训练。经过科学合理训练,王丽静虽然带伤训练压力较大,但最终还是得到了沉甸甸的回报。

在教练员这个"胜者王侯败者寇"的"无情"岗位上,高二伟有了傲视群雄的立足资本,在赤膊上阵的摔跤柔道搏击中,高二伟用自己毕生的心血赢得了鲜花和掌声。上级领导看他在工作岗位上成就突出,是堪当大任之材,便于2011年提拔他担任省局直管的山西省忻州摔柔基地副主任,于2014年又明确他全面主持工作。

在成功的道路上,高二伟付出的是心血,洒下的是汗水,收获的是一个又一个耀眼的光环。1990年11月共青团山西省委授予他"新长征突击手"称号,同时山西省社会主义劳动竞赛委员会记个人一等功一次,1997年11月山西省社会主义劳动竞赛委员会又为他记个人一等功一次,2005年11月山西省社会主义劳动竞赛委员会再次为他记个人一等功一次;山西省体育局和山西省体育记者协会联合评选的2006年至2009年山西省"十佳教练员"称号;2009年11月山西省社会主义劳动竞赛委员会为他颁发"山西省五一劳动奖章"。

  高二伟通过自己的辛勤努力,为国家赢得了荣誉,他用自己坚定的信念履行了自己庄重的承诺,用自己百折不挠的斗志践行了自己一心热爱的事业。"挠羊赛"的古俗一直在忻州大地上传承发展,"挠羊汉"的背影一直活跃在忻定盆地的庙会上。摔跤柔道业已成为跤乡不可或缺的精神,它不仅强健着跤乡父老的体魄,还浸润着跤乡人民的灵魂。为表彰高二伟这位跤乡子弟的荣耀,家乡人民将他与宗族中的两位长辈的事迹一起记入了《定襄县志》,他的精神和事迹将一起滋养跤乡这块沃土。

1993 年

山西武术运动员原文庆在世界武术锦标赛上以 9.78 分获刀术金牌，女子举重运动员李长萍在世界女子举重锦标赛上夺得挺举第一名。

第七届全运会预赛，山西超 1 项世界纪录，超 3 项亚洲纪录，破 2 项全国纪录。

山西省体育彩票试发行，1 月 6 日首发。

那一刻，只是在享受——记全运会摔跤三连冠古典式跤王张泽田

高海平

给张泽田打电话，先是没人接，再是拒绝采访。理由是：写别人吧，我没啥写的。他似乎不知道自己被列入《初心与使命——新中国山西体育70年70人》一书。我转而又想，不可能不知道，所以，一再坚持说这是工作，不是我个人的意思，他才勉强接受了。

见面之前，我想象中的张泽田像举重运动员那样，短小精悍，有一种扑面而来的爆发力。想不到完全出乎我的意料：1.85米的高大身材，平腹笔挺，风度翩翩。看来是我的功课做得不足造成的认识偏差。说明来意，他还是电话里的意思：不用写。我说，您是三届全运会的冠军，这不是普通的成绩，值得回忆和记录的东西肯定不少。尤其是经历的酸甜苦辣咸，一般人感受不到的。张泽田这才慢慢地进入了记忆的深层，脸上泛出青涩和天真的表情，沉浸在了青春年少的时代。交流的管道接通了，我打开了录音笔。

常言道，没有一个人随随便便可以成功的。尤其是拥有过辉煌成就的运动员，其成长路径必然与众不同，充满艰辛。树木越高，根须越深。

出生于1971年的张泽田，最早的梦想是当武打功夫演员，像成龙、李连杰等武术明星那样，红遍全球。挺拔的身材，俊朗的脸庞，坚毅的目光，钢铁的意志，成为他立志当武打明星的基本条件。那时候，武术盛行，电视、影院、录像厅播放的武打片为其理想起到了推波助澜的作用。张泽田一门心思习武，苦练基本功，按照武术图谱琢磨套路。农村的山水风光，为他提供了天然的习武之地。村头的小树林，有棵粗壮的树，成了张泽田日日击打的目标。手掌击，脚掌踢，肩膀撞，左环右绕，大树的树皮都被他磨光了，他的手上也长满了老茧。

从乡村小学升入定襄二中后，体育老师韩志伟慧眼识珠，把张泽田纳入门下练习篮球和田径。时间不长，张泽田在定襄已经成了一位

少年体育明星。韩老师对张泽田喜爱有加,想把他推荐到忻州体校深造,因种种原因,未能成行。人生有诸多机缘巧合、阴差阳错,地区体校没去成,却意外地被招到了山西省摔跤队。看来天将降大任于斯人也。

张泽田的目的不是摔跤,包括在定襄二中练篮球和田径,这些都是为了心中一直憧憬着当武打明星而架桥铺路。他的小心思没有跟任何人透露过,包括教练。但还是被胡晋龙教练窥破端倪,把张泽田叫到办公室谈心,正好藏银虎教练也在场。二位老师苦口婆心地对张泽田说:年轻人有理想、有抱负很好,但是一定要脚踏实地,不要好高骛远。雄鹰属于天空,而狼属于草原。话没有点破,意思再明白不过了。张泽田何等聪明之人啊!教练的话如醍醐灌顶,茅塞顿开。

张泽田说,对古典式摔跤的醒悟并开始下苦功夫,就是从胡晋龙和藏银虎二位教练的谈话之后,具体时间在1988年下半年到1989年上半年。这一年时间里,张泽田就像着了魔一般,疯狂地训练,甚至达到了自我摧残的地步。教练每天给队员的训练量远远无法满足他,晚上偷偷到旁边的举重队训练馆加练。手握铁饼片练胸肌、二头肌,铁饼上下左右翻飞,看似蝴蝶翩翩起舞,轻松无比,其实,铁饼片重达50公斤啊!他一组一组练,一练就是一个小时。有时候,举重队的训练馆门不开,就从窗户跳进去练。还嫌不方便,把铁饼片带回宿舍练。举重队发现铁饼片不见了,找到他的宿舍。本以为要挨训,想不到却被对方大加赞赏,把另一片铁饼也送过来了。张泽田特别感动,练得更加刻苦。功夫不负有心人,他的力量大幅度提升了。技巧不够,又找到一位技术教练,教练教他摔拟人沙袋,一二百斤的重量,左肩摔,右肩摔,一组200次,摔得地上全是坑。站在一旁的教练默默地颔首微笑。金子迟早是要发光的。

张泽田的力量和技术很快上来了,瘦弱的身板,已经非常健硕匀称,一个优秀摔跤运动员应有的条件,张泽田通过努力初步具备了。他想当武打明星的理想也仅仅停留在喜欢上,不再憧憬了,古典式摔跤才是立足之本和价值体现。事实上,张泽田一开始就把武术的元素化进摔跤之中，武术的很多动作和内功，摔跤中可以借鉴。

1988年成都城运会，第一次参赛的张泽田，满脑子想着如何把武术的东西运用到摔跤中，结果失败了。他细微的走神和细小的动作被教练洞若观火，及时发现，给予纠正。后来，张泽田不再使用武术的动作，而是把武术的迅捷、快速、先声夺人等特有的机敏，吸收到摔跤当中，起到了非常好的效果。

1991年的亚洲锦标赛在伊朗举行。第一次出国参加比赛，张泽田既紧张又坦然。紧张是因为走出了国门，打开了眼界，见了世面；坦然是因为自己属无名之辈，教练没有给具体指标，打好即可，所以没有任何负担。正是这份坦然和从容，使他发挥出了自己最好的状态。初生牛犊不怕虎，一路过关斩将，不同肤色的选手在他面前纷纷落马，最后夺得82公斤级冠军。这枚沉甸甸的金牌落入了张泽田的囊中，也落入了中国队囊中。他并未感觉多么神圣，比赛过程没有想象的激烈和残酷。代表团的所有人员激动不已，张泽田很冷静。不过，他脑子里不断在想，我是亚洲冠军了。

打出名的张泽田很快被调到国家集训队。平台高了，理想也在升高。去北京之前，他专门到太原钢铁有限公司，找熟人给自己装了两袋子铁砂，每袋重达20公斤，带到北京。训练的方式很多，不同的部位，用不同的方式。铁砂是练手指的抓力，摔跤运动员双手要有超强的抓力，每一个动作出去，必须达到"抓铁留痕"的效果，瞬间让对手丧失反扑的能力。可以想象，每天在铁砂中的磨砺，手指会成为什么样子，普通的沙子不断地插入都会受不了的，何况铁砂，铁砂里含有不少铁珠。每次用力插入、握出，再插入、再握出，一次比一次狠：嚓嚓嚓——由慢而快，快到眼花缭乱，目不暇接，这才能达到应有的效果。

讲述中的张泽田，伸开手说，当时全是茧子，每根手指都像一枚棒槌，当然现在没有了。我能想象到变成老茧之前，那种血淋淋的惨状。

1992年，为了全力备战1993年的全国运动会，山西省体委派摔跤队到摔跤强国乌克兰训练学习三个月。出发前，薄建伟和朱付山教练谆谆告诫队员，一定要抓住这次难得的学习机会，机会永远留给有准备的人。这是一次终生难忘的经历，也是张泽田摔跤技术全面提升的关键节点。学习期间，张泽田结交了乌克兰的一名叫考斯特的运动员，很快两人成了好朋友。私下，张泽田主动找考斯特讨教。他不懂俄语，好在摔跤运动可以通过具体的动作传授技术。张泽田在考斯特连比带画、亲自示范下，学到了很多东西。比如，运动员一旦落地后，如何练就坚如磐石、无法撼动的"抓地功"，让对手一筹莫展。考斯特看到张泽田很真诚，也很爱动脑子，高兴之余，把父亲、也是国家队教练编写的相当于摔跤秘籍的书送给了张泽田。张泽田如获至宝，交给了薄建伟和朱付山教练。回国后，赶紧找懂俄语的人翻译。这本书，给了张泽田及其队友们极大的帮助。

现在说起乌克兰之行，张泽田还是激动不已，一次次地对考斯特和他父亲撰写的那本书表示了感激之情。每个人的生命中都会有刻骨铭心的记忆，对张泽田来说，乌克兰的学习是难忘的，他第一次看到我们国家跟摔跤强国之间的差距，东方运动员和西方运动员之间的差距。这种差距不仅仅是身体上的，更多的是观念上的、技术上的。接下来的训练可以说是有的放矢，针对性地弥补短板。

养兵千日，用兵一时。1993年9月4日，第七届全运会在北京召开。张泽田有备而来，几年的刻苦训练，检验成绩的时刻到了。果然不负众望，在82公斤级比赛中，张泽田运用华丽的、游刃有余的一系列动作，所向披靡，众望所归地摘得金牌。这次，他激动了，站在领奖台上，当金牌挂在胸前、国歌奏响的那一刻，热泪盈眶。张泽田脑海中不断闪现着家乡亲人们的笑脸：父亲的凝望、母亲的叮咛、左邻右舍的期盼……田野里泥土的芳香，同时扑面而来。甚至，那棵被他无数次击打过的树，也化作了守望者。他在心里一遍遍地念叨着：我为家乡争光了，为父老乡亲争光了。之所以会这样想，因为，老家定襄和忻州、原平，被称为"摔跤之乡"。如今，来自跤乡的张泽田，用实际行动捍卫了跤乡的荣誉。

正处于事业巅峰状态的张泽田，第七届全运会不仅打出了最好的成绩，也打出了前所未有的信心。他从这一刻开始，感觉进入了一个全新的境界。古典式摔跤给他带来了无比的快乐。每一招、每一式中，传递着一种力量之美，一种气贯长虹的自如。

　　讲到这里时，张泽田不由自主地给我比画着动作。那是一种气走丹田、化有形于无形的大度和优雅。运动员时代练就的是体能和力量，人到中年后，彰显的是一种人生的修养。

　　第七届全运会，仅仅是开始，后面还有1997年的第八届全运会、2001年的第九届全运会。时光如白驹过隙，但对于运动员来说，却是多么漫长的过程啊！一天天、一月月、一年年，重复一个动作，千锤百炼，创新一个招式，苦心孤诣。好在张泽田已经度过了艰难时光，开始享受古典式摔跤的魅力。他的眼里，只有对手。所有对手研究他的技战术时，他同样在研究对手。一个眼神反映了什么心态，一个动作反映了什么状态？缺陷在哪里，漏洞在哪里？每个选手都不同，都值得琢磨、分析、化解。张泽田的眼前总是出现这些对手的影子，仿佛在跟他们一个个过招。脑子里这样想着，自然就有了动作的比画。教练和队员们经常看到张泽田一个人的时候，手舞足蹈、花样翻新的动作。就像与空气过招，与想象较劲。也许会被人视为走火入魔，其实是进入了一个全新的境界。

　　成名之后的张泽田，很快进入了国家集训队，还兼任了副总教练，负责队员们的训练。他明白，一枝独秀不是春，万紫千红春满园。把平时的训练心得分享给队员们，是人生最好的加持。一项运动看似简单，其实奥妙无穷，这种奥妙靠的是个人的参悟。参到了、悟到了，技术就会日益精进。张泽田做到了这一点，享受到了比赛的快乐。

　　据不完全统计，张泽田在十几年的职业生涯中，获得过大大小小16项冠军。其中包括：1990年和1992年的全国冠军赛、1991年的亚洲锦标赛和第七、八、九届全运会等。运动生涯中，行走了四五十个国家，与各种肤色的运动员交过手，多次受到省委省政府的表彰，包括"新长征突击手""五一劳动奖章"和特等功。他的传奇经历被有心人编成顺口溜在民间流传:"常胜健将十六冠,后生英武九州传。胜似当年楚霸王,力拔山兮对手寒。"

九运会后,张泽田光荣退役。2004年担任山西省体育局球类运动管理中心副主任。管理工作看似在幕后,其实同样很重要。张泽田依然心系一线,时刻关注着运动员的成长。

采访结束了,张泽田微微一笑道:想起过去,挺有意思的。你随便写写就行了,没那么重要。

1994 年

山西体育场竣工。

国家体委全民健身"一二一"启动工程研讨会在山西召开，全省全民健身计划"一二一"工程开始实施。

张原里：决战八运会

阎扶

"对不住，我记不起那么多了！"不到两个小时的采访过程中，张原里重复几次。杖朝之岁的老人得了健忘症，整个上午，在儿子张未的提示下，他竭力回忆，但下午我来，忆起的东西仍然寥寥。老人还耳背，我的提问，由张未贴近他的右耳，大声表述，老人努力地听着。

——有日记吗？——没有。在接我去家里的小区路上，张未告诉我，他的父亲原有一大摞笔记本，可惜那年在装修办公室时丢了。据他分析，可能是干活儿的民工当废纸卖了。再次提及，静静听着的张原里补充道，以前大会小会讲话，他从来不要人写稿子，都是自己在笔记本上列个提纲，然后一个小时两个小时地讲。"不要对着稿子念，一念稿子话就没味儿了。"

1994年11月，张原里担任了省体委党组书记。次年2月16日，他被任命为省体委主任。

当省委领导将工作安排告知他时，张原里一下子蒙了。多年之后，老人平静地回忆当时情形："我对教育熟悉，就让我在教委继续干吧，我不在乎什么正厅级不正厅级。"虽然一米八的魁梧身材，但毕业于山东大学中文系的张原里，喜静不喜动，对于体育，他完全是个"门外汉"。再说，他从教师做起，中间虽然担任过曲沃、浮山县委副书记，但后来又回到教育上，做临汾地区教育局局长，1986年1月27日升为山西省教委副主任。长期从事教育，张原里在省内外业界颇得名声。"不行，这是组织决定！"领导鼓励他，"你去吧，工作一定能搞好，我们有这个信心！"

张原里不想去体委的另一个原因，那就是还有两年多的时间，就要召开八运会了。四年一届的全运会，是国内最高水平的运动会。上午交谈时，张未用纸记下父亲的片言只语，其中一条，"体育工作千头万绪，但说起来就是两项，一项是竞技运动，一项是群众运动。"全运会，就是对一个省竞技运动乃至群众运动，最集中、最直接的检验了。八运会之前的六运会、七运会，山西经历了冰火两重天之境界。六运会，山西总分名列二十三。不少人记得当年省内一家报纸批评：排名二十三，山西人民心不甘。七运会，山西一举获得九枚金牌，名列十七。对照六运会，可见山西败不得；对照七运会，又觉压力太大。谁去，都要仔细思量思量。

心中装着使命感，这是上午张未记下的父亲的第一句话。既然组织决定已下，张原里回答，那就去，我一定把八运会拿下来！"有了使命感，才有责任感，工作起来才有信心，才有干劲。"往事片断浮起，老人红润的脸上神情庄重。"既然答应了，那就一定要兑现，在新的岗位上加紧工作，拼出全力，决战八运会。"

然而彼时体委情形，大大出乎张原里意料。由于上届主任早已调离，中间隔了一段空档期，人心涣散。听说他要去，体委内部飞短流长："七运会好不容易打了个翻身仗，这次就派了个快到退休年龄的老干部来，这是对体委不重视！""来了个外行，看他怎么跌打！""八运会看来是没戏了！"说到当时的窘迫，老人眼里掠过一丝失落。当时的情况是运动员与教练员犹如一盘散沙，有一天下午四点，张原里去了训练场，结果一个人影儿也没有。

备战八运会，刻不容缓！高强度的刻苦训练是首要之务，张原里严格要求运动员、教练员每天"四出勤"——早饭前两次，上午一次，下午一次，总共四次。节假日不休息。身先士卒，张原里每天与他们一道准时现身。

返聘摔跤、田径、游泳、自行车等界别五名退下来的富有经验的老教练，成立了一个体育教练组，请他们督促运动员、教练员的训练，并将情况随时反馈给他，以便及时了解、掌握，及时发现问题，及时解决。

张原里既是大领队，又是大服务员。为了调动运动员、教练员训练的积极性，他与他们交朋友，用心交流，关心他们的工作、生活。

谁遇到了什么困难，他总是想办法、尽最大努力，予以帮助。作为国内知名武术教练，庞林太长期从事教学，为山西培养出了众多的全国冠军。张原里对这位比自己大一岁的金牌教练青眼有加，从管理权限、经费开支上给予大力支持。他还想在职位上给予提拔，可惜没来得及，他就离开了体委。说到这里，老人眼里流露几许遗憾。对于那些年轻的、每天奋力拼搏的运动员，张原里随时随地关注。有位运动员感冒了，张原里劝他回家休息，意犹未尽，又去他的宿舍看望。摔跤运动员张泽田是八运会金牌选手，了解到他一个人在太原，爱人不在身边，生活不方便，张原里设法将其爱人调到太原，解除了他的后顾之忧。这样的事情太多了，老人已经记不起，甚至连那些当初朝夕相处的运动员、教练员名字，都忘记了。

张未插话，父亲在工作过的教育、体育界，一辈子助人无数，从不挂在心上。在临汾地区教育局局长任上，一天上门一位大学生，自报家门，陈述理由，要求毕业后留在市里。张原里非常欣赏这种毛遂自荐的精气神儿，马上答应。这位大学生在工作上成绩出色，后来到了太原来看望他，可当年这位伸手帮过他的老局长，却叫不出他的名字，连给他帮过什么忙也记不起了。

七运会结束后，那些为山西争得极大荣誉的金牌运动员，一个个退役了，而此时眼瞅着在八运会上夺金的运动员严重不足。张原里决定让原文庆、高二伟等几名冠军重披战袍。在上世纪90年代有"武术王子"之称的原文庆，1993年参加完第二届世界锦标赛后就退役了，1994年国家武术管理中心请他出马，又去第十二届亚运会摘得男子三项全能冠军。之后原文庆转行，进入影视界。1995年5月，回家休假的原文庆，接到省体委主任张原里让他再次出山、再立新功的盛情邀请，看到恩师庞林太又是最后一届带队，没有犹豫，迅速回到奋战多年的场馆，回到熟悉的教练员、运动员中间，远离名利的诱惑，降重塑形，投入紧张有序的训练中。

注重培养年轻人，迅速建立一支结构合理、朝气蓬勃的干部队伍。

有一天，张原里摊开干部花名册，发现九名科员有八年以上的工龄了，尚未得到提拔。他叫来人事处长，语重心长地说，咱们的处长们大都50多岁了，而一些年轻有为的干部迟迟得不到重用，必须改变这种青黄不接的局面，立即去办。张原里大胆起用年轻干部，会上宣布，够八年工龄的任主任科员，六年以上八年以下的任副主任科员。年轻干部脱颖而出，使工作面貌焕然一新，为备战八运会注入一股鲜活、强劲的血液。如今，他们都已成为省体委的中坚力量。在提拔年轻干部的同时，一些年满55岁的中层干部被劝退二线。这，也给张原里带来压力，但他硬是顶住了。

现任省体育局局长、党组书记的赵晓春，就是那次提拔的年轻干部。在张原里眼里，赵晓春年轻有为，工作很有魄力，后来将省体育工作搞得有声有色。"岁月如流，人总是会老的，事业还得靠年轻人来继承发展。"在上午张未整理出的五页谈话纸上，父亲在最后一段话中感慨。这应当不是老人的原话，但是老人的原意。即将在太原召开的"二青会"，早已传到了老人耳中。他说这次运动会为我省体育事业发展提供了一次难得的机遇，坚信我省会取得满意的成绩。

从省体育局副局长位上刚刚退下来的杨凤楼，那时任省体委竞赛训练综合处处长。对张原里这位老领导，他的评价是，由于多年担任领导职务，又在大局（指省教委）工作过，张主任信念强，有担当，管理水平高，全局把控能力强。没有拿定主意前，精心运筹；一旦定下来，坚决执行。表扬批评，决不暧昧。可能是山东人的缘故吧，杨凤楼啜了一口茶，张主任性格坦诚，但也倔强。在杨凤楼记忆里，这位昔日老主任，体委大领队、大服务员，为人朴实无华，生活上从不讲究，他们一起出门，有时就在街头小馆子里，匆匆打发下肚子，然后马不停蹄投入工作。

"省委、省政府决定我到省体委工作，准备迎战八运会，这是一项艰巨的使命，只能打赢，不能失败。否则，我无法向省委、省政府交代，山西人民也不会答应。"张原里时时在心里提醒自己，经常也以此话激励已经拧成了一股绳、浑身仿佛有使不完的劲的运动员、教练员。

老人忽然面朝儿子，让他倒水拿药。张未回答，还不到时候。老人听清了，有些不好意思地微微笑了。张未告诉我，他的父亲血压高、血糖高，而糖尿病就是在担任体委主任那三年时间里落下的。"我这一生，工作从来没有那么紧张过。"张原里转头，对我平静地说，仿佛在说别人。杨凤楼记得，老主任经常对他讲，自己饭吃不香、觉睡不好，处于一种焦虑状态。

这一天终于来到了。1997年10月12日，第八届全国运动会在上海拉开帷幕。八运会是20世纪末我国规模最大的一次综合性运动会，共有45个代表团参加。作为山西体育代表团副团长，张原里心中既充满渴望，又紧张不安。看着一张张由陌生到熟悉的面孔，胸中升起多少期冀。

十来个日子是怎么过来的？作为一名老教练，杨凤楼说，不像自己，在比赛场上磨练多了，能够心平气和地对待胜负，而老领导以前从来没有过体育经历，最最重要的，他要向省委、省政府，向全省人民交上一份满意答卷，自然不会轻松。在上海时，隔一两天，张原里就会接到省领导打去的长途，今天得金牌了吗？总共得了几块了？我们让老人回忆当时比赛场景，张原里想了想，茫然地摇了摇头，我一件也记不起了，一件也记不起了。忽然他开口道，记起一件，就在张泽田比赛时，他聚精会神地盯着，以致端在手中的水杯里的水，不知何时竟洒光了，待举起喝时，已经空了。

最终山西体育代表团获得七金、七银、八铜，总分568分，金牌、总分均名列十六。相比七运会虽然少了两金，但金牌、总分名次分别前进一、六位。在此记下七金：张泽田男子82公斤级古典式摔跤，韩玉伟男子52公斤级古典式摔跤，高二伟男子65公斤级柔道，陈峰男子鞍马，冯跃进男子山地自行车，原文庆男子长拳，魏建华女子标枪。

"我在心底里自豪地说，全省人民扬眉吐气了！"张原里将头往后靠去，脸上带着仿佛来自20多年前的幸福微笑。"应拿的金牌全都如愿入手，我感到特别欣慰。"一般来说，一个省的体育排名，往往与它的经济排名相当。彼时山西经济排名也就二十几位，但体育排名十六。

在回到山西后召开的庆功会上，省委书记胡富国对张原里说，没想到体委把工作搞得这么出色！省长孙文盛走过来，拍着他这位山东老乡的肩膀：好样的！"这我才把账交了！"老人长长地出了一口气，我在体委工作两年多，压力大，担子重，没有一天不紧张，终于可以舒畅一下子了。

老人随即话锋一转，说他有两个遗憾：一是如果八运会准备时间再长些，他还可以做得更好；二是如果年龄不是接近60岁，再年轻一点，他还想在体委再干一届，他有把握，九运会能够取得更大成绩。"八运会上，我们的银牌、铜牌与金牌数目相当甚至超过，这个结构是合理的，说明在下一届比赛中，我们具备完美夺金能力。"1997年12月24日，服从组织决定，张原里离开他热爱的体育事业，去了省政协工作，并于次年10月当选为省政协八届常委。

1995 年

山西体育场工程荣获全国建筑"鲁班奖"。全国田径锦标赛暨世界田径锦标赛选拔赛在山西体育场举行。

省政府召开实施《全民健身计划纲要》动员会,省城新闻单位进行"全民健身三晋行"记者采访活动。

山西民族体育代表团在第五届全国民运会上取得 3 枚铜牌,结束了往届无奖牌的历史。

中国体育彩票在山西首发。

陈锋有颗纯粹的心

李晋瑞

偌大的场馆里，陈锋，一手握着半杯茶水，一手自然地搁在写字台上。他的正前方是红镶黄的自由体操训练场，右边是自己心爱的鞍马。白色的镁粉落在保护垫上、沾在运动员身体上，也让他的写字台蒙上了一层霜。从八九岁到十几岁的运动员在训练，前滚翻，后滚翻，两头起，弹跳，一个身材瘦小的小女孩双臂支撑，双脚踩在椭圆形的不锈钢水果盘里，摆动着身躯，沿着训练场的外沿爬行，如果给她套上一条紧身鱼尾裙，很容易让人联想到美人鱼，可她的脸上除了疲惫、汗水，就是咬着牙坚持和忍耐的表情。这是"二青会"前山西省体育中心的体操训练馆，陈锋看着面前这些在同龄人中偏瘦偏小，但四肢匀称，髋部、肩膀宽度合适，脊椎顺直的小运动员，就如同看着曾经的自己。

周三上午，运动员相对要自由轻松一些，只是在体能方面做一些训练。训练馆里播放着悠扬而舒缓的音乐，似乎也只有在这个时候，作为总教练的陈锋，才得空闲想一想自己的事情。然而有面前这些孩子的提醒，他在想起自己时，更多的也是体操和体操中的自己，因此他会不自觉地转头看右边的鞍马，一个运动员从上面失手掉了下来，"嘭"的一声，荡起一团镁粉粉尘，尽管这样的声音已经司空见惯，但他还是会不由一惊，担心运动员会因此受伤。因为他知道，对于一个体操运动员来说，身体的每一处损伤，哪怕一个指关节，都意味着什么，它不仅会影响成绩，说不定也会就此断送体操生涯。与那个在赛场上闪光灯频频照耀的冠军相比，运动员所有的训练都是不声不响的，就在这种不声不响中，有人幸运地留了下来，有些人却黯然离去，甚至因为一次错判或大意，就在那些黯然离去的人中放走了一位全国冠军、亚洲冠军甚至是世界冠军。这样的经历，在自己身上就曾经发生过。了解陈锋的人说，陈锋差一点被放弃，我们，至少是山西体操，差一点就失去了陈锋这位在1990年10月南京举办的全国体操冠军赛上一举成名，继而为山西体操勇夺鞍马冠军屡立战功的重量级人物。因此，作为总教练的陈锋，以己为鉴，不轻易对运动员下结论，但凡有一丝希望就不能放弃，他不想在自己手上因为大意，错失任何一个冠军。

陈锋是河南人，1970年11月出生在郑州，在家中排行老三。几年后，他应了中国人的老话"老大憨老二奸调皮捣蛋是老三"，还在上幼儿园的他顽皮淘气，开始上房揭瓦，很令父母头疼。母亲同事的孩子在上业余体校，一次偶然的机会，只是只言片语的交流后，母亲便决定将这个不好管教的孩子送进体校。现在想起来，母亲的目的非常简单，作为药剂师的她上班时间卡得紧，把陈锋送进体校一来可以锻炼身体，更主要是找了个帮她看管孩子的地方。那时他上午在幼儿园，下午在体校，晚上回家累得早早就睡了，兴许那样的效果正是母亲想要的。而对陈锋来说，对体操的认识是懵懵懂懂的，他只是觉得自己很委屈，同样是孩子，别的孩子从幼儿园回到家里就可以玩，而自己为什么要在体校受这份苦。他哭过，闹过，赖皮过，但还是一次次被家长送回了体校。因此，当后来有人问他，是不是从小就喜爱体操时，他总是满脸苦笑，说，一个上幼儿园的孩子怎么会喜欢上体操呢，他连体操是做什么的都不理解，更何况自己又不是什么特别的孩子。

不管心里接不接受，陈锋还是能够坚持参加训练，体操需要全能，每一项都需要从娃娃抓起，还不能间断。1983年，陈锋13岁，他遇到了人生中第一个重大选择，如果选择继续，他便赢得了后来的一切，如果选择放弃，那他就不得不就此告别体育，那个在鞍马上从容自如，由于动作标准、到位、姿势优美，而连声听到裁判打出满分的陈锋便不会出现在人们的视线里。然而，还是少年的陈锋，那时正在坐冷板凳，他已经有好多次独自坐在训练馆和赛场的角落里，从教练的语气中他能听得出，以自己的状态很可能在体操这一竞技项目上不会有出头之日，这种感觉在小小的他心里还是充满震惊的，震惊之余更多的是忧伤、苦楚、不甘，却又毫无办法，因为竞技运动多少还是要讲一些天赋的。

就像后来，等到自己担任了教练，回想起这件事时想的那样，难道是教练的错吗？刘翔的教练怎么就没能培养出第二个刘翔来？13岁的陈锋虽然觉得告别体操没什么大不了的，但又觉得为什么偏偏是自己，这种告别意味着对自己几年来苦苦训练的否定，意味着自己和体操本是无缘的，看着训练场上队友们专心致志地训练，陈锋觉得自己真是欲哭都无泪。他不知道事情的背后，自己的教练有没有做过工作，但正在灰心丧气之时，一位山西教练发现了他，并向他伸出了欢迎之手。去山西？山西的体操是个什么情况啊？但又没有理由不去，因为他心里非常明白，一位优秀的体操运动员教练是不会"转让"给别人的，这种"转让"本身就说明了在这支队伍里自己的位置，但是去山西自己就有机会了吗？陈锋陷入两难，去，不一定有机会，但不去，那是一定没机会。这是一次没有选择的选择，最起码到了山西后，自己再不用坐在角落里了。

这是事实，陈锋别无选择地来到山西。山西由此成了他的福地，一到山西，他就和其他队员们一起开始训练。陈锋回忆，他们那批队员来自全国各地，最远还有广东的，新来的队员四人一间宿舍，条件很艰苦，管理上基本实行"以大管小"的模式，一群十二三岁的孩子得听大哥哥大姐姐管教，平时的日常生活必须自己照顾自己。作为体操运动员，队里对他们实行全封闭训练，一是为了保证孩子的安全，更主要的一点是为培养运动员一颗"纯粹的心"。"一颗纯粹的心"是陈锋在日后成长中，对体操这门竞技体育项目认真思考后，体会并总结出来的。他进一步解释说，体操运动不同于篮球、足球需要打配合；也不同于乒乓球、羽毛球除了技巧更多的是心机或心智；体操运动员的心必须得纯粹，纯粹得什么都不想，什么都不顾，一切归于内心，归于平静，夸张一点讲甚至要纯粹到心里只有自己。只有忘记周围一切，不受干扰，做到心无旁骛，在鞍马、平衡木以及自由体操比赛中才能发挥得淋漓尽致，取得好成绩。当然，要做到这一点，需要运动员的自律、教练的严要求，以及家长的全力配合。不知道陈锋是不是对这一点在他少年时期就有体察，反正他来山西后就很少给家里写信，也不建议自己的父母来看他，毕竟他知道自己是在什么情况下来的山西，他也知道自己来山西不会满足仅仅做一名体操运动员，他一定要出成绩，自己可能天赋不是很好，但他相信通过自己的后天努力，应该会有所弥补。于是，他以在第五届全运会上一人独得金牌两枚、银牌一枚、铜牌一枚的前辈杨艳丽为榜样，以创出"肖空翻"的肖瑞智为标杆，从基本功练起，牢牢地把自己固定在训练场上，训练，再训练，练肢体，强体质，修心性，确保在赛场上万无一失、滴水不漏。

陈锋心中一直憋着一口气，为自己，也为这个来山西队的选择。然而命运却又对他开了一次玩笑。1987年初，陈锋的身体像注入激素般，失控地猛蹿起来，这对体操运动员来说，是种天大的不幸。一连好长时间，他像被打蒙了似的，脑子失灵，动作一塌糊涂，无论吊环、跳马、双杠、单杠、自由体操，就连最最擅长的鞍马，自己在上面也和个生手差不多。那时，他觉得自己简直就是一个废人，或者说从此自己就废了，他第二次坐到了冷板凳上，进入待分配运动员的行列。已经在体操界摸爬滚打十几年的陈锋，当然知道"待分配"是什么意思，入道以来，自己会的只有体操，因为蹿个儿体操要干不成，还能分配干什么啊？再次坐到训练场角落里，这一次他更是别无选择了，他脑子里想得更多的是已经年龄不小了的自己往后的生计，他在想离开体操后，自己能做什么。那段时间，他特别沮丧，甚至觉得当初来山西就是一个错误，与其现在出局，真不如当初就放弃。令他没想到的是，在他人生的第二个十字路口，刚从埃及回来的王文顺教练，走到了他面前，这个大救星对陈锋重新进行了综合评估。陈锋说，多谢王文顺教练慧眼识珠，准确地说自己只是一颗遗珠，是王教练让他再一次打起精神，放下包袱，平心静气地走向了令他百感交集又热爱如初的鞍马。

1990年10月，全国体操冠军赛，陈锋以9.575分为自己夺得了首个男子鞍马冠军。随后，获1992年全国体操冠军赛男子鞍马冠军，1996年全国体操锦标赛男子鞍马冠军，1996年全国体操冠军赛男子鞍马冠军，1999年和2000年再获全国冠军赛和锦标赛冠军，连续第七、八、九届全运会男子鞍马冠军，在体操界有着"马王"之称。

陈锋讲，每个冠军的获得都让他刻骨铭心，自从1993年获得七运会冠军后，1994年便转为教练员，准备潜心培养自己的运动员了。在他培养的运动员中，有现任国家蹦床队教练的穆勇峰，任山西省体操教练的任佳佳、刘光伟。可不曾想，1995年领导找他谈话，希望他重新以运动员的身份参加八运会，为了山西体操他答应了。他一边担任教练，一边又参加训练，他与自己的队员并肩训练，并意味着将来还要同台竞技。1997年八运会上，他又获得了鞍马冠军，随后转为教练员，这次他觉得自己终于可以安安心心在体操教学上多动动脑筋了。开始重心转移的他于1998年9月结婚，结果婚后不到一个月，蜜月还没有度完，因为云南体操与山西体操的合作，自己又要面临从教练员到运动员的转换。从年龄上讲，等他参加2001年九运会时，就31岁了，这样的年龄在足球、篮球、乒乓球还可以，可在体操界，应该是绝无仅有的，但是两方的领导目光热切地看着自己，再次让他仿佛看到自己在鞍马上分腿、并腿、倒立、转体的样子，可是两年后的自己，还能稳定地发挥出自己的水平吗？如果自己拿不到冠军，甚至有个闪失从上面掉下来，那自己失去的可不仅仅是一个冠军的荣誉，要不要再度出马，他心中犹豫。与之前有所不同的是，这次的主动权在自己手里，如果接受，无非只是多一个冠军的名头，不会一荣皆荣，可要败落下来，那肯定就是"一损俱损"。可是想一想自己这一路走来，尤其是八运会之前，国家提倡各个单项的创新，自己的一些想法还没有实践，自己怎么可以就因为保一个名声而放弃追求呢？于是，陈锋和新婚妻子王海燕讲了自己的心里话。他原本以为工作会很难做，没想到竟然得到了妻子的理解，他第三次以运动员的身份披甲上阵参加2001年的九运会。这期间他在外地集训，无法回家，就连儿子出生，他还是刚好参加完一场比赛，借机转道回家，在家没待到儿子满月，又不得不回云南继续参加训练。在九运会上，陈锋再次荣获鞍马冠军，为他的运动员生涯圆满地画上了句号。2002年，运动员、教练员、再做运动员、又当教练员，"三进三出"的陈锋，开始从个人的荣誉转向为山西体操、为整个体操发展用心了，同年再次成为教练员的他，以专家身份先后到新加坡、日本任教，交流和吸收国外体操教学经验，2005年回国后一心为山西体操的发展不懈努力。陈锋说，一个成功的男人背后一定有一个愿意为他付出的伟大女性，在自己身上是千真万确的。别的不说，就说和妻子结婚以来，20年来自己留在妻子身边的时间，加起来还不到一年，放到哪一个女人身上，她能接受呢？

如今，陈锋已经49岁了，头发花白，总让人联想起运动员从鞍马上腾空落下时，踩到保护垫上而荡起的镁粉。问他有没有遗憾时，他说有啊，他一直没有收获一块奥运金牌，不过，他转而说，他希望自己的队员将来能实现这个愿望。陈锋很健谈，但站在训练场旁的他，就不怎么愿意说话了。一个上午，他手中的那杯茶水始终没有喝过一口，在舒缓的音乐中，他的眼睛总是放在每个运动员身上。陈锋说，体操训练容不得半点马虎，现如今这项竞技运动的难度有多大他也很清楚，一些更难的动作兴许自己是做不到了，可是他的队员一定能做到，他希望尽自己所能帮他们实现这个愿望。

1996 年

山西女子射箭队在全国射箭锦标赛上夺得团体冠军，杨建平获个人冠军并以331环打破330环的世界纪录。

山西第一部地方性体育法规——《山西体育设施管理条例》颁布实施。

会挽雕弓如满月——记射箭世界冠军杨建平

张乐朋

一箭定乾坤

翻开《山西省志·体育志》第952页，可以查到杨建平的简介：

"杨建平，女，1978年5月生，山东莱州人，大学本科学历。1998年7月参加工作，2005年8月任山西省射击射箭运动管理中心教练员。曾获第四十届射箭世界锦标赛女子团体淘汰赛银牌，第四十一届射箭世锦赛女子团体淘汰赛冠军，第十四届亚运会射箭女子团体淘汰赛铜牌。"

网上资料也有说她是阳泉人。我向杨建平落实这个问题时，她说她祖籍山东，阳泉出生的，是从阳泉七中招入阳泉市体校学习射箭的。

小时候，杨建平是一个活泼好动的女孩，经常喜欢和男孩儿一起玩。1991年，阳泉体校去杨建平所在的学校招射箭队员，身体条件各方面都达标的她被一眼看中，教练说她是一个难得的射箭人才。

1991年11月在阳泉市体校开始练习射箭，启蒙教练是郭仁立。当时杨建平还只是一个13岁的孩子，在体校一练三个春秋，专业的训练十分艰苦，冬练三九夏练三伏，要克服同龄人难以想象的痛苦。自古有"纪昌学射"的传说，老师给纪昌传授的秘诀只有"先学不瞬"和"视小如大，视微如著"，但练功时间各三年。体校的教法自然比古人讲究科学，但并不意味着学习者有捷径可走。因此，也正是那三年的训练打下了坚实的基础。在1994年的省运会上，杨建平包揽了3个女子射箭项目的金牌，凭着优异的成绩，杨建平进入山西省射箭队。

射箭、射击是山西的传统优势项目，山西省射箭队于1972年恢复建队。1976年至1987年，王友群和队友冯泽民、郝生其连续12年20

次蝉联全国双轮团体冠军。王友群号称山西射箭"教父",也曾是一位王牌运动员,在他15年射箭运动员生涯中,曾打破12项全国纪录,获得近30枚全国比赛金牌。1987年底退役后,转任山西省射箭队的教练员。为达到锻炼胆识、增加难度、强化稳定性的目的,他还创设了一种高台射箭的教学法。

到了省队,杨建平师从著名教练王友群学射。名师出高徒,王友群善教,杨建平肯学,她训练刻苦,经常练得腿发抖,脸发白。艰苦的磨练,形成了杨建平百步穿杨的箭术和英姿飒爽的赛风,在赛场上,她射箭的节奏连贯沉着,一两秒钟就能把箭准确地射出去。

1995年初,杨建平参加了国家队组织的选拔赛,以排名第二的成绩进入了国家队。杨建平时年17岁,如果说是如愿以偿,不如说是如期而至,因为,对于一个运动员而言,在最佳年龄最佳状态到达最佳的平台,才会取得最佳的成绩。尤其对于一个专业运动员,这种如期而至,意味着拉开了辉煌人生的序幕。

弓如霹雳弦惊

"1994年6月,在省运会结束后入选山西省射箭队,当时射箭队刚划分给太原航空训练基地,报到那天正是射箭队搬家到太航的日子,一切从头开始。教练、领导、队员都在那里进行封闭训练。在那个阶段,王友群教练、樊爱莉教练和杨中平领队每天以队为家,与队员同吃同住,发扬艰苦奋斗的精神,克服种种困难,踏实训练,踏实工作,在有限的条件下将训练、比赛工作做到极致,在进入省队的短短几年时间队伍成绩迅速提高,在全国始终保持领先优势。也是在省队这个平台让我迅速接触并进入国家队这个更大的舞台。"

杨建平在回忆里用到了"极致"一词,让我联想到运动员和教练员之间严密高效的合作,我甚至想到了射箭队严格的纪律,想到了教练员们以身作则率先垂范的精神。

"如果说，刚涉足射箭的时候是新鲜，进入体校训练是打基础，那么进入省队和国家队以后，就是发自肺腑的热爱了。"这是杨建平早年说过的一句话，是她对运动生涯的认识和接受，有着从个人情趣到家国情怀的审视。

从 1993 年披挂上阵到 2010 年退役，长达 18 年的南征北战，身经百战，杨建平为祖国、为山西获得的荣誉无数。笔者从《山西省志·体育志》中摘选出杨建平的战绩，做了一个不完全的统计，从 1993 年到 2010 年，杨建平的赛事有 45 次，各次赛事中她的比赛项目多得难以统计，质的飞跃离不开量的积累，古今中外，概莫能外，射箭术更其如此。用身经百战来形容杨建平一点都不过分，惜乎篇幅有限，不能一一罗列，只挑选几项大赛，列出如下：

1996 年全国射箭冠军赛女子双轮全能冠军。

1996 年亚特兰大奥运会女子团体第 6 名。

1999 年全国射箭冠军赛淘汰赛冠军。

1999 年世界射箭锦标赛女子团体亚军。

2001 年世界射箭锦标赛反曲弓比赛 16 强。

2001 年世界射箭锦标赛女子团体冠军。

2002 年全国射箭冠军赛女子个人单轮全能亚军。

2004 年全国射箭奥林匹克项目锦标赛女子团体第一名。

2005 年全国射箭冠军赛女子个人淘汰赛第一名。时年已兼任射箭队助教。

2009 年全国室外射箭冠军赛女子个人淘汰赛第一名。

2010 年第 16 届亚运会在广州举行，入选国家女队，射箭生涯的最后一站。

这 11 项战绩，可窥全豹之一斑。

辉煌的成绩背后，运动员洒下多少心血汗水，付出多少努力和牺牲，承受多少比赛带来的压力，这些都一言难尽。运动专家通过应用脑电图（EEG）与脑象图（EEQG）技术，使用了新的自发性脑电信号编辑模式，对射箭运动员进行动态追踪研究，得出的结论是："优秀射箭运动员出现的赛前紧张往往是恐惧情绪，其特异性图形为缩结型脑象图。一般射箭运动员出现的赛前紧张主要是焦虑情绪，特异性图形为逃逸型脑象图。"由此可见，射箭训练的不是单一的技术和力量，还有意志和心态。日常的训练是枯燥的，从训练基本动作开始，一支接一支射箭，连续不断地重复着同一个动作，规范的动作是运动员保持沉着的比赛心理和稳定的技术状态的基础，最终也会成为运动员取胜的法宝。

2001年9月，北京第41届世界射箭锦标赛，由杨建平、何影、张娟娟和萨仁组成的中国女队在半决赛中淘汰了乌克兰队，遭遇了击败韩国队的意大利队，在后来的冠军争夺赛中，中国队在最后一轮后来居上，以232环领先对手4环的成绩夺得女团冠军。这是中国射箭在世界性大赛上获得的首个冠军，是一次历史性的突破。"将军三箭定天山，壮士长歌入汉关"，杨建平也因此成为山西第一位射箭世界冠军。

盘马弯弓的"奥运情结"

在运动场上，名气是同国旗一起上升的。这是运动员最大的荣耀，也是最大的梦想。

回顾在国家队的经历，杨建平深情地说："1995年在进入国家队半年时间里，开始代表国家队参加世界比赛并取得奥运会席位，1996年代表国家队参加奥运会，自此开始，在国家队度过12年的青春岁月。这12年是成长的12年，也是令人难忘的12年，有波折，有痛苦，有迷茫，有成长，但是对射箭事业付出的无怨无悔是今天的我一种深深的感受。"

1996年亚特兰大奥运会，年方18岁的杨建平获得了参赛资格。初生牛犊不怕虎，可是，比赛经验不足和心理不成熟，影响了她水平的发挥。谈起往事，杨建平的话语中仍透出淡淡的惋惜："比赛的时候很紧张，压力很大，随之失误也增多，总之在那届奥运会上没发挥出自己应有的水平。"

奥运归来，杨建平加强了心理素质方面的训练。

四年后，杨建平再次站在了悉尼奥运会的赛场上，这次她显得稳健沉着。但团体比赛是三个人的比赛，谁也难保不会在某个环节出现失误或状况，加之赛场上的各种影响赛事的因素难以料及，导致中国射箭女队又一次无缘奖牌。

杨建平心弦瞄准的目标是金牌，但两次奥运，拿了两个团体第六，壮志未酬意难平，杨建平的性格也因此发生变化，不再像以前那么大大咧咧。

说起悉尼奥运会，杨建平抚今追昔："在那之后，想问题就不像从前那样简单了，对待一些事情会慎重很多，也说不上为什么，就好像突然变了一个人似的。"

如今，射箭教练杨建平在执教中，会把自己的经验及心得感受全揉进去，让年轻运动员在技术层面和精神层面都获得有效锻炼。她理性地分析："首先在运动员的训练上要科学系统；其次运动员一定要过内心的那道坎儿；再次就是运动员在比赛场上的应变调节能力。"

2010年11月的广州亚运会上，32岁的杨建平再次披挂出战，而且身兼数职，有队员、妈妈、教练和代理人四重身份。比赛那天，参加过两届奥运会和四届全运会的老将杨建平，担任了"代理人"角色，她心甘情愿地为年轻队友服务，仔细认真地确认环数、报靶、取箭、确认，深得队友和教练的赞许。

一生一世弓箭缘

13岁开始练习射箭，十运会后淡出赛场，对于职业生涯，杨建平有所总结，从新鲜到投入全副身心，从备受折磨到箭人合一。前头两个阶段比较好理解，突破箭术的"瓶颈"上升到出神入化的境界那个过程让人饱受折磨，为之消得人憔悴。到了箭人合一，倒可以理解为一种"弓箭缘"的生涯。

谈到二十六七年来的职业与家庭，杨建平很体谅地说，家里人的牺牲更大。在 2008 年北京奥运会前她就曾复出，状态一直很好。她说："年龄对射箭运动员来说影响不是很大，但体力上还是有很高的要求。"杨建平当初是因为家庭原因告别赛场的，现在她已经有两个女儿。以前因为备战和参赛，杨建平在家时间少，孩子只能由婆婆和爱人照料。有时忙于训练，女儿过生日，当妈妈的连礼物都没时间准备，只能通过视频慢慢给孩子解释。

在杨建平的微信里，有很多居家生活的亲子视频，能看到世界冠军搋匀烙饼、"专治不吃菜的小朋友"的视频，能看到她带着小女儿去舞蹈训练班学习的视频，能看出一个母亲的全力温馨呵护和满满的幸福感。

更多的视频还是在比赛现场，如今，杨建平是省射箭队教练员，山西省射箭协会副主席，也是射箭国家级裁判员。2019 年初国家射箭队备战第 50 届射箭世锦赛第三阶段选拔赛第一场比赛，国家体育总局射运中心增补了杨建平担任国家射箭队选拔赛裁判员。杨建平在继续为中国、为山西培养更多的优秀射箭运动员。"马作的卢飞快，弓如霹雳弦惊"，壮丽的比赛生涯如烟云过眼，而这种"弓箭缘"的人生，仍在那些张弓搭箭的年轻矫健的运动员身上重现，令人情不自禁地想起屹立赛场、瞄准箭靶、立下初出茅庐第一功的杨建平。

1997 年

第八届全运会在上海举行,山西代表团夺得8金、7银、8铜,总分568分,金牌、总分双列全国第十六位,韩玉伟夺得古典跤52公斤级金牌。

"武术王子"原文庆实现全运会"三连冠"后,又在世界武术锦标赛上蝉联男子长拳冠军。

山西省荣获全国"群众体育进步奖",81个先进集体和54个先进个人受到表彰。

"6·28"山西省各地百万人长跑迎香港回归。

拒绝意志薄弱

苏二花

摔跤是我国一项古老的竞技体育，起源于徒手武术，是中华武术中踢、打、摔、拿四大主技之一，最早可以追溯到战国时期。到秦汉、隋唐、宋元直至清，代有相传。在时代演变过程中，摔跤又从踢、打、拿中分离出来，集武术各门派徒手动作精华，自成一派，成为武术的一个重要分支。摔跤，是中华民族最具代表性的国技，被称为中国最真实的武术。

自1959年中华人民共和国第一届全运会把摔跤列入正式比赛项目，摔跤这项运动得到越来越多的重视和培养，产生出许多全国冠军乃至世界冠军。

山西忻州被称为"中国跤乡"，是指忻州、定襄、原平、代县，俗称"忻、定、原，跨代县"。在冷兵器时代，忻州地区属于边地，接壤马背民族，是防御外敌入侵最前沿，雁门关、偏头关、宁武关等军事重镇重重把守，是武力值较高的地方，也是尚武精神集中体现的地方。摔跤这种最真实最实用的武术，在这一地区流传已久，有很广泛的群众基础。

如果说忻州、定襄、原平、代县一带是中国跤乡，那么定襄就是跤乡中的跤乡。据《定襄县志》记载，第一届全运会中国式摔跤轻量级第一名和中量级第一名，就是定襄籍运动员。此后，摔跤一直都是定襄的优势体育项目，韩玉伟就是在这样的背景下横空出世的一名优秀摔跤运动员。

韩玉伟1971年出生于山西定襄县季庄村。

出生于定襄，意味着韩玉伟一出生，就注定要与摔跤结下不解之缘。

童年在韩玉伟的记忆里，是乡村场景。韩玉伟每天跑着、跳着，和玩伴们追逐着，都是笑着、叫着，快乐地过着每一天。乡村以穷为底色，产生出苦，也产生出难，乡村的孩子仿佛一出生就具备与苦和难做斗争的天分，天然拒绝意志薄弱，这是从苦与难中长出的花儿。

以定襄季庄村为背景，韩玉伟记得，他被叔叔家的儿子带着，与别的小孩摔跤。好像是游戏，但不能否认游戏对人的重要性，尤其是在性格塑造方面的重要性。在一帮孩子里，韩玉伟是最小的。小，却气大。每次摔跤输了，韩玉伟都气，谁也劝不服他。谁也不会想到，这个气大个小的韩玉伟，日后会成为一名走向全国乃至世界的优秀运动员。

不想气，他就得摔过别人。一年一年过去，韩玉伟虽然还是那一帮孩子里最小的，但已经是摔跤最好的。14岁，韩玉伟向家里提出要去县体校学摔跤。家里人也知道韩玉伟在摔跤上有些天分，既然他有这个志向，就支持他。没想到，奶奶站出来反对。奶奶反对的理由是，怕韩玉伟受伤。奶奶说：不想叫你吃苦，不想叫你受伤痛。无论韩玉伟怎么和奶奶说，奶奶就是不让他学摔跤。

最后，是妈妈偷偷给了韩玉伟3块钱，他这才能去体校报名。但是他迟到了，体校报名已经结束。14岁，韩玉伟与县体校失之交臂。

第二年，韩玉伟15岁，不但早早报了名，还找到了在县城公安局工作的堂哥来帮他，他是一定要进体校学摔跤的。双管齐下，韩玉伟如愿以偿进入县体校，学习专业摔跤。

只用一年时间，气很大的韩玉伟就被省体工队拔擢，来到省城太原。

来到太原，韩玉伟在摔跤上的天分得到进一步的放大和挖掘。谁也无法预料，这个摔不赢就气的小个子，会在摔跤这条路上能走多远。

时间很快来到1993年，这一年，第七届全运会在北京举行。为了不影响转年奥运会，国家体委决定，把七届全运会举办时间改为奥运会后一年。即巴塞罗那奥运会在1992年举行，全运会延时到1993年举行，距离上届全运会6年。第七届全运会在北京和成都两地同时展开，成为首个由多地区共同承办的运动会。

6年，韩玉伟似乎等这一天太久，但似乎一切又恰恰好。

这是韩玉伟第一次征战全运会。

全运会上的古典式摔跤，与忻定原的摔跤不一样。忻定原的规则是可以接触身体任意部位，3点着地就算输，即两只脚和身体任意一个部位着地。连摔6人，就算赢了比赛。全运会的摔跤比赛规则，则是不许抱腿，不许抱髋关节以下任何部位，比赛中一方将另一方摔成不同状态获得不同分值。

此时的韩玉伟，已经不是定襄县季庄村那个最小的孩子，他的气象，是山西省队的气象，是多年厉兵秣马的呈现，是前辈和领导对他的期望。多年的专业训练，韩玉伟已经具备体育人素质。23岁正是好时候，他只要拿出最好的状态与最好的信心就行。

无论规则如何变化，摔跤的本质是相通的，那就是站到最后。

两人一组，比赛在淘汰一些运动员，也在保留一些运动员。再两人一组，再淘汰，再保留。摔跤的过程，是韩玉伟成长的过程，在比赛中，在比赛后，一些高于比赛的东西，在韩玉伟身体里镌刻。摔跤，绝不是比输赢那么简单。在竞技体育中，尤其是高水平的大型比赛中，运动员的差距并不大，比赛到最后，比拼的一定是智慧和意志力，一定是埋藏在心间的信念，只要把这些体现在比赛中，没有不获胜的道理。

韩玉伟带着智慧，带着意志力和巨大的信念，一场一场打比赛，越战越勇。仿佛水流终于贯通渠道，仿佛大风终于吹通孔洞，韩玉伟在赛场上越来越有感觉，对摔跤的理解越来越深入透彻。

直到，比赛场上只剩下两个人。

直到，两个人，一个倒下，一个站着。站着的那个，是来自山西省的韩玉伟。

23岁，韩玉伟把长久以来的一个梦，变为现实。韩玉伟来自山西，来自定襄，有着山西人尤其是定襄人的典型性格特质，那就是深沉、内敛，不轻易显露山水。基于这种性格，韩玉伟的这个梦虽然瑰丽，但他一直把它深埋心底，从不示人。

全运会每四年一次。1997年，第八届全国运动会，韩玉伟再次披挂出征。他已经是全运会古典摔跤52公斤级全国第一,这一次是他的卫冕战。

第八届全运会是21世纪我国规模最大的一次综合运动会。在这次运动会上,来自各省市各行业代表团2万余人,其中运动员7647人。参与的运动员越多,竞争就越大。韩玉伟的卫冕战,充满变数。

有过大战经验的韩玉伟反而有些忐忑。这忐忑倒不是他能不能赢了比赛,能不能为金牌再下一城,他只是担心他摘除半月板的腿。

每一个运动员都不可避免地在运动中受伤,这是运动给运动员带来的磨难。从15岁接受正规训练开始,韩玉伟就不断受一些伤病困扰,与那个瑰丽的梦一样,韩玉伟把它埋藏起来,埋得也比较深。他假设他的伤无足轻重,毕竟,对于一个27岁的运动员来说,伤痛是可以克服的小坎坷。就像你想要征服大山,就不能放大鞋里的沙粒。

在这次比赛中,韩玉伟再次体会到竞技体育的魅力,那真是智慧的较量。对手和你之间,体重相仿,技术相仿,唯一有差别的就是大脑。不过,韩玉伟马上就发现,对手的大脑也差不到哪里去,也在时刻寻找他的破绽。既然智力也相等,那就只能比意志力了。谁能沉住气,谁能鏖战到底,胜利就属于谁。这需要更大的技术,更大的智力。

赛场上的时间具有神奇弹性,一旦拉长,就是无限长,长到所有的坚持都可能功亏一篑。但又很短,短到只在刹那,只在一瞬。输和赢,不在无限长里出现,就在一瞬间定音。两个在比赛中角逐的人,会感觉时空扭曲,赛场体积为0,空间遽然改变,光无法从中逃离,引力以无限弯曲的方式,改变正常空间。

两强相遇,勇者胜;两勇相遇,智者胜;两智相遇,强者胜。这是韩玉伟多年摔跤运动生涯的总结。在体力、智力、意志力都不相上下的时候,强大的信念就无比重要。

小时候,韩玉伟在定襄季庄村与别的孩子摔跤,输了,他就气。很气。后来,成为专业摔跤运动员后,韩玉伟明白打比赛不是比气。现在,作为专业运动员的韩玉伟,把自己的童年、少年、青年一一捡拾、合并,突然明白了，正是从小的那个气，才是他作为摔跤运动员的主要气质。

伤痛在加剧，比赛在继续。他，拒绝意志薄弱。

这一届韩玉伟卫冕成功！

2001 年，第九届全运会，举办地，广州。

这一年，全运会的会标是个"9"字造型，红、黄、蓝三原色给人视觉造成强烈冲击力。这是新千年中国举办的第一个全国综合性体育盛会，象征中国人民迈向新世纪，象征中华民族走进新时代。这一届，共有 45 个代表团 12314 名运动员参赛，最终进入决赛的运动员有 8608 名。这一年，韩玉伟 31 岁，刚做了清除膝关节小碎骨的手术。这一年，他不只是运动员，还兼教练和带队。

而立之年，久经沙场，韩玉伟眼里的光，再不似当年的跃跃欲试，也少了青葱年少时的踌躇满志和志在必得。比赛一定要赢，但赢必有方。全运会三连冠对于韩玉伟，是交代，也是考验。无论是对他自己，还是对省队。

身体上的伤痛又多了无数，韩玉伟要战胜的已经不是对手，而是自己。想起当年奶奶坚决不同意他进体校成为专业摔跤运动员，理由就是怕他受伤。多年以后，参加多次大型比赛后，奶奶的话应验了，肩关节脱臼、膝关节半月板切除、骨质增生等，越来越多的伤痛涌向韩玉伟。

战胜对手需要体力、智力、意志力，那么战胜自己呢？这不是教练和天赋能解决的事，也不是信念和梦想能成全的事。

无论比赛场地如何变化，比赛的残酷不会改变，只能是一次比一次竞争更大，只能是一次比一次更难。好在，韩玉伟的体力、智力和意志力，以及最重要的必胜信念也达到人生最高峰。

这一届，古典摔跤 52 公斤级冠军，还是来自山西的韩玉伟。

全运会三连冠，韩玉伟做到了。为此，他得到很多荣誉。用他自己的话说，摔跤改变了他的命运。

2005年，第十届全运会在江苏南京召开。

韩玉伟第四次出征。

三连冠之后，韩玉伟已经把输赢看轻。好的运动员更能体悟到体育精神的实质，输赢不再是必须，超越自我才是唯一。

参加十届全运会前40天，35岁的韩玉伟在加强训练中右臂肩锁关节韧带断裂。

比赛过程中，对手很快就发现他右臂有伤，在对抗过程中专攻他的右臂。韩玉伟右臂脱臼3次。每次脱臼，都是简单处理后立刻投入比赛。疼痛使人窒息，就像凤凰在浴火。但疼痛不是理由，该有的体力、智力和意志力一个不能少。

经验和智力再次起了作用，韩玉伟靠单臂拿下了首场比赛胜利，为山西队在十运会摔跤比赛开了个好头。在这次运动会上，韩玉伟没有拿到金牌，但他起了鼓舞士气的作用。他只要坐在那里，就是象征，就是旗帜。

2009年第十一届全运会在山东召开。韩玉伟以39岁高龄第五次出现在摔跤赛场。他在用他的身体告诉比赛场上所有人，有一种坚强，叫韩玉伟；有一个硬汉，叫韩玉伟。这一次，一个运动员必然的肌体老化和体力耗尽，使得韩玉伟绝缘决赛。但全场都为他起立，为他鼓掌。他站在场地中央，就是对体育精神的最大致敬和最完美解释。

韩玉伟是省队唯一把摔跤这项运动以及他个人的运动寿命坚持到极限的运动员。

盘点一下韩玉伟所参加过的大赛和所获得过的成绩：从1988年代表山西队参加全国锦标赛，到2009年代表山西队参加第十一届全运会比赛，他的一线运动生涯满20年。这是迄今为止山西摔跤队唯一一个，没有人能超越。在这20年间，他参加国内比赛累计50多场，国际比赛20多场。他分别在世锦赛、世界Ａ级比赛、亚锦赛、亚运会、全运会、全国锦标赛、冠军赛、城运会、青年赛等9个国内外大赛上获得过名次。这些，在全省都是唯一。韩玉伟说："当比赛进入胶着，往往出不上气，时刻都在崩溃的边缘。"

体育的魅力，是让人有坚忍不拔的意志，全神贯注，臻入化境，从而拒绝弱点，拒绝乏味和平庸。当达到一定高度时，苦难就不再是苦难，是坚持之后的必然上升。意志力的薄厚程度，决定生存还是死亡。

1998 年

20世纪全省最后一次综合性体育盛会——山西省第十届运动会举行，4700余名运动员参加，超1项世界纪录，破38项省纪录。

山西首次承办爱立信中国乒乓球擂台赛。

几度风雨，几度春秋——李光明在山西省体委工作的岁月

高璟

李光明（1947—2003），山西昔阳人。曾任山西省体委主任、山西省体育局局长。

大学毕业两年后，李光明的职业生涯第一次和体育结缘。那是在 1971 年，他赴晋东南地区行署任体委干事一职，之后经多个岗位的历练，他的才干得到了更多领导的认可，并在 1978 年 9 月调团省委工作。到 1986 年 3 月，李光明已是团省委办公室主任，由于工作需要，他被组织调任省体委，依旧是办公室主任一职。这次看似普通的调动，却将李光明和山西的体育事业紧紧地联结在了一起。也就是从那时开始，李光明把最年富力强的 17 年都无私地奉献给了山西省的体育事业。

不少人这样评价说，李光明是山西体育改革与发展最重要的一段历史进程的见证者。其实，他不仅是见证者和亲历者，从某种程度上来讲，他更是许多重要改革的参与者和决策者。

1991 年 5 月，李光明升任省体委副主任。1998 年 4 月，他被正式任命为山西省体委主任，到这一年，他已是一名在省体委工作了 12 年的资深体育人，在这漫长的 12 年里，他有过哪些具体的业绩，对山西体育事业的发展做出过哪些具体的推动与贡献，我们现在已经无法从史料中准确地考证出来。但毫无疑问，这是不平凡的 12 年，是真抓实干的 12 年，如果没有日复一日兢兢业业、脚踏实地的忘我工作，以及对体育管理工作的满腔热爱和认真钻研，上级组织又怎会将这副重担压在他的肩上。

李光明刚刚上任不久，就赶上了各行各业都在深入推进的体制改革，山西的体育事业，也面临着重大的抉择。在这样一个紧要关头，李光明旗帜鲜明地在大会上表示，要实现"政事分开""管办分离"，坚持"三个有利于"原则，重点实施好全民健身计划和奥运争光计划。

他提出"面对现实、着眼发展、深化改革、夯实基础"的指导思想，还研究制定出了"五大管理体系"，即运动训练竞赛的投入－产出目标管理体系，全民健身政府行为宏观管理体系，教练员、社会体育指导员聘任考核奖惩管理体系，行政管理干部任务监督激励考核管理体系及体育产业经营创收管理体系。这五大体系既科学全面，又富有前瞻性，应该说是给当时人心浮动的山西体育界立下了一根定海神针。

作为省一级的体育工作，全运会上的竞技成绩是极为重要的一项显性指标，为此，李光明反复强调，要总体把握，周密部署，科学管理和扎实苦干。在具体训练业务方面，他和他的班子成员们一道，狠抓训练管理，在短时间内就取得了实效。

2000年5月，山西省体委改挂山西省体育局的牌子。李光明的职务由主任改为局长，和他并肩战斗的还是原来的战友们，但他们肩上的使命却更加重要而明确。拟定并组织实施全省体育发展战略，推行全民健身计划，开展国民体质监测，指导公共体育设施建设，指导协调体育训练和竞赛，研究和指导优秀运动队伍的建设，发展体育教育……每一项职责都是沉甸甸的，也是极富挑战性的。但是在李光明的带领下，这个年轻而充满活力的团队无所畏惧，很快投入了"战斗"。

2001年，北京奥运会申办成功。这令国人的心情空前振奋，大家对体育的热情与关注更甚以往。2001年同时也是全运会年，在此之前的四年里，"备战全运"几乎是全省运动健将一直在瞄准的目标。在山西省体育局的会议室里，在局下属各项目运动中心的训练场馆里、在天南海北的一次次出差路上，李光明需要关注项目训练成绩波动，需要了解运动员竞技状态，更需要布局参赛队伍、搞好后勤保障……可以说，每一个项目、每一个细节，都在李光明的全盘考虑之下，他几乎无时无刻不在运筹着这项有关一个省份荣辱的重要赛事。

2001年11月11日晚，广东奥林匹克体育中心主体育场，新千年中国举办的第一个规模盛大的全国综合性体育盛会如期举行，各省的体育精英云集南粤大地，争相在赛场上用出色的体育成绩展示中华民族昂首阔步走进新时代的精神风貌。在这一届比赛中，李光明出任山西代表团副团长。在近20天的激烈角逐中，山西代表团的141名运动员奋力拼搏，勇于突破，取得了8.5枚金牌、7枚银牌、2枚铜牌的优秀成绩，金牌数打进了全国前十五，实现了"两超一跨越"，圆满完成了赛前确定的目标，也完成了省委、省政府交给的光荣任务。

2002年1月，局里举行表彰大会，李光明带领大家认真总结了九运周期的经验，更重要的是他认真部署了接下来山西体育在十运周期的工作重点。在会上，他强调要与时俱进，改革创新，发扬"闯"和"冒"的精神，树立求真务实的态度，提出"不唯书，不唯上，只唯实"的响亮口号，还反复告诫大家，要勤于谋事、善于谋事，要树立合作意识，要坚持体制创新、管理创新、环境创新、观念创新，还要加强学习，坚定不移地走群众路线。

2002年同时也是亚运年，在这一年，中国军团再创辉煌，这其中自然也少不了山西运动员所做出的贡献，而且这也是近三届亚运会中，山西健将们表现最为出色的一届。成绩的背后，是无数人共同付出的努力与汗水，这其中，自然少不了坚强的、有力的领导团队作后盾，李光明和他的班子成员，就是这样一支久经考验、敢打硬仗的队伍。

在李光明的带领下，山西的竞技体育工作稳扎稳打，创造出了耀眼的成绩，给山西的父老乡亲们增了光。同时，他也不忘体育运动的普及工作，组织网络建设、实施国民体质监测，开展全民健身运动，是他在任上做的另一项主要工作。该项目在山西自1998年正式启动以来，主要围绕硬件建设，向全省11个地市投入了大量的专项建设资金，各地的体育基础设施因此得到了极大的改善和提升，群众健身热情不断高涨，还涌现出了先进典型"长治经验"。李光明曾要求推广"长治经验"，大力推动全民健身事业在全省高速发展。他在任期间，共创建了33个全国体育先进县、7个全国体育先进社区，在全国群众体育工作的考核评定中，多次受到国家体育总局的好评。

2003年，李光明因工作需要，调任中共山西省委副秘书长（正厅级），也就是在那一年，他积劳成疾，英年早逝。噩耗传来，认识他的人们无不扼腕痛惜。

李光明的一生，是为党和人民的事业拼搏奋斗、鞠躬尽瘁的一生。正如他的名字那样，他的一生是光明磊落的，是积极向上的，他对山西省体育事业做出的卓著成绩值得我们永远铭记。

1999 年

省政府批准1999年为山西省全民健身年,全省各地全民健身活动此起彼伏,高潮迭起。

魏建华以62.99米取得第七届世界田径锦标赛女子标枪第七名,创造了新的亚洲纪录。

喜迎澳门回归,省城太原隆重举行"迎回归,跨世纪"万人长跑活动。

山西农民朱朝辉首次驾驶摩托车成功飞跃黄河壶口瀑布。

李长萍：愿山西举重事业走向辉煌

张欣

在我国，举重项目一直很受重视。我国的举重选手们更是不辜负祖国的培养，屡创辉煌。"百度百科"里是这样介绍中国举重、中国举重队的：中国体育军团的王牌之师，多次在国际大赛上斩金夺银，为祖国赢得众多荣誉。中国举重队号称"梦之队"，尤其是中国女子举重队长期处于世界举坛霸主地位。在2008年北京奥运会上，中国举重队勇夺8枚金牌，成为单届奥运会仅次于中国体操队（9枚金牌）贡献金牌数第二的队伍。2019年"二青会"在山西举行，其中就有举重项目，而曾作为当年山西女子举重领军人物的李长萍和山西女子举重队再次走进人们的视野。

成绩不凡　战绩显赫

翻阅山西女子举重队的历史，可以看到1984年12月成立时，仅有身体条件较好的焦利英、陈银梅、杨建英、吴秀丽、张艳珍、王玉珍等几名省体校队员参加了集训。在教练张闻喜的指导下，经过刻苦训练，不到半年的时间里，她们便为山西取得了骄人的成绩。

1985年5月，在山东济南举行的第一届"浪潮杯"全国女子举重邀请赛上，山西举重队员杨建英以挺举77.5公斤的成绩获56公斤级第1名，以抓举57.5公斤获第3名，列总成绩第2名；王玉珍以抓举60公斤的成绩获67.5公斤级第4名，以挺举77.5公斤获第5名，列总成绩第5名；焦利英和吴秀丽分获48公斤级和60公斤级第6名。同年9月，省女子举重集训队在省体工队集训的基础上，通过筛选，将第一批队员及后入队的郭秋香、李静招收为省体校85级学生，纳入正式编制。至此，山西女子举重队正式成立，领队吴懋富，教练为张闻喜。同年12月，在郑州参加全国举重邀请赛，杨建英以挺举85公斤的成绩获60公斤级冠军，以抓举65公斤获第3名，列总成绩第2名；郭秋香以抓举70公斤、挺举90公斤、总成绩160公斤获67.5公斤级3个亚军；王玉珍获75公斤级抓举和挺举两项第4名，以总成绩157.5公斤获第3名。

　　有着如此好的成绩，山西女子举重队成为全国重视的省队之一。全队干劲倍增，冬训中，她们再接再厉，技术上严把关，质量上严要求，改进训练方法，即在引进男子训练方法的同时，更新了传统的训练模式，以强度为核心，加大训练负荷，使竞技水平和机体能力有了大幅提高。可以说，当年的山西女子举重队，在全国的地位也是领先的。

　　为了加强山西女子举重队的实力，培养新人，1988年11月，李长萍充实到山西省体工队（举重队）进行系统训练。由于勤奋刻苦，在较短的时间里，成绩迅速提高。1989年10月，在扬州全国举重冠军赛上，李长萍实现了她在全国赛场的首秀，获得75公斤级挺举、总成绩222.5公斤总冠军。1990年6月，在南斯拉夫萨拉热窝第四届世界女子举重锦标赛上，李长萍以抓举92.5公斤、挺举127.5公斤和总成绩220公斤的成绩，获得3项亚军，并破3项亚洲纪录，挺举打破1989年度世界纪录。她也是山西第二位代表中国参加世界女子举重锦标赛的运动员。同年11月，在安徽铜陵举行的全国女子举重冠军赛上，李长萍获抓、挺、总成绩三项冠军。并以挺举140.5公斤、抓举112.5公斤两次打破全国纪录。1991年8月，在印度尼西亚第四届亚洲锦标赛上获75公斤级抓举、挺举和总成绩三项冠军。1992年10月，在泰安全国女子举重冠军赛上，获75公斤级挺举冠军。1993年3月，在南昌七运会全国女子举重锦标赛暨七运会预赛上，获70公斤级挺举、总成绩冠军，同年9月，在北京第七届全运会上获总成绩冠军。同年11月，在澳大利亚墨尔本第七届女子举重锦标赛上，获76公斤级挺举第一名，并以127.5公斤的成绩打破125公斤的世界纪录。

　　天道酬勤，荣誉接踵。1993年9月，山西省社会主义劳动竞赛委员会为李长萍荣记特等功一次；山西省妇联授予她"三八红旗手"称号；团省委授予她"新长征突击手"称号；同年12月，她荣获"体育运动荣誉奖章"一枚。

看着这份显赫的成绩单，让我对山西女子举重队肃然起敬。而作为一代举重代表的李长萍更是引起了我极大的兴趣和想象。于是打电话预约采访，那边传来她愉快的笑声。就这样，我走近了举重运动员、运动健将——山西举重冠军李长萍。

因为喜欢　所以不苦

坐在我对面的李长萍，一头飘逸的长发，清秀的容颜，随和的笑容，举手投足间，有着体育人特有的干练和爽快。她说："我出生在农村，父母都是农民，上有4个姐姐，下有1个弟弟，家庭条件比较艰苦。可能是父母平时比较忙，顾不上照顾我，从小我就是个自理能力很强的女孩，因为身体素质好，很喜欢体育运动。一个偶然的机会，13岁时被丹东体校的举重老师选中，从此与举重结下了不解之缘。在教练的悉心指导下，经过5个月的训练，就在1986年辽宁省少年举重比赛中获得第四名。通过这场比赛，更坚定了我对举重的热爱，我一定要坚持下去。16岁时，又有幸被山西省体工队举重教练朴永哲选中，1988年11月来到山西，选调到专业队，从此开始了专业的训练。尽管第一次离开家乡几千里远，但我性格开朗，适应能力强，或者说，我是农家的孩子，不怕吃苦，因此，我的成绩提高很快。1989年10月，我代表山西首次参加全国女子举重锦标赛，就拿回两个冠军。"

提起当年训练的经历，李长萍说："因为喜欢，所以苦也不觉得是苦。那时候很忙，每个星期只有星期天可以休息，平时都在紧张的训练中。而且要想取得好成绩，就要比别人付出更多的辛苦和汗水。只要一有空，我就会跑到训练场去训练，一般情况下，没有时间想家，只有在逢年过节这些特殊的日子里，才会感到孤单，想念远方的父母。

那时候每次打完比赛从外地回来，第一件事就是犒劳自己，逛街去。现在想来，那一段训练时光虽累，但累并快乐着。如今这么多年过去了，我也爱上了太原这座城市，也算得上是地地道道的太原人了。看着这个城市一步步走到今天，太原的发展是真快呀，也越来越漂亮了，我觉得做个山西人真好。"提到她当年获得的优异成绩，李长萍谦虚地笑了："如果要说成绩，其实与太多人的支持与帮助分不开。首先我得感谢我的教练朴永哲，如果没有他当年对我的赏识，就不会有我的今天。"

不肯服输　更懂感恩

我拨通了朴永哲教练的电话，他一听到李长萍的名字，话匣子就打开了。他说："我第一眼看见长萍时，就发现她是个很聪明又有灵气的小孩子，于是就把她带回山西。长萍非常听话和勤奋，平时训练时从不偷懒，很认真很刻苦，她和男孩子一起训练，她的前蹲可以做到190公斤，每回两次，还显得轻松，因而她的挺举就很占优势。要知道一般男孩子做前蹲是180公斤，每回一次还是很吃力。"朴永哲说："我是一个脾气比较急躁的人，有时候遇到比赛难免着急，记忆中还打过长萍。那是1989年10月，在扬州举行的全国举重冠军赛上，那也是长萍第一次参加这样的大型比赛。当时在比赛过程中，长萍的抓举相对弱一些，第一次抓举时，表现得很不理想，一下来，就被我打了一下，还狠狠地批评了一顿。长萍是个不肯服输又悟性好的孩子，经过指点，第二次抓举成功，一下子就获得两个全国冠军。如此好的成绩，在我的从教职业生涯中还是很少见的。"朴教练激动地讲述着当年的往事。"长萍曾在国家队待过一段时间，1990年6月，在南斯拉夫萨拉热窝第四届世界女子举重锦标赛上，长萍获得75公斤级抓举、挺举和总成绩三项第二名，荣获世界亚军。并打破3项亚洲纪录，挺举打破1989年度世界纪录。同时她也是山西第二位代表中国参加世界女子举重锦标赛的运动员。尤其值得一提的是，在全国七运会上，长萍代表山西在女子举重70公斤级比赛中，以总成绩272.5公斤超265公斤亚洲纪录，挺举以160公斤超155公斤的亚洲纪录，获得女子举重70公斤级金牌。尽管这样，每次比赛归来，她还是会一如既往，不骄傲，不自满，坚持刻苦训练。她也是个懂礼貌的孩子，尊敬长辈、教练，乐于助人，和同伴相处，不怕付出，遇到同伴有困难，就会尽力去相助。这么说吧，长萍不仅是个能吃苦的孩子，更是个懂得感恩的孩子。她能有这样的成绩，实在是来之不易，作为她的教练，我是看着她一路怎样走过来的。""成功的花，人们只惊羡她现时的明艳，然而当初她的芽儿，浸透了奋斗的泪泉，洒遍了牺牲的血雨。"正如这首诗所写，在举重的道路上，李长萍付出了太多不为人知的艰辛和牺牲……

竭尽全力　再创新高

1994年李长萍退役了，退役后在山西田径运动管理中心举重训练科工作。她风趣地说："我也算是专业人管专业事。"因为工作需要，2018年1月1日，她又由行政人员转到第一线，成为山西举重队的领队。"是今天当领队辛苦还是当年做运动员更辛苦？""这是两个不同的概念。"李长萍说，"当年，做运动员时我主要是管好自己，认真训练就好。而现在，我首先要带好队伍，做好后勤保障，负责队员们的安全、饮食起居、衣食住行、交通往返等等。遇上大型比赛，还要给每个孩子煲汤，他们每个人的口味不同、喜好不同，都要仔细了解。尤其是比赛期间，举重运动员的饮食更是讲究，吃、用都得费一番功夫，可以说是操碎了心。但看着这些孩子们刻苦训练，敢于拼搏，吃苦耐劳，所有的累也就不觉得累了。看到他们取得了成绩，比自己当年拿到成绩都开心。"

对于这次"二青会"，李长萍说："尽管我再一次站在举重的前沿，但与以往不同，我不直接参赛。""有压力吗？"她乐了，"说没有压力，这是不可能的，但这种压力已不同于普通意义上的压力，已升华为动力。现在，我长年就住在队里，和孩子们一起吃饭，一起训练，一起生活。这支队伍整体素质还可以，团结、能吃苦、具有协作精神，这也是一支队伍必备的。参加'二青会'，省举重队代表大同、太原两个城市参赛。比赛分两个组，两个年龄段，甲组（2000年—2001年）和乙组（2002年—2003年）。省队有9人进入决赛，4男5女，8人进入前8名。"

今天的山西举重队不同于往昔，在全国只能是中等水平，李长萍有些许担忧。目前省队训练总人数只有25人，后备人才不足。尽管如此，省举重队还是力争在这次"二青会"赛场上有所突破，争取获得一块金牌。

采访即将结束，李长萍说："我相信，通过这次'二青会'比赛，山西的举重成绩必会有一个很大的提高。在这里，我真诚地感谢所有对举重事业关心和重视的人们，同时我会竭尽全力，做好本职工作，带着年轻一代的举重运动员，推动山西的举重事业再上一个新台阶，并祝愿山西的举重事业走向辉煌。"

2000 年

山西 2 名教练、3 名队员入选中国奥运军团,杨建平夺得女子射箭团体第六名。

《山西省体育经营活动管理条例》9 月 1 日实施。

郭慧民：在奔跑中我是那么快乐

刘宁

初识郭慧民，无论如何，也不能轻易地就把他本人和如下这些职位一一挂起钩来：山西省政府原副秘书长、山西省红十字会原党组书记、山西省委省政府信访局原副局长、山西省金融工作办公室原主任、山西省政协提案委员会原主任等。

清瘦匀称，衣着俭朴，眉清目朗，面色红润。讲起话来，轻声细气，常常未语先笑。一身经年的蓝灰色运动衣裤，柔软贴身整洁，腰间系着一个尼龙布腰包。"我们搞户外运动的，都喜欢配一个这种包包，"他笑着对我说，"钱啦手机啦钥匙啦，杂七杂八的小物件，装在这里既保险又方便。"

郭慧民的家，就在府东街原省政府东边的家属大院里，老式五层楼房，他家就在第五层，没有电梯。他在前面引路，"蹭蹭蹭"拾级而上，身轻腿捷，一点也不像一位年近七旬的退休赋闲的老干部！

130平方米的家，老式建筑格局。餐厅小，而且是和北面阳台的厨房连成一体的；没有客厅，一间朝阳的最大房间就充作了起居室兼会客厅。屋内陈设略显老旧了，但很整洁。一台古董级的双卡磁带录放机，闲置于弹簧布面双人沙发的扶手一侧，上面还平整地苦着一块手工钩织的白线巾。这样一种郑重的存放方式，显示了它的主人在曾经的某段"年轻"岁月里，有过对音乐和旋律的一片痴迷与热爱。木制简易茶几上，摞满了杂志和书报。

最能显示这个家庭历史感和生命厚度的，是墙壁上镶嵌于玻璃木框内的一幅幅黑白老照片。一般是7英寸、9英寸的，最大的应该是那张17英寸的——乡村背景，一个清秀俊美的青年，立在一尊大石槽前，右手牵着一匹大黑骡子。

"那是我，1969年冬天。那年我19岁。"他说。

郭慧民参加工作的第一个单位是太谷县蔬菜公司，第一个岗位是柜台上的卖菜员。因为口算精准、态度热情、吃苦耐劳，不久就被提升为小组长、门市部主任。那年冬天，刚上班不久的他，想起自己的几个仍在太谷县上安村插队落户的同学生活艰苦，便从工资里悄悄扣出一笔钱，在蔬菜门市里买下200多斤干咸菜。一个冬日周末的早晨，他把装满一麻袋的干咸菜，捆扎在加重自行车后座上，迎着干洌的寒风，朝着15公里之外的上安村出发了！

坑坑洼洼的乡间土路，一会儿爬坡，一会儿下沟，一会儿又要推着车子踏冰越涧。朝霞慢慢散去，一轮红彤彤的冬日暖阳横亘于前方的远山之上。这趟负重长途骑行，对于青年郭慧民而言，还是生平第一次。一路上，他不仅毫无疲累的感觉，反而越骑越快，越骑越兴奋，越骑越幸福。想着马上就要到达上安村了，就要见到久未谋面的那些同窗好友了，就要把一麻袋干咸菜一股脑儿倾倒在他们的火炕上，看着他们一人抓着一个大头儿干咸菜，咬一大口烤窝窝头，就一小口干咸菜，再灌一口白开水，那叫一个香啊，那叫一个美啊！

到达上安村后，一切果然都如路途中幻想的一样：热烈的拥抱，亲密的笑谈，欢乐的相聚，干咸菜嚼在嘴里竟像红烧肉一般香、一般美！除了友情和分享的快乐，郭慧民的这次长途骑行，还有更重大的一项收获，那就是照片——他拍下了那张和大黑骡子的合影：作为乡村的标志性"代言人"，骡子喷着响鼻，口中蒸腾着热气，警惕而乖觉；张慧民紧紧攥着缰绳，立于大石槽前，神情豪迈而自得。照相机是郭慧民自己带来的，当时花15元买的一架旧相机。郭慧民曾用它拍下了许多张照片，但他最为珍爱这一张。也许，冥冥之中，这里面暗含了某种感应和昭示，草蛇灰线，伏延千里，一个人生命活力的起始和归宿，似乎自有安排。

多年以后，郭慧民才发现，奔赴上安村的这趟加重自行车的往返骑行，在自己的生命记忆里，早已镂刻下了浓浓的一笔。

后来的岁月，既匆忙又繁复，像幻灯片似的，一幅一格，来不及细想咂摸，就那么顺着时代大潮一路走下来了。考大学，上山大，走出校门再走进社会，太古范村任乡镇干事，榆次团市委任书记，榆次使赵公社任副书记，省委组织部、省人事局任干事，省政府办公厅任处长，省政府办公厅任副主任……

"不说这些了，"他摆摆手，淡淡一笑，"做的都是一些政府日常事务性的工作。个人就是一颗螺丝钉，党把你拧在哪里，你就要在那里坚定不移，坚守到底。"

事实上，就是在繁杂琐碎的日常工作中，郭慧民一直在给自己的心灵后花园里，灌注着一份独特而甘甜的养料，那就是体育，运动，奔跑，骑行。

"政府单位早晨八点正常上班，可除了我爱人谁都不知道，我七点左右已经从太原北郊的崛峒山骑行回来了！我从55岁那年开始，每年一进入夏秋季节，每天后半夜的三点半左右，我就已经从家里骑车出发了。那个时刻，那个钟点，整个太原城啊，用'万籁寂静'这个词儿来形容，一点都不夸张。一路飞驰，直抵山脚之下。此时晨曦渐渐初现，阳气开始上升。我沿着山路攀爬，过于陡峭的山道，我就下车推着快走慢跑；较为平缓的山坡，我就一鼓作气，奋力地骑上去再骑下来。山上真美啊，空气真好啊。骑到山顶上，放眼四望，万千景物尽收眼底，再对着远方大喊几声，胸中的污浊之气一扫而光。"回忆起当年这些"夜半即起，骑行登山"的日子，郭慧民满眼的亮光，眼角也蹙起两朵浅浅的雏菊。能够感受到，骑行在公路上，攀爬在山岭间，他的身体分外地饱满而充实，他的内心彻底地快乐而自由。路上，经常遇到山村的妇女骑着自行车载着水果山货进城贩卖，他总要生出许多赞叹与感慨。"每次回到家，吃点早餐，再洗把脸，刷刷牙，换身衣服，精力充沛，走进单位。不迟不早，七点半之前。"

运动和锻炼给郭慧民带来了实实在在的好处，用他的话讲："那是不爱运动不爱锻炼的人，根本体会不到的。"在他的从政履历中，曾担任过省委省政府信访局的副局长，每天都要接待各类社会来访者，应对各种各样的利益诉求,既要做对方的思想工作,又要联系、接洽、沟通政府各个部门的反馈情况,态度还要热情高昂,思路必须灵活多变,遇到某种复杂难解的状况,体力、心力、脑力、情感,通通都要开足马力,逆流而进。有时处理突发事件半夜就得奔赴千里之外。抗击"非典"荣立二等功,常到第一线检查慰问,毫不畏惧。"每当这种时候,就显现出我的业余爱好的优势了。"他说,"我始终精力足,能做到头脑清晰,心平气和,复杂的棘手的人和事,也能从容应对,这都得益于平时的体育锻炼。骑车、跑步、爬山,这些运动能赋予人元气、血气,还有调和的心气,在处理具体工作当中,这些都是非常宝贵的能量。"

郭慧民的"小宇宙"爆发了!而且,能量一旦引爆,必然呈现几何级数的倍增效应。在全民健身运动的金光大道上,他不断加速,一往无前。除了骑行,他还每天坚持长跑一万米,经常参加全国各地举办的国际马拉松比赛和自行车比赛。据他本人介绍,截至目前,他已经参加了 76 场中国田协认证的全程马拉松比赛(赛程 42.195 公里),成绩达到四个半小时到五个小时以内完赛。中国境内,除西藏、青海、新疆、四川、贵州外,几乎大半个中国的城市马拉松比赛,赛道上都留下了他的脚印和汗水。马路上、赛道上,他矫健的身影,开心的笑容,像一道亮丽的风景线。65 岁那年,他作为年龄最大的选手,用 15 小时成功完成了法国人力车协会(ACP)300 公里不间断骑行太原站挑战赛。每年,他个人投入的各种参赛费用,平均在两万元左右,主要用于支出交通费、食宿费以及个人赛车的升级、维修或养护上。郭慧民顺便告诉我,他 53 岁正式提拔为正厅级干部,现在又退休多年,家庭积蓄并不算很充裕,但就因为热爱运动,热爱骑行,热爱奔跑,对于家中每年都要额外多出的这一份支出,自己也并不在意,更何况,还有相亲相爱的老伴一直理解他支持他。

2010 年 8 月 15 日,山西省业余自行车联赛云竹湖站在榆社县云竹湖风景区举行。17 日,一篇发表在国家体育总局网站上的通讯报道,其中有一段文字就写到了郭慧民。现摘录出来，以此印证沉浸在体育运动中的郭慧民，恰似一个追风少年般，是何等的英姿飒爽！

"……省政府副秘书长郭慧民赛前发表了热情洋溢的讲话，随后作为一名普通选手投入到了比赛中。在男子初级组争夺中，年过半百的郭慧民面对106名身强力壮的年轻选手，毫不示弱，奋力拼搏，取得第49名……"

这样的成绩、这样的精神状态，郭慧民依然还保持到现在。每次，他从太原回榆次、平遥，去看望老母亲和亲友，都坚持骑行往返，绿色出行。

因为运动，因为体育，郭慧民获得过"全民健身运动带头人"和"全国群众体育先进个人"称号，2005年10月12日在南京受到过胡锦涛总书记的亲切接见，2008年担当过北京奥运会火炬手，曾任山西省登山户外运动协会首届会长。现今，他仍担任太原市长跑协会名誉会长、山西省自行车协会名誉副主席、山西省全民健身委员会名誉副主任。但他叮嘱我：罗列这些荣誉没啥意义，这些都是领导和同志们对我的一种鼓励，和他们相比，自己差远了。

任职省政府副秘书长期间，出于职务分属之由（协助分管科教文体的副省长、对口省体育工作和全民健身事业），郭慧民认识和接触了大批省体育局的各层领导干部、一线教练员和各类优秀运动员，经常求教于他们，并和他们成了亲密的朋友。他敬重他们，崇拜他们，写诗写散文讴歌他们。体育人的可贵品质也在深深地感染着他。另外，在省内以及山西省组团、组队参加的全国性各级各类竞技类赛会活动中，郭慧民都曾是重要的参与者、策划者、组织者和协调者。例如，在2009年山东举办的第十一届全运会上，郭慧民任山西体育代表团副团长；在2010年太原举办的山西省第十三届运动会中，郭慧民任组委会副主任。

处在这种浓厚的专业运动比赛的氛围中，工作业务和业余兴趣爱好恰恰有机地契合起来，郭慧民更是如鱼入水。他能向我详细而准确地阐释山地自行车赛与公路自行车赛的赛制规则、晋级路径，山地自行车（平把、粗轮胎）与公路自行车（弯把、细轮胎）的等级划分和优劣特质。想来，所收获的这些熟稔的专业知识，都得益于他人生中这段难忘的实际工作经历。他的跑步和骑行，也深刻影响和带动了周围不少人，人们的态度由不屑到赞赏，再到跟随他投身其中。在他的倡导下，多年前他们单位也自发组建了一支业余自行车队，有的队员现在已经成了省城业余自行车运动的领军人物。不仅如此，他对体育意义的理解和体育本质的阐发，也让我耳目一新，受益匪浅。

"体育者，载知识之舟、寓道德之舍也。"他告诉我，这句话是毛泽东说的。

"野蛮其体魄，文明其精神。"我告诉他，这句话也是毛泽东说过的。

"体育是最高的教育，其他教育都是谋生的手段。"他又告诉我，这句话是古希腊一位哲学家说的。

"那么，体育追求的最高境界是什么？"我问。他沉思了片刻，告诉我：

"我想，应该是善与爱。"

父辈的艰辛经历，让他早早懂得了自我磨炼的意义。体育，铸就了他的坚定与执着，更让他懂得了感恩和对人生的追求。

任职省红十字会党组书记、副会长期间，他热心公益活动，自1996年开始，坚持15年、总计21次参加无偿献血，献血总量11800毫升，因献血量和对无偿献血工作所作出的表率作用，成为2003年全国唯一同时获得"全国无偿献血奉献奖"和"全国无偿献血促进奖"的人，并先后两次被卫生部、中国红十字会总会和解放军总后勤部卫生部授予"全国无偿献血促进奖"。他还应邀赴京，在保利剧院举行的"全国纪念无偿献血十周年"晚会上，围绕体育运动和无偿献血的主题，做过一场精彩演讲。太原市红十字血液中心的工作人员和不少献血者都特别熟悉他，并不是因为他的官职，因为他是一位领导，而是因为他是血站工作人员和献血者的好朋友，他是经常出入那里的一位

"常客"。

郭慧民家的墙壁上，还挂着一幅特殊的书法作品，硬笔书法，上书八个大字：宁拙毋巧，宁朴毋华。落款是：杨振宁。笔道清丽奇崛，颇为可观。原来，1992年6月，杨振宁先生受邀来山西大学做学术报告，时年41岁的郭慧民作为省政府接待杨振宁先生的工作人员之一，与这位世界泰斗级的物理学大师相伴陪同了近一周的时间，彼此都留下了非常美好的印象。大师作别山西之际，应郭慧民的请求，欣然提笔，题字赠别。自那以后，这八个大字就一直悬挂于郭慧民家的墙壁之上，时时点醒他，处处规勉他。

采访结束，郭慧民执意要送我下楼。这一送就送到了小区大门外，再往前走几步，遇到一个小十字路口的红灯，他侧身轻轻拉住我的袖口，温和地轻声低语道："稍稍等等。我们这些经常搞体育比赛的人都养成了一个习惯：遵守规则，维护公平。"他突然不好意思地笑了一下，"退休后和社会接触少了，还应多学习。"他还说，比起老一辈，比起其他领导和同事，他差远了，他个人其实没啥好写的。

望着他灰白的头发，我内心就在那一瞬间，萌生出想要紧紧地拥抱他一下的冲动。这样一位没有一点龙钟老态的老人，那么温润，那么谦和，那么阳光，让人感到一种生命之美，仿佛一转身就能回到少年的时光里去。

我记得，在采访郭慧民时，我曾问他：如此热爱运动，动力源何在？他不假思索地回答："挑战自我。"对于这个答案，我总觉得不够具体，不够满意。好在后来查到了一些关于他的资料，读到了一些他写的文章。原来，郭慧民还是一位散文作家、诗人，更兼擅长摄影，其文字、摄影作品经常见诸《人民日报》《山西日报》等报刊，是山西省作家协会会员。由此亦可见，对于生活、生命以及这个世界，从青春年华到耋耋暮年，郭慧民一直都是怀抱着怎样的热爱乃至激情！例如，在一篇题目为《生命的奔跑》的散文中，他写下这样的语句：

"龟每分钟心跳15次，燕子每分钟心跳2000次，人每分钟心跳

70次。这都是生命运动的节奏,都是美的韵律。我喜欢奔跑。我在奔跑中呼喊,在奔跑中欢笑,我在奔跑中回归自然。我的生命永远在奔跑。"

2001 年

第九届全运会,山西代表团夺得8.5枚金牌,袁新东连夺两金。
叶江川1人对1004人的国际象棋车轮赛成为吉尼斯世界之最。
省政府发出《关于加快体育产业发展的意见》。

当代武尊袁新东

郭新瑞

2001年5月。

日本。大阪。东亚运动会武术比赛场馆。

无数的镁光灯在闪烁。观众高呼着一个刚刚获得冠军的名字:

"袁新东""袁新东"……

得活

1977年5月1日,山东郓城黄集乡袁楼村,一位怀孕的妇女在灶台边突然感到一阵腹痛,剧烈的疼痛使她无法挪动一步,她扶着灶台缓缓地坐在地上,在冰凉的地上生下了她的第五个孩子。

她已经先后生了三个儿子一个女儿。

她疲惫地看着这个刚刚出生的羸弱的嘴角吐着白沫的男婴,感到一阵失望。她用坚强又狠心的语调对睡得迷迷糊糊的9岁大的名字叫凤珍的姑娘说:"凤珍,妈妈给你生了个弟弟,看着是不行了,到里屋拿点棉花,把你弟弟包住扔到村外的河里吧。"

姑娘拿了棉花把弟弟包起来,抱在怀里,用棉花擦拭着男婴嘴角的白沫,一向听话的她这次却倔强地回答道:"不!"

因为母亲没奶,凤珍以父亲的名义去村里比较富裕又为人善良的村医生白大爷家借了一勺小米,急匆匆地回家后熬了少许米糊,晾温后用勺子一点一点地喂给弟弟,看着弟弟吃得香甜,凤珍开心地笑了。

从此,凤珍除了上学,剩下的事情就是待在家里照顾弟弟,看着弟弟渐渐脱离了死亡的阴影,全家人都一起帮着凤珍照顾。父亲还给他起了个寓意深长的名字"袁新东"。

淘气的童年

衣上酒痕诗里字，点点行行总是凄凉意。

一个贫穷的年代，总有饥饿如影随形。袁新东在姐姐的呵护下伴随着饥饿渐渐长大了。在青黄不接的时候，他曾随姐姐一起讨过饭，摘榆钱儿，挖野菜，凡是能填饱肚子的东西他都曾吃过。山东盛产红薯，他吃红薯吃得肚子胀得老大，被哥哥们笑称"大肚四"。苦难的日子里一丝戏谑深含了多少凄凉的况味。

但是饥饿也阻挡不了袁新东的淘气，东家偷桃，西家摸李，青杏刚刚拇指大小，就被袁新东和他的伙伴们惦记上了。爬树是他的专长，瘦弱的他像一只狸猫，不消须臾就蹿上了树梢，那里总有最大的最好吃的果实在等着他。

习武

随着袁新东慢慢地长大，父亲也开始一天天地发愁。家里都在种地，一年到头也收不下多少粮食，家中五个男孩（袁新东之后又生了一个），总不能都和自己一样去靠天吃饭吧。听说一个亲戚把女儿送到当地的宋江武校学武去了，学得还不错，父亲就也动了让儿子去学武的心思。送老四去学武说不定也是条出路，他的哥哥姐姐们都成家了，武校刚成立不久，学费一个月也就10块钱，再辛苦点，或许能凑出这笔钱来。

1985年9月，袁新东没去村小学报到，而是被父亲送去了30公里以外的宋江武校。当时武校的条件很差。头几天，袁新东没有带铺盖，晚上就和一起去的同学在楼道的床铺上挤着睡，几天后家里才送来铺盖，袁新东才睡到了宿舍里的大通铺上，三四十个人睡在一张铺上，他感到既兴奋又不习惯。他想回家睡家里的炕头，可是钱已经交了，他硬着头皮留了下来。

那时一个季度交一次学费，一次交30元钱。袁新东最害怕的就是交学费，每次放假回家拿学费，他总是一回去就开始哭，有几次父亲实在拿不出钱来，只好走东家串西家去借。放假四天，袁新东哭了三天了，学费还是凑不齐，父亲实在借不下了，第四天父子俩拉上几百斤粮食去附近的集市上卖粮。怀揣着心酸而滚烫的学费，背着几十斤口粮，袁新东五味杂陈地去了学校。

苦练

袁新东在武校的学习很苦，冬练三九，夏练三伏，袁新东撑不下去了。

1987年上半年，刚满10岁的他和其他十来个队员被挑到济南集训了三个月，济南要留下几个好的，没看上的都只能原路返回。瘦小的袁新东被退回来了。这件事对他打击很大，再加上苦闷的训练，他说啥也不想再练了，偷偷跑回了家。

全家人从牙缝里挤钱供了他两年，他还没学成个啥就要放弃，那怎么能行？哥哥们不干了，训了他一顿即刻又把他送回了宋江武校。

转校

幸运在几个月后姗姗而来，山西长治体校来宋江武校挑人，带队的是赵子健老师。瘦小而坚韧的袁新东遇到了他一生中第一个伯乐，他被赵老师挑走了，1987年冬天山西长治成了袁新东新的起点。

赵老师为人豪爽，急公好义，袁新东来学校的第一年交不起伙食费，赵老师拿出自己的钱给他垫上："你先用着，等你出了成绩，拿了奖金再还我。"赵老师不知道给袁新东这样出自寒门的学生垫了多少钱。

后来袁新东说："赵老师对学生就像对自己的孩子一样，后来我被输送到省体工队，他还一个月来看我们一次，一住下就把我们叫过去，嘘寒问暖，除了关心生活和学习上的事情，还教我们如何做人。习武的路上，关心我的老师很多，除了赵老师以外，还有我的专业教练庞林太老师，是他一步一步带我走上冠军之路，也是他带我走向巅峰时刻。从庞练手上出来的武术冠军除了我还有王冬莲、李莉、王爱珍、原文庆、袁晓超。这两位老师都是把自己几十年的精力和心血放在了我们这帮弟子身上。"

袁新东刚到长治体校一年左右，见到了武术界大名鼎鼎的原文庆。当时原文庆刚刚在全国第六届运动会上斩获两枚金牌，并获表演一等奖。年少的袁新东对这位武术界的翘楚崇拜得五体投地，他暗暗下定决心，一定要以他的偶像为榜样刻苦训练。

夺冠

功夫不负有心人，在赵老师的精心培育下，一年后，袁新东开始出成绩了。1988年，袁新东在山西省运会（乙组）武术比赛中获得长拳、刀术、棍术银牌。1990年，袁新东在山西省运会（乙组）比赛中获得全能冠军。1994年，袁新东在全国武术（套路）锦标赛获得长拳第六名。

1997年第八届全国运动会是袁新东和他的偶像原文庆第一次也是唯一一次携手参加的全国武术大赛。那次比赛，原文庆获得长拳冠军，袁新东获得长拳第三名，对练亚军。

"记得我抽签抽的是第一个出场，我一想到队里有原文庆压轴，就没有任何压力了，那套拳打得特别流畅轻松。教练和队友们都说我来了个开门红。"那一年，原文庆31岁，袁新东20岁。从那时起，原文庆逐渐退出比赛，转行拍电视剧、开武校。

"其实私底下我和原哥是特别好的哥们儿，到现在都是。那会儿他已经结婚，家就在太原，一到休息的时候我就去他家蹭饭。如今一晃十多年过去了，想想从前的时光，真是挺怀念的。"袁新东说。

耀眼的新星

随着原文庆的离去,属于袁新东的时代来临。一颗崭露头角的新星开始冉冉升起,并且随着不断升高,这颗新星越发耀眼,越发璀璨,照亮了山西的整个武术界。

随着八运会的闭幕,袁新东交出的答卷越来越漂亮。同年,他在全国武术锦标赛中获得棍术、双刀冠军。2000年,他在全国武术锦标赛中获得对练冠军、长拳亚军。

2001年6月,在日本大阪举行的东亚运动会上,袁新东获得长拳、棍术、刀术三项全能冠军,全场的观众为他欢呼。站在领奖台上,在国歌声中,他含着泪微笑着挥舞手中的鲜花,他向世界展示了中国的武术之魂。

2001年8月,第九届全国运动会袁新东又荣获长拳、对练冠军。

2001年11月,在亚美尼亚举行的第六届世界武术锦标赛中,袁新东轻松斩获了棍术冠军。

2002年10月,在韩国釜山举行的第十四届亚洲运动会中获得长拳、棍术、刀术三项全能冠军。

侠义

认识袁新东的人都知道他是个侠肝义胆的人,朋友们有什么事情,他都第一个站出来。除了工资和奖金他没有其他收入,每次夺冠发了奖金,不出一个星期就被朋友们借走了,从来没有开口要过。

他的朋友崔贵清律师说:"新东啊,太义气了,只要朋友们用钱,从来就没有拒绝过。如果自己手头紧,就转借别人的,然后自己再还。"

1990年,袁新东由于成绩突出,被输送到省体工队。

当时的体工队有个很不好的习气,就是老队员欺负新队员,队员们无法全身心投入训练。袁新东来了以后,逐渐把这种恃强凌弱的陋习扭转了。遇到恃强凌弱的人，他就出头帮助那些相对弱小的队员，渐渐的，体工队再也没有发生这种事情。

随着袁新东社会影响力的提升，企业界的朋友请他代言的越来越多，他从来是有求必应，并且分文不取。

受伤

在一个个沉甸甸的荣誉背后，袁新东也付出了无数伤痛的代价。2002年上半年，袁新东开始备战韩国釜山亚运会。在一次训练中，他右腿半月板严重受伤，必须手术，他有了退赛的念头。可继原文庆1994年获得广岛亚运会金牌后，山西武术的夺金队员就断档了，而且1998年曼谷亚运会由于种种原因山西就没有派队员参赛。如果他再退赛，意味着山西省武术队将在两届亚运会上一无所获。教练和医生就他的伤病反复讨论却又无可奈何。

最后，还是袁新东自己做出决定，一定要坚持打完这场硬仗再做手术，他说："小时候刚学武时教练就教导我'习武先习德'，如果没有山西的培养，就没有我的今天，在山西队最需要人的时候，我必须顶上。"

釜山亚运会赛前半年的训练对袁新东来说残酷而毕生难忘。腿上使不上劲儿，就坐着练手上的动作，疼得实在不行就现场打封闭针硬扛。2002年10月13日，釜山亚运会武术男子长拳三项全能比赛如期而至，赛前袁新东的腿上缠了三层绷带，打了8针封闭针，场上一分多钟的表演，招招精准，步步洒脱，最终以28.40分绝对优势的成绩摘得该项比赛金牌。

当五星红旗再次在领奖台前迎风飘扬的时候，袁新东忍不住放声痛哭——之前他拿过多次奖牌，都没有这次沉重，当强忍着疼痛满头大汗的他一瘸一拐地走下领奖台时，全场观众的掌声经久不衰。

比赛结束后不久，袁新东做了手术。因伤病拖得太久，右腿膝盖留下了严重的后遗症，现在右腿无法出力，无法伸展，并且一到阴天就隐隐作痛。

亲情

袁新东的大哥8岁时生了一场大病，右半身落下了残疾，袁新东有了条件以后，就把大哥接到太原，给他找工作，背着他买保险，生活上尽自己的全力照顾。

姐姐的孩子结婚，他把自己所有的钱都拿出来给姐姐贴补，并且从前到后一应张罗。

袁新东还把二哥的孩子袁晓超、三哥的孩子袁怀斌带出来和他一起习武。在他的关怀下，两人都在比赛中获得了冠军。袁家一门三个冠军，这在全国也是不多见的。

由于故乡比较贫瘠，村里的孩子只能凭借努力学习才能出人头地。袁新东出钱修了学校，并默默地资助着这些同宗的寒门学子，学校落成典礼邀请他参加也被他拒绝了，他说咱不出这个名。

退役

2005年，袁新东因伤退役，退役后他继续为山西的体育默默奉献。他先从助教做起，然后到主教练，生活淡然而恬静。

现在终将变成历史，一代人创造的辉煌终将被下一代人的辉煌替代，但历史就是这样。那些从未间断的辉煌被密藏在揉皱了的宽广画卷里，某一天，阳光灿烂，微风清扬，我们被历史的一瞬照耀，那些令人魂魄荡漾、心潮难平的表象背后，隐藏着何种令人战栗的精华，并且一直指向前方，永不停歇。

2002 年

阎立恒在世界杯自行车场地赛中以1分03秒391破全国1公里计时赛纪录。

杨建平在全国射箭冠军赛上,以337环打破女子50米全国纪录。

《山西省全民健身促进条例》9月1日开始施行。

阎立恒：在路上

阎扶

明天一大早，阎立恒就要赶回湖州。湖州是浙江省射击射箭自行车运动管理中心所在城市，他在那儿担任自行车运动教练。晋阳街 H 酒店 F 层一间房里，阎立恒在收拾行李。联系了多次，才约好在走之前晚上抽空一见。匆匆来去，他是作为太原市第三体校女子自行车队领队，参加"二青会"场地自行车预赛的。成绩还不错，阎立恒平静下来，拿了团体竞速赛第一名、500 米计时赛第二名。

从 1996 年 11 月到 2017 年 3 月，阎立恒在太原待了 20 年出头。这座城市留下了他拼搏的青春身影，铸就了他的人生辉煌。刚刚离开两年多，"二青会"又将他的足迹拉回一次。阎立恒身材有些发福，头发有些稀疏。生于 1982 年的他，正在迈向不惑之龄。当初那位英姿勃发的体育健儿，如今是一名传道授业的教练。

不会忘记 14 岁那年，正在老家河北邢台市第十七中学校上学的阎立恒，遇到了前去选拔体育苗子的高个子山西教练、如今太原市第三体校校长冯瑞卿。冯教练一眼相中了他，阎立恒从此与山西结下不解之缘。乘车由华北平原西上黄土高原，一位少年的体育人生帷幕缓缓打开。后来闲下时，冯教练对阎立恒讲，他的人生改变也是来自一位体育教练，1981 年 6 月，在阳泉市举办中小学生运动会时，他被阳泉市体育运动学校教练许根蝉看上，许教练说服他的父母，冯瑞卿进了体校。

那时还不叫太原市第三体校，叫太原市足球排球体校。这所位于太原市中心医院之北的体校，创建于 1984 年。阎立恒回忆，那时学校条件有限，自行车训练场地不是塑胶的，而在田径场的灰渣地，一圈儿 400 米，骑行两圈半，就是 1 公里。自行车也是国产的。冯瑞卿制定有一套非常严格的训练计划，分析讲课，对照完成。谁执行不到位，都要仔细纠正。阎立恒说，有段时间他的体能不佳，冯教练教导他不要着急，慢慢来。虽然这样，但冯教练制订的计划必须完成，没有二话可言。

犹记1997年冬天，冯教练带上二三十名自行车运动员，南下临汾拉练。阎立恒一行在前面骑着自行车，冯教练则开着三轮摩托车跟在后面。北方冬天严寒，汾河上结了冰，顺着河道南下的两边山上，树木光秃秃的。返程时于早上出发，下午两点回到太原。那一次长途远行，对于15岁的阎立恒来说，真是一次"长征"，一辈子也忘记不了。

1997年9月1日，阎立恒考入太原市体育运动学校。但他主要时间与精力，还是回到太原市第三体校，参加自行车队的训练。日复一日，自行车陪伴口音渐变的阎立恒，度过一个一个晨昏。

阎立恒在自行车运动方面的不凡才华，迅速表现出来。进入太原市第三体校仅仅半年之后，1997年6月，他即在山西省青少年年度自行车锦标赛上拿下1公里比赛冠军。次年省运会上，他又摘得1公里比赛冠军。优异成绩不仅让他考入太原市体育运动学校，还在1998年6月10日，得以进入山西省体育中心自行车训练基地，正式成为省队的一员。那年他16岁。

彼时主教练是周素英、岳安元夫妻。岳安元高而瘦削。周素英榆次人，她是我国运动员在世界自行车锦标赛中最早的奖牌获得者，也是我国自行车运动员在奥运会比赛中进入前八名的第一人。对于基地运动员来说，二人不仅是国内自行车运动界一对知名的夫妻搭档，平时对待他们更是犹如父母。在阎立恒眼里，周素英这位自行车运动界前辈，有着先进的训练理念与细致的训练方法。但，训练之苦必不可少、必得经历。阎立恒喝了一口水，回忆那时跑台阶，110个台阶，上下三次算作一组，一组一组之间可以休息10分钟。这是在锻炼心肺功能。每周训练分一、三、五场地，二、四、六公路。场地时上午综合训练臂力、腰力、腿力，下午进行起动专项训练。公路二、四、六有别，星期二60公里，星期四80公里，星期六120公里。120公里，要从太原骑到榆社收费站，再骑回来。

那时年轻不懂鼓励，阎立恒不好意思地笑了，周教练训练时，向大家呐喊，开始他不理解这种做法，听见不舒服，有一次实在累了，就顶了嘴，大声喊道，别喊了，别喊了，再喊我就骑不动了。那是一个星期六，在太原东山上爬7公里的坡，上下7趟。说到这里，阎立恒面露歉意。

2000年6月在太原全国场地自行车锦标赛中，阎立恒获得1公里计时赛第七名、奥林匹克竞速赛第二名。2001年4月在南京"捷安特杯"全国自行车场地冠军赛第一站获得1公里计时赛第二名、争先赛第二名，第二站获得1公里计时赛第二名、争先赛第一名、奥林匹克竞速赛第一名，同时获得第一、二站"体育道德风尚奖"。2001年4月、5月，在上海全国场地自行车冠军赛中获得第三站1公里计时赛第二名、总决赛里争先赛第二名与凯林赛第三名。

作为新千年第一个规模浩大的全国综合性体育盛会，2001年11月11日至25日，九运会在广州隆重举行。

提前一个月，阎立恒他们去了上海训练。面对自己体能下降，山西省体育中心张大康主任与周素英、岳安元教练都很为他着急，怎么才能得以恢复、提升？他们询问北京专家，最后分析出原因是身体透支，于是一边给他调整饮食，一边降低训练强度，练一练、调一调。比赛时间临近，他们转移去了深圳。

阎立恒与高志国、李如伟获得奥林匹克竞速赛冠军。李如伟第一棒，高志国第二棒，阎立恒第三棒，三个人接力完成。"持第三棒的那个人，必须要有好的耐力。"阎立恒讲道。平时他们就在一起训练，配合默契，谁有什么问题，马上指出，马上改正。团体比赛，比的不仅是其中每一个人的技术，更是他们之间的配合水平。三个人一起站在颁奖台上，为山西代表团拿下自行车运动项目的第一块金牌。

11月15日，场地争先赛，阎立恒摘银，金牌则由高志国夺得。

说到11月16日的场地凯林赛那枚金牌，阎立恒回忆，资格赛分三组进行，每组取前两名晋级半决赛。分在第一组的阎立恒，刚刚开始就失利了。侥幸的是依靠"复活",得以进入第二轮半决赛。两组,一组六名,取前三名。他以第二组第一名的成绩进入决赛。令人瞩目的决赛在六人之间展开了。每圈250米,骑6圈。出发时,阎立恒说,他是最后一个,到了4圈半时,他开始发力,冲到了第一,最后一圈半中一路领先,在观众的惊叹声里率先到达终点。

在场下紧张观看的周素英,整个身子时不时地随着场上的阎立恒兜圈子,岳安元则架着墨镜走出遮阳棚。成功了!成功了!周素英三步并作两步,冲上去与岳安元抱成一团。岳安元也不顾墨镜掉哪去了,嘴里念念有词,终于拿下了!终于拿下了!两人又和下了跑道的阎立恒,兴奋地抱在了一块儿。

九运会,山西代表团共得八块半金牌、七块银牌、两块铜牌。其中阎立恒与高志国、李如伟收获三金一银,而阎立恒又以两金(其中一枚为三人共享)一银脱颖而出。山西自行车运动项目打了一个漂亮的翻身仗。自行车运动本是山西的传统强项,但前几届表现不佳。八运会,冯跃进拿了一个男子山地自行车冠军,李忠英拿了一个女子山地自行车季军。七运会竟无一人进入前三名。

此外,阎立恒还获得场地1公里计时赛第五名。

载誉归来,山西给阎立恒这位19岁的体育小将以极大荣耀:山西省社会主义劳动竞赛委员会授予其"山西省五一劳动奖章"称号,共青团山西省委授予其"新长征突击手"称号。

2002年4月在北京全国场地自行车冠军赛上,阎立恒分别获得第一站、第二站争先赛第二名。7月在河北秦皇岛市全国场地自行车锦标赛暨全国青年场地自行车锦标赛上,获得争先赛第二名、凯林赛第八名。10月在韩国釜山第十四届亚运会上,获得1公里计时赛第四名,与高志国、张磊一道获得奥林匹克争先团体赛第四名。2004年6月在北京全国场地自行车冠军赛上,获得团体竞速赛第一名。9月在太原全国场地自行车冠军赛第二站获得1公里计时赛第一名、团体竞速赛第一名,第三站获得1公里计时赛第一名、争先赛第八名、凯林赛第七名……

2003年2月25日，因其在自行车运动方面的卓越表现，阎立恒被国家体育总局授予国际级运动健将称号。

转折发生在2004年，那年冬天在深圳受训，一次训练时，天气阴冷，零下四五度，阎立恒穿得有点少了，风刺进去，膝盖受寒，遭了损伤。2005年上半年在秦皇岛、沈阳等地参加几次全国场地自行车冠军赛，成绩都不佳。2005年10月12日至23日，在南京举办的十运会上，他一无斩获。虽在意料之中，但也沮丧之至。"竞技运动就是这样，大家都将羡慕的目光投向颁奖台上，很少有人会注意到那些失败者。"阎立恒镇定了一下情绪，"感觉整个人仿佛一下子从天上掉到了地下，空落落的。"从南京归来，阎立恒回了邢台老家，关掉手机，待了一个月左右。慢慢地他的心态有了好转，情绪得以恢复。

从1998年到2015年，阎立恒在山西省体育中心自行车训练基地做了八年运动员。八年时间对一名运动员来说，不算短，也不算长。一段驰骋疆场的体育生涯，对一名从事体育事业的人来说，总是怀恋不尽。

2005年12月，阎立恒成为山西省体育中心自行车训练基地女子中长组副教练，2009年12月升为主教练，2013年12月转任短组主教练。做副教练时，阎立恒笑称，主要是机械师，其次才是教练。平时，他负责修补自行车轮胎；出门训练，他负责开车。记得2008年远赴昆明训练，碰上了冰雪天气，他们在秦岭抛锚，车上待了三天半。他与王毅主教练一道，将车一点一点往前挪。他将自己当年所学，一点一滴传授给学生们。那时，他明白了当年冯瑞卿、周素英与岳安元三位教练如何无私地奉献。一代一代倾心传带，这也是一种伟大的体育精神！

阎立恒带的自行车女子中长组、短组队员在国内外比赛中屡屡获奖，如在2010年全国场地自行车冠军赛总决赛上获团体追逐赛第三名，2011年全国公路自行车锦标赛暨青年锦标赛上获个人赛冠军，2013年十二届全运会上获团体追逐赛第四名，2019年印度尼西亚场地自行车青年赛上获争先赛、凯林赛、团体竞速赛三项冠军。

与阎立恒一样，妻子张倩也从一名自行车运动员变为一名教练。张倩来自辽宁，是葫芦岛市人，曾在自行车比赛中获过全国农运会第二名、全国场地锦标赛第六名。退役后她到太原市第三体校，做了一名自行车运动教练。曾荣立第十四届省运会个人一等功，被共青团太原市委授予"太原市青年岗位能手"称号，获得太原市体育局2014年度"杰出体育人"荣誉。在上两届省运会上，张倩带领太原市第三体校女子自行车队，分别斩获太原市女子自行车队13块金牌中的12块、11块。

体育教练一方面要指导运动员，一方面还要为他们默默无闻地日常付出。在采访阎立恒的一个多小时里，不时有教练员、运动员进出房间，与他沟通明天返回湖州事宜，比如人员乘坐、器材运输、集中分散、时间统一等，不一而足。这一趟全程大约1300公里，开车得一天半时间，阎立恒估算，回去要到后天下午了，路上如果稍稍耽搁下，那就到晚上了。

2003 年

山西先后举办首届大运路体育旅游自行车拉力赛和第二届环北京国际公路自行车赛。

穆勇峰夺得奥运会入场券。

"体育下基层""大寨健身行"系列活动举行,大力打造农民体育运动品牌。

"跤乡"忻州首创中国摔跤节。

葫芦丝响起的时候

高海平

开场白

采访王春元先生的文章之所以用这样一个题目,因为我们曾是同一个单元的邻居。那时,他在省体育局任局长,时常从窗户里传出他学吹葫芦丝的声音,算不上十分优美,却很吸引人。我想,这不正同他的从政经历一样吗?所到之处,总能引人注目:37岁担任县委书记,古县由临汾地区党风最差的典型变为先进县,全省贫困县中率先解决农民温饱,第一批受到省政府表彰;调任山西师大副书记、书记,开创了以宿舍为中心的校园文化建设,全省召开现场会,他被评为"山西省优秀思想政治工作者",参加五一表彰大会;到临汾任书记、市长,提出"开放拉动,工贸兴市",大规模招商引资,被省政府授予"台商投资试点市",开创了以市场方式改造贡院街新模式,全省现场会推广,临汾市财政收入、第三产业占GDP比重连续三年全省各县区市排名第一;在大同、在省旅游局,虽时日不多,也都有建树。由于近水楼台,还曾欣赏过他2006年春节自编自书的春联。其上联是"十全十美十分高兴",指十运会超越过去二十年;下联是"百镇千村千万笑脸",指"山西大运体育走廊"唱响全国;横批是"大道聚祥"。这副对联反映了他在体育战线上的新作为,我曾为此叫好!

一

初夏的某个周六,天清气朗,阳光格外的明艳。太原滨河东路的绿荫遮蔽出一条绿色的长廊,杏果透过浓密的绿叶,露出青色的笑脸,迎接着即将到来的收获季节。

某个小区内，王春元先生已泡好了一壶上等龙井茶，茶香氤氲在古色古香的客厅，等待我的来访。几年没见了，我来之前打电话说明意图时，他热情地约了访谈时间，并一再地表示，到家里喝茶，而不是选择他地，可见他的真诚。

进门后，王先生92岁的老母亲在厨房忙活着，她没认出我来，但是对客人的热情依然如故。客厅硕大的落地窗，给了夏日阳光足够的储存空间。我和王先生坐在阳台附近，先开始回忆共同的话题，再慢慢地切入访谈的重点——山西省体育局局长位置上的三年有余的时光。

"体育三年多，只是历史进程中的一瞬间，在我个人经历中却是难忘的最后一站。有惊心动魄的日子，也有庆功大笑的时刻，以至于把鱼刺卡在喉咙里被送到医院。"王先生说着爽朗地笑了起来。他的话匣子一打开，我感觉有故事。暗自庆幸，采访他是明智的选择。

九运会，山西取得了较好的成绩，8枚半金牌收入囊中。由于其他代表队查出了兴奋剂，又为山西增添了一枚，9枚半。十运会的金牌目标定在了10枚，这是一个难以企及的高度。离十运会只有两年多的时间，备战工作已落下了步子。目标像堡垒一样，摆在了王春元局长的面前。而他还是个门外汉！

他从旅游局刚调过来。由原来的管"游"，到如今的管"跑"，要的不仅是眼界，更追求的是速度。好在有了眼界，为接下来的速度做了必要的铺垫。山西省的竞技体育在全国处于下风，九运会好不容易打上来了，保留这个来之不易的地位，是一个艰巨的任务，王春元心知肚明。体育局是他政治生涯的最后一站，他不想让政治生命断送在这里。

"那您肯定压力很大了。"我插了一句话。想不到王先生胸有成竹地说："内行有内行的门道，外行有外行的办法，我的办法就是用外行调动内行，用软办法完成硬任务。"他从上班第一周开始，每周至少去各训练基地走一遍，看望教练员、运动员，嘘寒问暖，解决问题，多的时候，每周去两次。召开座谈会，给教练员鼓劲，吃定心丸。给中心主任开绿色通道，有困难直接向局长汇报，缺资金找局长要，减少中间环节，极大地鼓舞和调动了士气。打好十运会攻坚仗，成了每一位官员、教练员和运动员的共识。"软办法"是服务，这一点由领导去做，"硬任务"是金牌，靠运动员去夺。训练场上，教练员目光如炬，紧紧盯住运动员的每一个动作，发现问题及时纠正；运动员挥汗如雨，千百次地重复一个动作。不怕重复，重复就是力量。

2005年10月12日到23日，第十届全运会在南京召开。到17日，山西代表队只拿到4枚金牌，原来有把握的自行车、武术、射箭项目金牌都落空了。而离有山西项目的21日，只有4天时间。幸好从18日开始，太原市黎秋梅拿了1枚铁饼金牌，蹦床获得团体冠军，田径取得5枚金牌，先后报捷。刘青的800米金牌是计划内的，1500米属于意外收获。说起这枚金牌的来之不易，王春元先生慷慨陈词、滔滔不绝，仿佛时光穿越回那个扣人心弦的瞬间。刘青确实具备了1500米夺金的实力，冲刺的过程中，对手有一个隐蔽的犯规动作，直接把刘青给压制住了。现场观战的王春元和教练员对这一幕看得清清楚楚，气愤不已。

比赛刚结束，山西代表团及时上诉大赛裁判委员会，质疑比赛结果，要求调查。裁判委员会反复观看录像。最后确认对手属于明显犯规，刘青的1500米金牌失而复得。十运会山西代表队夺去了5枚田径金牌，超越过去九届全运会加在一起的3枚金牌！整个会场刮起了"山西旋风"。运动员笑容璀璨，代表团成员们春风得意，王春元局长同样心潮逐浪，高兴得如同孩子。

如今讲起来，他依然陶醉其中，感慨万千："说实话，田径项目开始之前，我是度日如年，差点成了伍子胥，一夜白了头。"我笑着附和道："经典大戏往往是跌宕起伏，悬念丛生，结局必然大团圆！"

第十届全运会山西代表团共获得10枚金牌、5枚银牌和5枚铜牌，被称为"十全十美"，总分503分，取得了山西全运会20年来的最好成绩。省委省政府发来贺电，时任国家体育总局局长刘鹏在总结大会上举例山西，大讲公平公正的体育精神。山西省劳动竞赛委员会为山西十运会代表团荣记集体一等功。

王春元局长总结十运会时，提到了"七个想不到"。想不到金牌多半枚，总分超出1分，实现了五届全运会、20年来山西最好成绩；想不到是10金、5银、5铜，违背夺金规律，成为倒金字塔形，冲金率如此之高；想不到10枚金牌没有1枚与九运会是同项目、同一人取得的，实现了对九运会纪录的全面刷新；想不到野战军能战胜地方军，成为田径的夺金主力。刘青、李翔宇、张奇的4枚金牌都是与清华大学和北体大合作取得的；想不到田径能拿到5枚金牌，占据山西金牌的半壁江山，超过了以往九届全运会该项目的夺金总和；想不到自行车这样的王牌军全军覆没，射击12名运动员、射箭6名运动员颗粒无收……

我给王春元局长加了一条"想不到"：你也"跑"赢了，外行不输内行！

说到这里，王先生停顿了一下，起身给茶壶蓄水。茶水在斜射的阳光里呈现一抹碧绿。

二

全运会是王春元局长打胜的一场硬仗，而他叫得最响的是群众体育。体育战线的工作，主要是三大块：竞技体育、群众体育和体育产业。竞技体育是金牌，群众体育是普及，是体育的宗旨和根本。"软任务"如何实现"硬突破"，是王局长一到体育局就思考的问题。他的办法是"补短板，创品牌，带全局"。山西当时的体育优势是自行车，曾尝试通过自行车运动，带动群众体育的开展，这样会影响公路的交通秩序，不是一个最佳方案。犹豫踌躇之际，山西大运高速公路开通，省委省政府提出了"城镇大运、经济大运、绿色大运、旅游大运"的口号。王局长想，体育何不靠上去？他提出了"大运体育走廊"的设想。666公里的大运高速公路纵贯山西全境，沿途经过很多村庄。修路征了村庄的地，凡是被征地的村庄，都配备了体育健身器材。通过走访，摸清了底牌。配备这些体育器材需要资金3000余万元，体育局肯定拿不出这笔钱。省发改委让上报新项目，王局长要求赶紧把调查结果如实向上打报告。很快，国家发改委下拨了250万元。加上省体育局、国家体育总局和沿途8市31县区、116个镇、568个村的投资投工近4000万元。一年多时间建成了"以篮球场、健身路径为主的体育设施"。沿途农民兴奋不已，春节体育大拜年，前所未有的热闹！

别看国家发改委资金不多，但这是一个信号。国家体育总局群体司的同志比王春元局长还要高兴。山西体育局的这一做法，打开了他们的思路，也打开了国家体育总局向国家发改委申请资金的渠道。国家发改委每年在很多方面都有资金支持，而群众体育一直是空白。一招点醒梦中人。此后，国家发改委每年为中西部地区的群众体育投入数亿资金，并将亿万农民健身工程列入全国"十一五规划"。在全国全民健身先进集体和个人表彰会议上，由于"大运体育走廊"的建设和沿线群众体育运动的开展，山西有10人获得殊荣，并接受了胡锦涛总书记的亲切接见。

2006年1月19日，全国体育局长会议上，王春元局长第一个发言，介绍了山西"大运体育走廊"建设和沿线农民参加活动的情况。"大运体育走廊"被国家授予"全民健身著名景观"称号。2006年4月24日至25日，国家体育总局与国家发改委联合在山西召开全国农村体育设施建设工作会议，推广山西经验。

会议召开前，分两条线路现场观摩。第一条线路从运城出发，人员有全国各省市分管群体工作的副局长、群体处长、西部六省区的发改委负责人，还有主动要求参会的吉林省、甘肃省体育局长和辽宁省体育局党组书记。他们参观了夏县、襄汾、交城等"大运体育走廊"农村点，看到村民们在广场上不是踩踏"自行车"，就是手握"划桨船"，各种体育健身器材受到了百姓的欢迎和喜爱，代表们深受鼓舞和激励。

甘肃的局长感叹道：我们早就搞了，但标准太低，山西做了示范，有启发。陕西的副局长说回去要写文章，题目是"晋风吹，秦人要觉醒"。

第二条线路从太原出发，人员为国家体育总局和国家发改委领导及部分新闻媒体。他们在王春元局长带领下，参观了忻州忻府区、太原阳曲县、晋源区5个农村点。事实证明，大运体育走廊建设成了新农村建设的切入点、农民的兴奋点、当地干部政绩的关注点。

这次会议在晋祠宾馆召开，王春元局长做了经验介绍。这是新中国成立以来山西体育系统少有的全国性大会，更是国家体育总局和国家发改委联合召开的全国第一次会议。国家体育总局党组副书记、副局长胡家燕总结说：山西省的大运体育走廊，针对面积最大、体育设施最差的农村以及数量最大、体育意识最薄弱的农民，办了一件实事，意义重大。

这是王春元先生在体育局长位置上，最为自豪和得意的大手笔。由于"大运体育走廊"的建设，农民健身上升到了国家战略，成为持续的、惠及中西部地区农村百姓的长久政策。也以此为始，山西农村体育设施全覆盖，后来经过苏亚君局长几年的努力，全部成为现实。

说到这里时，王春元先生难以掩饰内心的激动。续茶时，从抽屉里拿出香烟，每人点了一支。他平时不抽烟的，今天，他破例了。

三

激情畅谈过后，恢复平静。王春元先生边抽烟边陈述，语气已经缓慢了下来："农民的健身出现了新变化，我多年的地方工作经验是发动群众，首先发动领导。这是问题的核心。"

王春元局长着手办了一份《山西体育信息》刊物，内容有世界体育、中国体育、各地体育，主要是山西体育的各种资讯、动态。每周一期，全省副县级及以上领导每人发放一份。要求各级体育部门把体育信息不断送到领导桌子上；大型体育活动把领导同志请出来；选择一两个体育项目让领导同志参与进来；各级党委政府的中心工作，体育部门主动靠上去。让领导了解体育、重视体育，借领导的力量在更大的范围发动群众。

他列举了2003年8月8日的全民健身周。原来安排在大寨的一个小活动，他策划为"三百"启动仪式，这在山西是空前的。所谓"三百"："一百"是119个县区、11个地市统一时间，统一行动；"二百"是全省100万人参加；"三百"是动员省市地主要领导100人，连同县市区主要领导1000人出席。有跑步，有健步走，有爬山比赛，有健身操，有广场舞……五花八门，形式各异。目的只有一个：健身很重要。从领导做起，从每一个人做起，从现在做起。健康不属于别人，健康属于自己。这是一种理念，也是一种价值观。当晚，中央电视台《新闻联播》及体育频道都曾报道，山西新闻媒体都是头条新闻。

王先生在体育局长的位置上干了三年多一点，做了很多开创性的事情。他说"主要是补短板"：大运体育走廊是补农民健身短板；山西体校升格为山西体育学院是补教育短板；支持太原申办国际小轮车赛事是补山西没有国际赛事的短板；组织参观晋中、晋城、吕梁体育场馆建设，督促体育彩票销售是补体育产业落后的短板；向省委省政府提出举办全国综合性运动会的设想，是播下了"二青会"的种子，补山西没有举办过全国综合性运动会的短板……

毕竟，王局长提出的目标是"开创山西体育全面发展的新局面"。

结束语

2019年，王春元先生已经74岁了，精神矍铄，神采飞扬。每日坚持写回忆录，已有四本成册，还有一本在印刷中，偶尔开车出去参加一些活动。我不无羡慕地慨叹：您的状态真好啊！王先生指了指身边的老母亲，笑着说：我不敢老啊！王春元先生的母亲已是耄耋之年，但耳不聋，眼不花，口齿利索，思维清晰，身板硬朗，每天还坚持做家务。能够陪伴在老母亲身边,人生多幸福啊!

采访结束,我乘车回家,一路上耳边仿佛响起了王先生久违了的葫芦丝的吹奏声。

2004 年

山西投资 2100 余万元构筑百镇千村"大运体育走廊",2004 年完成一期工程,为农民建起 508 块水泥篮球场。

蹦床运动员穆勇峰、教练员蔡光亮及沙滩排球运动员王露参加第二十八届奥运会。

残疾人运动员王云峰在雅典举行的第十二届残奥会上,为山西夺得首枚金牌。

王云峰传

岳占东

很多年以后,当王云峰一个人静静地待在金山脚下的山岗上,看着眼前的家乡,他总会想起30多年前那一次场面宏大的"挠羊赛"。

"挠羊赛"是一种以一只活羊作为奖品的民间摔跤比赛,忻州自古就有"跤乡"的美誉,这里无论城乡,但凡有庙会,必有"挠羊赛"。当地农谚道:"立了秋,挂锄钩,吃瓜看戏摔跤放牲口。"每年刚刚立秋,各村庙会便会纷沓而来,说是赶会看戏,其实更多的是图热闹,将一春一夏的忙碌辛苦,都消解在招徕四方亲朋的热闹中。当地又有俗谚说:"赶会不摔跤,瞧得人就少;唱戏又摔跤,十村八村都来看热闹。"而庙会中最爱热闹的要数孩子。

王云峰的家乡前东高村就位于金山脚下,村子不大,仅有600多口人,村庄却错落有致,民风淳朴。每天早晨,当第一缕阳光洒在金山上,坐在西窗下王云峰就能看到东边黑魆魆的山岗金灿灿一片,恰似铺满万两黄金。山因此得名,而前东高村的百姓却并没有因守着这座山而富足。

王云峰的家是村内较为穷困的一户。

那一天,十多岁的王云峰几乎是饿着肚子看完村里最为宏大的一场"挠羊赛"。时值20世纪80年代中期,"家庭联产承包制"的农村改革正如火如荼地进行,刚刚吃饱饭的农民,第一次发觉除了有饱饭吃,老祖宗留下的庙会和庙会上的"挠羊赛"同样令人痴迷。

王云峰和村内的一帮孩子从人群中挤进了戏场,里面是两个赤膊的大汉正猫着腰作角斗状。在人们的一片喝彩声中,两人抱作一团,一个扯肩,一个勾腿,三下两下,一个便将另一个摔倒在地。同样又是一片喝彩声,那汉子便和另一个上场的抱成一团……整个"挠羊赛"从晚场戏结束后开始,一直持续到凌晨时分,人们的喝彩声一浪高过一浪，那汉子一连摔倒了六个人。最后众人簇拥着那汉子，将一只披红挂绿的大肥羊给了他。那汉子将整只羊挠（扛）在肩上，威风凛凛地向周围喝彩的人群展示。王云峰一看认识，那汉子正是本村的"挠羊汉"申志民。

这样三下两下就能得到一只肥嘟嘟的羊？

饿着肚子的王云峰对"挠羊汉"羡慕不已，尤其是申志民那八面威风的气势从此扎根在了王云峰幼小的心灵深处。

那一年王云峰11岁，1977年6月出生的他，已是村上知礼识性、懂礼貌的好孩子。但从那天以后，在村里大街上、戏场内、田堰畔总能看到王云峰与伙伴摔跤的身影。伙伴们都知道王云峰是一个认真而脾气倔强的小子，只要和王云峰比赛摔跤，即使赢了他，他也不会服输，不摔个精疲力竭，他绝不会罢休。伙伴们永远记得王云峰的认真劲。他7岁那年上一年级，老师让每个学生在石板上写100个"1"字，云峰很快就写完了，但写得长短不一。于是他就蘸上唾沫在石板上齐齐地一擦，既整齐又好看。连老师都感叹说：云峰这娃娃可好管哩，上进心强，不甘心落后啊！

1989年还未初中毕业的王云峰进入山西省摔跤柔道忻州训练基地正式开始学习柔道。当时柔道基地给每位运动员每月90元钱，基地扣30元伙食费，需每月另缴45斤粮票。在这里他师从武海根、续俊根、武跃林三位启蒙教练，一学就是4年。1993年市体校招生，当时按国家政策，考入体校可以转非农户口，毕业后国家分配工作。王云峰以优异成绩考入市体校，但他本人大多数时间继续留在基地训练。

1994年山西省摔跤柔道忻州训练基地搬迁到太原，他也随基地来到太原，正式师从高二伟教练开始训练。在这种高级别的基地训练，王云峰的柔道技巧也有了质的飞跃。

在基地训练期间，王云峰身体状况并不好，生活条件也差，但他性格倔强，生怕落在别人后边。别的学生休息，他却不敢怠慢，在学校的操场上、训练室里总能看到他刻苦锻炼的身影，因而他的成绩一直名列前茅。王云峰15岁那年,父亲实在放心不下就去体校看望他。在操场上,看到别的学生又白又胖,再看看又黑又瘦的儿子满头大汗很吃力地训练,父亲忍不住躲在旮旯里伤心地哭了。在回家的路上心里想:一定要多刨几亩地、多喂几口猪,把娃娃培养成人。

功夫不负有心人,在基地训练期间,王云峰代表省市参加过几次全省全国性的比赛,成绩斐然。1994年参加山西省九运会柔道获71公斤级第一名的好成绩,1995年参加山西省青少年柔道比赛获71公斤级第二名,同年参加全国第三届城运会柔道比赛获65公斤级第四名,1996年参加山西省青少年柔道比赛获71公斤级第二名。在学习训练期间,王云峰一步一个脚印,细学稳打,终于实现了自己少年时的梦想。

然而就在王云峰在省内体坛崭露头角的时候,1996年的一天,王云峰骑自行车走五六十里路回家时,他突然发现自己的视力急骤下降。当时只是考虑营养不良,训练强度大,憋下了毛病,所以他也没过多在意。后来随着病情越来越重,他才听母亲说自己的老姥爷、老舅舅都是20多岁就得了眼病,也许他这眼睛跟遗传有极大的关系,他应该及早到医院做检查才对。可为了节省钱,他眼病却一再耽搁。

他们全家4口人,一年只能买5斤胡油。过八月十五家里都舍不得打月饼,在锅里烫几个白面饼子就算过了节,他哪会舍得到医院看病呢!当时母亲揪着衣襟,流着泪,心疼地对儿子说,云峰啊,你是家里的大儿子,家里穷,误了你不少事,可你从来没有怨言,这都怪爹妈没本事。

在母亲的记忆中,王云峰从小淘气,上墙头、跳井口、扒汽车,从来都不让她省心。但她知道自家的孩子还是很懂事的,他是一个从不向命运屈服的人。

然而天性耿直的王云峰,在就业这条道路上却并不顺畅。1997年他体校毕业后,手里攥着派遣证分配不了工作,眼看自己就要回农村老家了。回家?回家就意味着多年的艰苦训练付诸东流!好几天他彻夜难眠,躺在自家的土炕上,他想到了自己9年来的艰苦训练,想到了自己因家贫吃过的苦,想到了自己受过的累和流过的汗。苦他吃过了,累他也尝过了,汗他流得更多,但他不想因工作一事再去流泪。他横下一条心,决心仍旧在自己心爱的体育方面谋一碗饭吃。

1997年,他与邻村姑娘李彩云结婚,第二年他可爱的女儿降临人世。有了事业又有了家庭的王云峰,觉得自己肩上的担子更重了,他暗下决心,即使命运对自己如此不公,他也必须用自己顽强的毅力拼搏出一片光明的前程来。

1999年正值省里举办第六届残疾人运动会,在太原带队训练盲人柔道的队友王志军,见他眼睛近乎失明,就动员他参加盲人运动比赛。于是他从打工的建筑工地匆匆跑到市残联报名,参加了当年举办的山西省第六届残疾人运动会。在这次比赛中他分别报了男子100米、200米、柔道三个项目,结果均获第一名。

至此曾经在全省健全人运动竞技场上获得优秀成绩的王云峰再次以残疾人的身份踏上了体育竞技的征程。在以后7年时间里,王云峰在省市残联的帮助下,克服种种困难,勤学苦练,多次在国内、国际比赛中摘金夺银。

2002年他参加全国残运会暨世锦赛柔道获81公斤级第一名;2003年他参加全国第六届残运会获盲人柔道73公斤级第一名;同年全国第六届残运会他获得个人"体育道德风尚奖"。

2002年王云峰第一次走出国门,参加了韩国汉城远南运动会,获得第一块具有国际意义的金牌;2003年他又参加了美国柔道邀请赛,获得冠军。

就在王云峰连续斩获国际运动会大奖的时候,他迎来了自己在体育事业上最为辉煌的人生巅峰。2004年9月19日在雅典残奥会盲人柔道男子73公斤级决赛中,他以绝对优势战胜巴西选手,为我国选手夺得残奥会历史上第一枚盲人柔道金牌。

夺得金牌的那一夜,王云峰激动得彻夜难眠,第一件事就是借了一部手机向山西忻州的家里报告这个好消息。

王云峰的教练张贵富说，王云峰是一个实力型选手，却不是比赛型运动员。他在训练中的水平很高，但每到大赛就紧张，越紧张越是发挥失常，如果王云峰能克服心理压力，他的成绩会更优秀。

这话说到了王云峰的心坎上，想想这么多年来，无论是启蒙教练武海根、续俊根、武跃林，还是将他带入正式运动员中的高二伟教练，在自己成长的道路上，他们教授了自己各种柔道技能和竞技方法，可一旦遇到实战，他必须依靠自己的实战经验临场发挥，方能获胜。只要稍有大意，必输得一败涂地。他记起2002年在加拿大参加的那一场比赛，当时他遇到了第一个劲敌英国盲人柔道选手摩尔·杰克逊。这个选手个头不高，却四肢粗短，最惯以使用的撒手锏就是"背负投"。那一场比赛，他一连被摩尔·杰克逊用"背负投"摔倒几次，摔得他不仅身体发虚，连心都虚了。在2006年法国世界锦标赛上，王云峰再次遇到这一劲敌。当时进入决赛阶段，他被摩尔·杰克逊已摔倒多次，眼看比赛时间将要结束。当又一次被摔倒后，他缓慢地起身，强迫自己镇定，在最后的比赛中，他躲过了摩尔·杰克逊的"杀手锏"，一下子扯住了他的衣领，用力翻身，死死地用衣领勒住了摩尔·杰克逊的脖子。那一刻他听到自己的劲敌喉咙里粗重的气息，他一秒也不敢放松，死死地勒着，直到裁判员走到面前告诉他，这一场他绝对胜利了，他才放了对方。

比赛的输赢往往就取决于一瞬间，这一瞬间却考验着他的耐力、智慧、毅力、自控力等各种素质。

2008年6月27日北京奥运会圣火传递至大同站，第四棒火炬手由王云峰传递。接过"祥云"火炬，王云峰缓缓奔跑着，向观众频频招手、微笑，步伐矫健而有力。

"我曾无数次想像传递火炬时会是什么样的心情，但到了今天，举起火炬的这一刻，我才知道自己是多么激动！"

当选奥运火炬手以后的日子里，王云峰又进入了备战状态，每天早上锻炼身体，增强体力，练习跑步姿势，保证以最好的状态出现在火炬传递的跑道上。

火炬传递的那一天，王云峰第一次尝到了多年拼搏后最为幸福的滋味，这种幸福不仅包围着王云峰，也包围着他的家人。妻子在第一时间打电话给老家的父母，父母乐得合不拢嘴，女儿更是成了学校的小名人，走在校园里老师和同学都说：瞧！这个小姑娘是奥运冠军的女儿！

作为运动员的妻子，李彩云深深地感受到王云峰的不易。在王云峰四处训练比赛的那几年，下岗后的她只能在家照料女儿。因为他们是"双职工"，所以没有地可种，看到公婆年老体弱，彩云就帮着他们共同耕作着全家7口人赖以生存的11亩玉米地。日子过得紧巴巴的，但她从没向单位张过口、伸过手。

2001年王云峰最初被安排到忻府区奇村温泉疗养旅游区管委会工作，分管建筑管理工作。他除干好本职工作外，每天一上班就主动将会议室、办公室打扫得干干净净。2002年12月，王云峰加入中国共产党，成为一名光荣的中共党员。

2005年王云峰调到忻州市忻府区长征街道办事处当起了文化辅导员。他仍旧代表国家参加残疾人运动会，2006年，他参加法国世界锦标赛，获盲人柔道男子73公斤级亚军，2007年他参加巴西盲人运动会，获盲人柔道男子73公斤级亚军。

一系列的荣誉回报了王云峰的付出，他先后荣获"山西省五一劳动奖章""中国青年五四杰出贡献奖章""全国五一劳动奖章"，并被中国残联和国家体育总局授予"优秀运动员"称号。

坐在自家低矮的老屋前，看着院内停放着的小平车、畜力车，院门口拴着的耕牛，以及地上刨土扒食的小鸡、悠闲自得的鸽子和窗台上晒着的干豆角，刚过不惑之年的王云峰，仍旧是那么神采奕奕，东边的金山依然巍峨挺拔，王云峰在新的人生征程上又扬帆起航。

2005 年

第十届全运会在江苏南京举行，山西共获得10金、5银、5铜，总分503分，在金牌榜上排第17位，刘青夺得双金。

山西"大运体育走廊"建成，总投资2140万元。该工程被国家体育总局命名为"全国农村体育活动基地示范项目"，并被列入十运会全民健身博览会"中国全民健身著名景观"。

奔跑吧，刘青

王芳

刘青在山西体育史上，占据着 2005 年的显眼位置。

电话接通，我们约了在山西省体育中心见面。在此之前，知道这个名叫"红灯笼"的体育场是因为儿子要从西安跑回来在"红灯笼"看周杰伦的演唱会。等到召开《初心与使命——新中国山西体育 70 年 70 人》的启动会，我才第一次到了这里。这么远，在太原的最南边，与城市的灯红酒绿有了空间上和意识上的距离。再次来，是因为要见刘青，她在这里工作。

那天，大风，风吹得城市都变形了，我被风吹得透心凉，吹成了蓬头垢面、披头散发。步行还开着导航，却总也找不到，一直到刘青出来把我接了进去。我知道我见到她的时候，已经完全没有形象可言了，但想到许多写作的朋友都在群里谈到寻找自己的写作对象有多么难，我就觉得能找见她，是件开心的事，上天可能还是比较眷顾我的。

我没想到她看起来那么小，就像邻家的小女孩。

刘青不但小，还很瘦，戴着副近视镜，招呼我在一个小小的咖啡厅坐下，说话干脆利落。她带来了两张纸 A4 纸，上面写满了她的体育成绩，这是她提前为我准备的。

我们的对话竟然简洁到不可思议，我问一句，她答一句。她说的最多的是这句话：我心思简单，专心致志做一件事就好。

是的，做好一件事就足够了。能长高的大树，都是从砍掉枝杈开始的。

刘青不是山西人，她来自山东。

1985 年 11 月 3 日，一个小女孩在山东枣庄薛城区的一个小村庄出生，她就是刘青。

这里地域偏远，虽然已是改革开放几年后的村庄，依然不富裕。

当然她的家庭也不富裕。她家里共有四个兄弟姐妹，父母都是地地道道的农民。但正是这样的家庭，塑造出了她的质朴和单纯，这样的特质保持到了现在，从她的言谈举止中都能看得出来。她穿得很朴素，身板挺直，如果穿起时装也绝不亚于那些明星。她的目光是干净的，透亮得让人喜欢。

小学四年级的时候，她开始练长跑。她有着农村孩子的体质和一双大长腿，具备长跑的条件。

这样的训练，也只是业余的，而不是专业的，说起来，诸多辛酸。

小学练了两年，进入中学。中学的六年，至今回忆起来，是泪水伴着汗水过来的。多少少年的欢乐都被枯燥的跑步替代，迎着风要跑，淋着雨要跑，吃不饱也得跑，下雪了还得跑。农村的孩子出路不多，从一个偏远的山区、一个贫穷的家庭走出去，跑，跑，一直跑，跑得越快越好，这是一条抵达梦想的途径。

刚开始只是觉得好玩，好好跑，还能让身体健康。可事实不是这样的，除了风雨，体能的消耗多少还是会影响学习文化知识的。怎么办？只能尽量地兼顾，咬着牙支撑。好在，走了体育的路子，文化成绩并不需要向最好的学生看齐。

想起来，中学时代的训练是多么艰苦啊！刚开始只有300米的场地，平时跟其他学生一样上课，别人课外活动的时候，他们加大强度训练。别的孩子休息的时候，自己还在训练，别的孩子放寒暑假，自己才刚迎来了最好的训练时间。夏天，天热得坐在家里还流汗起痱子，可她得在大太阳底下跑，一直跑，跑到太阳不忍心而落下山去。到了寒假，冬训是储备能力、为下一年打基础的时候，要加大训练量和训练强度，一天天地在雪地里跑，在冷风中跑。那时候，没有暖气，人都在火炉边取暖，可她要在操场上跑，在大街上跑，头上身上一边出汗，一边冒热气，汗水瞬间就结成了冰，全身都结满了冰碴碴，就这样也得跑，跑到脸上长"白须"。多少年了，她都没有在家过过春节，过年的鞭炮声和年夜饭是属于别人的，她只属于跑步。爸爸妈妈虽然心疼，也只能选择支持，弟弟妹妹都在上学，也许这个娃不拖累家里的经济，还能走出一条路来。

不能叫苦，自己选择的路，要走下去。

她说过，恶劣的环境，更能磨炼人的意志。

高强度的训练，还伴随着伤病的痛。就在感觉练得很好的时候，脚受伤了，无奈去动了手术，离开跑道的日子也是难过的。手术一周后，她去拆了线，回来就又上了跑道，可是跑了十几圈就觉得脚钻心地疼，脱掉鞋子一看，鞋里全是血，伤口早已裂开，只能再去治疗和恢复。她说，像这样的事，对于运动员是常见的，腿上、腰上，哪个运动员没有伤病呢？怎么办？最好的办法就是靠自己坚忍不拔的精神去与命运抗争。

学习落下了，要努力补，别的孩子学习好，自己只能在保证了长跑的成绩后，再去多补一点。她相信，只要吃苦，上天会补。

不是没有对前途产生幻想，但将来去哪，她不敢奢望。她只知道，跑，就是她的命，就是她全部的希望。

好运总是偏爱有准备的人。经过几年的吃苦，她迎来了人生最大的转折点，清华大学录取了她，她将作为特长生，从山东枣庄走出去，走进北京，走进中国最高学府。

爸爸妈妈喜极而泣，自己这个春节都不在家过的女儿走出去了，这是全家的荣耀，也是全村的荣耀。

开学前的晚上，她睡不着，这几年的艰辛都在眼前回放。但那些小成绩和汗水都是过去时了，今后要开启一个新征程，自己得继续努力，才能对得起这些年培养自己的家庭和师长。

2002年9月5日，她背起行囊，离开家，走进了清华大学。

高等学府带来的兴奋和刺激很快就过去了，她又进入了枯燥而单调的循环，日复一日地训练。

2003年，根据学校和山西省的协议，她今后将代表山西参加所有比赛。这样从2003年开始，她与山西结缘了，成为三晋大地的一分子。我们这块被称为"表里山河"的土地，敞开胸怀接纳了这个女孩子。

同年,她开始参加各大赛事。

2003 年,全国田径锦标赛 800 米亚军。

2003 年,第五届城市运动会 800 米季军。

2004 年,全国青少年田径锦标赛 800 米冠军、1500 米冠军。

2004 年,全国第七届大学生运动会 800 米冠军、1500 米冠军。

2005 年,亚洲室内田径公开赛暨中日室内田径对抗赛 800 米冠军,破全国室内纪录。

2005 年,全国田径锦标赛 1500 米冠军、800 米冠军。

2005 年,世界大学生运动会 1500 米季军。

这个瘦小的山东女孩开始爆发能量。

还是 2005 年,刘青迎来了第十届全国运动会。

这是使她载入山西体育史册的一次运动会。

在全运会之前,她被派到福建、海南去训练,这里训练条件要好一点。但是没想到却在训练中患上了胫骨骨膜炎,疼,走路都疼,何况训练呢!可是自己没有退路,患上这种病,只有两种办法,一是咬牙挺过去,一是从此与体育绝缘。不,不能离开体育,自己还小,生命才刚刚开花,即使是体育生命,也还有很多年,必须挺过去。在此之前,在福建训练的时候后群肌腱断裂,不是也扛过来了吗?也曾想能过过安稳的日子,可是,那不是半途而废了吗?她给自己打气,终于靠着自己的毅力,迈过了这个坎。

2005 年 10 月,第十届运动会在江苏召开。这是北京奥运会之前最大规模的全国性综合赛事,刘青作为清华大学培养出来的学生运动员代表山西参赛。

10 月 19 日,刘青走上了自己的强项女子 1500 米的赛场。她在赛场上跑着,一圈,两圈……赛场上律动着汗水和美,也沉淀着她所有的过往,人生就是拼搏的过程,每个机会都不能被浪费。就快到终点了,刘青加快前进的步伐,终点的那条线就是高度,就是价值,越过它,就是世界对自己的奖赏。一米、两米、十米,无限地接近目标。但戏剧性的一幕却出现了，最后撞线时，刘青和邢慧娜几乎是同时越过终点线的，两人相差 0.02 秒，刘青落后。但是邢慧娜在直道超越时犯规，挤压了刘青致使她步伐被打乱，仲裁小组最终裁决，取消了邢慧娜的成绩，刘青获得冠军。刘青拿到了她应该有的成绩。

两天后，800 米项目中，刘青以 1 分 59 秒 74 的成绩获得冠军。

至此，在这届全运会上，山西省以 5 枚金牌的成绩，排名由九运会的第九名跃居第三。这其中有刘青的两枚金牌。

这里要补说一下邢慧娜。邢慧娜也是山东人，2004 年雅典奥运会获女子 10000 米金牌。2005 年全运会被取消 1500 米金牌之后，依然获得 5000 米、10000 米金牌。后因脚伤无缘北京奥运会。

自此，刘青开始了自己的一系列国内国外赛程：

2005 年，东亚运动会 800 米冠军。

2006 年，美国室内运动会西雅图站 800 米冠军。

2006 年，美国田径大奖赛纽约站 800 米亚军、1500 米亚军。

2007 年，亚洲室内运动会 800 米冠军。

2009 年，亚洲田径大奖赛昆山站 800 米季军。

2009 年，亚洲室内运动会 1500 米冠军。

2009 年，东亚运动会 800 米冠军。

2009 年，东亚运动会 1500 米冠军。

2007 年，全国田径锦标赛 800 米冠军、1500 米冠军。

2007 年，全国田径冠军赛 800 米冠军、1500 米冠军。

2007 年，第八届全国大学生运动会 800 米冠军、1500 米冠军。

2007 年，参加大阪世锦赛 800 米、1500 米比赛。

2008 年，全国田径公开赛 800 米亚军，1500 米冠军。

2008 年，全国田径锦标赛 800 米冠军、1500 米冠军。

2008 年，全国田径奥运达标赛 1500 米冠军，达奥运会 A 标。

2008 年，参加北京奥运会 1500 米比赛。

2009 年，全国第十一届运动会 800 米第四名、1500 米第五名。

2012 年，全国田径大奖赛武汉站 1500 米季军。

2013 年，全国室内田径锦标赛北京站 800 米亚军、1500 米冠军。

2013 年，全国田径冠军赛 800 米亚军、1500 米冠军。

2013 年，全国第十二届运动会 1500 米第四名。

刘青个人最好成绩及纪录：

800 米：1 分 59 秒 74（2005 年）

1500 米：4 分 04 秒（2005 年）

800 米室内纪录：2 分 02 秒 90（2005 年 3 月于天津）

800 米全国大学生纪录：2 分 03 秒 32（2004 年 9 月于上海）

1500 米全国大学生纪录：4 分 12 秒 30（2007 年 7 月于广州）

至今刘青在 2005 年中日室内田径对抗赛上创造的 2 分 02 秒 90 的 800 米室内纪录，还无人超越。

在这样密集的比赛中，刘青的身份发生了变化。大学本科毕业，又在清华大学读完研究生，2011 年，刘青通过山西省体育中心的全国统一招聘，正式来到了山西工作。工作之后，她马上进入紧张的训练中，参加了 2012 年、2013 年的比赛。2014 年，她成为田径运动管理中心的领队，度过职业生涯最艰苦的一年。2015 年转为教练，既做教练又做领队，带领山西健儿走在田径运动的大道上，一直到今天。

她至今都感激清华大学对她的培养。

她没有太多的想法，在山西也越来越适应，越来越习惯，已经熟悉了太原这座城市。

2018 年，她的弟弟也追随她落脚在省体育中心，成为一名马拉松教练。弟弟的到来，让她更安心地工作了。

她还年轻，看着她淳朴的模样，我想祝福她，也祝福我们山西的田径运动能走得更远些。

2006 年

省政府第 90 次常务会议召开,研究决定建设山西省奥林匹克体育中心(山西体育中心)。

山西省第十二届运动会举行,全省 11 个市代表团 3000 多名运动员参加 14 个大项、412 个小项的比赛。

省政府与 11 个市签订《建设标准操场工作目标责任书》。

天行健之君子如玉——记山西省体育局原局长苏亚君

张玉

苏亚君，1958年12月生，山西清徐人，中共党员。2006年任山西省体育局党组副书记、副局长（主持工作）。2008年任山西省体育局党组书记、局长。现任省政协教科卫体委员会主任、山西省体育总会主席。

在山西省体育局任职期间，他提出了"健康山西"的工作思路、"文化体育"的发展理念，使群众体育、竞技体育、体育产业和体育基础设施建设均取得历史性突破。大力推进体育公共服务均等化，实现全省行政村农民体育健身场地设施"全覆盖"；山西省参加2008年、2012年、2016年奥运会，2010年、2014年、2018年亚运会，2009年、2013年、2017年全运会均取得优异成绩，特别是在2012年第30届奥运会上实现山西单项奥运金牌"零"的突破，书写了山西竞技体育新篇章；近十年来，山西体育产业年均增长28%以上；建成了山西体育中心这一山西历史上投资规模最大的体育建筑群，使山西省体育场馆建设跨入全国先进行列。2008年，苏亚君被省委、省政府授予"山西省先进工作者"荣誉称号；2012年被省委、省政府记个人一等功。

——这些让人眼花缭乱的成绩和勋章，让我们看到一个辉煌于山西体育史上的苏亚君。

打开百度，输入"苏亚君"几个字，有关他的信息便如潮涌而来，有几十页之多：深入基层调研群众锻炼场所、承办大型赛事活动、赛场上进行技术指导、实施体育场馆建设、撰写发表学术论文、培训基层全民健身骨干、为群众做运动普及……苏亚君的时间表被工作充斥，加班加点，放弃节假日，始终忘我奋战在山西体育工作的第一线。多年来，他心系群众，恪尽职守，攻坚克难，无私奉献，撑起了三晋大地体育强省的一片蓝天，在增强人民体质、推进体育事业跨越发展上取得了骄人的业绩。

苏亚君的工作担负着全省人民增强体质、提高运动能力、改变生活方式的重任。单位在车如流水的小店区，他每日奔波于拥堵的道路上，无论春夏秋冬，每天都很早来到单位，顶风冒雪，披星戴月，不辞劳苦。他把满足广大人民群众基本体育需求、提高全民身体素质、推进体育生活化作为体育工作的出发点，积极构建体育公共服务体系，政府和社会为人民提供体育服务的能力和水平不断提高。到2009年末，全省人均体育场地面积达到1.3平方米；农民体育健身工程完成19030个，67%的行政村有了体育设施；城乡体育健身活动站点达到7000多个，社会体育指导员超过2万人；人民群众体育健身意识日益增强，经常参加体育健身活动的人数约占全省总人口的30%以上；国民体质监测形成制度，开通了"山西全民健身网"，初步建立了推广科学健身的公共服务平台。各项工作逐步展开，他擘画出一张山西体育事业的宏伟蓝图。

什么时候能有自己的大型体育场馆？这始终是苏亚君的一个心结。到省体育局工作伊始，他便开始谋划此事。先后给省领导写申请报告10余份、立项可研报告多份，无数次跑规划、城建、国土、供电、供水、供暖、环保、消防等相关部门，全力推进工作。从2009年3月开工建设，到2012年10月交付使用，以山西体育中心为代表的一批高水平高质量的体育场馆的建成，不仅结束了山西没有现代化体育场馆的历史，而且使山西省初步具备了举办大型国际单项赛事和全国性综合运动会的条件。以此为依托，山西省成功申办了2019年第二届全国青年运动会。

2009年7月，骄阳似火。苏亚君和他的同事们挥汗如雨，来到一个山区小县。这里叫榆社，地处太行山西麓，境内有一个风光旖旎、景色秀美的自然湖，名曰云竹湖，水域面积1416公顷，周边地质、地形、地貌多样。由于自然条件局限，产业结构单一，长期以来榆社经济发展较为滞后。苏亚君倡导山西省体育局与当地政府联办了一届垂钓节暨环云竹湖山地自行车赛，获得巨大成功，极大地提高了榆社在全国的知名度、美誉度。此后，组织者的办赛热情一发而不可收，连续举办了多届赛事，一届比一届规模大，一届比一届水平高。通过赛事的举办，拉动了消费，吸引了投资，促进了县域经济的发展。

苏亚君再接再厉，远赴晋城。这一次，他来到陵川县棋子山，这里被大多数专家认为是围棋发源地，他于此连续多年举办了中日韩围棋大师赛。

然后，他趁热打铁，在著名的运城市解州关帝庙前举办武术比赛——一场现实版的"关公门前耍大刀"。再然后，在貂蝉故里忻州举办的"啦啦宝贝"选美大赛，将具有地域特色的啦啦队文化推向极致……

他舍家忘我的付出得到了丰厚的回报，工作的业绩默默见证了他的奉献。鲜花是一种心情，泪水是一种倾诉，光荣与梦想纷纷来临，他站在灯光和目光的中央，说："健康山西，魅力无限！"

物阜民熙，赛事繁荣；贫困消弭，健康益盛。文化活动、体育赛事的举办，为山西经济社会的发展提供了正能量。它不仅激发了赛事为经济社会发展带来的多元推动力，而且推进了为社会民生带来的深层影响力。

山西"大体育"的格局在苏亚君手中初步形成，日益多元化的竞技体育与经济、教育、文化、科技、旅游等相融合，为文化强省战略提供了坚实支撑。他在充分把握省情的基础上，摸索出一条山西特色的竞技体育发展之路，在体育资源配置体系中积极发展国家奥运优势项目，巩固提高山西省传统体育项目，大力扶持群众喜闻乐见的项目。

这样的谋篇布局基于文化考量，充满求真自觉。经年不懈努力，终迎破茧成蝶。山西竞技体育中一些影响力较大、拥有广泛群众基础的项目已经接近甚至达到国内领先水平，这其中既包括游泳、射击等长期低位徘徊的项目，也有蹦床、乒乓球这样在国际体坛具有压倒性优势的项目。

面对全民健身的迅猛成长，在兴奋的同时也不得不面对事物的另一个方面，这就是群众体育的非均衡发展形态。山西农业人口占比68.35%，群众体育搞得好不好，要问农民满意不满意。山西广大农村特别是偏远地区由于传统观念、行为习惯、经济条件以及场地器械等多种因素的制约，群众体育的开展显然要比城市迟滞，即使有所开展往往也局限于较易操作的徒手传统项目。体育要在农村真正扎根，既需文化、理念的"软植入"，更离不开场地、器材的"硬杠杆"。苏亚君经认真调研后做出决策，将群众体育工作重点放到农村，把实现农民体育健身工程"全覆盖"作为重要突破口和工作抓手；推进山西省农民体育健身工程——建设以行政村为单位，以篮球场、健身广场等为主要设施并配置相应体育健身器材的农民体育健身场地。它投资小、见效快，被广大群众称赞为"惠民工程""民心工程""幸福工程"。在全省11个市、119个县（市、区）的1196个乡镇、28200个行政村实现农村体育场地"全覆盖"，经过长达6年的持续努力，截至2012年，国家和省两级共投入引导资金4亿多元，匹配全民健身路径器材1.4万条、篮球架1.9万副、乒乓球台1.2万张，全省人均体育场地面积达到1.5平方米，提前实现国家体育总局提出的到2015年全国人均体育场地面积的目标。山西农民体育健身工程"全覆盖"被《人民日报》《中国体育报》等国内主流媒体评为年度国内十大体育新闻，在全社会引发较大反响。"强健体魄 阳光生活"全民健身系列活动也在全省如火如荼地开展。春舞、夏泳、秋赛、冬跑四个主题板块多元联动，此起彼伏，共同营造出浓郁的全民健身氛围。

今天，体育正在成为山西一道靓丽的风景，体育正在定格"健康山西"的时代注脚，体育正在赋予从传统走向现代的山西人民以更多的文化自信。现代媒体传播手段和移动互联技术，使山西3600万人民可以同时凝神屏息于红灯笼体育场每一寸草坪。遍布城乡的健身设施带来的健康红利，正在深刻而慷慨地惠及这片土地上的人们。这是苏亚君打开的山西体育史上的寒武纪！

体育事业的上升带动了体育产业的蓬勃发展，深度开发外围产业的条件已基本具备。户外骑行、自驾等新的旅游出行方式不断兴起,特别是健身、攀岩、登山等体育新业态也越来越得到各地群众的广泛认同和积极参与,这显然对山西依托自身优势开展体育服务业非常有利,也是加大体育与文化、旅游的融合发展,赢得新的经济增长极,进而推动山西经济转型发展的很好机遇。

苏亚君一方面大力推进健身服务业、竞赛表演业等体育本体产业快速发展,积极鼓励扶持体育健身俱乐部、户外营地等各类健身机构建设,全力打造精品体育项目,太原国际马拉松赛、CBA、WCBA联赛、晋中柔力球国际大赛、长治壶关太行山大峡谷国际攀岩赛、大寨汽车越野赛等一系列精品赛事享誉海内外;另一方面,大力推进体育与文化、旅游、教育、卫生等融合发展,永济五老峰登山节、榆社云竹湖休闲旅游垂钓节、忻州摔跤节、武乡八路军文化旅游节等成为山西省体育与文化旅游相结合的成功范例,在促进体育产业、旅游产业发展的同时,带动了相关产业的发展。

苏亚君的艰苦奋斗可以想象,他原本一头浓密乌黑的头发,如今新增的银丝在灯光下闪着灼人的光。一串串的数据无声地诉说着他付出的艰辛与努力。苏亚君也是凡人,也向往安逸舒适,但总因为心中的梦想,他将苦和累当做甘霖。2015年,全省体育产业总产出为134.59亿元,增加值58.52亿元,占同期全省国民生产总值的比重为0.46%。"十二五"期间,全省体育产业增加值年均增速为22.7%。体育彩票销售逐年递增,年销售量从2010年的8.23亿元增加至2015年的20.84亿元,年均增长20.4%。"十二五"期间累计销售75.2亿元,比"十一五"期间的总销量增长108%,累计筹集公益金20.38亿元,为山西省的体育事业和社会公益事业做出了积极贡献。

苏亚君还是一个热情洋溢的诗人。他利用业余时间撰写各种文学作品,笔耕不辍,被称为"诗人局长"。他的诗作多是为山西的体育事业摇旗呐喊,并运用媒体这个大平台,向公众展示自己的初心。他的《山西体育中心赋》激情澎湃,文笔华美,读来令人荡气回肠;《三把火》《第一金》《全运抒怀》《红衣战袍》……有运动员的飒爽英姿、有赛场和会馆的庄重大气，有获得荣光的心潮汹涌……无限深情的书写、行云流水的妙笔，这些散发着墨香的文字凝结着他对三晋文化体育的无限热爱和执著攀登。

"汾河两岸，鼓角齐鸣；美哉体育，壮我三晋！"

苏亚君走的是人间的光明正道：既发展了体育，又弘扬了文化，还造福了人民，这就是奇迹。

"天行健，君子以自强不息；地势坤，君子以厚德载物。"传说中的君子，谦厚端方，比德于玉。苏亚君，就是这样沉稳如山的智者，温润如玉的君子。

2018年1月18日，苏亚君正式卸任，告别了他为之付出了12年心血的山西省体育局。在离职感言中，他引用艾青的诗作为工作总结："为什么我的眼里常含泪水？因为我对这土地爱得深沉……"这深情的泪水就是他对三晋体育最真挚的表白和大爱。

泥沙俱下，岁月不堪流逝；大浪淘金，英雄永立潮头。虽然离开了体育系统，但苏亚君仍然以山西省政协教科卫体委员会主任和山西省体育总会主席的身份担任了第二届全国青年运动会组委会常务副秘书长，继续为山西的体育事业奔波不息。他秉笔直书："漫漫人生路，迢迢未可知。痴痴心不改，呆呆成功时。"我相信，他说的"成功时"，就在火热的当代，就在不远的未来。它在三晋，它在九州，它是我们共同的文明、共同的时代。

2007 年

北京奥运会火炬手选拔工作正式启动,山西省组委会向北京奥组委选拔推荐377名山西省火炬手候选人和58名中国奥委会火炬手候选人。

山西出台《"全民健身与奥运同行"系列活动实施方案》。

从零起点到世界之巅——记蹦床世锦赛冠军穆勇峰

胡海生

一个体育项目，从并不为国人所知，到走上世界最高的领奖台。这之间的距离有多远？这其中需要花费多长时间的拼搏与探索？是 30 年、20 年，还是 10 年？我想对于这个问题，很多人的答案是 20 年，甚至更长的时间。是的，一个体育项目，有其传统的积淀，也有其发展的规律和轨迹，要在短时间实现突破并不是一件很容易的事。但在新中国的体坛，向来不缺少奇迹，对于蹦床这个项目来说，中国人从零起步，到登上世界之巅仅用了 7 年的光阴。这其中，饱含着多少泪水与辛酸，充满着多少奋进与超越，恐怕是常人无法理解的。有这样一位世界冠军，就是这份奇迹的创造者的代表，他的运动生涯贯穿了国人蹦床崛起的全过程，他就是蹦床世界冠军——穆勇峰。

初入体坛

穆勇峰，出生于 1983 年 9 月。1987 年，年仅四岁的他就进入了太原市体校体操队，1992 年进入山西省体操队。渐渐地，穆勇峰在体操队站住了脚，并取得了不错的成绩。15 岁那年，一个改变穆勇峰人生轨迹的机遇到来了。随着年龄的增长，穆勇峰的身躯渐渐挺拔了起来。此时，正逢蹦床队纳新，蔡光亮教练慧眼识珠，找到了穆勇峰，根据穆勇峰的身体条件，希望他能够改练蹦床。就这样，穆勇峰告别了训练十几年的老本行，练习起了蹦床。初次接触蹦床，穆勇峰就被这新鲜的事物深深吸引。这也许是上天的安排，从那一刻起，体操台上也许少了一位翩翩而动的"美少年"，但蹦床界却多了一位灵动的"舞者"，一位开中华蹦床先河的灵动的舞者。从体育分类上讲，体操与蹦床同为技巧性运动项目，并且都和"跟头"相关。因此，十几年体操的刻苦训练并没有付之东流，反而成了穆勇峰在蹦床上实现突破的资本。

从动作上分析，体操有六个项目，动作繁多，但蹦床只是一个项目，动作相对单一。但这动作相对单一的项目，却对动作的精准度要求很高，几乎到了苛刻的程度，而且动作的难度也大了不少。

从零开始

进入国家蹦床集训队，一切从零开始，没有一切保障队伍，有的只是教练的倾情投入和谆谆教诲，以及自己的刻苦训练。白天，穆勇峰从零开始，艰苦地训练基本功，晚上，还要去蔡光亮教练家里去看技术录像，这一看就是几个小时。看完技术录像，第二天，从模仿入手，一个动作一个动作地学习，一个动作一个动作地练习。初学时动作相对单一，危险性很大，但穆勇峰靠着坚定的意志克服了困难。将分动作一个一个地攻克。

做好了分动作，下一步就是把动作分段组合起来，形成一套动作。这比单个动作要难得多，所遇到的困难也大得多。那时，穆勇峰每天晚上到教练家里看技术录像成了一种定式，从最初的模拟训练，到后来能够有自己的动作，日复一日。这段时光，是穆勇峰拼搏的一段重要时光，也是他成长中最重要的一段时光。

进入国家蹦床集训队仅仅半年，穆勇峰迎来了人生的第一次全国大赛——1998年全国冠军赛，也就是第一次举办的全国范围内的蹦床大赛。对于改项仅半年的穆勇峰，这次大赛具有很强的锻炼价值，虽然由于训练时间比较短，穆勇峰没有夺得好的成绩，但通过大赛，穆勇峰找到了自己奋斗的目标，找到了自己的短板，这为三年后穆勇峰夺得全运会桂冠奠定了基础。

全国冠军赛后，穆勇峰并没有气馁，他保持着自己的训练节奏，但是更加刻苦。从此，节假日成了一种不切实际的奢侈品，取而代之的是训练场上拼搏的身影，以及教练家里研究录像动作的身影。

全运桂冠

就这样，整整三年，穆勇峰都是这样坚持着，日复一日、年复一年。通过刻苦的训练，他对于动作的理解更加深刻、更加得心应手了，一些高难度的动作也渐渐进入了他的视线，被外国选手垄断的动作，一个个被他漂亮地完成，而且动作更加出色。三年教练的心血、三年自身的苦练，成为他参加全运会的动力和基石。

对运动员来说，除去世界大赛，全运会是分量最重的大赛，它不仅关系着个人的成绩，而且关系着母队的荣誉。作为山西运动队的一员，作为山西省培养出来的运动员，三年前全国冠军赛的失意一次次地鞭策着穆勇峰——在全运会的赛场上，一定要为山西省赢得荣誉。

在这股劲儿的驱使下，穆勇峰勇敢而坚定地走上了赛场。他完美的发挥不但使在场的观众折服，而且征服了所有裁判，最终，穆勇峰以无可撼动的优势技压群雄，夺得了一枚全运会蹦床金牌。这枚金牌，是穆勇峰夺得的第一个全国冠军，从此，他将视野投向了国际赛场，凭借着自身的坚忍与努力，他坚信，一定能够扬威国际赛场，为山西省，为全中国赢得更大的荣誉。

走出国门

2002年2月，由于2001年全运会上的优异表现，穆勇峰获得了出国比赛的机会，这是他平生第一次出国比赛。在乌克兰举办的蹦床世界杯系列赛上，尽管穆勇峰顽强拼搏，但并没有进入前八名。此次大赛，使穆勇峰认清了自我——虽然在国内能够力压群雄，但在国际上的竞争力还不够，因此还需要更加努力地训练和学习。虽然经历了挫折，但认清了自我，找到了差距以及前进的方向，可以说，穆勇峰还是有收获的。此时的穆勇峰，暗下决心：一定要站在世界大赛之巅。此种信念，也为他三年后的一鸣惊人埋下了伏笔。

第一次出国归来，穆勇峰和他的团队找到了差距，教练重新摸索调整训练思路和方案，穆勇峰也进行了积极的调整，逐步追赶世界最高水平。2003年，穆勇峰获得了雅典奥运会的入场券，并在雅典奥运会获得了第十名，进一步缩短了与世界最高水平的差距。作为一名追赶者，穆勇峰时刻没有忘记自己的使命——为国争光，并始终以最高水平为自己的目标。在2002年至2005年的三年中，穆勇峰一方面完善技术动作，另一方面，也是最重要的，就是锻炼心理素质。通过一系列国际、国内大赛的锤炼，穆勇峰的心理更加成熟，也更有担当了，这为他后来的辉煌奠定了坚实的基础。

扬威国际

　　有人说，是金子，终会放射出耀眼的光芒。而使穆勇峰这样的金子闪光的机遇，便是2005年荷兰埃因霍温的第二十四届世界蹦床锦标赛。从1998年国家蹦床队建队算起，仅仅有七年的光阴。而就是这七年的时间，以穆勇峰为代表的中国人，创造了一个奇迹。

　　在2005年荷兰埃因霍温的第二十四届世界蹦床锦标赛上，穆勇峰和他的队友动作干净利落，毫无拖沓之感，成为锦标赛上最亮丽的一道风景。在欧美垄断了多年的蹦床赛场，他们力压群雄，获得冠军。以至于欧美的一些报纸惊呼——中国蹦床，奇迹！

　　一个体育项目，从并不为国人所知，到走上世界最高的领奖台，这其中需要花费多长时间的拼搏与探索？穆勇峰和他的三名队友给出了确切的答案——7年，也即2500多个日夜。这就是中国的风度，中国的速度，中国的奇迹！这份风度、速度与奇迹，出自中国蹦床队，出自穆勇峰和他的三名队友之手，这不但是全中国的骄傲，也是世界体坛的骄傲。

教练生涯

荣誉过后,依旧是激动人心的生活。虽然运动生涯已近尾声,未能赶上2008年北京的奥运会,这也许是穆勇峰心中最遗憾的事情。但2006年正式退役后,穆勇峰进入了国家队担任教练工作,也使他的蹦床事业得以延续。看着一个个朝气蓬勃的小运动员继续着自己的事业,穆勇峰无比的欣喜,这是一种精神的延续,一种力量的延续,七年的奇迹在他们身上延续,中国体育的奇迹在他们身上延续,中华民族不屈不挠的精神在他们身上延续,有什么能比这些更重要呢?

从零起点到世界之巅,不唯体育界,欣欣向荣的中国每时每刻都在创造着这样的奇迹。今天,我们要在笔记本上为每一个奇迹铭刻上奋斗者的名字,以此来歌颂他的国家与民族,并以此来激励后来的奋斗者。如果将来的一天,我们打开笔记本,回望这些奇迹,一定会在上面找到铭刻的三个字——穆勇峰。

2008 年

山西 9 名运动员参加北京奥运会,常永祥、董栋、袁晓超分获男子古典式摔跤银牌、男子蹦床铜牌和特设武术项目男子长拳金牌。

北京奥运火炬在运城、平遥、太原、大同四地圆满完成为期三天的传递,这是奥林匹克圣火首次来到山西。

山西举办 2008 年女子摔跤世界杯赛。

常永祥传

李金山

　　1983年9月16日，常永祥出生在河北省邯郸市，兄弟姊妹三人，上边有个姐姐，下边有个弟弟。父母都是中国北方朴实的农民，在常永祥的记忆里，父亲经常外出打工挣钱养家，母亲则留守在家照顾几个孩子。父母经常教育他，待人接物，要有一颗善良的心，不要怕吃亏，吃亏是福。福兮祸之所伏，祸兮福之所倚，中国人的生存智慧里，有着朴素的辩证法，短期看似乎是吃亏，但以长远的眼光来看，就不一定是吃亏。

　　常永祥的表哥是一名中国式摔跤运动员，取得过骄人的成绩，在邯郸市也算是风云人物。他多次参加全国比赛，获得过七运会中国式摔跤的冠军。常永祥小时候，父母就把这个表哥当做他的榜样，希望他将来也像这个表哥一样，拥有精湛的技艺，成为跤坛的常胜将军，在全国比赛中取得奖牌，光宗耀祖，为这个家族争光。"尤其从事摔跤以后，我觉得表哥真的了不起，他是我的榜样，也是我的领路人。"

　　1997年常永祥小学毕业后，父母就决定让他去练习摔跤，通过表哥的介绍，常永祥进入邯郸市体校。"那时候上学都比较淘气，老师说练摔跤吧，用游戏的方式教育我们，逐渐地喜欢上了摔跤。"但不是中国式摔跤，而是古典式摔跤，表哥认为古典式摔跤是奥运项目，可以走出国门，走向世界，更有前途。"我记得很清楚，1997年7月2日是我正式开始古典式摔跤训练的第一天，因为7月1日香港回归，第二天我刚好开始训练，我刻意牢记这一天，因为它在我人生中具有特殊的意义。"

　　邯郸体校是寄宿制，上午文化课，下午训练，一周回一次家，训练条件比较简陋。从1997年7月到1999年7月，常永祥在邯郸市体校学了两年。一个偶然的机会，山西大同市的张文生教练来邯郸市体校交流，看中了常永祥，觉得有培养前途，他就问常永祥想不想跟他回大同。于是，1999年的七八月份，常永祥就跟着张教练，到了山西省大同市体校，继续学习古典式摔跤。在大同市体校上了一年左右，又上了一个初二的预科班，紧接着2000年9月，就上了中专，2004年毕业。上学期间的2000年10月，常永祥被选入山西省队二线，跟着专业队训练，一直到2001年12月。"这段时间要特别感谢邯郸市体校的苏继林教练、大同市体校的张文生教练和山西省队二线王福喜教练，他们对我的技术训练抓得非常细，对我的基本功也抓得非常细。小时候的基本功训练和以后的成绩分不开，当时三个教练都特别负责任，对我也特别认可。"

刚开始训练的时候，常永祥感觉特别苦、特别累。他就跟父母说太苦了，太累了，不想练了，这时候父母就会鼓励他要坚持，一定要坚持，坚持就是胜利，既然开始了，就不要轻易后退。中国北方的生活条件相对艰苦，要生存下去，就必须忍受，生活就是忍受，坚韧的品格出自忍受。常永祥的坚韧品格，一半来自忍受的要求，一半来自父母师长的鼓励。职业生涯中，常永祥无数次想到放弃，但父母和师长支持他，鼓励他，"特别感恩父母对我的支持，没有他们的鼓励，也许我早就放弃了。"后来慢慢出一些成绩之后，他的情绪才慢慢稳定下来，觉得自己有一定天赋，可以有一定的作为，于是坚定了信心，有了方向，为后来的成绩奠定了基础。坚韧品格体现在比赛中就是不服输。摔跤比赛中没有不服输的精神，是不可能取得好成绩的，骨子里必须要有这种精神。"训练的时候，一些老队员的水平比自己高，摔不过人家怎么办呢？心里不服气，只有训练的时候刻苦要求自己，提高自己的水平，多动脑子，争取有一天能战胜摔赢自己的人。慢慢就养成了这种习惯，比赛中刚开始一直输，赛后总结失败的地方，改变自己的技术能力、方式方法，多想多琢磨这几点，这次赢不了你，下次我一定赢你，就是这种感觉。"

众所周知，通过接触高水平运动员，自己的技术、能力才容易提高。2003年，常永祥提出想去国家队训练，省体委就以陪练的名义，把他送到了国家队训练。因为不是国家队正编队员，一切费用自理。"2003年至2005年，大约两年左右的时间，一直是编外人员。接触了很多高水平运动员，好多的全国冠军，我从他们身上学到了很多东西，为自己后来的成长，奠定了一定基础。"通过这段时间的训练，常永祥的技术水平有了很大提高，他一发而不可收，披坚执锐，所向披靡，在各种大赛中开始连续摘金夺银。

2004年，常永祥参加了西部邀请赛，获得冠军。"西部邀请赛也是全国性质的，参加的是66公斤级的，73公斤降到66公斤，要降七八公斤体重，很困难，我当时就告诉自己，这是最后一次比赛了，打不好就要放弃了，所以当时比较放得开。"很多事情往往就是这样，一旦没有了心理负担，自身的能量没有了羁绊，往往可以超水平发挥。2004年的西部邀请赛上，常永祥卸下心理包袱，放手一搏，结果取得了渴慕已久的一个冠军。

尽管夺得了西部邀请赛的冠军，但常永祥并不满意，这不是他心目中的理想成绩。此前成绩一直不理想，可能是降低体重影响了比赛。他一直都是66公斤级选手，每次赛前都要降8公斤左右的体重，结果比赛场上没有气力，没有精力，而古典式摔跤对选手体能要求极高。常永祥有点心灰意冷，他萌生了退意。西部邀请赛之后又有一个冠军赛，他打的还是66公斤级，结果被淘汰了，于是想到了放弃，打算结束职业生涯，去当保镖，贴补家用。"也是朋友介绍的，为生活所迫，自己练摔跤的，有一身的武艺。"

山西古典摔跤队主教练王建明理解常永祥的处境，"因为他看不到前途。但他的跤感特别好，打球有球感，摔跤有跤感，而且他非常聪明，我相信他能出好成绩，希望他回来。"常永祥离队以后，王建明不断给邯郸去电话，希望常永祥的家人说服他尽快归队。"当时觉得总是打不好比赛，有点失落，对自己也有点失望，大概走了两个月左右吧，感觉自己还是放不下摔跤，最后选择了回来。"常永祥归队后，王建明与常永祥谈了一次，并做出了"让常永祥在全运会预赛上参加男子

74公斤级比赛"的决定。"是不是体重控制影响到他技术水平的发挥呢？所以我就大胆地改变级别，让他打74公斤级。"但这个决定上报山西省项目管理中心时，引起了不小的惊诧，"马上就全运会预赛了，怎么能在这么重要的比赛上临时调整级别呢？"王建明顶住压力说服领导同意这次冒险的决定。"之前年龄比较小，体重比较轻，体重72公斤，就降低体重，打66公斤级，到了2004年底，体重反弹到78公斤，没有办法再参加66公斤级的比赛了。"

2005年，常永祥参加了全国古典式摔跤锦标赛暨第十届全运会预赛，在74公斤级的比赛中夺得冠军，并在随后进行的十运会的比赛中夺得银牌。"锦标赛是全运会的预赛，大家都很重视，2005年锦标赛夺冠，大大提升了我的信心。当时夺金很困难，我碰到六个选手，五个拿过全国冠军，也有全运会冠军，年龄都在30岁左右，我当时才22岁，论经验论能力都比我强，当时能战胜他们，确实给我挺大的鼓励。"2005年，常永祥还参加了亚洲锦标赛的角逐，取得第7名。"2005年的亚洲锦标赛在湖北武汉举行，当时第一次参加国际比赛，上去也有些紧张，放不开，所以就输了。"2005年11月，常永祥被山西省社会主义劳动竞赛委员会记个人二等功一次。

此后的四年，常永祥成为亚锦赛的常客：2007年，获亚锦赛第3名；2008年，终于收获亚锦赛的第一枚金牌。"随着自己的阅历、经历及比赛经验的丰富，把控比赛的能力也就越强，所以成绩也就越来越好。"取得亚锦赛的金牌，常永祥打消了退役的念头，全新的天地正在打开。常永祥凭借这枚金牌，获得2008年奥运会的参赛资格。从2005年到2008年，常永祥的比赛成绩稳中有升，一步步向前，一步步接近，似乎之前的比赛都是为2008年奥运会作铺垫。2008年北京奥运会是常永祥职业生涯的巅峰，也是他人生的巅峰，他将要化茧成蝶，绚烂起舞。

2008年8月8日20时，举世瞩目的第二十九届奥林匹克运动会开幕式在中国北京国家体育场鸟巢隆重举行。国家主席胡锦涛出席开幕式并宣布本届奥运会开幕。具有两千多年历史的奥林匹克运动与五千多年传承的灿烂中华文化交相辉映，共同谱写人类文明气势恢弘的新篇章。夜幕下，"鸟巢"造型的国家体育场华灯灿烂，流光溢彩。可容纳9万多人的体育场内座无虚席，群情激动。

19时50分，在欢快的乐曲声中，胡锦涛、江泽民和雅克·罗格、萨马兰奇等各个国家的领导人及奥委会相关组织人员走上主席台，向观众挥手致意，全场响起持续不断雷鸣般的热烈掌声。

一道耀眼的光环，照亮古老的日晷。体育场中央，随着一下下强劲有力的击打，2008尊中国古代打击乐器缶发出动人心魄的声音，缶上白色灯光依次闪亮，组合出倒计时数字。在震撼人心的击缶声中，全场观众随着数字的变换一起大声呼喊：10、9、8、7、6、5、4、3、2、1……在一片欢呼声中，迎来了开幕式正式开始的时刻：20时整。2008名演员击缶而歌，吟诵着"有朋自远方来，不亦乐乎"，表达对世界各地奥运健儿和嘉宾的欢迎。

"我和你，心连心，同住地球村。为梦想，千里行，相会在北京……"英国女歌手莎拉·布莱曼和中国男歌手刘欢，深情地唱起北京第二十九届奥林匹克运动会主题歌《我和你》。这不仅体现了中外结合的"国际化"，也使北京奥运会和伦敦奥运会携手。体育场上展现出2008张世界各地儿童的笑脸，体育场上方的投影屏上也呈现出孩子们笑盈盈的脸庞。情真意切的主题歌和不同肤色儿童的笑脸，形象生动地诠释了北京奥运会"同一个世界、同一个梦想"的主题。

21时10分19秒，运动员入场式开始。反映世界五大洲风格的乐队轮番奏响不同大陆的经典乐曲。来自奥林匹克运动发源地的希腊代表团首先入场，其他国家和地区代表团按简化汉字笔画顺序先后进场。共有204个国家和地区的代表团参加本届奥运会。204个国家和地区的代表团旗手有男有女，他们来自不同的项目。最后一个出场的中国代表团的旗手是男篮明星姚明，而日本代表团则是娇小可爱的乒乓球运动员福原爱，足球、篮球成绩俱佳的阿根廷队则是由在NBA马刺队效力的吉诺比利作为旗手。陆续入场的运动员个个朝气蓬勃、精神抖擞，不时微笑着向观众挥手致意。现场观众用热烈的掌声和欢呼声，欢迎他们的到来。之后16天里，来自世界各地的1万多名运动员在五环旗下同场竞技。"入场式的时候，我跟着中国队的队员进入'鸟巢'，在'鸟巢'看到好多国外运动员，好多的奥运冠军运动员，非常激动！第一次参加那么大型的运动会，又是在中国，非常自豪……"

在当天的比赛中，常永祥在首轮轮空的情况下，第一次出场就面对2007年世锦赛冠军保加利亚选手亚沃尔-亚娜基耶夫，常永祥毫无惧色，开始就给对手一个下马威，3比2拿下首局，第二局又1比1成功逼平对手，以技术分3比1晋级。随后的四分之一决赛中，面对名不见经传的秘鲁小将巴雷拉，常永祥没给对手任何机会，他连胜两局顺利过关。关键的半决赛来临，面对来自摔跤传统强国白俄罗斯的名将奥列·格-米哈伊洛维奇，常永祥在第一局完全陷入被动，被对手跪撑摔得手0比6先输一局，但此后常永祥越战越冷静，以4比0、2比1连扳两局，进军决赛。

决赛8月13日晚举行，面对2007年欧锦赛冠军、世锦赛第3名的格鲁吉亚老将马努恰尔-克维克利亚，常永祥占不到任何便宜。在常永祥进攻的时候，对手利用灵活的躲闪，始终没让常永祥得分。而常永祥的跪撑却屡屡被对手找到破绽，抱摔成功，6比0、4比0，比赛提前结束，常永祥痛失金牌，屈居亚军，获得该项目的银牌。

尽管只是一枚银牌，但常永祥也已经创造了历史。截至2008年，中国男子摔跤队的最好成绩是铜牌，名将盛泽田曾在1992年巴塞罗那奥运会、1996年亚特兰大奥运会、2000年悉尼奥运会夺得三枚铜牌。常永祥能够站在决赛的赛场上，本身就是一个突破。常永祥获得亚军，对中国男子摔跤队具有里程碑的意义。当年的报道中这样说："虽然未能最终夺冠，令人惋惜！但是常永祥依然是好样的，他无愧'民族英雄'这个称号！"

"很犹豫，心里没底，主要是心里没底，因为毕竟输过他一次，第一局输了，身体的感觉就是不由自己了，两个人那种激烈的争斗、心理的紧张，身体的动作会缓慢……"在三局两胜的比赛中，常永祥连失两局，"非常遗憾！但听到全场的掌声依然响起来，又非常激动！觉得这么多年没有白练，感觉很幸福……"

2008年10月，常永祥被山西省社会主义劳动竞赛委员会记个人一等功一次，被共青团山西省委、山西省青年联合会授予"山西青年五四特别奖章"和"山西省先进工作者"光荣称号，被国家体育总局授予"2008年北京奥运会突出贡献个人"光荣称号。2009年7月，常永祥被国家体育总局和国家人力资源和社会保障部授予"全国体育系统先进工作者"荣誉称号，同年11月，又荣获山西省社会主义劳动竞赛委员会颁发的"山西省五一劳动奖章"，被共青团山西省委、山西省青年联合会授予"山西青年五四特别奖章"。

2009 年

山西代表团 180 多名体育健儿参加第十一届全运会，获得 9 金 7 银 12 铜、567 分，圆满完成"两个确保"任务目标，荣获"体育道德风尚奖"。李翔宇蝉联全运会男子田径冠军。

全国首个"全民健身日"山西主会场活动在太原启动，全省各市联动，先后有 200 多万人次参加。

草木百年新雨露——记清华大学教体融合典范、800米名将李翔宇

王秀琴

先电话微信，然后是教练曹振水，接下来是从大老远通州赶过来的父母，所聊皆李翔宇。"从小学开始训练，从未想过放弃。"李翔宇和跑步结缘，得益于他的母亲，"虽然累，但一直坚持，就像吃饭睡觉一样，已成为生活的一部分。"20多年跑下来，李翔宇终于跑成全国800米名将。

"半年三级跳，我来到清华附中。"

李翔宇出生于黑龙江省双鸭山市一个边陲小镇，父母皆为教师。他九岁开始跟启蒙教练杨福波练跑步。杨教练说，"东北冬长夏短，冬季特别寒冷，尤其是下了大雪。条件非常艰苦，但他出勤率最高。有时借雪反光和教室里透出来的灯光，跑啊跑。这样暑往寒来八九年。"李父说他脑子里挂着一只闹钟，非常自觉。因艰苦训练赋予其这种精神品格，奇迹般改变着翔宇的人生轨迹。

因体育成绩优异，翔宇先后被哈师大附中和清华附中"马约翰田径班"破格录取。来到清华附中，他师从曹振水教练，专攻800米。曹教练看着翔宇，已深信他是块璞玉，可磨可造，可雕可琢。"一切都跟梦幻似的。这让我笃定一个信念：机会总是留给有准备的人，今后更要不急不躁，稳扎稳打，打磨自己。"既有科学的田径专业训练，又有良好的学习环境，翔宇如鱼得水而又踌躇满志，他不断调整目标，调适自我，一边紧张备战高考，一边更加刻苦训练。他要跨一步之遥，实现体育梦与清华梦。

"结缘清华，给了我质的飞跃。"

清华大学是国人心目中的最高学府。"自强不息，厚德载物"，校训精神早已融入每个清华人的血液与骨髓里。"翔宇成长速度超过了我对他的期许。他训练非常认真，刻苦。"在国内一些重要赛事上，翔宇都有不俗表现。从 2003 年起，翔宇被注册到山西，也是机缘巧合。山西体育局领导多次找曹老师，请他与清华体育部负责人接洽。山西体育局领导表示："山西不是经济大省，但我们更多的是感情投资。加上山西文化底蕴深厚，人豪爽仗义，所以山西才会荣幸与曹老师、翔宇师生这样的厚德载物者多年合作。"翔宇代表山西省参加各大赛事，总是一跑惊人，以 1 分 49 秒 97，一举拿下在湖南长沙举行的第五届城运会男子 800 米冠军，达国家健将级标准。

随即，在中日室内对抗赛上，翔宇力克日本高手，拿到冠军，为国争光。随之又斩获全国大奖赛和全国青年锦标赛两个冠军。2004 年，翔宇以优异成绩被清华经管学院录取，实现了其清华梦。无论学业还是体训，翔宇开始进入受教体双重雨露滋润的黄金期和全面提升期，也开启了他全国大赛六连冠霸业。2005 年，翔宇进入全面爆发期，一路披荆斩棘，参加所有全国大赛未有败绩。在第 23 届世界大学生运动会上，翔宇真正成为一匹"黑马"，以 1 分 47 秒 97 个人最好成绩挺进决赛；接着又在全运会上，一举夺下男子 800 米金牌，当之无愧成为国内该项目"第一人"。

短短两年时间，翔宇作为一个边陲小镇的无名少年，不但迈入中国最高学府，还一次次登上 800 米最高领奖台，一切看似奇迹，其确实为必然。"结缘清华，是清华给了我质的飞跃！"翔宇神情严肃，随之又是淡淡一笑，他的笑里透着满满的感恩与智慧。这一年，李翔宇获清华大学经管学院学业优秀一等奖学金、清华大学田径队"飞跃奖"一等奖、"山西省五一劳动奖章"，山西省共青团授予其"新长征突击手"光荣称号，被山西省劳动竞赛委员会记个人一等功等。

"翔宇是'教体结合、高校与省市联手'新时代体育模式下走出的杰出代表。"

为备战2008年北京奥运会，翔宇2006年、2007年的两个上半年皆出国同世界顶尖运动员们共同训练，兼收并纳，不断学习，逐渐适应国际比赛强度。"世界属于强者，要想获得尊重，请用实力说话。"翔宇知行合一，在美国田径大奖赛尤金站比赛中一举夺冠，并赢得2008年北京奥运会入场券，成为我国有史以来参加奥运会男子田径800米项目第一人。翔宇说他"能参加奥运会，不但圆自己梦想，也深感祖国日益强大。站在跑道上，我就代表着祖国和中国当代大学生风采，我要跑出最好成绩。"赛场上是健将，课堂上是学子。"清华不会因为运动成绩而为自己在学业上开绿灯"。这一点，更坚定了李翔宇在以后的生活与工作中什么事都要通过自身努力去获得，这样的收获才真正属于自己。

2009年，翔宇面临本科论文答辩和研究生开学，又受到腰伤和腿部神经伤病困扰，但他依然代表山西，步入第十一届全运会赛场。最终蝉联800米冠军，奠定"全国800米第一人"地位。

几年来，翔宇只要代表山西出赛，都连连夺冠，被媒体誉为"六冠王"。山西感念翔宇，授予他"山西青年五四特别奖章""五一劳动奖章""十佳运动员"等荣誉称号，他也获得了清华大学研究生单项特等奖学金。

翔宇一边参加全国各大体育赛事连爆好成绩，一边勇攀学业高峰。他在学业上没有停止前进的步伐，而是进一步向纵深处掘进，以拼搏奋进的体育精神不断挑战学术战场，进而拿到了经管学院管理学博士学位。"情感再投入，精神再锻造，人格再塑造"，日积月累的非凡努力，教育与体育有效融合，这种模式使新时代青年学子体魄与心智进一步得到双向开发。他们将长期体育训练点点滴滴磨炼中养成的踏实坚毅的品格用在学习上，在知识浇灌下形成的各种能力又促进了体育再提高再发展。翔宇自己也说:"体育与学习两者之间相辅相成:学习可以帮自己更深刻地理解体育,深层次去分析,开拓思维,突破一些瓶颈,由内而外理解自己的项目和训练内容的作用,不是盲目地机械运动。而体育又能帮我走出学习中遇到的困难,步出泥潭,清醒地看待一些问题。体育锻炼也塑造了我的性格,增强了我在学习和生活中克服困难的毅力。"

清华大学自建校之初,就是留美预备班,就是要改变中国人"东亚病夫"形象,因此特别强调"强身健体","体育不及格,不能毕业,不能出国"。"无体育不清华,无清华不体育""为祖国健康工作五十年""业余赶专业"都是清华响当当的口号。在翔宇身上,充分体现着清华的优良体育传统与精神,他是"教体结合、高校与省市联手"新时代体育模式下走出的杰出代表。

无数李翔宇这样的青年人通过艰辛努力与不懈追求,在使自己成为新时代复合型人才前提下,以顽强拼搏的毅力与奋进姿态抒写了新时代青年的几多强国理想、科学人文探索与家国情怀!他们为"自强不息,厚德载物"的清华校训做了观念理念上的全新阐释,开启了新时代中国百年梦想与民族复兴的新篇章,给国人以新希望,给世界以新姿态!

为不增加篇幅,在这里,省略掉翔宇全部战绩。但我做了细细统计,在短短六年多时间里,即自他进入清华附中到研究生毕业,一共参加了无数次比赛,得到近60枚冠亚军奖牌,冠军占90%以上。这些成绩背后的艰辛付出、不凡经历与隐含着的故事,都会令我们对这位青年充满敬意与感佩。

其实,翔宇代表山西取得的"六连冠",只不过是其一小部分战绩而已。"这么多年过去了,想不到山西还记得俺家翔宇。"翔宇妈激动地说。怎么会不记得呢!依鄙人所见,李翔宇,这位具有中跑天赋的清华学子,不仅山西记得,清华记得,全国中长跑界都会记得,记得他曾经走过的辉煌,记得他因体育而讲给世人的精彩故事!

"人生就是由一段一段充满挑战的故事组成。"

人生而为人,就是背负着为这个世界讲故事的使命而来的。"人生就是由一段一段充满挑战的故事组成。"旅店窄小而闷热,翔宇时不时提提黑色棉短袖,像个邻家大男孩,但又不失成功者的泰然之姿、谦和之态、儒雅之举和学子之真。翔宇从小爱读书,现在更爱读文史书籍。

翔宇属于那种聪明型孩子,气场强大而温和,什么事情在他面前,他都了然于心,但他从不点透、不分辩、不争执、不纠缠,更不以锐利与残忍示人。翔宇眼神里闪烁着孩童般的纯真洁净和学子的智慧,流露出的永远是无疆仁爱。他妈妈说:"他几乎没有对立面。"这缘于他的善良和大智。翔宇说话声音轻柔温和,一如他脸上的笑容。有时甩出一连串表情包,打打响指,卖卖萌,憨得真是可爱。但说起他的比赛,说起他的中跑,说起赛场上一段段跌宕起伏的故事,他表情严肃。这时的翔宇跟之前儒雅平和的他简直判若两人。"成绩和功劳已经属于过去,人不能总躺在功劳簿上。那一段段故事已经过去,新的故事才刚刚开始。"博士毕业后的翔宇,如今已在一家金融央企工作,他融在血液里的体育精神,未来会演绎出更加精彩的故事。

翔宇何以能在体育、学业、就业等各方面将自己一段一段的故事演绎得如此精彩?曹老师说他"三观非常正,且淡泊名利"。翔宇说清华学生风格就是"做什么事都脚踏实地,一板一眼做好"。他妈妈不止一次教育他:"不要只看到运动员站在领奖台上的光鲜,而要更多看到他们身后流血流汗日积月累默默无闻的付出。"翔宇本无意讲自己的故事,更无意谈自己的过往,他更多着意的是眼下,是深深扎根生活,专注工作,做好自己。"为什么不让自己做到极致,做到别人无可替代!"谈到攻读博士学位,他确实是在受到周围人的质疑之后,做出的自我挑战。"他是搞运动出身,恐怕学习就不会如他的运动成绩一样好吧!博士,恐怕他读不下来吧!""凭什么断然给我下结论!

你们怎么知道我读不下来博士！"翔宇不服输，果真花了四年时间，拿下了清华经济管理学的博士学位。他的博士论文是《同伴式领导力》，他身上就有一种绵绵不绝的引导力。这让我想起了杨教练在《我对翔宇的印象》中讲的："翔宇10岁时，暑假1500米测试，他身体不适，跑到一半时难受加重。我让他放弃测试，他硬是坚持跑完，边跑边哭，跑出了5分40多秒的好成绩。"如今的翔宇还在跑，但他再不会轻易流泪。他从不愿成为公众人物，只想默默做自己，他是清华学子，他干净，珍惜自己的清誉。

"水木湛清华"，"水木更自亲。"在同学眼里，翔宇亲切随和，可我更认为他多年的专注与苦练都积淀成高远宽广、强大深邃与博爱柔软，铺陈在他内心深处。草木百年新雨露。面对翔宇这位"教体结合、高校与省市联手"新时代竞技体育模式下走出来的高材生，我自知浅薄无知，才疏学浅，无法完全解读他，但还是满怀真诚写下我几天来采访与思考的点点滴滴。

2010 年

广州亚运会,山西运动员获得 3 金 6 银 1 铜,实现参赛项目、参赛人数、金牌数和奖牌数四项历史性突破。

首届太原国际马拉松赛 9 月 5 日举行,参赛人数近万人。

山西省跤王争霸赛荣列第二届山西十大文化品牌。

"跤王"梁磊

郭新瑞

1

站在电梯里,我抬头仰望,面前的这位身形魁梧高大的铁血汉子,便是连续三次在第十届、第十一届、第十二届全运会夺得自由式摔跤冠军的梁磊。他连续三届称雄全运会跤坛,时间跨度长达12年之久,并且连续两次获得奥运会参赛资格。这不仅在山西是绝无仅有的,就是放眼全国,也数不上几个。

说起梁磊的摔跤,和他出生的地方有很大的关系。他出生于忻州地区,这里山高路险,关隘遍布,古代为游牧文明和农耕文化冲突、交错、融合之地。历史上著名的三关(雁门关、宁武关、偏头关)就在此地,是中原民族抵御北方游牧民族入侵的重要门户,因此战乱频繁,民众常年流离失所,生活苦难不堪。这里是中华民族战争文化史的主要表现地带,据史料记载,此地发生过的大小战争多达数百次,加之这里地瘠民贫,逐形成了吃苦耐劳、秉性刚烈、强悍善武的民风。

在与外族数不清的大侵小扰的反抗中,民间渐渐兴起了"角力""角抵"之戏,并代代相传,逐渐发展成今日的"挠羊赛"。

2

"挠羊赛"就是把羊作为最高奖品的摔跤比赛,应该和明朝大移民有关。从内地到此的大批移民带来了"建宅先建庙、安家先安神"的中原民俗,随着时间的推移,这里出现了"村村有寺庙、巷巷有神堂"的局面,民俗庙会应运而生。庙会风俗和本地习俗相辅相融,庙会期间"酬神演戏、角抵斗胜"蔚然成风,角抵的最终获胜者可获得祭祀神灵的"礼牲"——活羊一只。于是民间便以形象的口语称呼"角抵"为"挠羊赛"了。

庙会一开,八方来拜,敬神上香,祈愿还家。

在夜戏开始后,举办庙会的村里人将两面纸糊的颜色不同的跤旗,插到戏台两侧明柱上。跤手们和热心于此项活动者便开始相互联络,招兵买马,此旗常被摔跤高手拔去,组成对阵双方,或是以河为界,或是以铁路、公路为界,将跤手们分为两大阵营。之后,跤手们吃茶聊天,养精蓄锐,单等演戏结束,比赛开始。

接下来是"挠羊赛"的"打茬"。"打茬"是指跤场围成后,真正有实力的挠羊跤手这时并不登场,最先亮相的往往是一些十五六岁的半大小子。因为"挠羊赛"的规矩,摔倒六个才算取得最后胜利,所以高手出场之前的比赛也就给了小跤手们经风雨见世面的机会。于是你摔倒我一个,我马上派一个强一点的上场,摔着摔着,对手便越来越强,水平也越来越高,比赛的悬念也就越来越浓郁了。

随着对手的逐渐变强,赛事变得硝烟四起:你施你的特技,我用我的绝招;你以力量见长,我以技术取胜;有时摔得干净利落,有时要大战上几十个回合才能分出胜负。如果有谁已摔倒四个或五个,真正的高手就该出场了。"挠羊赛"越是摔到后头,出场的越是行家里手。在这场剑拔弩张的比赛中,第六个出战的叫"破羊",也叫"保羊"。担当此重任的人,要机智勇敢。这是最扣人心弦的时候。一个高手已摔倒了四五个,势如破竹,胜利在望,不想半路上杀出个程咬金来,使胜利在望者功败垂成。但是破羊者的命运同样充满悬念,强中更有强中手,破羊者同样可能在摔倒四五个之后,遇到更加强劲的对手,从而前功尽弃,饮恨跤场。同众多竞技项目毫无二致,"挠羊赛"场上最后的胜利者,当然是实力最强的选手。或是接连摔倒六个,或是对方已经"全军覆没",再无跤手可派。这时,庙会主持者便将早已准备好的大绵羊牵过来,交到获胜者手里,这个获胜者便会把羊高举过头顶,绕场一周,他就成了"挠羊汉"。

3

从小在"挠羊赛"环境的熏陶下,梁磊早早就怀揣了一颗称霸跤坛的雄心。他孩提时代便是"打茬"中的"跤王"。

1997年,梁磊师从于河边业余体校的朱彦青教练,开始了摔跤的系统训练。

当时因为条件艰苦,也没有合适的训练场地,朱彦青带着梁磊和其他几个徒弟颠沛流离,先后辗转朔州、吕梁等地。最艰苦的时候,朱彦青教练甚至领着他们吃住在自己家里,在院子里铺上垫子苦练基本功。经过几年的刻苦训练,梁磊的摔跤技术大有长进,为了更好地发展,他辞别了启蒙教练,来到忻州体校自由跤队训练,实现了他摔跤历程的新跨越。正是启蒙教练朱彦青的发现和培养,使梁磊迈出了人生起步之时的最关键的一步,顺利步入金光闪闪的未来。

4

崭露头角的时刻在2000年7月姗姗而来。梁磊参加了在大同举办的第十一届全省运动会摔跤项目,名不见经传的梁磊凭借扎实的技术一路打到决赛。最后在与实力强大的省体工队队员张焕龙的冠军争夺战中,梁磊在没有摸清对手的情况下一上手就被对方摔得人仰马翻,连输3分,但他并没有因此乱了阵脚,而是找准机会反击对手,先是一分一分地把比分扳平,然后一鼓作气摔倒对手,最终获得胜利。梁磊也成为本届省运会摔跤赛的一匹"黑马",同时也引起省摔跤队领导和教练的关注。

正是凭借这次精彩的表演,梁磊成功地敲响了辉煌的命运之钟,成为山西省自由摔跤队的正式队员,并投身于摔跤界著名教练崔补和先生的门下训练。

梁磊凭借着他顽强的毅力和惊人的拼搏精神苦练本领,有时夜已很深了,其他的队员早已进入梦乡,他还在一个人刻苦练习白天教练教给他的动作要领，身上的汗水不是一滴一滴地掉，而是在流。由于生活的改善，再加上超人的付出，他的身体条件和技术水平迅猛上涨。

5

凭借对体育事业的热爱和从小就不服输的性格，梁磊在他的摔跤事业上投入了全部精力。在崔补和教练的悉心指导下，他从一个平凡的运动员，逐步成长为一名世界水平的跤坛名将。因为在国内已经没有对手，时任山西省摔跤柔道运动管理中心主任的赵晓春就花重金聘请国外一流外教和陪练，这项举措使当时的山西摔跤技术水平已无限接近世界一流水平。赵晓春常说："咱们的钱没有白花，梁磊把陪练都摔怕了，请的这些人都是世界一流选手啊，看见梁磊就发怵。"

凭借着单位领导、教练员和全体后勤工作人员的辛勤努力，以及他个人的艰苦训练、不畏艰难、顽强拼搏、永不放弃的精神，梁磊在国际上的每次比赛中都能打出去。在接下来的十几年中，梁磊在全国和世界上的一些摔跤比赛中不停地拿奖牌，有人专门罗列了一下：

2001年全国男子自由式摔跤青年锦标赛120公斤级第一名。

2002年全国男子自由式摔跤冠军赛冠军。

2003年全国男子自由式摔跤锦标赛、冠军赛冠军。

2004年全国男子自由式摔跤锦标赛冠军。

2005年全国第十届全运会冠军。

2005年匈牙利摔跤世界锦标赛第五名。

2006年第十九届亚洲摔跤锦标赛亚军。

2006年全国男子自由式摔跤锦标赛、冠军赛冠军。

2007年全国男子自由式摔跤锦标赛、冠军赛冠军。

2008年奥运会男子自由式摔跤资格赛波兰站冠军，获奥运会资格。

2013年全国第十二届全运会冠军。

2017年第十三届全运会国际式摔跤男子自由式125公斤级季军。

世界跤坛前五名的一流选手都曾被他先后掀翻马下，因此而获得国际健将荣誉。

6

面对这些接踵而来的荣誉，梁磊从一开始的激动慢慢变得淡泊。

在训练和比赛时摔得伤痕累累的身体，他从未放在心上，真正使他心头疼痛的是两届奥运会的失利，2008年北京奥运会和2012年伦敦奥运会。北京奥运会停滞于八强之外，那些没日没夜的努力没有任何收获。我俩在私下里曾探讨过，很可能和赛前训练及初上奥运心情紧张有关。国家队、省队以及个人的训练计划严重冲突，再加上初上奥运，觉得奥运会神秘莫测和高不可攀，心情紧张复杂而失利。而伦敦奥运会却使英雄长泪满襟。他夙夜不懈准备了四年，终于取得奥运会参赛资格，临出征的前一天却因训练不慎突发腰伤不能成行。作为全国顶尖的摔跤运动员无法在奥运会上为国争金夺银，梁磊心中无比难受，国家的培养、领导的支持、团队的协作、教练的心血、心中的梦想、亲朋好友及家人的关心与支持，在那一刻全部像泡沫般破灭。但这种从顶峰到低谷的巨大落差并没有击垮梁磊，这可以从他写的《奥运破碎之梦》的歌词中看出："为什么会这样，有谁能告诉我，明天的结果。我不怨，我不想，我再不念那破碎的梦，就让梦破碎吧，过去吧。梦已醒了，历经狂风暴雨的过后，我又有了梦。""我又有了梦"便是第二年的沈阳全运会，他又一次成功地摘取了桂冠，蝉联三届全运会摔跤冠军。

7

第十二届全运会结束后，梁磊到了退役的年龄。尽管当时山西的摔跤团队整体水平较高，但由于缺乏心理素质好和摔跤技艺高超的灵魂人物来领队，伤痕累累的梁磊还不能退役。他一面帮助崔教练培训新队员，一面进行自身恢复训练，备战下一届全运会。

由于年龄的原因，梁磊的身体机能进入运动生涯的下滑期，虽然没有高强度的训练，但梁磊仍然吃不消，每天基本上呈现出一种病人的状态。白天训练，身体发热，晚上睡觉凭借呼吸散热，梁磊整晚整晚浑身滚烫，发着高烧，微弱的呼吸无法给他降温。第二天，他又拖着疲惫、疼痛不堪的身体进入训练状态。

他说，现代社会人到中年，身体机能的下滑已经不大适应高强度的竞技比赛，但是作为体育人，他要亲身体验这一年龄段的身体在竞技比赛中到底有没有可挖掘的潜能，到底如何才能达到身体机能的极限。他把自己的身体比喻成一辆已经行驶了几十万公里的老车，如果还想上路，就必须到修理厂保养，如果还想高速行驶，就必须深度保养。

2014年到2015年，梁磊这辆"老车"进入深度保养期。他在思考中年人的身体究竟如何调整才能在竞技比赛中最大限度地挖掘和发挥体力、心理、智力等方面的潜能，以达到竞技最高水平。

梁磊成功了，在2017年第十三届全运会上，他带领着队员以三块铜牌一块银牌的优异成绩向国家和山西人民献礼。

8

在2017年山西省体育博物馆"山西体育名人堂"的开展仪式上，梁磊将自己运动生涯所获得的37枚奖牌，全部捐赠给山西省体育博物馆收藏。他觉得体育不只是技术的较量，更是文化的传承，他希望更多人能够通过奖牌背后的故事了解体育文化，热爱体育事业。

"跤王"梁磊当之无愧。

2011 年

山西体育中心成为国家全民健身示范基地和国家训练基地,并成功举办中博会开幕式文艺演出、中巴足球赛和中澳篮球赛等一系列文体活动,入选"省城十大地标建筑"。

2012年伦敦奥运会摔跤资格赛落户山西,产生了50个奥运会参赛资格。

曹玥：山西水军的"希望之星"

李心丽

在曹玥的运动生涯中，有许多光环笼罩着她。在第十二届全运会上获得女子400米自由泳冠军，成为山西省在全运会游泳项目上获得的第一个冠军；随后，她又夺得女子200米自由泳金牌，成为山西省首个游泳双冠王。在"2016年全国游泳冠军赛暨里约奥运会选拔赛"女子400米自由泳决赛上，她以4分07秒12的成绩勇夺亚军，取得了代表中国参加2016年里约奥运会的资格。2017年9月1日，杭州第十三届全国大学生运动会游泳比赛中获得女子400米自由泳冠军，并打破全国大学生运动会纪录。

说起自己学习游泳的往事，曹玥的话匣子一下子打开了。她说那时纯粹是为了玩，她完全没有想到自己会成为一名运动员。

曹玥小时候非常好动，也很淘气，幼儿园的老师对奶奶说，带孩子去游游泳吧，说不定让她动一下，可以集中注意力。奶奶把这个建议告诉了她的父母，父母听了老师的建议，给她报了一个暑期班。她记得那个班时间是15天，15天的仰泳学习，她5天就学会了。她的启蒙教练张越说不错呀，就和她父母商量，让孩子再报下一期班，学学蛙泳和自由泳，然后又报了两期班，蛙泳和自由泳也学会了。教练就和父母聊，说你孩子不错，挺有水感，也挺有天赋，以后是不是有从事这个事业的想法。曹玥的父母曾经从事过体育，但没有取得特别好的结果，不过他们对曹玥非常民主，就征求她的意见，问她想不想游泳。那时候曹玥非常爱玩，见父母问她，就说可以，于是她人生中的一件大事就这样决定了。

曹玥参加了夜训班，开始了专业的训练。夜训班每天晚上六点到八点，两个小时的训练之后，回到家，曹玥还得写作业，到上床睡觉的时候，几乎都是十一二点了。第二天还得早早起床上学，下午放学后继续去训练。这个状态持续了很久，小学三年级的时候，曹玥从夜训转为市里的长训班。小学毕业的时候，她面临着一个重要的选择，是继续上学，还是专门练游泳？父母感到有些纠结，这时候他们想听听曹玥的意见。曹玥觉得游泳带给她很大的乐趣，她在这里有许多朋友，可以每天在水里玩，只要自己努力，就可以游快，因为她觉得很快乐，所以她说她愿意继续游泳。父母尊重她的意见，就让她游下去了。

不久之后，曹玥参加了省运会，这是曹玥参加的第一次比赛。这次比赛，让曹玥在游泳界崭露头角。优异的成绩和良好的表现，2008年底，她被选到了省队，她的教练是田辉。曹玥非常清楚地记得，田辉教练是教练中最严厉的一个，她既怕他，又非常敬他。

很快，她发现在专业队比在学校更累。"每天从8点练到11点，从15点练到18点，大部分时间在游啊游，每周只有星期天上午休息，平均每天要游15000米左右，最多的时候每天都要游20000米。"曹玥说。

20000米是什么概念？就是要在50米的标准泳池里游200个来回。

2010年底，曹玥进了国家队。

那一年，曹玥15岁，年纪尚小，又第一次离家，陌生的环境让她有许多的不适应，与队友相处不好，自己又不太懂教练的计划，觉得跟不上这儿的节奏。起初她训练仰泳，半年之后，因为和教练所在队的某个队员项目冲突，所以转成了自由泳，因祸得福也有了后面的好成绩。作为一名新队员，她非常努力，曾经游过全国前八名的成绩，只是保持得不太稳定。在去澳洲训练期间，她很受澳洲教练的赏识。澳洲教练曾预言她是一个好苗子，只要训练好，她有获奥运冠军的潜质。

去澳洲训练本来是一次极好的机会，但却发生了一个意外。去澳洲之前，她的体重在60公斤左右，去了澳洲不久，她的体重暴增，突然间猛增13公斤。澳洲都是高热量的食物，她年纪小，也没有人管，又处在发育期，高热量食物吃多了，体形一下子就变了，这给她之后的发展带来了许多难以言说的痛。

回到北京之后，教练给她下达的第一个任务就是减肥。本来环境还没有完全适应，她面前又出现了这么一个难题。教练给了她减肥建议，服用药片左旋肉碱，其间还得配合运动。每天训练之余，她还要出去跑步，她的运动量前所未有。而这么大的运动量，她的一日三餐却非常克制。她说她那时非常有毅力，早晨一杯蜂蜜水，一个小豆沙包，有时加一个鸡蛋。中午偶尔想吃肉也只敢吃一小块红烧肉，另加一个馒头或者花卷，米饭几乎不敢吃。晚上通常不吃饭，甚至连水都不敢喝。这样不到一个月的时间，她的体重降了七八公斤。那段时间，她觉得天空没有色彩了，不是黑的，就是灰的，而她的身心也前所未有的疲累。

与父母联系，她从来是报喜不报忧。在国家队的那两年时间，父母一直以为她还是那个乐呵呵的小姑娘，喜欢讲话，喜欢笑。直到有一天她在训练的时候身体出了状况，父母被教练从太原叫到了北京，他们才发现不在身边的这两年，女儿发生了太大的变化。

这期间曹玥的精神状态非常不好，高度紧张，训练没有进展，强度大，加上减肥的压力，有一次在训练场晕倒了。

教练对父母说，把孩子领回去吧，孩子身体有点问题，留在队里不好养伤，也没人照顾。父母没想到结果会这样，回到酒店，想与女儿好好聊聊，却发现曹玥完全变了一个人，一言不发，面无表情。母亲非常失望，难免唠叨她两句，从来不顶嘴的曹玥一下子爆发了，说，你说完了没，说完了我走。母亲也生气了，说你要是敢走，我就与你断绝关系。 长这么大，曹玥第一次见母亲这么生气。

由于减肥药和节食导致身体中电解质和微量元素的失衡，曹玥的身体状况极差。回到太原检查，她被诊断患有中度抑郁症。她不愿与人讲话，也不愿意与人沟通，对训练也失去了兴趣。起初的那一个月时间，是她人生中最灰暗的一段时期。

一个月之后，曹玥重新回到省队。那段时间，她对自己的过去做了一个梳理，觉得自己以前与教练太缺乏沟通了，这导致她没有按大家的期望发展。于是她与她的教练夏世超有过一次长谈，她说在训练场上，她会完全听从教练的指挥，离开训练场，她希望与教练以朋友的方式相处，可以无话不谈。这是一个非常好的开端，她的训练终于又回到了正常的轨道，她的成绩开始有了突飞猛进的进步。

2013年9月4日，在沈阳举办的第十二届全运会上，曹玥获得女子游泳比赛200米、400米自由泳冠军，一时间成为全国关注的焦点。这个年仅18岁的女孩，刷新了山西游泳比赛的历史纪录，也成为山西第一个拿到全运会冠军的运动员。

这是曹玥运动生涯中的巅峰时刻，她一举获得全国两个单项冠军，"黑马""泳花"之称出现在各大报纸、电视、网站新闻里。面对着聚光灯和一道道美丽的光环，曹玥对自己信心倍增。短暂的兴奋之后，她又投入了紧张的训练之中。2014年在国际泳联世界杯短池赛中，她获得北京站女子400米自由泳冠军；2014年9月19日第十七届仁川亚运会游泳比赛中获得女子4×200米自由泳接力冠军；2014年12月6日多哈短池世锦赛中获女子4×200米自由泳接力赛亚军。这一时期，曹玥呈现出良好的势头，而且在多次比赛中都取得优秀的成绩。

由于长期在水里训练，她落下痛经的毛病，每到生理期，她只能吃止痛片、扎针缓解疼痛，而且只要一上强度，她就会出现晕迷的状况。起初母亲接到通知赶到医院，表现得异常急躁、不安，后来这种状态出现得多了，母亲都变得淡定了。有一次曹玥从晕迷中醒过来，突然间产生了一种恐惧，万一醒不过来怎么办？意外和明天不知道哪一个先来。

除了要面对身体的伤病，还得面对枯燥的训练。她们属于半军事化管理，有许多约束和禁忌，饮食受限制，所以她拒绝一切聚会。她的活动范围非常小，作息时间很规律，下午训练完之后，仅有的属于自己的那点时间，她要给肌肉放松，要给自己的伤病做治疗，偶尔会玩玩手机、发发呆。玩手机是她唯一的娱乐，但九点半，她们必须把手机交给教练。

游泳是一项离不开水的项目，游泳运动员不可以三天离开水。这些年，每一个春节，不管是在国内，还是国外，除了大年初一放一天假，初二上午可以休息，其余的时间她们都在水里训练。有两三次过年正好赶在澳洲，她们的年夜饭是从澳洲中餐馆里叫了外卖。

那两年，曹玥的成绩比较稳定，教练和领导把冲击奥运会的希望寄托在她身上。在充满挑战与动力的同时，曹玥感到背负的压力太大了，有时候她几乎要崩溃了。她的压力来自教练，来自教练的计划，来自游泳馆，甚至来自游泳池。有一次她恳求教练让她停训两天，看她状态不佳，教练会适时地给她排解。

曹玥是满怀着信心参加里约奥运会的。8月6日，里约奥运会在马拉卡纳体育场激情开幕，这是她首次在奥运赛场上亮相。

由于里约奥运会游泳比赛的预赛和决赛分别安排在当地时间的下午和晚上进行，可是曹玥的教练却不在她身边，只能把她委托给国家队的一名老教练。这么关键的时刻夏教练不在身边，对曹玥的影响还是很大的。但曹玥为了适应比赛时间，努力调整了自己的作息。刚开始有些不太适应，经过一段时间的训练，曹玥还是努力调整出自己的状态。尽管我国与巴西之间有11个小时的时差，但那段时间曹玥无论在训练中遇到什么问题，都会及时与她在省队的主管教练夏世超沟通，希望自己比赛时的状态能够达到最佳。"曹玥是比赛型选手，不管什么比赛哪怕是队内测试，她都能很快地进入状态。而且曹玥很适应下午的时间，很多好成绩都是在这个时间段游出来的。"夏世超介绍说。曹玥非常重视奥运会的比赛，难免也会有些紧张，但她此前参加过许多国内外大赛，已经算是一名老队员了。"我们的目标就是全力以赴打好第一枪，把预赛当决赛来拼，争取进入决赛。"对于曹玥的首次奥运之旅，夏世超的心虽然一直悬着，但还是很有信心。

遗憾的是，在里约奥运会女子400米自由泳的预赛中，曹玥发挥失常排名第28位，无缘决赛。比赛结果一出来，曹玥一下子崩溃了，她已经忘记了中国与里约的时差，给教练夏世超打了一个越洋电话，曹玥觉得她比赛失利，最对不起的人就是她的教练和她自己，为此她愧疚了很长时间。"里约奥运会失利有很多方面的原因，教练不在身边自己心里不踏实，赛前有些紧张。"从里约回来后，曹玥很长时间都无法释怀，只要有人和她说话她就哭。在夏教练和张大夫的疏导下，半年后，她才调整好自己的状态。

对于是否参加2017年9月在天津举办的全运会，曹玥犹豫了很长时间，当时她还没有从里约奥运会的阴影里走出来，心情有点低沉，状态有点差，但所有的人都鼓励她去参加，她的教练、家人及所有的粉丝。谈起第二次参加全运会的感受，曹玥说她这次参赛也没有定太高的目标，400米自由泳只要进前八就行。但对于当天的表现曹玥并不满意，她排名第九，未能如愿进入决赛。

面对自己奥运会和十三届全运会的失利，时隔几年，曹玥总算释怀了。在她近20年的运动生涯中，她一直在努力，一直在奋斗，党和政府给予她各种荣誉，包括"三八红旗手""五一劳动奖章""山西青年五四奖章""感动山西"十大人物及"太原市十大杰出女性""国际运动健将"等称号和嘉奖。2019年3月，曹玥的身份有了一个全新的转换，她由一名运动员转变为一名教练员。这是一个全新的角色，她现在要做的，是从零开始，认真学习，去做一名优秀的教练员。

2012 年

奥运单项金牌实现"零的突破",董栋夺得伦敦奥运会男子蹦床金牌,入选 2012 年"感动山西"十大人物。

山西农民体育健身工程"全覆盖",被《人民日报》《中国体育报》评为年度国内十大体育新闻。

山西体育中心全面投入使用,"红灯笼主体育场"获 2012—2013 年度中国建设工程"鲁班奖"。

"空中芭蕾王子"——记中国蹦床名将、大满贯得主董栋

王秀琴

董栋阳光帅气,颜值超高。这位"蹦床天才""山西蹦床常青树""空中芭蕾王子",是如何一步步成长起来并走到今天的?

"要想脱颖而出,就得有点想法。"

董栋五岁开始练体操,九岁进河南省队。隋军教练说:"董栋很懂事,适应能力强,脑袋瓜子灵,练起来特别认真。"河南省体操队解散后,喜欢董栋聪明劲的同乡陈峰,将其推荐给山西省体操队。"2002年到2005年,这三年多时间,我一直在山西训练,基本上没有回过家。山西是我的第二故乡。"

董栋从小敏感细腻,受过良好的家庭熏陶。他小小年纪就明白,只有出人头地,才会改变命运。他对自己严要求、肯吃苦,引起山西蹦床总教练蔡光亮的注意与重视,得到启蒙教练王英的重点培养,开始转向蹦床。

董栋学得很用心,上手也特别快,很快在山西蹦床队崭露头角。2004年初出茅庐的他,就和队友捧回全国蹦床锦标赛团体冠军;2005年全运会又为山西获得团体冠军立下汗马功劳。

"是蔡教练成就了我。"

2005年,董栋入国家队,正式师从蔡光亮教练。在许多蹦床运动员眼里,蔡教练是点石成金的造梦大师。"从此,我正式进入蔡教练视野,开始了我蹦床生涯最重要也是最关键的新篇章。""蔡教练对工作极度专注。他十分注重细节,为本组队员制定了严格的训练任务。"董栋笨鸟先飞,快速缩短赶超前辈的时间。2007年,年仅18岁的董栋

在加拿大世界杯系列赛中，获得中国男子蹦床队历史首金，一战成名。紧接着世界杯系列赛昆山站，他蝉联冠军。

"运动员上了赛场就是一个人在战斗，故自己要有独立思维。对蹦床比赛者而言，对手其实是自己，而自己跟自己较劲最难。"不能不说，董栋领悟能力超强。蔡教练说一，董栋能悟到二，甚至三；一堂训练课，别人从蔡教练处得一，董栋能得一点五。总之，董栋就这样一点一点在超高领悟与揣摩中飞速成长，很快琢磨出一套自我管理、自我控制的方法。"董栋在业界是少有的有独立思想的运动员。"他的启蒙教练王英如是说。

2008年北京奥运会，谁都没想到董栋功亏一篑，只夺得季军。为不影响他比赛，董栋最敬重的爷爷过世，家人都没告诉他。"除心理原因外，技术上也有欠缺。"毕竟董栋只有19岁，首次上奥运会，技术上还不是很过关。对此，董栋保持了清醒认识："经过四年奋战，直到2012年伦敦奥运会，才是我的成熟期，北京奥运会暴露出的问题，在接下来的四年里得以完善解决。"

其实，诸多劫数，少一劫皆不成传奇。凡是传奇，皆具天赋、风骨与气度。"天将降大任于斯人也，必先苦其心志，劳其筋骨，饿其体肤，空乏其身……曾益其所不能。"董栋不会放弃。"慢慢调呗，技巧就是微调的过程。"蔡光亮教练也已经制定了一套适合他的方案了。"虎踞龙盘今胜昔，天翻地覆慨而慷。"董栋终于站在了2012年伦敦奥运会冠军领奖台上，这枚个人项目奥运金牌，完成了山西体育人整整期待了28年的梦想，缔造了山西奥运金牌"零的突破"，意味着董栋开始由中国迈向国际舞台。四年中，董栋夺得六个世界冠军、一个亚运会冠军、一个全运会冠军。"即使拿了这么多冠军，仍旧不能磨灭我对奥运冠军的渴望。""在赛场上，只有成功有效掌控住自我，才能掌控比赛，进而掌控结局。""只有自己变强大，你才有掌控结果的资格。""只有经历了才会成长，进而从中学习到经验教训，才会在下一次经历时知道该怎样去面对。"

董栋被誉为蹦床界的天才。何为天才？《易传》上说，"……广大悉备：有天道焉，有人道焉，有地道焉。……三才之道也。"就是天时、地利、人和三者同时具备。说起天赋，同样被誉为天才的著名滑雪运动员肖恩·怀特曾说过："在空中旋转时，即使速度很快，我也能清楚地知道自己的位置和角度，我想这就是第六感。"对于第六感，董栋也深有感触，这可能就是他有别于他人之处。就像蔡教练所言："蹦床动作很多人可以做到，但做出来的感觉是不一样的。董栋的动作特点是飘逸、从容、舒展，他在空中翻转，是照着自己的第六感去做的。"董栋将这四年来的战绩，归功于蔡教练制定而他又严格遵照执行的系统训练方案："我训练是有目标的，既然练，就要达到一个标准，不能白练。一段时间后，就会有很明显的提高。对项目的敏锐性高，每次训练有目的，这些都是我的优势。"

这一年，董栋被评为"感动山西"十大人物、第四届山西省"敬业奉献道德模范"等。面对这些，董栋淡然一笑，他知道，每一块金牌的背后，更多是教练的精心付出与技艺再造，是自己脚踏实地训练的见证与新起点！

"就是要做到极致。"

成绩与荣誉已成为过去，接下来是如何向更高处更精准处迈进，取得新成绩，迎接更大的挑战。"就是要做到极致。对手做得好，自己要做得更好！"董栋心气儿特高，其格局、视野与胸襟被努力与奋进一点点撑大。2013年，在哥伦比亚卡利举行的第九届世运会蹦床比赛中，董栋领衔中国队豪取四枚金牌。在男子同步项目上，董栋与搭档涂潇一举斩获金牌，这是董栋运动生涯中收获的首枚世运会金牌。这一年的第12届全运会与第29届世界锦标赛，董栋也披荆斩棘，蝉联全运会男子个人冠军，收获世锦赛男子个人和团体两枚金牌；2014年，董栋蝉联第17届仁川亚运会男子个人金牌，第30届世界锦标赛男子同步金牌和个人银牌。

在做到极致的同时,董栋开启了他与蔡光亮教练共同钟爱的蹦床霸业。2015年到2018年,他几乎每年都有奖牌入账。2017年拿到世锦赛男团冠军后,董栋感慨颇多:"四年前在索非亚拿到世锦赛男团冠军,四年后王者归来。人生浓墨重彩的一个时期,拿一次多一次,拿一次少一次,传奇未完待续。""蹦床就是这样,是一瞬间的空中芭蕾,稍微出现偏差就会失误。现在有不少外国选手能做到17分以上的难度,不增加难度就没有竞争力。"但难的是次次做到完美,做到极致。有一次,董栋对其朋友、法国蹦床名将塞巴斯蒂安说:"俄罗斯亚历山大·莫斯卡连科是我心中的偶像,他的动作做得太漂亮了。"没想到塞巴斯蒂安说:"董,你比莫斯卡连科更优秀,因为你次次做得完美,回回做得漂亮。这不是任何运动员能做得到的。"

"烈士暮年,壮心不已"。陆春龙、叶帅、黄珊汕、何雯娜等中国蹦床黄金一代相继退役,董栋仍在坚持,他希望通过自己和队友的努力,帮助中国蹦床度过新老交替的困难期。"随着年龄增大,很难保持早期像伦敦奥运会时的状态,虽然我们的年轻选手非常优秀,但对手也越来越强了,中国蹦床队面临着一定的困难。"董栋说,"强弱都是相对的,对手崛起是正常现象,中国蹦床的未来需要在竞争中打出一片天。能和中国队抗衡的几个白俄罗斯、俄罗斯选手天赋很高,看着我们长期领跑也学到了一些东西,而我们正面临周期性的新老交替,此消彼长。在新老交替期出现成绩波动很正常,但从队伍的整体实力来看,我们依然很有竞争力。"

在董栋看来,"蹦床项目相对小众,难度和偶然性都很大。因为难,不是一般人能玩的,玩得了不代表还能玩得好,所以才小众。这个项目偶然性很大,比赛中十个动作连续完成,中间不能停顿,没有调整和补救空间,不仅仅是力量和体能,还需要收放自如和抗压能力,这些都靠经验积累和沉淀才能做到"。这也是他还在坚持的初衷,丰富的经验和始终对完美的执着追求正逐渐成为他内心深处最含蓄的动力。

"找准自己落脚的目标，越飞越高。"

对于一直以来的运动员生活，董栋很满意。"训练虽然很累，但有苦也有甜，我可以去不同的国家比赛，开阔眼界。我成功了，享受幸福的喜悦；失败了，体会失败的苦楚，都已成为我人生中精彩的部分。"

董栋是奥运冠军，实现了山西在奥运会上夺取个人项目冠军的梦想。他是个标准的帅哥，用流行语形容，就是"颜值"超高。"颜值"超高，出镜率自然也高，也就拥有无数"董粉"。东方网评说：从2009年全运会起，董栋几乎囊括了国内外大小蹦床赛事的冠军，世锦赛冠军、亚运会冠军、世界杯冠军、奥运会冠军。而且这种大满贯不是偶然出现在塔尖，而是长期以来对蹦床冠军的绝对占有。腾讯网评说：董栋很喜欢交朋友，与人友善，很有亲和力。满满的灿烂笑容，连摄影师都赞誉的明亮双眼最是让人印象深刻。网评虽然有些失真，但至少能说明董栋拥有超高人气。

对于退役后的出路，已经拿到北京体育大学硕士学位的董栋也有比较成熟的想法："现在的问题是我能做什么和能让我做什么。当教练也有不小的天地，但也有更多其他发展空间。我希望能学好英语，以后有机会出国深造。现在能做的是完善自我，掌握外语，接触更多不同的人与事，等待契机，找寻下一个目标。"

董栋是个性情中人，知性透明，一点都不藏奸。他喜欢做公益，赠人玫瑰，手留余香。"只要和我的训练不冲突，对社会有益的事我都会去做。""我希望通过我可以感染周围更多的人，让世界充满爱。"

董栋小时候爱哭鼻子，"那时候是急的"；站在领奖台上流泪，"是激动的"；出现失误流泪，"是愧疚的"。在董栋看来，"哭有时是情绪宣泄，并不代表懦弱，是对美好生活的一种感动"。现在的董栋并不轻易流泪，他是个智商与情商很高的人，是个对生活对一切有超高领悟力与阐释力的人，"我现在已经没有了以前激情澎湃的感觉，更多的是一种踏实和沉稳的感觉，一步一个脚印，过好每一天。这种沉淀更能持久，更能走得长远。"

"人生就像蹦床，时而落下，时而跃起。落下去时不能跌倒，就可能跳得更高；而跃起时也不要飘，才能找准自己落脚的目标，越飞越高。"说这话时，或许才是真实的董栋。在硝烟弥漫人情冷暖中，在竞争酷烈争金夺银中，何为真情？真情是与蔡教练十几年如一日情同父子的相依相守，是对蹦床事业的无怨无悔和初心不改。董栋真正令千万"董粉"追捧的，不仅是他登上领奖台时的意气风发，更是轻咬奖牌难掩激动的泪眼婆娑；不仅是他双目注视五星红旗冉冉升起的那一刻，更是他坐在公寓楼飘窗窗台上的沮丧落寞，是他每次回河南老家都要给爷爷上个坟，念叨几句的呢喃细语。也许，此时的董栋更真实，更细腻，更令人动容与心疼，更是无数"董粉"们心中的英雄与传奇！

"有志者，事竟成，破釜沉舟，百二秦关终属楚；苦心人，天不负，卧薪尝胆，三千越甲可吞吴。""雄关漫道真如铁，而今迈步从头越"。董栋骨子里深藏着这种豪迈。我们祝愿董栋走得更远、飞得更高、行得更阔，在接下来的2020年东京奥运会上，为祖国打好"中日百年甲午一战"，为自己行将挥手作别的蹦坛，竖起一根有力"豹尾"，为大满贯"空中芭蕾王子"的蹦床霸业画一个圆满句号！

2013 年

第十二届全运会,山西赢得10枚金牌、8枚银牌、6枚铜牌,总分557分。全运双冠王曹玥被评为2013年"感动山西"十大人物。

王智伟成为山西射击项目的首个世界冠军。武杨获山西首个乒乓球女子世界冠军,当选2013年十大新闻人物。

以梦为马 不负芳华
——"世界第一削球手"、山西首位女乒世界冠军武杨

周俊芳

被誉为"世界第一削球手"的武杨，2005年进入国家乒乓球女队，现任中国女子乒乓球队副队长。2013年，她第一次代表中国队参加乒乓球世界杯团体赛，就技惊四座，成为山西历史上第一个女子乒乓球世界冠军，为山西乒乓球事业乃至中国乒乓球发展做出了贡献。

1992年1月5日，武杨出生于山西阳泉。6岁开始练习打乒乓球，性格沉稳，作风顽强。8岁进入山西省体校，出手不凡。曾于2005年、2006年两次获得全国青少年单打冠军。2008年，亚洲青少年乒乓球锦标赛，获女团冠军、女单第三名。2011年首次参加世乒赛，打进八强。同年在第七届全国城市运动会上，获得乒乓球女单冠军。

"90后"的武杨曾受教于颇有声望的乒乓球教练李福保，与被称为"出色的狙击手"的管建华，不仅同为阳泉人，且师出同门，同样是以打削球而闻名于世。

人小鬼大，缘定乒乓球

幼年时期的武杨，身体弱易生病。为了锻炼身体，家人决定送她去学乒乓球。6岁刚上学前班，每天放学后父亲就把她送到阳煤集团体校去打球。天真烂漫的小武杨，学习能力很强，一下子就喜欢上了乒乓球。武杨不爱说话，见人就是点头微笑，在队里年纪又最小，人见人爱。

武杨的父母都是做财会工作的，父亲在矿上工作，母亲在阳泉市里工作。在他们眼中，小武杨活泼可爱，非常懂事。当初就是想当做一个兴趣去培养，没想过让武杨走专业运动员的路子。每天下学去练

球，晚上回家再写作业。不仅辛苦，时间也不够用，可小武杨从无怨言，练球再苦再累，回到家还会主动去写作业，有时连饭都顾不上吃。家人没办法，就端着碗，等她一停笔就喂她几口……即便训练再忙，武杨也没有落下过文化课。老师称赞说，武杨就算考大学也没有什么问题，"这孩子聪明又认真，肯拼！"

世上就怕"认真"二字。只要肯下功夫，肯用心，就不怕做不好，做不到。"武杨从小做事就有毅力，不显山不露水就全都能做完，从不落后于人。"武杨妈妈说。小武杨非常要强，为了尽快提高自己的球技，回家后无论多累，都会抽时间加练，不知疲倦，乐在其中。

3个月后，在阳泉市体校任教的李福保教练去阳煤体校选拔队员。年龄最小的武杨与比她大的队员比试，沉着应战，毫不怯场，即便失利，也不急躁、不颓唐，越挫越勇，连连反攻，比赛状态相当出色。李福保可是经验丰富的老教练，一眼就相中武杨是个好苗子。"别看武杨身材瘦小，但四肢修长，符合乒乓球运动的体格要求。"他回忆说，武杨品学兼优，技术领悟快，他曾亲自对阵武杨，感觉其"手感奇特，很有潜力"，惊喜之情难以言表。对武杨做骨龄测试发现，其骨龄遗传条件很好，能够承受大运动量训练。李福保激动地在他的教案上写下一行字：发现了金子！

是金子总会发光，武杨的光芒无法遮挡。李福保曾是优秀乒乓球运动员、国际级运动健将管建华的启蒙教练，对武杨的培养也是尽心竭力。

2000年，全国"奥星杯"少儿乒乓球大赛在石家庄举办，当地啦啦队声势浩大，赛场上的小武杨毫不受其干扰，沉着应对，顽强拼杀。阳泉体校最终夺得了团体冠军，小武杨功不可没。

面对掌声和赞誉，小武杨平静淡定，喜怒不形于色。其单薄的身量和沉稳的性情，形成极大的反差。在场的很多教练见状，都不禁竖起大拇指，称此女有大将风范，日后必成大器，并纷纷表达想挖走武杨的意思。李福保谢绝了其他省教练们的好意，山西的好苗子怎么能流失到外省，他爱才如命，将武杨带回了阳泉。

李福保教练至今还记得，每到周末武杨在训练馆里汗流浃背地练球，他站在旁边观察指导。武杨的父母和爷爷奶奶，则不厌其烦地弯腰为小武杨和伙伴们捡球……提起这段往事，武杨妈妈说，孩子那么小，刚比球台高一点，却那么努力专心练习，做家长的真是既心疼又欣慰，帮忙捡球是为了多陪陪她。

武杨自小非常懂事，体贴家人，做事稳重，很少让家人操心。等到了7月，山西省体育学校指名要武杨。教练决定放武杨走，可父母却犹豫了。"说实话，真的不想让孩子走，那么小，还需要父母照顾。再说，万一体育这条路走不通，她将来怎么办？"那么小就要远离父母去训练，谁家大人都会舍不得的，父母的担忧不无道理。可人小鬼大的武杨一句话，打消了父母的顾虑："我想试一试，也许我真的行呢！"

稳扎稳打，小将展露锋芒

8岁，大多数孩子还在撒娇闹脾气的年纪，小武杨却要自己面对陌生的环境和未来的生活。进入省队，第一个要过生活自理关。武杨偷偷哭过不知多少次，想家，想妈妈，想打退堂鼓。和许多小队员一样，她经历了难熬的心理断乳期。

教练卜帮民选材独具慧眼，有着非凡的眼力和经验，一眼便相中武杨是可造之才。他从生活上帮助武杨，减轻她的心理压力。很快，适应力很强的武杨就学会了自己洗衣服，自己收拾床铺，变得愈发独立坚强，积极自信。

武杨性格淡泊平和，很多人觉得的苦，在她而言，"挺好玩的""住宿舍很有意思，很开心""训练不累，好玩"。她记得小时候去外地打比赛，常常要坐一夜绿皮火车，几个小队员就铺个垫子，在过道上睡……

在李崇明教练眼中，武杨对待训练从不马虎，成长也很快，进入省队半年时间，就名列前茅。她训练严格，自觉性强，不用教练督促，就能高质量地完成好训练计划。武杨说，小时候觉得李教练很严苛，但后来回想起来，如果没有小时候的苛刻训练，就不会有后来的发展和成绩。"平时还好，李教练一进馆就特别严厉。练得不好，就罚绕操场跑25圈，那时小也觉得委屈，自己已经尽了全力，怎么教练还觉得我没努力啊。"武杨没心没肺地笑着说："25圈倒是没啥，队员们都被罚过，很平常啊。现在想起来，还好啊，挺有意思的。"正应了那句话，严师出高徒，这种严厉，锻炼了武杨过硬的技术和扎实的基本功。武杨是懂得感恩的人，她记得李教练的点滴付出，"对我们很照顾，从早到晚盯着练，寒暑假要一天四练，早上6点开始，到晚上七八点才能结束，他连陪家人的时间都没有……"

2005年，山西乒乓球队对垒国家乒乓二队。在这场交叉赛中，武杨特殊的削球打法，为她敲开了国家乒乓二队的大门。

2005年、2006年，武杨连续两年获得全国青少年单打冠军，也就是在2006年的全国锦标赛上，她与偶像——世界冠军王楠交手，竟然成为赢家。那时，武杨在宿舍楼里常能碰到一队的王楠、张怡宁等国手。虽然两队相隔不远，但武杨心里明白，必须加把劲冲入一队，才能成为国家队主力，然而这条路走得并不那么顺畅。

2008年，她参加亚洲青少年锦标赛，获女团冠军，同年在全国锦标赛上，获团体第五名。2009年，中国乒乓球公开赛上，武杨险胜石川佳纯，连克乒乓一线高手丁宁、冯天薇，败于刘诗雯，夺得亚军。随后在世界青年乒乓球锦标赛上，武杨战胜陈梦、顾玉婷，获得女单冠军。

专注力，是一个人难得的习惯。武杨便是个专注力极强的人，再大的阵仗，都不怯场，眼睛里只有那个飞旋的球，眼前的对手才是她要费心思琢磨的人，外界的嘈杂喧嚣，都能够自我屏蔽，安之若素。平时文静寡言的武杨，在赛场上临危不乱，思路清晰，在关键时刻，总能力挽狂澜。比赛中，稳定的心理素质，相当有优势。

卜帮民教练每次谈起武杨,兴奋之情总是溢于言表:进入国家队后,武杨连续顶重板的能力更突出了。在进攻上,又练就了正手位拉高吊弧圈的撒手锏,落点刁钻、命中率较高……

从不后悔选择打削球

身高 1.72 米的武杨,削球技术高超,旋转变化多样,连续顶重板的能力强,擅长右手横板削攻结合打法。武杨球风既不华丽,亦不锐利,但不乏美感。很多乒乓球迷喜欢看武杨打球,在赛场上她步法轻盈,动作舒展,动静相宜,刚柔并济,颇具女性的阴柔美。在女选手打法越来越趋凶悍,呈"男性化"的情形下,武杨看似柔弱的打法别开生面,宛如杨柳轻风,山林景象,令人耳目一新。

武杨的名字由父母的姓氏组成,爸爸姓武,妈妈姓杨。有时会被误写成张扬的扬,但事实上,武杨性格内敛沉静,与张扬毫不搭界。熟识的人都知道,武杨打起球来专注,心无旁骛,生活中非常好相处,爱说爱笑。在竞技体育运动员当中,是难得的慢性子、好脾气。

恰好,她这种性格非常适合防守型的削球打法,武杨最开始打削球确实占便宜,成绩不错,再加上是特殊打法,容易受到各方关注。后来武杨的削球碰到了后劲不足的情况,从二队往一队冲的时候经历了多次挑战。但她坚信,自己适合削球打法。"冲不上一队的时候,我也没有后悔过选择打削球,如果我打攻球,可能二队都进不来呢。"2010年,武杨梦想成真,用了 5 年时间,打入国家乒乓一队,与自己的偶像们站在了同一个平台上。

2010 年,在国际乒联奥地利公开赛上,武杨获女单亚军。2011 年是武杨的幸运年,在国际乒联巡回赛波兰公开赛中,武杨问鼎波兰站公开赛冠军。值得一提的是,在 1 月 23 日斯洛文尼亚公开赛上,武杨与李晓霞争夺冠军。武杨三度领先,李晓霞凭借丰富的大赛经验追平。最终,武杨以 4 比 3 获胜,获得职业生涯首个公开赛女单冠军,并得到荷兰鹿特丹世乒赛的入场券。

武杨是个善于总结的人,头脑冷静。每一次输球,她自己都能第一时间明白问题出在哪里,之后要怎样改进。她认为:"比赛也是一种训练,在比赛中可以验证自己的想法,把好的东西慢慢找回来。"

2013年,在广州举行的乒乓球世界杯团体赛上,武杨首次作为中国乒乓球女队主力队员参赛。削球手打决赛,中国女乒34年的历史上没有过。那场比赛,武杨不负众望,以3比0完胜日本"一姐"石川佳纯,成为山西历史上第一个女子乒乓球世界冠军。时任中国乒协副主席苏亚君看完直播即兴赋诗:武杨力克李晓霞,梦圆斯洛文尼亚。今日捧杯乃小胜,未来乒坛大姐大。

乒乓球在世界上有三大赛事:奥运会、世界锦标赛、世界杯,在三大赛上取得第一名均为世界冠军。武杨成为山西省历史上继1965年周兰荪获得世界乒乓球团体赛冠军后第一个乒乓球女子世界冠军。2013年9月23日,武杨再次摘得女乒世界杯单打亚军。年末,被《山西日报》年终特刊评为"2013年十大新闻人物"。此时的武杨已然成为山西乒乓球运动的符号化人物。

2015年10月,武杨在哈尔滨举办的全国乒乓球锦标赛上,带领山西女队夺得团体冠军;2016年2月,在德国乒乓球公开赛上,武杨夺得女单冠军;2017年2月17日,武杨成为中国女乒副队长……

在山西省队期间,擅长打削球的李崇明教练,在技术方面对武杨指导颇多,帮助很大。他如此评价武杨:"她技术过硬,打法独特,削球旋转极少有人能接住她的球。"虽然如今规则改变,削球打法进入了一个瓶颈。但李教练对武杨仍寄予厚望,鼓励她要敢于创新,从思路和打法上去突破,为削球闯出一条新路。

武杨与李教练多有交流,想法不谋而合。她希望削球打法能在新时代下有新的突破:有人说换了一个时代,一个打法就会被淘汰,我觉得并不尽然,被淘汰的是思维方式和模式,而不是打法。旋转是削球的精义,而自己能做的只是努力寻找球体通过旋转衍生出来的变化,不断完善、提升击球的质量,针对场上情势和对手特点作出最佳选择。

武杨与现任女乒队长丁宁关系很亲密,封闭训练时,两人常常住在一个房间里。她称赞武扬是"非常顶尖的削球选手"。削球向来打"生"不打"熟",有媒体认为,武杨目前削球技术炉火纯青,在外战中屡建奇功,当她遇到对她的打法了如指掌的队友时,只能一筹莫展,屈居下风。

对于甘做绿叶的说法,武杨坦然表示:"我并不这么认为,我觉得每个人都有自身的价值,在一个队里也有她的位置和责任吧。奥运会冠军肯定谁都想去争、去拿,但毕竟也就那么一两个,也并不是说人人都能拿到的。我觉得,尽自己的全力去做好这件事情,去享受这个过程是最重要的。"武杨的语气平静而坚定,一如她在赛场上的状态,平静坚韧,超然于外。在她看来,没有谁衬托谁这么一说,竞技体育本身就是公平竞争,自己的位置都是自己争取来的。

从容如斯,坦荡至此。不论走了多远,武杨还是那个不忘初心、心怀感恩的人。虽然无缘东京奥运会,武杨仍积极备战各种赛事,她胜不骄败不馁的状态,着实令人赞叹。

一直在背后默默支持武杨的妈妈,想法更直接:"武杨作为国家队的一名老运动员,有责任站好最后一班岗。削球打法很难再上一层楼,但这种打法的人是不能缺少的。这种绿叶只要国家需要就应该当下去,这是一种责任,也是一份荣耀。"

力争上游的拼搏,不计名利的热爱,宠辱不惊的付出,都是一种体育精神的阐释。国手武杨,加油!

2014 年

第 17 届亚运会,山西 10 名运动员获得金牌 5 枚、银牌 4 枚、铜牌 3 枚。

山西省人民政府正式提交申办第二届全国青年运动会报告。

方玉婷小传

江雪

楔子

2012年7月29日,英国伦敦温布利大球场。

一场不期而遇的风雨,凌晨时分忽然落下。一个女子,稳稳地站在风雨中。

她闭上一只眼睛,另一只眼睛沉稳而冷静地凝视着70米外直径仅有122厘米的靶面:白色、黑色、蓝色、红色、金色——目标,金色的靶心。雨水淅淅沥沥,她需尽自己最大的努力、经验估算一下雨水对离弦之箭的冲击力量。她一稳神、一抬头,似乎用尽了平生之力——弓在手,箭在飞——九环!

全场激动,彩旗飞扬!

是的,这一环,让全世界很多华人的眼泪在飞!这一环,让中国女子射箭稳稳登上了2012年奥运会银牌领奖台!

射出这一箭的女子,叫方玉婷。

1. 初涉箭坛

1989年12月21日,方玉婷出生在辽宁铁岭市一个普通工人家庭。这个活泼可爱的女孩,自幼就喜欢体育运动。每次学校的体育运动会,她都是积极分子,长跑、跳高、跳远,她的运动天赋在学校里脱颖而出,成长的岁月飘满了校运会的奖状。

2004年的一天,辽宁省铁岭女子射箭队教练忽然来到了她的学校,他们要选拔一批女子射箭运动员。班主任张荣奎推荐了方玉婷:"这姑娘有运动天赋,体质很好,最重要的,她喜欢体育。"前来挑选运动员的教练问方玉婷的想法，对于方玉婷来说，对体育的兴趣远大于学习，她欣然答应。

当时，铁岭市女子射箭教练是韩明子。在这批新挑选来的队员当中，方玉婷并不突出。但很快，她的沉稳就吸引了韩明子。对于射箭，运动员第一素质是沉稳，其次是悟性。这两点，方玉婷都具备。经过一段时间的训练，方玉婷果然技高一筹，脱颖而出。

2006年8月26日，第十届辽宁省运动会在锦州举行。方玉婷代表铁岭队参加了女子射箭项目角逐。17岁的方玉婷出手不凡，一个一个将对手打下去，为自己的体育事业打出了一个开门红——她获得了省运会女子个人淘汰赛冠军！

一个月后，一纸通知寄到铁岭市女子射箭队——通知她到辽宁省队参加女子射箭集训。

所有人都在为她高兴，为她能入选省队。尽管还不是正式队员，但能参加省队集训，这就是一个新的平台了啊！奇怪的是，到省队后，那一阵，方玉婷的训练并没有体现出她一贯的沉稳素质来。俗语说"拳不离手，曲不离口"，而方玉婷已经整整一个月没有引箭开弓了。一日不练手中生，加上省队训练方法她一时间还不熟悉，几轮下来，优胜劣汰，她没有通过省队考核，被淘汰了！

背着行李，方玉婷孤单的背影映照在回家的路上。

2. 初战告捷

乐观、积极、阳光，这些词用在方玉婷身上都不为过。然而，那段时间，方玉婷还是觉得心里一片乌云笼罩。从15岁到17岁，三年时间，方玉婷把全部的力量，或者说人生的理想都倾注到了射箭中，这样的失败，她怎么能接受！她甚至怀疑，这也许是在宣告，她射箭生涯的无望终结！

方玉婷的痛大家都看在了眼里。这时候，拯救她的唯一方式，就是让她毫无压力地去参加一场比赛!

2007年11月的一天,一位师姐找到她:"玉婷,听说山西有一场射箭比赛,要不你去参加吧。"

绝望的忧伤确实需要竞赛的紧张和喜悦来涤荡。方玉婷整理行李出发了。憋着一股劲儿的方玉婷投入紧张训练。2007年7月,方玉婷入列山西大同队参加了山西省青少年射箭比赛,她以稳、准、狠的绝佳身手获得了这场比赛的射箭排名赛冠军、团体赛冠军!

这是哪里来的小姑娘,举手弓在手,落手箭已发。若行书走笔,一气呵成;又如指在弦间,一曲高山流水悠然滑落。山西省女子射箭队的教练王友群情不自禁为这个不多言语的女孩送上了热烈的掌声。

比赛结束,方玉婷接到了教练王友群的热情邀请:欢迎她到山西省女子射箭队来参加集训。

作为辽宁省的射箭手,她该何去何从?她去征询铁岭射箭教练韩明子的意见。韩教练说:你的生命在于竞技,这是你的理想,无论在辽宁还是山西,你打出成绩,代表的都是中国射箭技艺。

2008年,方玉婷第二次参加山西省青少年射箭比赛,再次获得第一名。这一年,王友群教练推荐她参加全国射箭比赛。这时候,他们才发现,因为籍贯问题,方玉婷被拦在了全国竞技的大门之外!

方玉婷是辽宁人,怎么能代表山西队出征打全国赛?而在辽宁,她又不是辽宁队的队员!最主要的,这样优秀的运动员,因为籍贯问题,甚至不能转为国家正式运动员!

方玉婷的情况牵动了山西省体育局所有关心着她的人的心。王友群等教练为她呼吁着:"我们怎么能让地域限制一个优秀运动员的竞技生命?"

2009年,方玉婷从辽宁铁岭市调到晋城,经山西省体育局和国家体育总局注册,被确认为晋城市体校射箭队队员,代表晋城市参加各类比赛。

条条大路通罗马。正是在山西这片沃土上,方玉婷走上了世界竞技的大舞台，将成功之箭如愿射向了远方。

2009年，户口问题理顺之后，方玉婷考取山西省体育职业学院，完成了本科学业。

方玉婷再一次出现在太原的训练场上。她果然不负众望，2009年，在全国室内射箭比赛中，她一举获得了冠军。2010年4月，获全国冠军赛团体第一名；6月，获全国奥林匹克射箭项目第二名；10月，获全国室外锦标赛个人排名第二名、30米单项第一名……

2010年，方玉婷多次代表山西女子射箭队参赛，也多次获得殊荣。方玉婷以扎实的射箭基本功和优秀的成绩赢得射箭界的认可，这果然是一个为射箭、为竞技而生的女子！

3．挺进国队

每一次参赛回来，方玉婷的心情都是有喜有忧。如果仅仅只能代表山西队出征，对于一个运动员，显然不算圆满的运动生涯。

王友群教练看出了她的心思，鼓励她：加油，玉婷，冲国家队！

人海茫茫，尤其是到汇聚人类精英而又充满了最激烈竞争的顶级体育竞技场，谈何容易！

三点一线的生活，从15岁开始，到今天，方玉婷整整过了15年。训练场、食堂、宿舍；宿舍、食堂、训练场。因为很多比赛在春天进行，春节期间恰是她们高强度训练的时候，运动员很少能回家过春节。即使偶尔能放几天假，慢吞吞的绿皮火车，从山西到辽宁铁岭，摇摇晃晃、辗转往复两天时间，回家不待暖热凳子，又得踏上回程。

多少个春节，方玉婷和队友们在一起聚聚餐，也就算过了节。她们在日复一日的射箭动作中重复着心底渴望的理想和信念——打出国门去，打到奥运赛场去！

2010年，方玉婷凭借全国冠军赛团体第一名和全国室外锦标赛个人第二名、30米单项第一名的出色表现，终于在射箭领域打出一方天地，打出了一条通往心中梦想的绿色通道——她如愿成为了国家队主力队员。

梦想在升华。优秀的运动员，总是在不停挑战着自己。此时此刻方玉婷的梦想是——打到奥运会去！

2011年4月，方玉婷参加世界杯射箭比赛获得混合团体第一名；7月，在世界锦标赛中，获得个人排名第三名、个人淘汰赛第三名、团体第四名；8月，参加美国世界杯射箭比赛，获得个人淘汰赛第五名、团体第三名；9月，在全国射箭室外锦标赛中，获得个人排名第一名、淘汰赛第一名、混合团体第一名。

2011年9月26日，全国射箭室外团体锦标赛开赛。呼啸而出的箭带着方玉婷多年的心愿深深扎入了远方的靶心——她获得了此次比赛的女子个人淘汰赛冠军。这支成功射出的箭意味着，她终于可以有机会拿到2012年伦敦奥运会的入场券了！

而多次参加世界大赛，为她积累了宝贵的国际比赛经验。

虽然有了冲击伦敦奥运会的机会，但方玉婷心里并没有太大把握。她不确定在全国如林高手中，自己能占什么位置。

接下来是三场选拔赛。连方玉婷自己也没想到，角逐最后，她的总积分排名第一。此刻的方玉婷信心倍增。2011年，为期一年的漫长选拔，方玉婷斗志旺盛、状态稳定，她最终获得总排名第二位，赢得伦敦奥运会的入场券。

4. 惊魂奥运

方玉婷深深知道自己的经验和功力。她与对手交战，更是在与自己交战。方玉婷不服输、倔强，最主要的是她身上有股初生牛犊不怕虎的勇猛和稳定的心理优势。

四年一届的世界体育大比武——2012年伦敦奥运会来临了。

2008年北京奥运会后，随着张娟娟等老将逐渐淡出国家队，中国射箭队开始了新老交替的过程，此次方玉婷、程明、徐晶等队员全是首次参加奥运会。而对手韩国队强大得让人窒息，六届奥运会的靶场，从未让这块金牌旁落。头号选手奇甫倍更是实力超群，近几年的重大赛事中，多次夺得冠军。与中国队全是新人不同，她们此次派出以老带新的阵容。

对于方玉婷代表国家队参加女子射箭，很多人都在担心，一个连全运会都没参加过的运动员，她行吗？

方玉婷心里何尝没有压力！2012年4月14日，在射箭世界杯上海站奥运项目女子反曲弓个人赛上，方玉婷第一次遇到韩国对手奇甫倍。尽管她格外镇定，表现出色，获得五连胜后晋级决赛，但最终以2比6逊色于奇甫倍，获得银牌。尽管这枚世界杯个人项目银牌让新组建的中国射箭队扬眉吐气，但还是没能冲破韩国队的"封锁线"，这让方玉婷耿耿于怀。

方玉婷果然不负众望，在1/8决赛对阵意大利之时，最后一箭，方玉婷放松心态、摒弃杂念、一箭中的，打出了10环，力压对手意大利队成功晋级。

决赛那天，多雾的伦敦，凌晨却奇怪地迎来了一场大雨。第一局双方发挥都不算完美，韩国队打出一个6环，中国队打出了两个7环，第一局结束，韩国队以49环-47环领先。第二局，中国小将表现出色，最后以102环-102环打平；第三局，韩国对以155环-154环领先中国队1环。

尽管中国队程明、徐晶和方玉婷平时配合默契，但10环绝杀终究不是想来就能来的。

最后一局，中国队率先出场。方玉婷由于出众的心理素质、扎实的技术功底，被中国队委以重任，最后一个压轴出场。

第一个出场的是程明，她打出一个10环；之后是徐晶，她打出了一个8环。方玉婷出场了，她果然不负众望，打出一个漂亮的10环！这三箭，使韩国队压力陡增。不过，久经沙场的韩国队很快做出调整，打出两个9环一个8环，还是领先2环。

定乾坤的最后三箭程明、徐晶和方玉婷都打出了9环，中国总分209环，以一环之差落败韩国队，最终获得银牌！当众人欢呼雀跃时，方玉婷却抱着教练泪流如注！

正在伦敦前线"督战"的山西省体育局局长苏亚君忍不住提笔写下一首诗《祝中国射箭女队全体摘银》："巾帼胜须眉，神箭靶心飞。婷立英伦岛，红星扬国威！"

这枚银牌完成了奥运会赛前制定的争夺奖牌目标。但在方玉婷心里，以微弱之差落败韩国队，一直是遗憾。

5. 圆梦全运会

虽然是微弱差距惜败，无缘奥运金牌，但方玉婷却非常清醒，看起来是1环，实际上背后差距还是很大。韩国射箭所具有的独特东西，是我们不具备的。

2013年，方玉婷参加第十二届全运会。这届全运会在辽宁沈阳奥林匹克体育中心举行。令人感到意外的是，方玉婷在1/16决赛中被淘汰。也许，辽宁，还真是她的伤心之地。

2017年8月31日，第十三届全运会在天津举行。从排位赛到淘汰赛，山西射箭女队在这次比赛中显示了强劲的实力。方玉婷以646环的成绩在64名选手中排名第二位，她轻松击败这次比赛最大黑马北京选手李佳蔓。

进入淘汰赛环节，方玉婷为淘汰赛做足了准备：射偏了怎么调整、想赢怕输心理波动怎么克服……可控的（情况）怎么处理、不可控的（情况）怎么处理，她在本子上做了详细的记录。

金牌争夺战，方玉婷的对手是第一次参加全运会的山西队小将吕娜。双方打得难解难分，宛若龙争虎斗，精彩、惊心。前四局打平，第五局双方前三箭又打成平分。如何决出输赢？只得增加附加赛。最终，方玉婷以 1 环险胜吕娜，获得金牌。

登上领奖台，这一次，方玉婷哭了！

一枚枚金牌的背后，是血汗、是智慧，是青春在闪光。

2012 年 3 月，方玉婷正式成为山西省射击射箭运动管理中心一名运动员。

2012 年 4 月，国家体育总局授予方玉婷"国际级运动健将"称号并颁发了"国家体育运动一级奖章"；山西省妇联授予她"山西省三八红旗手"称号；共青团山西省委员会授予她"山西青年五四特别奖章"；山西省社会主义劳动竞赛委员会为方玉婷记个人一等功；山西省委省政府授予她个人二等功……

6. 收获爱情

体坛恋情，从来都是竞技赛场上最浪漫的那一抹色彩。挺进体坛顶峰、摘取世界冠军的同时，方玉婷也收获了让人羡慕的爱情——2016 年 8 月，方玉婷与全国男子射箭冠军郭长乐喜结良缘。

2007 年 12 月，方玉婷来到山西队集训。没几天，刚刚取得 2007 年全国射箭锦标赛冠军的郭长乐归队了。

全国冠军长啥样？对"全国冠军"的无限向往让方玉婷对刚归队的郭长乐充满敬意和崇拜。对于当时只有 18 岁、还没有大赛成绩的方玉婷来说，郭长乐就是心中的偶像了。她从来没有"粉"过任何电影明星，却对郭长乐充满了想急切了解的渴望。她甚至忍不住经常偷偷观察郭长乐，这是一个多么高大帅气的小伙子啊，他是怎么夺得了全国冠军的呢？

同在射箭队训练，两个人自然而然相识了。郭长乐是山东青岛人，他来到山西省射击射箭运动管理中心的经历，竟然与方玉婷有一些相似之处。共同的经历、共同的志向，使两个同在异乡进行枯燥的日复一日训练的年轻人，聚在一起总有说不完的话。而郭长乐也非常喜欢这个性格直爽、阳光乐观的小师妹，平时的训练中，对她给了很多关注和帮助。一来二去，两个情窦初开的年轻人终于敞开心扉，从队友到情侣，从志同道合到情投意合，结成了一对让人羡慕的"神箭侠侣"。

2019年5月16日，方玉婷喜得一对双胞胎女儿，收获人生"另一枚金牌"。射箭比赛，对队员年龄要求比较宽，方玉婷说，她会在这条路上继续攀登！

2015 年

第二届全国青运会落户山西,新中国成立后山西第一次承办全国大型综合性运动会。

中国体育文化·体育旅游博览会在太原举行,这是山西举办的规格最高的体育展会。

郝佳露：宝剑锋从磨砺出

李心丽

2016年8月，在里约奥运会上，山西籍击剑运动员郝佳露与队友许安琪、孙玉洁、孙一文一起走上了领奖台，她们获得女重团体银牌。五星红旗在里约奥运会会场上空为她们升起的时候，面对着如潮的掌声，面对着闪烁的聚光灯，郝佳露长长地舒了一口气，她终于实现了她的奥运梦想，为中国赢得了一枚银牌。

这个好消息在第一时间传回了山西。要知道，郝佳露是山西籍运动员获得奥运击剑项目奖牌的第一人，这个好消息不仅鼓舞了山西体育界，同时也鼓舞了许多立志击剑运动的年轻人。

从2009年第一次参加全运会，2013年第二次参加全运会，到后来的2014年世界杯，2016年里约奥运会，2017年第三次参加全运会，郝佳露都取得了优异的成绩。

郝佳露1987年生于太原一个普通的家庭，像许多家庭一样，父母希望她好好读书，将来成为有用的人才。有用的人才无外乎选择文科或者是理科，将来选一门适合自己的专业钻研，在一个喜欢的岗位供职。郝佳露喜欢学习，至于未来从事什么职业她从来没有去想。她从小身材高挑，长腿长手臂，十来岁的时候就给人一种亭亭玉立的感觉，来家里的叔叔阿姨经常夸奖她文静、优雅，给她的未来设计了许多种可能，但没有谁把眼前这个小姑娘与击剑这种体育项目联系起来。

击剑是兴起于欧洲的一项贵族运动，在中国根基尚浅。据了解，1955年，苏联专家赫鲁晓娃在北京体育学院（今北京体育大学）开设击剑专修课，这是击剑运动第一次引入中国。而山西击剑队1988年开始建队，比郝佳露的出生晚了一年，可以说郝佳露是与山西击剑运动一起成长起来的。

2003年，郝佳露在太原四中上学。一次极偶然的机会，她去省体育馆玩,正好看到了击剑运动员在里面训练,她一下子被她们优美的姿势迷住了,优雅、自信、轻灵、妩媚、帅气,她看得呆住了,羡慕、喜欢、迷恋,这场面带给她许多美好的情绪,她被深深地吸引了。

她像发现了新大陆一样欣喜,她的热爱就这样被激发了出来,这是她第一次接触击剑。

这就是郝佳露走上运动生涯的开端。

每当写完作业,郝佳露就坐在电视机旁,锁定体育频道,专心致志地收看击剑比赛。以前从来不关心电视节目预告,现在郝佳露要把有关击剑比赛的电视直播时间和重播时间记在她的笔记本上,她生活中突然间多的这项内容让她的生活一下子变得与以往不同了。

看到女儿被击剑这项运动深深吸引,父母托人找到省击剑队教练,说郝佳露非常热爱这项运动,看能不能到这里试一试。当时只有16岁的郝佳露,身高已经有1.72米,还擅长使用左手……李志文觉得这是个值得培养的好苗子,于是便把她召入队中。在女子击剑界,运动员身材都在1.70米以上,大部分是右手持剑。郝佳露不仅符合标准,而且她左撇子的打法,具有先天优势。

更与众不同的是,在此之前佳露从来没有参加过任何项目的训练。从那时起,山西省体育馆东楼的击剑训练房里,就多了一个刻苦训练的身影。

起初她只是临时跟着省击剑队训练,是不在编的队员,像没有学籍的走读生一样。许多有此志向的同学上了体校,之后经过体育选拔,进专业队。她没有上过体校,也没有经过选拔,就直接跟着专业队训练了。通过一段时间的观察,教练觉得她表现很好,就允许她继续留下来训练。从2003年到2006年,郝佳露半天上学,半天训练。持续三年的训练,她取得了非常大的进步,对击剑独特的感悟和左手持剑的风格得到教练的认可,2006年郝佳露正式进入省队。

对于郝佳露来说,这是对她最大的肯定,为此她深受鼓舞,同时也坚定了她要在这个项目上继续走下去的信心。有了想法之后,她暗暗下定决心，一定要好好训练，争取进国家队，争取参加全运会，争取参加各种大型比赛。有了远大的理想之后，她训练起来更加认真，更加刻苦。一天的训练任务结束后，她总要坐下来仔细地想一想，或和队友们一起探讨，她刻苦认真的态度得到了教练和队友们的夸奖。

寒来暑往，斗转星移，六年时间过去了。这六年的时间，郝佳露一直在艰苦地训练，重复着一种生活。出剑的招式、动作，千万次的重复，要说不枯燥那是假的，但随着时间的推移，她对击剑这个运动的热爱始终没有动摇过。身穿全副装备拍摄的照片让她感到有一种英姿飒爽的美，而训练带给她的快乐是任何别的东西都代替不了的。

这时候她的同学都有了各自的前程，有的上了大学，有的出国了，有的工作了。一次，一个同学开玩笑说，你在这个专业上可以拿本科文凭了。郝佳露深知，这是在质疑她当初的选择，走这条路，这么辛苦又这么艰难，要获得荣誉可不是那么容易的。

但郝佳露不后悔自己的选择，她深知梅花香自苦寒来，宝剑锋从磨砺出。除了更加刻苦地训练，郝佳露别无选择。2009年，第十一届全运会在山东举办，郝佳露第一次参加了全运会，获得个人赛第七的成绩。这次比赛虽然没有获得预想的效果，但郝佳露来到了真正的赛场，这次热身为她以后的成长奠定了基础。

这一次全运会之后，郝佳露心中有了一个明确的目标——下一届全运会。

在这之后四年的时间里，郝佳露投入紧张的训练中。那些年，她很少有自己的时间，很少参加同学聚会。她们属于半军事化管理，要出门就得和教练请假，有许多限制，非常不自由。训练艰苦、单调，难免会有心情灰暗的时候，遇到这种情况，她逛逛街，与队友一起吃吃饭，这种不良情绪就排遣掉了。

遇到集训的时候，她们会很长时间被封闭起来。

2013年，对于郝佳露来说是不凡的一年，每四年一届的全运会举办，属于郝佳露的机会终于来了。

这一年，郝佳露 26 岁。

2013 年，第十二届全运会在辽宁举办。在这次全运会上，郝佳露获得女子重剑个人赛铜牌，这不仅是郝佳露获得的第一枚奖牌，也是山西击剑历史上第一枚奖牌。郝佳露站在领奖台上，她的心情异常激动，当她看到教练和队友们对她竖起的大拇指，冲上来与她拥抱在一起的时候，郝佳露再次暗下决心，她一定要更加努力，要为山西争光，要为祖国争光。而当时，她还不是国家队成员。

由于这次突出的表现和良好的领悟力，郝佳露迎来了命运的转折。对于每一位省队的队员来说，进入国家队都是他们的梦想。2013 年 10 月的一天，正在训练的郝佳露接到教练的通知，告诉她被国家队选中了，让她去国家队训练。听到这个消息，郝佳露太兴奋了！进入国家队之后，预示着有更多的可能和机会，也预示着她获得了技艺增进的一次极好的机会。

国家队的训练是更加严格和艰苦的。第一次远离家，远离父母，远离自己的教练和一起训练的队友奔赴北京，陌生的环境让郝佳露兴奋的同时，也有短暂的迷茫和不适应，好在紧张的训练让她很快地适应了新生活。

从那时开始，郝佳露的能量像火山一样喷发。2014 年 5 月，在世界杯系列赛里约热内卢站的较量中，她获得第七名。这是 27 岁的郝佳露第一次出国比赛，在这次比赛之前，她甚至还没有进入国际排名系统。谁都没想到，里约成为了她的福地，成为她奥运梦想开始的地方。紧接着她又前往古巴参加了哈瓦那站的比赛，在古巴哈瓦那世界杯大奖赛上，郝佳露一路过关斩将，夺得冠军。郝佳露从此成为国家队女子重剑团体主力选手，同年的第十七届韩国仁川亚运会，她获得女子重剑团体冠军。

2016 年的第三十一届奥运会在里约举办，而里约曾是郝佳露的福地。

中国女子重剑队由许安琪、孙玉洁、孙一文和郝佳露组成。作为上届冠军,中国队志在夺取奖牌。在1/4决赛中她们击败了乌克兰队,半决赛又淘汰了爱沙尼亚队,两场比赛都打得比较辛苦。罗马尼亚队先后淘汰了美国队、俄罗斯队后进入决赛。

决赛中,中国队四名队员轮番登场,虽竭尽全力,但一直落后,最终以38-44落败,摘得银牌。对于中国队来说,未能卫冕有些遗憾。不过对于山西体育来说,这枚银牌来之不易,因为这是山西省奥运会历史上的第六枚奖牌,也是第一枚击剑奖牌。

当郝佳露的脖子上挂上奖牌的时候,没有人能想到,这个姑娘是半路出家,大器晚成。

2016年8月15日晚,获得里约奥运会女子重剑团体银牌的山西省运动员郝佳露回到太原。

15日晚,当北京西至太原南的G619次列车到达太原南站时,当里约奥运会上获得女子重剑团体银牌的郝佳露出站后,早早在此等候的父母以及省市体育部门的相关领导,纷纷拥上去,迎接她凯旋。大家有的送上鲜花、有的上前拥抱、有的拿起手机拍照……这一派喜洋洋的场面,也引来了众多旅客驻足观看。"她是咱们太原的奥运健儿。""她拿了银牌,真厉害!"郝佳露很快就被众人包围,大家争先恐后地与她合影。终于盼到女儿回家的妈妈,也上前和郝佳露拥抱在一起,这是母女俩5个多月来的第一次见面。

稍事休整之后,郝佳露又投入了紧张的训练。她的生活中,永远是击剑排在第一。

机遇永远垂青于奋斗的人,2017年8月29日,在第十三届全运会女子重剑个人赛决战中,郝佳露以9比10不敌江苏选手许安琪,获得亚军。这是山西击剑在全运会历史上的最佳战绩,四年前,同样是郝佳露,为山西击剑获得第一枚全运会奖牌。

说起那场比赛,郝佳露现在都记忆犹新。那天她连续出战11场,而且时时被腰伤和膝伤困扰,但她克服了这些困难,状态越来越好,一路战胜多位高手晋级四强。四强之中,除了孙一文惜败出局,许安琪、孙玉洁与她均位列其中，她们4人正是中国女子重剑世锦赛夺冠和里约奥运会夺银牌的主力成员。

郝佳露如今经历过3届全运会，成绩分别是第七名、第三名和第二名。获得2017年全运会第二名的佳绩之后，郝佳露由一名运动员的身份转为教练，现在她是山西击剑队的高级教练员。她出色的表现，赢得了多种荣誉，被授予"山西青年五四奖章""五一劳动奖章"以及"三八红旗手"等荣誉称号。

说起自己取得的这些成绩，郝佳露说这不是她一个人努力的结果。她的每一点进步，离不开教练的悉心教导，她的每一次成功，都包含着教练的心血和汗水，也离不开体育局领导的重视和支持。

郝佳露的成功，带动了山西击剑事业的发展，击剑运动在太原悄然兴起，这项不太普及的运动项目也渐渐为人们所熟知。

2019年3月12日，郝佳露的女儿出生了。郝佳露说等女儿稍微大点，她就会让孩子接触这个项目，练习这个项目。她说运动非常好，可以训练一个人的协调能力，思维转换能力，还有空间距离感。她说击剑运动在中国比较流行，特别是那些一线城市，已经成为一个健身项目了，这个项目在国外也特别受欢迎。这项运动对一个人的全面发展有许多的帮助。

说起2019年要举办的二青会，郝佳露说她会带队去参加，目前，这些青年运动员像她当初一样正在紧张地训练。说起现在的这些青少年击剑队员，郝佳露说现在的青少年思维更开放，目标更明确，呈现出一种良好的发展态势。

2016 年

第31届奥运会,山西5名运动员共夺得2枚银牌、1个第5名和1个第8名。

《山西省"十三五"体育事业发展规划》发布,全面贯彻"创新、协调、绿色、开放、共享"发展理念。

王智伟：无以取代的荣耀

蒋殊

15岁的王智伟不会想到，有一天，他会站在射击世界冠军王义夫面前，成为他旗下的一员。

那时候，他是一名矿区的孩子。那是2002年底，他在阳泉四矿中学上初二。他喜欢体育，然而从来没有听说过体育中还有一个专门的项目叫射击。突然有一天，有几个神秘的人走进他们的校园，走近他，让他垒蛋壳，还递过一支枪看他托举的姿势。几番测试后，来人笑笑：就是他了。

他这才知道，他被选中到阳泉市体育运动学校学射击了。

完全不了解这个行当，内心却为崭新的天地而欢喜，回家兴冲冲将这个消息告诉家人。没想到，父母却强烈反对。他们觉得，一个孩子一旦投身体育，必然要影响学习，甚至要影响终身。多年之后王智伟依然说不清，自己当时为什么特别想尝试一下，是不是接过枪的瞬间刺激了他？

父母不松口，年少的王智伟便求助爷爷，他说不出太多的理由，只是告诉爷爷他很喜欢，很喜欢。面对疼爱的孙子，爷爷出面了，几次做父母的工作。

2003年元旦，是王智伟难忘的一天。或许是儿子的执着让父母松了口，持续半个多月的较量后，王智伟的父母答应与他一起去体校看看。午饭后，父母、爷爷都一道跟着去了射击靶场。在教练的指导下，儿子在他们面前有模有样地举枪、射击，教练频频称赞。

父母不再坚持，将王智伟留了下来。

并不是所有的男孩都喜欢枪，因为一周后，与他一同被选中的另一名同学就放弃了。王智伟却按时一周两次坚持跑训。初二下学期，他正式进入阳泉市体校，开始气手枪训练。

"那时候靶场环境不好，一支枪四五个人合用。"王智伟说，"一人练枪，另外的同学就在旁边举砖头，对着一堵墙一站一个小时。"

尽管艰苦，男孩子们偶尔也要调皮一把，比如趁教练不在时，一下装进好几发子弹，"啪啪啪"打出来，给枯燥的训练增加一丝生气。

王智伟是块射击的料，很快就打出气势。2003年12月，他被山西省射击队教练相中，进入太原市小北门二线训练基地。在这里，他的成绩一天比一天好，一线教练王卫东很快盯上他并准备招至自己麾下。

本是顺风顺水的前程，此时却卡了壳。有人跳出来反对了，包括部分领导。理由，无非觉得他是一名新手，成绩还不是太稳定。但王卫东教练坚信自己的眼光，他清楚地看到王智伟的潜力与性格上的特点，极力坚持把他留在一线集训。

王智伟勉强进入，却被告知没有床位，只能住在楼道里。他清楚地记得，床的位置在走廊东面，尽管做了挡板，太阳还是早早就晒到他身上。晒着晒着，就到了三伏天。王智伟挺不住了，队里建议他搬到50米靶场一个观台上。这个观台在室内，没了阳光暴晒，但空间极狭窄，只能放下一张单人床，且阴暗潮湿蚊子多。

这些，王智伟都能克服。让他不舒服的，是来自对少年尊严的挑战。每一名训练的学员，都能看到他的这处"住地"。每天训练结束，队友们有说有笑回到房间，开空调，洗澡，坐在书桌前看书……只有他，全部家当与空间，只有一张床，不分白天与晚上。

第一次，他开始想家，想念父母。尤其是入夜，少年心里忍不住涌上浓浓思家情愫，还有挥之不去的委屈。回家，这个念头也时时会涌上心头。可是，当初不是自己强烈坚持的吗？当初不是信誓旦旦向父母保证不怕吃苦吗？不能告诉父母，他便跑到外面，找一个僻静的公用电话亭，将电话打给曾一起并肩上学的好伙伴。发小的声音传来，王智伟终于忍不住哭出声。电话那端的少年自然心里酸酸的，然而并没有能力帮助远方的好友。今天想来，王智伟依然感谢那位年少好友，他并没有让王智伟放弃，而是冷静地劝慰与鼓励。虽稚嫩，却温暖有力。

是啊，眼下这么点困难，就挺不住了？王智伟擦干眼泪，回到那张床上，写下当天的日记，也成为他日后的座右铭："要学会在困难中长大。"

王智伟说他从来没有设定过远大的目标，总是一步一步走。他的第一个目标就是那时设下的，仅仅是"要住进房间"。

于是，他训练更加刻苦，一路表现可圈可点。终于在半年后，遇到宿舍人员调整，他进了房间。尽管是进门靠近垃圾桶的位置，尽管还是外面搬进来那只最旧的床，但毕竟成了有房间的人。

王智伟多次说，他缺乏天赋，却是一个有规划的人。他善琢磨，善总结，因此总会比同期训练的队员进步快。

2005年，要争第十届全运会席位了。10米气手枪，山西省三个名额，一个已经选定，剩下两个名额由五人竞争，其中就包括入行仅两年的王智伟。这是王智伟的荣幸，也是他努力的结果。正常来说，一名队员取得这样的资格需要四年时间。

五名队员，要通过一场全国锦标赛争取两个全运会席位。王智伟不负众望，如愿取得两席中的一席。

没想到的是，当他以更大的信心全力以赴备战时，临近全运会前一个多月却接到通知，这个比赛他不能去打，理由是他之前没打过全国比赛，没有参赛资格。

王智伟拼力争下的席位由别的队员取代。尽管他只是一名新手，尽管他的路还很长，还是倍受打击，一个很有可能提前取得的成绩，就这样被一个简单的制度轻易剥夺了。

2006年，已经60多岁的宋学龄成了王智伟的新教练。宋教练对学员要求极其严格，每天坚持四次训练。早晨六点多起床开始举砖头，之后冥想。七点半早饭后继续训练，而且常常是将午饭打来靶场吃，之后继续训练到下午两三点。四点开始跑步，晚饭后再练。周日休息时，也常常被宋教练敲门喊起来训练。

如此高强度训练，王智伟不仅没有叫苦，反而主动给自己加码。

除了技术与体能上的训练，以及认真研究一些射击成功案例外，他还在冥想之外增加了正念训练。他深知，一个一闪而过的意念，便会让一颗子弹打飞。他努力让自己的心理更加沉静，稳定。

王智伟有可能在2005年夺得的金牌，终于在两年后的2007年得到了。那是在武汉举办的第六届全国城运会上，他以688.8环的总成绩夺得男子10米气手枪决赛冠军。然而城运会的分量自然不及全运会，尽管他取得了个人一金一银、团体金牌的好成绩，内心却没有太大欣喜。

2008年，成了王智伟思想上的转折期。他说，如果之前对射击这个项目是喜爱的话，这一年之后就变为了热爱。2008年8月9日，他和队友坐在电视机前观看了射击男子10米气手枪决赛全过程。最终，中国选手庞伟以688.2环的总成绩夺得冠军。

五星红旗冉冉升起的一刻，王智伟一边激动地热烈鼓掌，一边感慨万千。眼前这个奥运冠军庞伟，正是一年前城运会上站在王智伟身边那个亚军。2006年，庞伟就已经是世锦赛冠军了。城运会领奖台上，王智伟觉得自己与世界冠军的距离如此近。然而这一刻，他突然觉得，曾经站在自己身边那个亚军仅仅是一滑而过的一个瞬间。他与世界冠军的距离，依旧那么遥远。

第一次，强烈产生了让中国国旗在眼前升起，让中国国歌在耳边奏响的愿望。

是新的目标，"更是一种信仰"，他这样表达。

然而连王智伟自己也没想到，之后的他却进入职业生涯低谷期。2009年全运会，他发挥得出人意料，不仅个人没取得成绩，连夺冠热门的团体赛也仅仅获得第六名。

"仅仅打出574环，心理上一下失衡了，"王智伟这样说，"开始怀疑起自己来。"运动员对自己的不相信，是非常可怕的事。那段时间，他一下子就不想训练了，也突然找不到目标了。包括后来让他去国家队，选拔时他竟故意打出很差的成绩。那个时候，他就是不想打了，觉得付出与收获不成正比。

关键时期，组织一直鼓励并力挺他。2010年底，山西省体育局领导与教练再一次坚持，将王智伟推送到国家二线。当时二线有包括他在内10位选手，要进入一线，必须在比赛中取得第一名。

然而王智伟还在犹豫，还在纠结，打，还是不打？他的内心，很不想打。但转念一想，这份责任并非他个人的，而是关系到山西射击队的荣誉。咬咬牙，告诉自己算是最后一搏吧。

"成不成，看命运了。"他描述着当时的心态。

这一次，命运还是垂青了他。王智伟发挥稳定，位列第一。

王者归来。

然而进入后发现更难，队友全是全国顶级选手，世界冠军就有好几个。山西并不是体育大省，更不是强省。面对这个新入选的队员，教练王义夫疑惑地开口了："山西的？"

这个强大的团队中，自己只是一名小队员。王智伟自卑的同时，内心的倔强却被激发了，山西的怎么了？山西人就不可能打出好成绩吗？

那一刻，他的奋斗目标突然转向要为背后那个不被人看好的省争光了。

到了迎接2012年奥运会的关键期。王智伟告诉自己，低迷情绪该过去了，身后有始终相信他的领导与教练，还有对他寄予厚望的三晋儿女。他顶住压力，克服困难，努力融入这个团队。而达到这些，必须靠实力说话。

打开网页，还能看到《亚锦赛——王智伟10米气手枪摘银，惊险补齐奥运席位》这则报道。那是2012年元月15日，中国派出三位小将争取最后一张奥运席位，也是亚洲选手争取奥运席位最后的机会。在前两名选手先后失利的情况下，首次参加亚锦赛的24岁新人王智伟以586环的成绩，排名第二晋级决赛，最终又以683.1环的成绩获得亚军。

奥运席位争回来了，但这个名额只是中国队的，并不是王智伟个人的。能不能参赛，还得继续打选拔赛。没想到的是，本是优势项目的 10 米气手枪，他却发挥失常。

　　带着失望的心情，他又参加了 50 米手枪慢射项目。又是一个意外，本没寄希望的这个项目，却打出好成绩，成功入选。

　　尽管不是计划中的项目，却也一样欣喜。就在他全力备战奥运时，意外又来了。与 2005 年最终丢掉全运会参赛资格一样，非常漂亮地争来的这个奥运会参赛资格，也差一点失去。原因是因为他缺乏大赛经验，担心不能给国家争回荣誉。这消息让王智伟几近崩溃，咽下眼泪，含着委屈，默默咬牙训练。

　　好在，后来终于还是没有替换他。

　　王智伟松了一口气，却也有了很大的压力。

　　2012 年 8 月 5 日，伦敦奥运会射击比赛男子 50 米手枪决赛开始，最后一枪，王智伟发挥出色，打出决赛中的最好成绩 10.6 环，从第五位一跃升至第三位，以 658.6 环的成绩夺得铜牌。这是他个人的最好成绩，也是山西射击项目的最好成绩。当时在现场观看比赛的省体育局局长苏亚君说："作为一名年轻选手，首次参加奥运会就能顶住不利因素，发挥出自己平时训练的最好水平，可喜可贺。"

　　之后连续几年，王智伟都保持良好的竞技状态，2013 年韩国世界杯男子 50 米手枪慢射冠军、男子 10 米气手枪银牌；2013 年慕尼黑世界杯总决赛男子 50 米手枪慢射金牌、男子 10 米气手枪银牌；2014 年北京世界杯男子 50 米手枪慢射金牌，阿塞拜疆世界杯总决赛蝉联 50 米手枪慢射金牌，世锦赛 50 米手枪慢射、10 米气手枪团体金牌，韩国仁川亚运会 50 米手枪慢射个人及团体金、银、铜牌；2015 年韩国世界大学生运动会金、银、铜牌；2016 年里约奥运会男子 50 米手枪慢射第五名；等等。

　　那几年，只要听到打进决赛的名单里有王智伟，王义夫总会松一口气："有戏！"

　　由梦想变责任。王智伟从奋斗、收获、思索中一路走来。想不到，年仅31岁的他早已是伤病缠身。王智伟说，不管是步枪还是手枪项目，重心都在一条腿上，站立时身体都处于弯曲状态。训练一次，100发子弹，每一发子弹都要精准、精细、高质量，站立至少45分钟到1个小时。长时间注意力高度集中，全过程忘我到常常连手边的水也顾不上喝一口。往往是训练结束放下枪，才发现腿麻、手麻，走路也困难了。

近年来，王智伟就因为腰椎、颈椎问题影响训练与比赛，严重时会持续疼痛一周起不了床，连刷牙都站不直。尽管如此，2017年他依然在天津全运会上蝉联了50米手枪慢射金牌，也是那届全运会的第一块金牌。

2017年11月，王智伟成为山西省射击队总教练，但年轻且状态很好的他依然是队里的顶梁柱。

"只要身体允许，需要打，我就上。"一边培育着更年轻的后备力量，一边随时准备上战场。

多年来很少回家的王智伟，荣幸地在国家队收获了爱情。同样是射击队员，两人情意相投。2015年，他与心爱的湖南姑娘领了证。但仅仅吃完一顿午饭后，他就又归队训练了。2016年奥运会后，才回到家乡阳泉补办了一场婚礼。

要一个孩子，也成了王智伟新近的打算。

要起身离开时，我突然想知道，站在冠军领奖台上是什么样的心情？他回头，说了"骄傲""自豪"等词汇，之后又摇摇头说不准确，"就是国旗升起、国歌响起时身上会起满鸡皮疙瘩。"

"因为自己，让国旗在世界赛场升起，那份荣耀任何事情都替代不了。"王智伟说这句话时并没有特别的表情，我却忽然感受到一种叫沸腾的东西。

从他坐的位置望向窗外，人来人往，车水马龙。谁会知道，有一些毫不起眼的平凡人，每天的拼搏是为了国家荣誉！

2017 年

第十三届全运会在天津举行,山西代表团共取得竞技体育9枚金牌、13枚银牌、13枚铜牌和75个录取名次;群众体育项目获得1枚银牌、1枚铜牌和11个录取名次;荣获体育道德风尚奖。省委书记、省人大常委会主任骆惠宁,省委副书记、省长楼阳生等领导在太原亲切接见运动员、教练员和体育工作者代表。

让子弹飞，从历史飞向未来——记山西省体育局副巡视员程中平

王秀琴

初见中平是在太原市政府组织召开的环城自行车大赛推进会上。这位射击运动员出身的老将，如今奔忙在山西竞技体坛第一线。近一米八〇的块头，板寸，冲锋衣，不紧不慢运动步，与人打招呼中气十足，言谈举止间，显出少有的沉稳与干练、冷静与理智、低调与内敛。

"从此踏上射击之旅。"

一个人一生成何事、走何路，其实皆为宿命。1970年，中平随被下放的父母到祖籍太谷程家庄。1975年，返回榆次，就读榆次一中。1976年，学校组织体育队，正上高一的中平，因受父亲影响与天性使然，报名射击，从此踏上射击之旅。

射击界有句俗话：外表风平浪静，内心翻江倒海。当中平第一次端起枪，紧张极了。好在，在启蒙教练孙成全指导下，在扣动扳机子弹出膛的一瞬，中平感到自己稳定下来了。他两只脚紧紧踏在大地上，大脚趾抠住鞋底，是大地赋予他无限宽广的力量。这一枪，与其说是中平将子弹射向靶心，莫如说是他将自己像枚子弹一样射了出去。这一枪，中平射出了胆量，射出了天地，射出了从此以后的射击人生与体育江湖。程中平顺利进入晋中体训队，一年后正式调入山西省军体校，师从李万会教练，这一射，就是12年。这12年，是他身为运动员崭露头角渐趋走向辉煌的热身期，是他后来成长为优秀教练员的经验积累期，更是他后来走上领导岗位的人格品质竞技素养修炼期。

"中平是我带过的运动员中比较突出的一个。他训练非常刻苦，常常在完成训练计划后又自己加量加时地练，曾练到手腕受伤疼痛难忍。加之他悟性高，技术训练善于动脑子，关键技术上往往一点就通，

故其成绩提高很快。"李教练说，"中平非常善于学习，经常看书，对许多问题有独到见解，从不人云亦云。"师父引进门，修行在个人。在自我精进自觉意识培养下，程中平很快成为射击队伍中的佼佼者。1978年，成都冬训时，其考核成绩达全国先进水平。当年他和队友组队在昆明全国比赛获团体亚军。"这一年我们男子手枪班几次比赛成绩都较好，获省政府表彰，荣立集体三等功，受奖一台12英寸黑白电视机。这台电视机外出常带，中平总抢着背。"

"要把自己从自我中解放出来！"

不论训练还是生活，中平皆能沉得住气，也善于吸取教训，总结经验。竞技体育就是既惨烈无情却又让人惊心动魄，一旦上了这条魔道就别想下来，而且自己也舍不得下来。锦标赛、冠军赛、冠军总决赛、全运会、亚运会、奥运会，赛事一个连一个，几乎叫人喘不过气来。1981年到1982年，各个比赛下来，中平成绩都不错。1982年4月在南昌举行的全国射击奥运会比赛上，中平因子弹原因造成八秒第二组只命中48环，但他没因这一意外情况影响情绪，继续认真打好六秒、四秒，最后以591环名列第三，与第一名和运动健将标准都只差一环。别人甚为他惋惜，他却说："若不是那48环，我也许顶不下来，连591环也打不了。"5月在北京举行的中英射击友谊赛上，中平获手枪速射团体冠军和个人第三名，并打破团体全国纪录。这是射击队恢复后，山西省射击运动员首次代表我国参加国际比赛。9月，中朝射击比赛在朝鲜平壤举行，程中平获得手枪速射团体冠军、个人第三名的好成绩。接下来的亚运会，中平从思想心理到技战术都做了充分准备。出发前，他给李教练去信说："我参加比赛的指导思想是：要敢想，要坚定地树立拼搏的思想，要敢于和各国强手较量，表现出中国人的志气。……要把自己从自我中解放出来，融于为国家、为集体而奋斗的精神中去。"这一届亚运会他以手枪速射591环获第三名。11月，中平代表我国参加在印度新德里举行的第九届亚运会，与李钟琪、杜学安、刘明军组队，获得手枪速射团体冠军和个人第五名的好成绩。这是我国手枪速射项目第一次获得亚运会金牌，也是我省射击队获得的第一个亚运会冠军，填补了多年来山西射击队角逐亚运会的历史空白。这一年，中平21岁，被山西各大媒体誉为"射击后起之秀"。

山西这块古老土地上成长起来的中华儿女，有着强烈的地域自尊心和民族自豪感。这一点在中平身上体现得特别明显。从射击老教练张可兴提供的《程中平射击运动年谱》资料得知，程中平像子弹一样，一直飞速穿行在他的射击天地里。1986年，中平担任手枪教练员，并继续参加比赛，次年兼任射击队副队长。1991年，被评为山西省"十佳运动员"。

"我只不过是最大限度完成了对自我的挑战！"

中平是条汉子，上进心足，事业心强，认准的事几头牛都拉不回来。他是那么热爱他手中的枪，热爱手枪速射事业，热爱竞技体育对人性弱点的挑战。子弹、枪、射击，这些字眼已深深镶嵌于他灵魂深处，渗透于他的骨髓与血液中。一位心理学教授曾说过："你很顽强但天赋有限。若再继续做运动员，成绩恐难上去了。"中平嘴上应承，心里却不信邪，不服输。他一边做教练带队员，一边作为运动员继续参加比赛。竞技体育就是不断挑战自我挑战极限，最大限度促进人格完美，实现力与美、动与静、身心与灵魂的完美结合。1993年5月16日至25日，全国射击冠军赛在怀柔举行。中平清楚地记得，他深吸一口气，怀揣一颗平常心，神态自若、步履沉稳地走上赛台。"啪啪啪"，一串串子弹，疾速射出。此时，他忘记了时间，忘记了比赛，忘记了一切，只感到自己气沉丹田，心敞体松，神清智明，四周一片鸟语花香，云淡风轻，寰阔宇澄。秦弩赵箭，谁与争锋！什么样的结果并不重要，重要的是彻底放松了自己，解放了自己。这一刻，中平感到肉身轻盈，灵魂出窍，精神幻空，体会到了前所未有的愉悦、心神合一、自我巅峰对决与一览众山小的豪迈和雄健！他感到自己瞬间化作一只精卫，衔草填海，泣血长啼；随后变作壮硕后羿，挽弓射日，惊天九箭，解民倒悬；而后变作神农炎帝，弦木为弧，剡木为矢，与中华大地山河表里融为一体。他真正做到了举重若轻，持枪临风，宠辱不惊，物我两忘。

结果出来了，他获得了男子自选手枪速射587环第一名，超世界、亚洲纪录，破全国纪录，达健将。这个纪录保持至今。同于炜、李建设组队，获男子标准手枪1718环第一名。赛后，众皆表示祝贺。中平淡然一笑："我只不过是最大限度完成了对自我的挑战！"

"我们终于打了个翻身仗！"

欲戴王冠，必承其重。中平担任副主任后，射箭射击中心暂处低潮。当山西省体育局党组任命他主持工作时，中平当仁不让，布局筹谋。

在管理上，中平主抓思想建设和方向性学习，将最简单的问题摆到大家面前来讨论："我们到底是谁，从哪里来，到哪里去"，帮助大家廓清方向，捋清思路。为营造学习氛围，他年年投资图书资料室，组织各种学习活动，要求队员放开思想，撰写论文，交流心得，清理思想垃圾，清除负面情绪，树立正气清气。

在业务上，一切以搞好训练和比赛为检验工作的标准，聚大家之心，集全中心之力，心往一处想、劲往一处使，以提高人员素质创建文明单位为契机，逐步形成新的工作思路："培养优秀人才，创造优异成绩，建设优美环境，构建和谐中心。"

逢山开路，遇河架桥。有了方向找方法，有了方法觅措施。中平带领中心站在"发展体育运动，强化全民素质"的战略高度，为推动射击射箭运动社会化发展，举办高平论剑试点论坛，坚持"既要请得回来，又要走得出去"的战略措施，为女子步枪聘来教练赵红，组织职工到右玉县和大同市观摩，学习现代拼搏理念与创业精神。他始终坚持"人才是体育中心的中流砥柱；自古以来，只有落后的领导，没有落后的群众；领导更是第一生产力"的先进理念与哲学思想，他对自我要求更加严格，低调做人，高格做事，让名让誉。

运动员，副教练员，教练员，射击射箭管理中心副主任、主任，山西体育局副巡视员，从运动员到教练员再到管理者，中平一步一步走来，一步都没落下，但每一步都走得踏实谨慎。"走得战战兢兢，走得如履薄冰"，"最大的困境就是'本领恐慌'"。困境是用来超越的，人格是需要修炼的，担当和格局就是被这样一点点撑大的。

"学啊，不断地学。"程中平通过学习充电、思考琢磨，以大智大勇面对，用大仁大义化解，拿大德大爱感召。所有的苦，若不说苦，它就不是苦；所有的累，若不说累，它就不是累。这一切皆化作了滋养中平带领团队再精进的养分，化作了他内心最为坚强最为柔韧也最为坚定的一部分。"我倡议大家多看《西游记》，它蕴含了人生重要的哲理。里面的唐僧师徒取经，一关一关挨，一关一关渡，一关一关化解，此即人生，此即境界。"中平更多是争分夺秒做好事做对事做大事，打破"等靠被选"做法，主动往国家队输送人才，大力培养王智伟、刘毅、裴蕊娇、赵若竹、苗婉茹、陈妍、方玉婷等新生代运动员，使他们成为山西射坛的希望与未来，为山西争金夺银，增光添彩。

苏格拉底说："古老的贤人们通过把他们自身写进书而留下的财富，我与我的朋友们正一起展开它并穿行而上。"在运动员个人取得好成绩的同时，山西省射击射箭这朵竞技体育文明之花也越开越娇艳。它连年获省委、省政府、省直工委"先进集体""文明单位"等称号，成功创建省直"文明和谐单位标兵"，已向全国文明单位迈进，跻身于世界射击强手之林。"一枝花红不算红，万紫千红才是春"。中平满脸自信阳光，掩不住满面喜悦说："我们终于打了个翻身仗！"

<blockquote>"我们要有家国情怀。"</blockquote>

到 2019 年，中平已在山西竞技体坛上干了整整 43 年，拼的皆是身上那股韧劲狠劲，那股不服输、咬定青山不放松的劲儿。"学，学，学，不停地学。读书，琢磨，思考，没有知识储备，没有文化，做什么都不行，更不要说搞管理了。"所幸者，他遇上了一个百花齐放、百鸟争鸣、人人追逐梦想的前所未有的好时代，遇上了晓春局长这样极具人文情怀、极具开阔视野、极富冲劲干劲的好领导，遇上了一帮像永胜、智伟这样难得的好兄弟。"一个篱笆三个桩，一个好汉三个帮"。一群热血澎湃的体育人，就这么在当今科技与时代浪潮中，迎难而上。他们惜时如金，"恨不得变成三个人，从正月初五到现在，一天都没闲过"。他们很少能顾及小家，顾及妻儿。可他们从不忘学习，不忘精神食粮与灵魂滋养，这是清空思虑、清除杂念、缓解疲劳、找回初心低到尘埃里的动力与捷径。日子在他们这里，每天像开仗，是对自我的一次次宣战，是对精神高地的一次次冲锋陷阵。"无论做什么，最后的对手，一定是自己，一定是自己人性深处小我与大我、大我与无我的巅峰对决。人才兴，体育兴。少年强，则国强。领导就是第一生产力，人才就是顶梁柱。"这是山西体育局上下打胜仗争辉煌的秘籍，更多折射出的是局领导的价值观、人才观、世界观与发展观。

"我们一定要有家国情怀。"对中平而言，家国情怀就是做人的最高品位，就是举重若轻的担当，就是殚精竭虑备战"二青会"。六万人参加，规模盛大。就任于危难之时的程中平几乎天天都在外边跑，"上任半年把我这辈子没跑的路都跑了，没去过的地方都去了。"爱将如命的张可兴说："到今天，离'二青会'开幕还有两个月，各个中心各项工作，他都得顾及。可谓时间紧，责任大，事情繁杂，费神耗心，岂是一个忙字可以概括！光是场馆就是几十个，分散在全省各地，哪个他不得去看看：有新建者，进度、质量、安全，都得操心；有旧者需改造需完善，也得督促。"2019 年 5 月 15 日，笔者采访中平，正逢

"吕梁文学季"尚在进行中。提到贾樟柯，中平情不自禁："贾樟柯就是具有家国情怀的人。他功成名就，将人脉、人才、文化带回山西，带回贾家庄，用文化反哺家乡，太难得了，像贾樟柯山西要多多益善。"说这话时，中平紧握方向盘，两眼放光。"'二青会'是为2020年东京奥运会、2022年北京冬奥会和卡塔尔足球运动会三大攻坚战热身，故既要胆大全面，又要慎之又慎。"中平等深知，体育文明发展到今天，已深刻渗透到政治、经济、军事、文化、旅游、公益、民生、国力等各个领域，竞技体育与全民运动皆昭示着国力强弱、国运盛衰，"体育与国运相连，与国脉相承"。中平他们正共谋体育之道，共商体育大计，共赏体育之美，以明明德引领山西竞技体育发展，抒写新时代山西体育风尚与体坛风貌，不断打造着太原在全国城市中之名片形象，提升着山西在全国之位次。

命由己造，相由心生。"热爱竞技体育的情怀，是中平最大特点"，正如晓春局长所言，中平厚道、干净，沉稳中不失平和，平和中深蕴坚定，坚定中饱含智慧，智慧中透着善良，善良中写满阳光与自信。他的笑极富层次感，是在脸上氤氲开来的，其笑声像出膛子弹，可飞越千年，从历史飞向未来。

2018 年

赵若竹获得国际射联世界杯两枚金牌并打破世界纪录，破亚运会纪录，赢得东京奥运会入场券，入选山西十大新闻人物和山西体坛最佳女运动员。

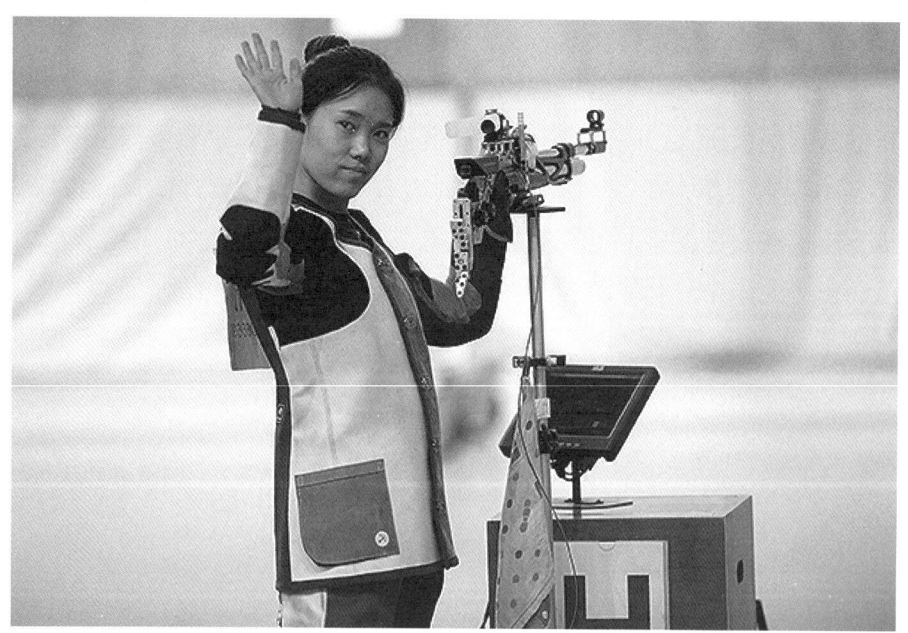

"赵客缦胡缨"

李义利

宝贵的奥运会"入场券"

一提起赵若竹,脑海里自然而然地蹦出一个词——"神枪手"。

时间是 2019 年 2 月,国际射联射击世界杯新德里站鸣枪开赛。这次比赛,意义非凡,是韩国昌原射击世锦赛之后,第二项派发 2020 年东京奥运会席位的赛事。包括赵若竹在内的 28 位中国射击选手赴印参赛。

2 月 23 日,女子 10 米气步枪资格赛中,赵若竹以 634 环的成绩打破世界纪录,先下一城,与另外两名中国选手朱莹洁和徐红一同杀进决赛。按照赛制规则,以单发最好成绩 10.9 环计算,资格赛 654 环"封顶",赵若竹的 634 环平均下来,每一发都在 10.5 环以上,"神枪手"之名当之无愧。

决赛的第一阶段是排位赛,赵若竹和其他两名中国选手发挥稳定,分别位列前三名,印度选手查德拉紧随其后。进入第二阶段的淘汰赛,赛制变为每两发淘汰一位选手,直到决出冠军。前 4 轮比赛中,赵若竹成绩处在中上游,当比赛进行到第 5 轮时,朱莹洁出现失误排在第四,遗憾出局。随即,查德拉凭借着连续打出的 10.6 环以上的高环数暂居首位,徐红和赵若竹则分列二、三位。奖牌争夺战逐渐白热化,徐红在打出两发 10.3 环后,排名第三,收获铜牌。金牌争夺战,更加扣人心弦,0.2 环、0.3 环、0.4 环,相互紧咬的比分,掌声不断的观众席,让整个赛场的气氛越来越紧张。赵若竹 10.8 环,查德拉 10.8 环,二人难分伯仲,此时的观众席彻底沸腾了。或许是东道主主场优势使然,查德拉最后两发分别打出 10.8 环和 10.5 环,拿下冠军。摘得银牌的赵若竹，同样领到了东京奥运会个人席位的"入场券"。

像往常一样，赵若竹在比赛中表现得非常冷静，而其他选手每当比分靠前或者靠后的时候都会有一些不经意的微表情流露出来。因为在赵若竹心里，从来不认为谁是强手，每一场比赛其实是一次战胜自己的过程，是一次超越自我的机会。"印度选手水平的确很不错。"赛后，她这样告诉我。如果长期关注赵若竹的比赛，就会发现，只要她一上场，总能留给观众一个笔直的站姿，并且目光如炬，射击前偶尔闭上眼睛默默保持清醒，再加上干净利落的扎髻束发的打扮，"赵客缦胡缨"这句古诗再符合不过她的气质了。有媒体问她："破了一次世界纪录，却没有拿到冠军，怎么办？"赵若竹这样回答："那就再破一次世界纪录。"

2月28日，赛程最后一天，混合团体项目的决赛打响了新德里锦标赛的收官战。赵若竹与搭档刘宇坤过关斩将，陆续将各国劲旅甩在身后。奖牌争夺环节，韩国队出现失误，率先离场。在与罗马尼亚队的冠亚军争夺中，赵若竹和刘宇坤一路强势领跑，比赛结果几无悬念。10.7环，赵若竹最后一发"绝杀"罗马尼亚队。总成绩503.6环，赵若竹和刘宇坤刷新了同样来自中国队的徐红和陈克多所保持的原世界纪录502.0环。

此次跟刘宇坤搭档，是通过选拔赛的积分决定的，只是临时的一场。在这之前，与她搭档最多的是杨皓然，2018年9月2日，平昌世锦赛比赛首日，二人组合夺冠，提前拿到了东京奥运会混合团体项目的席位。"两位搭档都是比较不错的，都各有各的特点。"赵若竹言语间透露着一种自信。

新德里一金一银，两张奥运会"入场券"，在赵若竹比赛生涯中是格外宝贵的，于中国代表队而言，意义尤为重大。

"这个世界上没有什么毫无道理的横空出世。"

单是 2018 年，赵若竹就先后囊括国际射击联合会世界杯韩国站女子 10 米气步枪冠军和 10 米气步枪混合团体冠军，雅加达亚运会女子 10 米气步枪冠军和 10 米气步枪混合团体亚军，射击世界杯美国站女子 10 米气步枪季军，第 52 届射击世界锦标赛 10 米气步枪混合团体比赛冠军，亚洲气枪锦标赛 10 米气步枪季军和混合团体冠军。

这是一份振奋人心的成绩单。2019 年 4 月 28 日，由《山西晚报》承办的 2018 "感动山西" 十大人物入选者正式揭晓，赵若竹的名字赫然在列。主办方为她宣读的颁奖词是：一心一意，苦练枪法无双；百发百中，喜看国旗高扬。亚运会折桂，世界杯独芳。自此精神愈振，且待奥运争强。

荣耀的光环总是叫人艳羡，而荣耀的背后，不过是日积月累、脚踏实地的付出。2016 年 12 月，拿下 5 个中国汽车拉力锦标赛冠军的韩寒到山西大寨参加当年的最后一场排位赛。跟韩寒聊到文学创作之外的赛车时，我充满了好奇，可韩寒只是笑了笑，用他杂文中的一句话回复我："这个世界上没有什么毫无道理的横空出世。"赵若竹能够取得今天这样的成功，亦是如此。

时间是 2016 年，赵若竹经历了一次刻骨铭心的比赛。这次比赛直接关系到她能不能拿到 2017 年的全运会席位。那段时间，她的身体状况不太好，扁桃体需要做手术。但是为了顺利参加比赛，赵若竹一直保守治疗，利用上午的几个小时去输液，到了下午，又马不停蹄地投入到正常的训练中。时间一天天过去，家人的安慰与鼓励，教练的呵护与陪伴，让经过反复思想斗争的赵若竹坚持到了比赛结束。可喜的是，全运会的席位，她如愿以偿地拿到了。再次回想当时的情景，赵若竹直言："比赛很重要，但不管怎么样，身体一样要健康。"

2017 年 8 月 31 日，第十三届全运会女子 10 米气步枪项目比赛中，第一次参加全运会的赵若竹，先后击败奥运冠军易思玲、上届冠军武柳希以及该项目世界纪录保持者史梦瑶，打出250.9环，收获金牌。一年的时间，成千上万次的瞄准射击，换来了她在全运会赛场上为自己准备的这一份特别的"成人礼"。

2014年，赵若竹第一次参加全国比赛，那时的她，更多的是紧张。而现在，她会从容地享受每一次比赛，偶尔也会紧张，但打完最后一枪之前，浑身都充满了兴奋。

时间再往前推，2011年，还在临汾读初中的赵若竹被临汾市体育运动学校的教练郭小燕慧眼相中，从此与射击结缘。那时候，赵若竹的父母对射击项目并不了解，坚决不同意她走职业体育的路子。几个月后，当赵若竹拿到国家一级运动员证书时，父母的顾虑彻底消失。这往后，赵若竹的比赛，只要播出，家里人便守在电视机跟前，聚精会神地看完全程，一次，又一次。

更高的赛场

时间是2017年，岁末隆冬，赵若竹进入国家队，师从国家射击队女子步枪教练员杜丽。在赵若竹眼里，杜丽是家人一般的知心姐姐，二人无话不谈，训练时更是默契相当。

接下来的时间，又是半年的赛前训练。和父母聚少离多的赵若竹基本上一两天要跟家里通个电话，聊聊日常事，说说心里话。极少的机会能够回到临汾，回一趟家，一旦迈进家门，她就宅在家里，好好珍惜每一次与家人短暂的相聚。没有比赛的时候，她也会看看书，励志小说和教育读本是她的最爱。而事实上，赵若竹的大部分时间，是站在一个个或熟悉或陌生的靶位前度过的，甚至一个动作一坚持就是几个小时。

时针急转，2018年8月20日，雅加达亚运会第三个比赛日，女子10米气步枪项目迎来巅峰对决。功夫不负有心人，赵若竹势如破竹，在异国他乡的赛场上完美复制了上一年全运会的战果，又一个250.9

环，又一个冠军。她与中国射击队其他队员并肩作战，取得8金5银2铜的成绩。光明网以《亚运会射击综述：中国射击年轻一代正式接班》为题做了详细报道。

中共临汾市委、市政府向赵若竹发去贺电："欣闻在2018年雅加达亚运会中，你不畏强手，顽强拼搏，在女子10米气步枪比赛中破亚运会纪录获得冠军，实现了临汾竞技体育新跨越、新突破，为祖国人民赢得了荣誉……你的出色表现，不仅展现了追求卓越的意志品质和昂扬向上的精神风貌，而且进一步振奋和鼓舞了正在为建设富裕文明绿色幸福美丽新临汾的全市人民的精神和斗志……希望你在今后的比赛中，为国家争光、为临汾添彩，再接再厉，继续拼搏，不断创造新的佳绩！"

夺金当晚，杜丽在微博上晒出了一张与赵若竹的合影，配文"杜教练的第一次亚运会"，二人脸上洋溢着胜利的喜悦。一年前，杜丽刚刚当选国家队教练员时，被问到接下来有什么新的期望，她说："当然是让五星红旗升起在东京赛场！"一年后，赵若竹让这个"新的期望"更近了，她信心满怀："希望可以在更高的赛场上享受更多的乐趣，取得更好的成绩。"

2017年到日本参加比赛，第一次出国，第一次代表中国参赛，赵若竹激动无比。2020年，她将又一次征战日本，实力与勇气早已上膛，正蓄势待发。

2019 年

第二届全国青运会大幕开启。本届青运会共设 49 个大项,其中夏季项目 37 个大项、冬季项目 5 个大项、全能项目 7 个大项,32 个夏季项目和 2 个冬季项目分项,1342 个小项赛事在山西进行。

第二届全国青运会圣火采集暨网络火炬传递启动,圣火少女张豆豆采集圣火,网络火炬传到祖国大江南北,火炬传遍三晋大地。

张豆豆:人生就是不断尝试,不断去达到自己的目标

董江波

2017年第十三届全运会结束后,张豆豆宣布退役。但比这个消息更让艺术体操迷们吃惊的是,年仅22岁的她,成为了中国艺术体操队的教练。张豆豆的艺体生涯,翻开了崭新的一页。

回顾14年前的那个秋天,当时年仅9岁的张豆豆,兴高采烈地投入到艺术体操的世界时,不知道她有没有想过,仅仅9年之后,就绽放成为中国艺术体操界最为璀璨的惊艳之花。

中国艺术体操界的新一代女神

艺术体操运动,本身就是一项对个人形象要求很高的体育运动,在"更高、更快、更强"的体育至高精神之下,展现人类形体之美妙。

显然,张豆豆完美做到了这一点。

2014年3月16日,"母亲水窖之寻找最美儿童——天使在行动"全球公益选拔活动启幕礼在北京奥运会主场馆鸟巢举行,张豆豆与师姐、奥运冠军杨伊琳受邀作为项目推广大使及公益参与者,共同出席了活动。

公益活动现场,身着中国体操队红色队服,简单扎着黑色的马尾辫,完全纯素颜的张豆豆,眼睛清澈,面容带笑,阳光明朗,让人眼前为之一亮。

这堪称完美的姣好面容,无意间被摄影师的镜头捕捉到,摄影师绝不会埋没这抹生动,就把张豆豆的这几张照片,直接发布到了新闻当中。

而正是这几张照片,让张豆豆从艺术体操爱好者眼中,旋即走进普通大众视线当中。其清纯靓丽、如邻家妹妹般的动人面貌,在媒体

和大众视线当中，引起了一波又一波的关注，被喻为中国体坛的"新一代女神"。

女神的背后是耀眼的成绩

如果只是颜值高，那么，张豆豆的被关注，可能只是昙花一现，很快就消散在公众视野当中了。

可除去颜值，张豆豆的艺术体操生涯，也真正做到了可圈可点，将自己的名字，书写到了中国艺术体操队的队史当中。

张豆豆1996年7月出生于山西省太原市，9岁那年正式开始学习艺术体操。2006年8月，年仅10岁的张豆豆代表山西省队参加在广东珠海举行的全国青少年艺术体操锦标赛，获得个人全能第4名、个人带操铜牌、团体赛铜牌，后成功进入国家集训队。

之后，张豆豆的艺体生涯，相对于普通人来讲，是生动演绎了一场"开挂般的人生"：2009年中华人民共和国第十一届运动会少年个人全能第6名；2013年法国大奖赛集体全能银牌，集体全能10棒第4名，集体全能3球2带银牌；2013年世界杯系列赛明斯克站集体全能第5名；2013年塔什干亚锦赛集体全能金牌，集体全能10棒银牌，集体全能3球2带金牌；2013年基辅世界艺术体操锦标赛集体全能第6名，集体全能10棒第4名，集体全能3球2带第6名；2013年中华人民共和国第十二届运动会集体全能第6名；2015年在全国艺术体操个人冠军赛中，她获得个人全能赛季军。

除了耀眼的成绩，张豆豆还被授予2006年全国青少年艺术体操锦标赛最佳形态奖和2013年第十二届全运会体育道德风尚奖，是一位真正"德艺双馨"的艺术体操运动员。

这小姑娘灵气足，眼睛里有星星

2018年5月，中国队教练组创造了一个新纪录，宣布退役不到一年的国家艺术体操队队员张豆豆，成为了国家艺术体操队的教练。

这个消息，就像一年前她宣布退役时一样突然，就自己退役当教练一事，张豆豆还在自己的社交平台账号上写道："在过去的整整五个月里，我从一名运动员转变为了一名教练员……相信自己，我们会越来越好！"

相比较普通大众对张豆豆过往参赛训练和职业生涯的深挖，张豆豆曾经的母校——阳泉市体育运动学校的老师们，却毫不惊讶。一位老师这样告诉笔者："这小姑娘灵气很足，性格阳光，非常合群，训练刻苦，主动有担当，是一棵好苗子。"

果然，这棵好苗子，用后来的职业体育生涯，成就了自己，也为母校争得了荣光。

创建于1958年的阳泉市体育运动学校，是国家体育总局部署的全国青少年射箭训练基地，在田径、射击、射箭、体操、蹦床、摔跤、柔道、举重、乒乓球、篮球等10个运动项目上颇具优势，是山西省最具优势的体育运动学校之一。

而山西省体育局工作人员的话，更为直接，"这小姑娘，眼睛里有星星啊，长大了，了不得。"说张豆豆眼睛里有星星时，年仅10岁的她，正准备代表山西省队参加在广东珠海举行的全国青少年艺术体操锦标赛。

后来，这位眼睛里灵气足、有星星的姑娘，就彻底感染了全中国人。

继续未完成的梦想

有不少网友在网上发表评论，甚至直接发私信给张豆豆的个人社交媒体账号："以你这样的身材和姣好面容，退役了，直接进军娱乐圈，那肯定会大获成功啊！"

网友的话，也有一定道理。而且，从中国国家体操队退役下来的运动员进军娱乐圈的人数，两只手肯定数不过来。而且，真正成长为具备强大实力演员的体操队员，更是有好几位。

如果将范围扩大到整个中国体育队，退役后进军娱乐圈的运动员，更是不胜枚举，简直不要太多了。

而不得不说的是，10岁就入选中国艺术体操队，代表中国队出战的张豆豆，不仅在竞赛成绩上迅速崛起，几年来，更是凭借清新可人的形象，成为中国普通大众心目中的新一代体育女神。太多的网友直言，张豆豆的颜值，比韩国艺术体操"一姐"孙妍在还要高。而且，纵观2014年后这五年，张豆豆在公众视野里的亮相和受关注度，比起孙妍在，只高不低。

可就在大众对张豆豆仅仅21岁就宣布退役表示惋惜，大力讨论张豆豆是先参加综艺还是先参演电影时，谁都没想到，这位仅仅22岁的少女，在退役之后成功凭借自己的实力进入了中国艺术体操队教练组当中。虽然有微微的失落，但也是相当令人期待。

张豆豆知道大家的这种期待后，只是阳光地一笑，并伸手把额头的秀发往后拨了一下。显然，跟她钟爱的体操事业相比，进军娱乐圈，都不知道是第几位后的选择了。对于她来说，自己曾经未完成的梦想，寄托在了新一代艺术体操接班人的身上。

张豆豆经常对自己说，人生就是不断尝试，不断地去达到自己的目标，去为自己的梦想而奋斗！

她的下一站梦想，就是当好中国国家队的艺术体操教练，在她的手下，培养出中国艺术体操下一代的希望和下一站的辉煌。

"二青会"采火少女惊艳亮相

2015年7月7日，国务院同意山西省承办2019年第二届全国青年运动会，以千年古城、龙城太原为主赛区，山西省其他城市协办。自此，山西省进入了"二青会时间"。

2019年3月28日上午，在奔流数百万年之久的中华民族母亲河——黄河之畔，"二青会"圣火在山西省运城市芮城县西侯度遗址点燃。圣火点燃仪式，也是"二青会"开幕前，最为重要的活动之一。

客观地讲，全国青年运动会圣火点燃，跟奥运会圣火点燃，所受到的关注度，不可同日而语。但这场圣火点燃仪式，却彻底将全国网友惊艳到了。这是因为，点燃圣火的采火少女，是被全体网友称为"中国体坛新一代最美女神"的张豆豆。

圣火点燃现场，张豆豆成为全场最为夺目的焦点，头戴花环，身穿白纱，衣袂飘飘，面容姣好，有如仙女临凡，被网友直呼惊为天人。

当张豆豆将火种盘点燃时，中华文明上古遗址的古老文明火种与象征着现代体育最高精神的青春跃动之火，激荡出热烈的光华，展现了中国青年"更高、更快、更强"的体育至高精神。

圣火采集在千年古县芮城县西侯度遗址山洞内进行，每走一步都要踩过厚厚的石子。穿着高跟鞋行走，很难保持身体平衡。凭着从小练就的艺术体操功底，张豆豆却能举重若轻，呈现出完美大气的优雅仪态，展现出积极、阳光、进取、执著的精神风貌。

除采火少女张豆豆之外，其他6名圣火少女，分别是从山西省各高校学生当中选拔而来的，她们分别是方钰儿、张子潇、陶子怡、王欣怡、冯思畅、王睿。

2019年1月28日至2月28日，"二青会"筹委会大型活动部在山西大学、太原理工大学、山西财经大学、山西医科大学、中北大学、太原师范学院、山西艺术职业学院、太原学院、太原旅游职业学院等高等院校推荐的基础上，选拔火种采集仪式圣火少女候选人。经过面试和选拔后，最终确定了火种采集仪式圣火少女名单。

而伴随着张豆豆圣火火种的成功采集，"二青会"火炬传递序幕同时拉开。赛场上，张豆豆技术细腻，非常具有表现力，是一位优秀的国际运动健将级的艺术体操运动员；赛场下，她一束马尾梳在脑后，秀气的瓜子脸上总是挂着甜甜的微笑，更像一位邻家女孩，展现了青春靓丽的中国运动员形象。而退役后，她的角色由运动员变为国家艺术体操队的一名教练，在她张弛有度、教法得当的训练下，中国艺术体操队的明天，正在灿烂中酝酿。

笔者：豆豆，先给家乡的亲朋好友、师长同行们打个招呼吧！

张豆豆：大家好！其实，真的很想念家乡，想念亲人朋友们，尤其是那些曾经给过我太多指导和教诲的师长们。我记得有句古诗是"少小离家老大回"，我虽然谈不上老大，但10岁离开山西，到艺术体操队训练，直到退役，如今当教练，确实已经过去了13年。

（笑）真的，这时间挺长的。

笔者：可是，你这也没有"老大回"啊，新的征程，可以说是刚刚才开始呢！

张豆豆：是呢，可不敢提回，现在当教练，比起当艺体运动员，肩上的担子更重了。原来，是自己训练好就可以了；现在可不行，那得组织训练，管好自己的时候，更要管好队员。以身作则是必须的，教练，必须有教练的样子嘛！形象地讲，原来是自己的担子，现在呢，是大家的担子。

笔者：豆豆是自小就酷爱体操运动吗？所以，才准备义无反顾地投入到艺术体操这行当中？

豆豆：还真不是。9岁时，我也是一个天真烂漫的小孩子，根本没想到理想啊、梦想啊这些事情。或许，是父母的刻意培养，我对艺术体操表演那种艺术美的天然的感悟，让我对艺术体操有喜欢之意，所以，才决定学习艺术体操。

客观地说，是淡淡的兴趣入手，然后才转变为浓浓的爱好，之后转变为一生的目标的。

这里边，有一个由不知到知之，由知之较少到知之较多的过程，而在10岁那年，代表山西省体操队出战后，就彻底爱上了这项运动。

当然，你说的义无反顾，一开始不是，但现在，可真正是义无反顾了。应该说，未来我的一切，生活、学习、工作都跟艺术体操有关，这辈子，跟这项运动，是彻底分不开了。

笔者：这应该就是人们所说的专注、执著的精神吧！也许，只有在这种精神之下，才能够拥有豆豆这样的成就。

豆豆：谢谢美言，其实，我的成绩，跟很多师兄师姐比起来，还差得远，只是，作为师妹，大家更厚爱我。我想，我未来的成绩，就是让中国艺术体操的队员们，在国内国际比赛上，取得更好的成绩。

这，是我现在最大的期待和希望所在。

笔者：天道酬勤，我相信，豆豆一定会如愿以偿的。对了，豆豆，这次你作为"二青会"的圣火采火少女，直接惊艳到了九亿中国网民。你这"中国体坛新一代女神"的名号，那是没得跑了。现在，不仅是女神，更是仙女下凡了。

豆豆：（笑）谢谢大家的夸奖，能够让大家因为我，关注圣火采集，关注在咱们老家山西太原举办的"二青会"。

当然，能够作为采火少女，我真的很荣幸，非常感谢师长们的关心，大家的关注，还有领导的厚爱。

没有这些关心关注，我也不可能成为"二青会"的采火少女。看到圣火能够从我手中采集，并开启圣火传递，真的，激动之情难以言表。

笔者：除了关注、关心和厚爱，你个人的成就和努力，恐怕要占绝大多数因素。相比网友们一直提到的颜值，你的青春热情、自信积极、优雅气质，也是采火少女必不可少的特点吧？

豆豆：谢谢你，谢谢大家。或许，这真的要感谢我的父母亲。我只能说，我很幸运，真的！

笔者：豆豆最近有没有参加一些综艺活动啊？近来在忙些什么？

豆豆：还真参加了一个，不过是去年底的事情了。是一档有关横跨文体两界的大型专业体育赛事的节目。我在里边担任本职,教练。

说到退役后当教练,真的挺忙的,如果你比较关注艺术体操的话,在各大省级赛事和体育活动中,都能看到我们队的身影。对于未来的比赛,我们艺术体操队,每一天都在认真准备着。

对于明天,我们每一天,都自信满满。

笔者:相信豆豆,相信中国国家艺术体操队,你们一定会给我们不断带来惊喜的。最后,请豆豆为即将到来的"二青会"——2019年第二届全国青年运动会,说一句话吧!

豆豆:中国竞技体育由大到强大,全国青年运动会是见证,"二青会"是展现中国青年运动员成绩的最高舞台之一。既然是山西太原老乡来采访,(笔者插话:对,没错,我是太原人,一家四口都是。)我就私心一点儿,山西队加油,相信,这届"二青会",山西队会创新纪录!

笔者:谢谢豆豆,也祝你未来教练生涯蒸蒸日上,年年都有好成绩!